グローバル・スタディーズ叢書 4

グローバル化と日本

内海博文 編著

東信堂

叢書のねらいと構成

　「グローバル化（グローバリゼーション）」や「グローバル」といった言葉を糸口に、「私たち」の生きる世界の諸相——むろんほんの断片にすぎないが——を捉え直してみたい。これが本叢書（シリーズ）のねらいである。

　「グローバル化」や「グローバル」という言葉を手がかりにするのは、「グローバル化」や「グローバル」をまぎれもない事実だと考えるからでもなければ、それらを好ましく思うからでもない。1990年代以降、それらの言葉が、「私たち」の生きる世界の変化を表す表現として、さまざまな言語や領域をまたいで大いに流行してきた、という単純な事実による。その流行は、単なる言葉の流行にとどまらず、「私たち」が生きる世界に無数の変化を生じさせてきた。渦中にある「私たち」にはわかりづらく、相互の関連も見通しにくいこの変化を考えるうえで、「グローバル化」や「グローバル」といった言葉は一つの手がかりになると思われる。

　以上のねらいを実現するために、本叢書では、できるだけ多様な分野の人びとに広く執筆を依頼した。執筆者を特定の学問体系（ディシプリン）に限定しなかったのは、編者にとって興味があるのは、「私たち」の生きる現実の諸相である、という素朴な理由からである。それぞれの学問分野は、現実にアプローチする際の前提、データの集め方や扱い方、鍵となる概念や理論などに関して、固有の癖がある。だから、たとえば社会学のトレーニングを受けてきた編者は、それ以外の見方や研究を十分に知らない。だが「私たち」の生きる現代の世界を知りたければ、さまざまな分野で展開されている多様な見方を知ったほうが良いだろうと、単純に思われる。そうすることで、「私たち」の生きる世界に関して、私には見えていない多くのことを学ぶことができるだろう。こうした個人的な思い込みから、私が教えを請いたいと思ったさまざまな学問分野の方々に、執筆をお願いした。それでも本叢書が人文

学や社会科学に偏っているのは、ひとえに編者の力量不足による。

　原稿の依頼にあたっては、「グローバル化」や「グローバル」といった言葉の捉え方を各執筆者に一任した。すなわち、「グローバル化」や「グローバル」という言葉の解釈、「グローバル化」や「グローバル」に対する賛否、さらには「グローバル化」や「グローバル」といった言葉を無意味とする立場まで、いっさいの判断を執筆者にお任せした。また本叢書は教科書ではなく論文集であるため、関連する先行研究の網羅的な整理より執筆者独自の視点を重視すること、および、考察の対象や議論の仕方に関し、空間的・学問的な越境や他の執筆者の原稿との重複を厭わないことを、基本的な方針とした。

　本叢書は全部で4巻からなる。構成は以下の通りである。

　　第1巻　『グローバル化と社会理論』
　　第2巻　『グローバル化と時空(I)：アジア州・アフリカ州編』
　　第3巻　『グローバル化と時空(II)：アメリカ州・オセアニア州・ヨーロッパ州編』
　　第4巻　『グローバル化と日本』

　本書は、第4巻の『グローバル化と日本』である。タイトルの通り、「日本」というエリアに照準を定めている。この第4巻では、他の巻とは異なり、編者から執筆者に対して、「日本」というエリアの特定の側面に焦点を合わせていただくようお願いした。各章に付されている「経済」や「労働」といったテーマがそれである。これらは、基本的に編者が設定したうえで執筆者に依頼したが、執筆者と相談して調整した場合もある。これらの項目は体系的・網羅的であることをめざして設定したのではなく、「グローバル化」や「グローバル」といわれるものにアプローチするための、さまざまな対象構成やスケールを模索することをねらいに選定した。ただしこれらの項目についても、叢書全体の方針同様、考察の対象や議論の仕方に関して、他の項目との越境や重複を厭わないことを基本方針とした。厳格な切り分けは、「日本」というエリアの諸相をとらえるうえで適切ではないと考えるからである。

なお各巻の冒頭には、編者の責任として、それぞれ「序論」を置いている。「序論」の執筆にあたっては、それぞれの執筆者の原稿から私なりに多くのことを学ばせていただいた。だが、それらをバランス良く整理することはしなかった。あくまで「序論」は、そこから考えた編者なりの一つの見取り図にすぎないことを断っておく。

　最後に、この場を借りて若干の謝辞を述べさせていただきたい。

　まず、執筆者のみなさんに厚くお礼を申し上げる。今回の叢書では、編者の専門以外の学問分野の方々に執筆を依頼しただけでなく、できるだけ私が直接存じ上げない方にお願いすることを、個人的な方針とした。そのうえ、依頼したのは「グローバル化」や「グローバル」の解釈を執筆者に一任した原稿である。多くの執筆者からすれば、面識のない編者から突然メールが来て、つかみどころのない叢書の原稿を依頼される、という経験であったと思われる。にもかかわらず、打診した方のほとんどが、見ず知らずの者からの依頼を快くお引き受けくださったことは、私にとってこのうえなくありがたい驚きであった。なかには、お引き受け下さったが、事情により、最終的に執筆いただけなかった方もいる。いずれであれ、今回執筆をお引き受け下さったこと自体に、編者として心から感謝する。同時に、ご多忙のなか、時間を捻出して原稿を執筆していただいたにもかかわらず、編者の不手際で、連絡が滞ったり刊行までに時間がかかったことを、深くお詫びする。

　そして本叢書の出版社である東信堂に、深くお礼を申し上げる。この叢書は、東信堂の下田勝司社長の尽力なしにはありえなかった。下田社長からは「私たち」の生きる世界に対するご自身の問題意識を何度か伺ってきた。そして、なぜ私なのかは不明だが、ずいぶん以前から、そうした問題意識に多少とも応えられる何らかの企画を練るよう打診されてきた。下田社長の望んでいたものとは異なるかもしれないが、現時点での私なりの返答として編集したのが、今回の叢書である。辛抱強くお待ちいただいたうえに、いくつかの点で規格から外れた、その意味で思い切りの必要な今回の叢書を刊行していただいたことに、深く感謝する。校正等の作業でお世話になった東信堂の

iv

みなさんにも感謝する。

また、現在編者が勤務するヴェネツィア・カフォスカリ大学アジア・アフリカ研究科の労働環境と、周りの人々に感謝する。2020年から働き始めたヴェネツィア・カフォスカリ大学だが、そこでの労働環境は今回の企画を実行に移す気になった大きな要因である。しかし、言葉も仕組みもわからないところから始まったイタリアでの生活である。友人たちを含め、周りのさまざまな人々の存在がなければ、いまとはまったく違った生活になったと思われる。とくに、故 Bonaventura Ruperti（ボナベントゥラ・ルペルティ）教授、Marcella Mariotti（マルチェラ・マリオッティ）准教授、Toshio Miyake（三宅俊夫）准教授に感謝する。

最後に私的なことで恐縮だが、父、内海安彦に感謝する。本叢書を楽しみにしてくれていた父は、本巻刊行の直前に急逝した。感謝の言葉はまだ思いつかない。個人的な気持ちの上で本書を父に捧げることで、感謝の言葉の代わりとしたい。

2024 年 3 月

内海博文

目次／グローバル化と日本　〈グローバル・スタディーズ〉叢書　第4巻

叢書のねらいと構成……………………………………… 内海博文　i

序論　グローバル化と日本……………………………… 内海博文　3
　　1. 日本における「グローバル化」の流行 ……………………… 3
　　2. 日本研究と「グローバル化と日本」問題 ………………… 9
　　3. グローバル化と日本 ……………………………………… 16

1　経済

経済のグローバル化と労働分配率の関係 …………… 町北朋洋　29
　　──1990年代〜2010年代の交易条件に注目して
　　1. はじめに ……………………………………………… 29
　　2. 研究方法 ……………………………………………… 31
　　　　(1) 鍵となる変数　32
　　　　(2) 理論的枠組みと実証研究の手順　33
　　3. データ ………………………………………………… 34
　　　　(1) 交易条件と労働分配率に関するデータ　34
　　　　(2) グローバル化への関与に関するデータ　35
　　4. 国際貿易への関与は労働分配率をどのように変化させるか 37
　　　　(1) 貿易財と非貿易財の比較　37
　　　　(2) 輸入浸透度と輸出依存度の影響　39
　　　　(3) 分析結果の解釈　41
　　5. 自動車関連産業のメーカーとサプライヤーの事例 ……… 42
　　　　(1) サプライ・チェーン内部への視点の重要性　42
　　　　(2) 比較の手法　43
　　　　(3) メーカーと部品サプライヤーの労働分配率の推移　46
　　6. 自動車関連産業の分析結果の考察 …………………… 47
　　　　(1) 部品サプライヤーで賃金成長が抑制されている可能性　47
　　　　(2) 賃金交渉力仮説　48

vi

    （3）部品取引価格抑制仮説　49

    （4）考察のまとめ　50

  おわりに ……………………………………………………… 51

    読書案内　56

2　労働

日本におけるグローバル化と労働……………………… 小熊英二　59
——その研究史と欠落した視点

  1.　日本における「産業空洞化」の研究史 ……………………… 60

  2.　研究設定の制約 …………………………………………… 64

  3.　データの制約 ……………………………………………… 66

  4.　中小企業の状況 …………………………………………… 70

  5.　非正規雇用の増大と女性の地位 ……………………… 73

  6.　日本における二重構造 ……………………………… 80

    読書案内　90

3　エスニシティ

グローバルな人の移動と国民国家の再編：「脱」なき
「再国民国家化」としての日本 ………………………… 髙谷　幸　91

  はじめに ……………………………………………………… 91

  1.　人の移動と社会・国家の再編 ……………………………… 92

  2.　人の移動のグローバル化とその帰結にたいする国家の再編　94

    （1）「脱領域化」する国家——国家によるトランスナショナリズム　94

    （2）国民国家の「脱民族化」による移民の統合　96

    （3）主権の「脱中心化」と「脱ナショナルな空間」の創造　99

  3.　主権権限の変容にみる「再国家化」 ……………………100

    （1）移民・難民の安全保障化を通じた主権の権限回復　100

    （2）新自由主義の取り込みと段階的な主権：「特別区」と選別的移民政策　101

  4.　人の移動と社会の変容にたいする日本の戦略 ………103

    （1）国家によるトランスナショナリズムの否定　104

    （2）成員の「脱民族化」　105

目次　vii

(3) 主権の「脱中心化」と「脱ナショナルな空間」の脆弱性　108

5. 日本における主権権限の変容と「再国家化」 ………………109

(1) 移民・難民の安全保障化と領域の「再国家化」　109

(2)「特別区」と選別的移民政策　110

おわりに ………………………………………………………………111

読書案内　116

4　教育

グローバル人材の育成をめぐる奇妙な関係………… 吉田　文　117

1. 問題設定 ………………………………………………………117

2. グローバル人材は英語か …………………………………119

3. オール・ジャパン体制の確立 ……………………………121

(1) 産業界の要請　121

(2) 政府の対応　125

4. 大学はグローバル人材を育成できるか ……………………128

5. 企業のグローバル人材は充足しているか ……………………132

6. 結論と考察 ……………………………………………………134

読書案内　137

5　科学技術

開放か鎖国か………………………………………… 榎木英介　140

──揺れる日本の科学技術研究　中国「千人計画」をめぐって

はじめに ………………………………………………………………140

1. 高度人材の国際移動 …………………………………………141

(1) 先進地をめざす研究者　141

(2) プッシュ要因とプル要因　141

(3) 人材受入国のメリット、デメリット　143

2. 中国、アメリカ、日本の人材誘致──知的財産保護をめぐるあつれき　144

(1) 中国の台頭と海亀政策　144

(2)「千人計画」と知的財産のトラブル　145

(3) チャイナイニシアチブをめぐる混乱　146

(4) チャイナイニチアチブの批判と終了　148

(5) 知的財産保護と人材誘致のバランス　149

3. 規制に傾く日本の高度人材政策 ……………………150

(1) 経済安全保障の推進と「千人計画」　150

(2) メディアの異様な「千人計画」叩き　151

(3) 背景には政府の意向　156

おわりに ………………………………………………………157

読書案内　162

6 スポーツ

サッカー、最初にして唯一のグローバルな競技……　柏原全孝　164

1. はじめに：スポーツという夢 ……………………………164

2. グローバル化とサッカー ………………………………165

(1) サッカーにおける多元的なグローバル化　165

(2) 1990年代からのサッカーの商業主義化　166

3. 新しいオーナーシップ：レッドブルとサッカー文化 ……167

(1) マルチクラブオーナーシップ（MCO）　167

(2) ドイツサッカー文化との衝突　168

(3) 戦術と経営の一元化　170

(4) ローカルなものとレッドブル　171

4. サッカーの商品化とサポーター ………………………172

(1) ブランド化とスタジアムの変化　172

(2) 消費者としてのサポーター　174

(3) アゲインスト・モダン・フットボール（AMF）　176

(4) ウルトラス　178

5. 無菌室を目指すサッカー ………………………………180

(1) 衛生化されるサッカー観戦　180

(2) 判定テクノロジーとサッカー　181

(3) 判定テクノロジーを支持するイデオローグたち　183

6. 結び ……………………………………………………185

読書案内　190

7 政治

日本政治の「失われた30年」……………………………… 大山礼子 191

1. 政治の機能不全 ………………………………………………191
2. 頻繁な選挙がもたらす落ち着かない政治 …………………194
3. 達成されない政党本位の政治 ………………………………198
4. 国民代表機能を果たせない国会 ……………………………203
5. 政治を国民の手に取り戻すには ……………………………207

   読書案内 215

8 ジェンダー

グローバル社会のなかの象徴天皇制………………………堀江有里 217
──残存する家制度

1. 問題の所在──国民国家・ジェンダー・社会制度 ………………217
2. 国家による国民管理と社会制度 ──家制度と戸籍制度 ………220

   (1) 近代戸籍制度の成立と特徴 220

   (2) 戸籍制度と天皇制の相補・序列関係 225
3. 皇位継承とジェンダー──天皇制存続と差別の再生産 226

   (1) 皇位継承という課題 226

   (2) 世襲制と性差別 228
4. 女系・女性天皇の可能性という陥穽 ………………………232
5. むすびにかえて ………………………………………………235

   読書案内 240

9 社会運動

グローバル化と社会運動………………………………… 濱西栄司 243
──サミット・プロテスト／運動行為を事例に

1. はじめに …………………………………………………………243
2. グローバル化が社会運動に与える影響：意義の変化 ……245

   (1) ポスト社会状況における個々人の闘いと文化運動 245

   (2) 解釈枠組みの相対化と日本 246
3. グローバル化が社会運動に与える影響：メカニズムの変化 250

x

  4．社会運動がグローバル化に与える影響：結節点としての
   運動行為を通して ……………………………………253
  5．おわりに ……………………………………256
    読書案内　259

10　環境

ジュゴンを待ちながら…………………………………比嘉理麻　262
──「不在」の生き物が導く沖縄の平和・環境運動
  1．はじめに ……………………………………262
  2．「不在」の生き物と共に生きる──人と動物の人類学 ………264
   (1) 親しき仲にも礼儀あり──「分離（detachment）」という問題系　264
   (2) 日本でオオカミを待つ──野生動物は「敵」か「被害者」か？　266
   (3) 動物は〈動詞〉である──世界の動きを解放せよ　267
  3．辺野古の基地建設計画とその変遷 ……………………271
  4．基地反対運動の展開──ジュゴン保護と「沖縄ジュゴンの権利」訴訟の系譜　273
  5．「マイ・ジュゴンじゃ、だめ」──ジュゴンを我有化しない意志　277
  6．考察──ジュゴンがもたらす平和 ……………………282
    読書案内　287

11　都市

グローバル化と都市…………………………………饗庭　伸　290
  1．都市計画の世界道具化 ………………………………290
   (1) 世界を救う道具としての都市　290
   (2) 都市計画の転換　291
  2．縮小する日本の都市 …………………………………293
   (1) 世界道具化と人口減少　293
   (2) 都市問題なき時代　295
  3．世界道具化する東京 …………………………………297
   (1) 東京における世界道具化　297
   (2)「内向き」から「外向き」へ　299
   (3) 空間の姿を描く　299

（4）駆動する仕組み　302

（5）「外向き」から「外から」へ　303

（6）世界道具化装置の限界　304

4. 都市計画の技術 ……………………………………306

（1）二つの設計技術　306

（2）流れと空間　307

（3）東京の世界道具化における二つの空間　309

（4）東京都心の変化　310

（5）空間とインフラの状況　312

5. 世界道具化装置の民主化 ………………………………314

（1）小さな流れと小さな空間を加える　314

おわりに ……………………………………………315

読書案内　316

12　災害

災害研究と「災禍の儀礼」研究 ……………………… 福田　雄　318

1. はじめに ……………………………………………318

2. DR と HDR にみる諸特徴 ………………………………320

（1）ディシプリンと事例の多様化　320

（2）災禍概念の拡張　321

（3）不幸へのコーピングというパースペクティブ　323

3. 災禍の儀礼の事例研究 …………………………………325

（1）ジャーマンウィングス墜落事故（ドイツ、2015 年）　326

（2）バリ島爆弾テロ事件（インドネシア、2002 年）　327

（3）東日本大震災の慰霊祭・追悼式（日本、2011 年）　329

（4）「長期間持続する」ないし「遅い」災禍　331

4. おわりに ……………………………………………335

読書案内　342

13　福祉

形式合理性と実質平等性の宥和と相剋……………… 竹端　寛 344
——グローバル化と日本：福祉

1. 〈施設主義的〉把握とは何か　………………………344
2. 繰り返される・パターン化された虐待　…………346
3. 「苦しいこと」の「並行プロセス」…………………348
4. 脱施設化というグローバルスタンダード　………351
5. 医学モデルと人権モデルの対立　………………354
6. 生きる苦悩を支える　…………………………………356
7. 「苦しみ」に変換する実践　………………………359
8. 「昭和的成功モデル」を越えられるか　…………362
　　読書案内　366

14　日本語教育

複数言語環境で育つ子どもへの日本語教育………… 米澤千昌 368
——「学び」を育む支援の中で見られた子どもの変化とは

1. はじめに　………………………………………………368
2. 先行研究　………………………………………………370
　　(1) 学びに必要な言語能力　370
　　(2) 学びの支援方法　371
3. 研究概要　………………………………………………373
　　(1) 研究フィールドと研究対象者　373
　　(2) 実践概要　374
　　(3) 分析方法　375
4. 分析結果　………………………………………………376
　　(1) 自文化についての情報の発信　376
　　(2) 他国、他文化への興味関心　379
　　(3) 異なる文化の比較　381
　　(4) 日本語力の変化　383
5. まとめ　…………………………………………………384
　　読書案内　390

15 文化

神の子どもはみな踊る：ダンスミュージックの越境……清水　学　392

プロローグ ……………………………………………………392

1. WA になっておどろう …………………………………395

2. ジャパニーズ・シティポップの物語 ………………401

3. 踊る身体の主体性：ポリリズムあるいはマネキン讃歌 …406

4. The Dance of Life ……………………………………411

エピローグ ……………………………………………………419

　　　　　読書案内　424

事項索引 ……………………………………………………426

人名索引 ……………………………………………………430

執筆者紹介 …………………………………………………431

〈グローバル・スタディーズ〉叢書

第 4 巻

グローバル化と日本

序論
グローバル化と日本

内海博文

1. 日本における「グローバル化」の流行

　1990年代以降、同時代の変化の表現として流行してきた言葉に「グローバル化 globalization」や「グローバル global」がある[1]。国境がかつてほど意味を持たなくなり、世界が一体化していくさまを指すとされる。IT（情報技術）革命や航空・コンテナによる輸送の発展、貿易や金融の規制緩和、移民などの人の移動、サプライチェーン（製品の原材料や部品の調達から販売までの一連の流れを指す）の発展などが、この現象に関わるとされる。

　「グローバル化」や「グローバル」は、時代の変化を表す言葉として流行しただけではない。それをスローガンにした多様な変化が、日本を含む世界の各地で生み出されてきた。

　「グローバル化」や「グローバル」が現在進行形の流行であり、言葉と時代の変化が連動することを考えれば、事態の理解にまず必要なのは、「グローバル化」や「グローバル」の厳密な定義ではない。それらがどのように使われてきたのか、という言葉の使われ方である。ここでは、ごく限られた範囲だが、日本——あるいは日本語——で「グローバル化」や「グローバル」がどう使われてきたのかを見てみたい。参照するのは、朝日新聞社の記事データベース「朝日新聞クロスサーチ」である[2]。

　図序-1は、1984年8月から2022年10月までの『朝日新聞』（朝刊）に、「グローバル」や「グローバル化（グローバリゼーション）」がどのくらい登場したかを示している。当該時期に「グローバル」や「グローバル化（グローバリゼーション）」

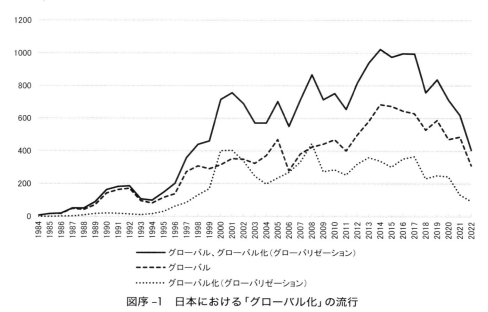

図序−1　日本における「グローバル化」の流行

という言葉が登場した記事の総数は、19922件である。全体的な傾向として次の2点を指摘できる。第一に、日本において「グローバル」や「グローバル化（グローバリゼーション）」という言葉は、1990年前後から増え始め、2000年を過ぎたころからかなりの頻度で使われるようになってきた[3]。第二に、より早く使われたのは「グローバル」であり、「グローバル化（グローバリゼーション）」は1990年代後半から——とりわけ2000年代に入って——広がってきた。現在でもより多く見かけるのは「グローバル」である。

　図序−2は、同じ時期の『朝日新聞』のどの面に、「グローバル」や「グローバル化」という言葉がどのくらい登場したかを示している。「グローバル」や「グローバル化（グローバリゼーション）」という言葉が登場する面を多い順から3つを挙げると、①「経済面」（2717件）、②「オピニオン・声面」（2444件）、③「総合面」（2177件）となる[4]。

　以下では、このうちの「総合面」に絞って、「グローバル」や「グローバル化」といった言葉の使われ方の変化を見ていく。日本の新聞において「総合面」——「1面」とも言う——は、とくに重要と判断されたニュースを、分野を問

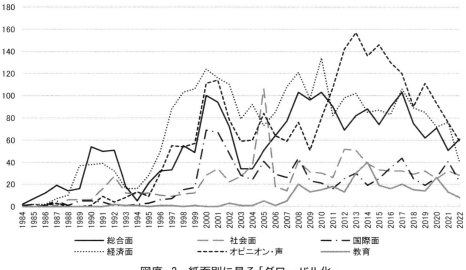

図序 –2　紙面別に見る「グローバル化」

わず掲載する中心的な面である。紙幅の都合上、「グローバル」や「グローバル化」が使われ始める 1990 年前後と、登場頻度が増加する 2000 年頃、現代（2020 年から 2022 年 10 月頃まで）の 3 時点に限定して、それぞれの特徴を整理する。

　まず 1990 年前後に「グローバル」という言葉が登場するのは、主に政治家や官僚の談話である。話題は、安全保障、日米関係、貿易摩擦、日韓関係、核ミサイル、環境問題、アジア関係、東西関係、南北問題、日欧関係、世界秩序の構築など、多岐にわたる。これらに関し「グローバル」は、「グローバルな観点」や「グローバルな視点」、「グローバルに考える」といったフレーズのように、新しい「ものの見方」の表現として使われた。「グローバル」にあまり馴染みがないため、言い換えがしばしば併記された。「グローバル（全地球的）な」とか「グローバル（世界的）な」、「グローバル（地球規模）な問題」といった具合である。

　この時期の「グローバル」で念頭に置かれていたのは、従来、国際政治とか国際関係と呼ばれてきた事象である。たとえば各地の民主化運動やベルリンの壁・ソ連の崩壊といった冷戦の終結とアメリカの唯一の超大国化、EU の誕生や東欧・中東・アフリカの内戦である。これら冷戦後の国際政治上の事象

に関し、これまでのように国単位で考えるのではなく地球規模で問題に取り組むべきという意味で、「グローバル」は使われた。それゆえ、たとえば日本におけるバブル経済の崩壊は、「グローバル」な事象とは捉えられない。さらに言えば、この時期の「グローバル」はそもそも経済事象と強く結びついていない。

　これに対し2000年代に入る頃には、「グローバル」という言葉の発話者が多様化する。それとともに、「ものの見方」というより同時代の変化を指す言葉として使われるようになる。「グローバル」という言葉で指示されたのは、とりわけ経済に関する変化である。変化のプロセスを表すために、より動的なニュアンスを持つ「グローバル化」も使われた。「グローバルな市場化」や「急速な経済のグローバル化（世界化）」、「加速するグローバル化」や「地球規模の経済連動化・一体化（グローバリゼーション）」などである。1990年頃の「グローバル」同様、2000年頃の「グローバル化」にもしばしば言い換えが併記された。

　もう少し詳細に見ておこう。2000年頃に「グローバル化」や「グローバル」で指示されたのは経済の変化だが、そこでは「情報革命」を意味する言葉がしばしば一緒に使われた。「グローバル化・情報革命の時代」とか「経済のグローバル化や情報技術（IT）革命の進展」、「電気通信はグローバル化の原動力」といった具合である。また「証券市場のグローバル化」や「金融のグローバル化」、「21世紀にグローバルプレイヤーとして生き残れる銀行」のように、金融のような個別の経済領域を指すことも少なくない。また、「アジア」という単位が一緒に登場することも多い。「アジア経済のグローバリゼーション」とか「グローバリゼーションの大波がアジアを覆い」、「グローバル化」のもとでの「アジアの安全保障」とか「アジアの人たちとの共生」などである。最後に、「グローバル化」や「グローバル」の負の側面が指摘されることもある。「グローバリゼーションの無秩序な浸透」とか「貧困や不平等といったグローバル化がもたらす負の影響」といった具合である。ただし、ここで負の影響の舞台として取り上げられたのは、典型的には、同時期の「開発途上国／先進国」という区分に即して「開発途上国」に分類された地域であり、「先進国」ではない。当時「先進国」に属するとされた日本に関し、「グローバル化」や「グローバル」の負の影響が指摘され始めるのは、2000年代後半以降である。

2000 年前後の「グローバル化」や「グローバル」という言葉で主に念頭に置かれていたのは、情報環境の変化とともに生じてきた国際的・国内的な経済環境の変化である。金融制度を含めた国際経済の変化や、経済的な意味での新興国の台頭のかたわらで、日本における経済成長の鈍化や少子高齢化に伴う労働者不足、高コスト体質への危機感が高まり、それが短期的には 1997 年のアジア通貨危機や山一証券などの破綻によっていっそう強まった。「グローバル化への対応も待ったなし」といったかたちで、いわゆる「日本的経営」の改善も唱えられた。「グローバル化」や「グローバル」は、経済の変化を記述する言葉になると同時に、日本が経済の変化に乗り遅れないためのスローガンとして使用されるようになる。「グローバル化(地球一体化)時代」とか「グローバル化時代の入り口」、「グローバリゼーション(地球一体化)が時代のキーワード」とか「グローバル化(地球規模化)が進む 21 世紀」といった表現に、それはよく表われている。

では現代では「グローバル化」や「グローバル」はどのように使われているのか。現代でも「グローバル化」や「グローバル」で経済が念頭に置かれることは多い。「グローバル資本主義」や「グローバル経済」のように、経済全般を指すこともあれば、もう少し具体的に経済の「グローバル化」が表現されることもある。「グローバルな通商及び投資の拡大」とか「多様な人材や巨大な海外市場といったグローバル化の利点」、「グローバル化によるサプライチェーン(供給網)の多様化」などである。

しかし現代における「グローバル化」や「グローバル」は、経済に限らない多様な事象にも用いられる。医療における「グローバルなパンデミック」や「グローバルな健康安全保障(ヘルスセキュリティー)」、教育やスポーツにおける「グローバルに活躍する人材」、核問題における「グローバル・ヒバクシャ」や「核廃絶に向けた若い世代のグローバルなネットワーク」、気候変動における「グローバル気候マーチ」や「気候変動によるグローバルな脅威」、安全保障における「グローバル安全保障」や「グローバルな平和、安全及び繁栄」などである。なかには「歴史問題のグローバル化」や「13-14 世紀の『グローバル化』」、「原理主義のグローバル化」といった表現もある。これらは、経済にとどまらな

い多様な現象が国境を越えた現象になってきたことを表すと同時に、さまざまな事象を「グローバル化」や「グローバル」という視点から捉えることが必要であることを謳っている。

　また、現代において「グローバル化」や「グローバル」は、新しい変化というより、すでに一定の歴史を持ったプロセスとして捉えられている。「グローバル化の歴史」や「グローバル化した世界」のように、「グローバル化」や「グローバル」の定着を示唆する表現も多い。そのことは「グローバル化」や「グローバル」にもはや言い換えが併記されないことや、「グローバル」が組織名や建物名、プロジェクト名やシンポジウム名として用いられていることにも表れている。先の「13-14世紀の『グローバル化』」のように、「グローバル化」や「グローバル」は近年始まったものではなく、歴史的に常に起こってきたとの認識も広がっている。

　最後に、現代において「グローバル化」や「グローバル」は、しばしば問題含みの現象とみなされる。「グローバル化による成長から『忘れられた人々』」とか「グローバル化がもたらす『断層』」、「格差や環境問題などグローバル経済の矛盾」とか「貿易や投資を通じたグローバル化が友好につながるという幻想」などである。ここでの負の影響は、かつてのように「開発途上国」のみならず、地球上のあらゆる地域に及ぶとされる。

　こうした現代日本の「グローバル化」や「グローバル」の用法には、短期的には2020年代の新型コロナウイルスの流行やロシアのウクライナ侵攻の影響もあるだろうが、基本的には、日本を取り巻く中・長期的な変化と連動していると思われる。そして、その変化を特徴づけているのは、経済の「グローバル化」とともに国内的な分断や国家を越えた危機が生み出されてきたという認識の広がりや、経済や現代に限定されない広範な現象を「グローバル」という視点や「グローバル化」というプロセスから捉える傾向の広がりである。現代の「グローバル」や「グローバル化」は、1990年頃の「ものの見方」とは違って、すでにこれまで起こってきた現象とみなされるとともに、1990年頃や2000年頃とは違って、多様な水準やスケールの現象とみなされている。

　以上、日本における「グローバル化」や「グローバル」といった言葉の使わ

れ方からまずわかるのは、それらの言葉が時代とともに変化してきた、という単純な事実である。それらの言葉が適用されるトピックは、最初は国際政治、次に経済、そして多様な事象へと変化してきた。それらの言葉が持つ意味合いも、最初は視点、次に記述、そして現代では記述であり視点でもある、という具合に変化してきた。そのため現代の日本では、「グローバル化」とか「グローバル」といった言葉で誰もが同じ光景を思い浮かべるわけではない。相応の幅がある。そしてそのことは、「グローバル化」や「グローバル」の流行にともなう生活の変化が、実にさまざまな局面や事象、様態に渡る可能性を示唆している。

「グローバル化」や「グローバル」の流行からすでに 30 年が過ぎたが、その変化はいまも捉えにくい。その理由の一端は、これらの言葉に見られる意味の幅とそれに関連した変化の幅にあると思われる。

2. 日本研究と「グローバル化と日本」問題

いかなる研究も「グローバル化」や「グローバル」の流行にともなう生活の変化のすべては見通しえない。特定の観点から何らかの限定された現象に焦点を定め、その分析で考慮に入れるべき時間や空間のスケールを限定する。そうした研究の積み重ねだけが、総体的な変化への（決して完成することのない）漸進的な接近を可能にする。

これは、研究の原理的な性質としてよく言及されることである。だが実際には次のように言うほうがより現実に近いように思われる。研究の多くは、実のところ、「グローバル化」や「グローバル」の総体にさほど関心があるわけではない。どれほど「グローバル化」や「グローバル」が流行しても、多くの研究は、特定のエリアへの関心と強く結びついている。原理的な理由以上に、もともと特定のエリアに強い関心があるからこそ、多くの研究は特定のエリアで生じる現象に焦点を定める。こうしたエリアの例として、たとえば「日本」というエリアを想定できる。

多くの研究に見られる、特定エリアに対する関心——以下では「日本」と

いうエリアへの関心に絞る——を前提にすると、「グローバル化」や「グローバル」といった同時代記述の流行は、次のような問題を生じさせる。日本というエリア、もしくは、日本というエリアで生じている特定の現象を、「グローバル化」や「グローバル」とどのように関係づけるのか、という問題である。ここでは、これを「グローバル化と日本」問題と略称する[5]。

　この問題を考えるうえでまず検討したいのは、「グローバル化と日本」問題に関わりがある研究としてどの範囲を思い浮かべるか、である。これを狭く理解すれば、テーマや取り組むべき課題で、「グローバル化」や「グローバル」と、日本や日本の内部で生起している現象との関係に、とくに意識的に焦点を合わせている研究のみが、該当する。だがここでは「グローバル化と日本」問題に関わる研究を、ずっと広い範囲でイメージしたい。すなわち、両者の関係が明示的なテーマや取り組むべき課題になっていなくても、日本で行われているたいていの研究は、この問題に関与していると考える。どういうことか。

　日本の代表的な研究拠点である大学を例にしよう。大学での研究は、自然科学であれ、人文学であれ、社会科学であれ、ポストや予算の点で、多かれ少なかれ国家と結びついている。国家が特定の研究を承認する際の基準は、つまるところ、日本にとって「その研究」が何らかの意味で有益かどうかである[6]。「普遍的な真理の探究」を謳う研究でも、少なくとも部分的には、日本に対する貢献を陰に陽に目指していたり、自らは目指していなくても他者から要請されたりする。その価値が少なくとも部分的には「日本のため」の有益さを基準に判断されるという意味で、日本の大学で行われている研究を、ここではすべて、日本というエリアと強い関わりを持った「日本研究 Japanese studies」とみなしておく[7]。

　この日本研究に関して注目するのは、次の単純な現象である。日本研究の少なからぬものが、日本における「グローバル化」や「グローバル」の流行にともなってこれらの言葉を用いるようになってきた、というのがそれである。すなわち、ある国の大学での研究で「グローバル化」や「グローバル」が積極的に使われるのは、大学を管轄するその国の国家が、「グローバル化」を当該国に少なからぬ利益をもたらすと考えており、それゆえそれに多少とも積

極的に関与している場合である。第1巻の「序論」で触れた「グローバル・スタディーズ」の学位プログラムが、北アメリカやヨーロッパ、東アジア、オーストラリアを中心に展開されてきたことは、そのわかりやすい例である。日本の国家も「グローバル化」と呼ばれるものに総じて好意的である。ゆえに日本の大学で行われる日本研究も、「グローバル化」や「グローバル」といった同時代記述を使用することにさほど抵抗感がないか、あるいは積極的だとすら考えられる[8]。実際、論文や著書、研究助成金や補助金、プロジェクトの申請書や報告書、学部学科の設置や再編、入試広報などに、「グローバル化」や「グローバル」はよく登場する。

　日本の研究費助成サイトに掲載されている研究計画や報告書は、その一例である[9]。そこには、たとえば次のような文言が見て取れる。「グローバル化の波を受けた言語状況の変化」や「グローバル化や AI（人工知能）による金融取引の高度化」、「グローバルな人的交流による感染症の拡大」や「グローバルイシューとしての気候変動問題」、「グローバルな物質循環や大気海洋環境の変化」や「グローバル化に伴う外国人患者とのコミュニケーションの増加」、「グローバルスタンダードな評価基準の浸透」とか「国際機関のグローバルアクションプランの策定」などである。そしてこれらの研究の多くは、そこでいう「グローバル化」や「グローバル」を前提にして、日本のあり方を問う。つまり、「グローバル化」や「グローバル」を前提にすると、日本の現状には特定の面で課題があり、よってこの側面に関する研究――「この研究」――が必要だ、という論理である。そして「この研究」が日本に対して持つ有益さは、次のように表現される。「グローバルな競争力を高める」とか「グローバルスタンダードになる可能性」、「グローバルなデジタル統治における優位性」とか「日本文化をグローバルに発信する」、「グローバルな研究拠点の構築」である。

　以上のように見れば、日本の大学で行われている少なからぬ日本研究が、自らを「グローバル化」や「グローバル」と呼ばれるものと積極的に関係づけてきた、つまり、「グローバル化と日本」問題に関与してきた、と言える。

　「グローバル化と日本」問題に関与する研究をこのように広くイメージすることで論じられるのが、「グローバル化と日本」問題をめぐる定番のアプ

ローチである。それは、「グローバル化」や「グローバル」を既成事実とする日本研究と呼ぶことができる。この日本研究にみられるのは以下のような特徴である。①「グローバル化」や「グローバル」を、経済や科学技術を原動力とした不可避の必然的な現象とみなす。②それとの対比で日本を生き残りのための「ローカル」な単位として構成する。③日本の生き残りのために、経済と科学技術の発展、および、日本の「自然な／本質的な」性質という2つの武器が必要だとされる。それは次のように略述できる[10]。

「グローバル化」や「グローバル」を既成事実とする日本研究は、（それ自体、不可避的に前進すると想定された）経済や科学技術などを「グローバル化」や「グローバル」の原動力とみなすことで、「グローバル化」や「グローバル」を不可避の必然的なものとして既成事実化する。「グローバル化」や「グローバル」を既成事実にするとは、それらを当該の研究で思考したり討議したりする主要なテーマから取り除くということである。同時に、この不可避的な「グローバル化」や「グローバル」との対比で、日本というエリアは、「グローバル化」や「グローバル」と呼ばれる「大波」や「嵐」に襲われている、地に足の付いた手触りのある具体的な場所、つまり「ローカル local」なエリアとして構成される。

この「グローバル化」や「グローバル」の挑戦を受けている日本には、生き残りのために次の2つの武器が必要だとされる。まず必要とされるのは、経済と科学技術の発展である。経済と科学技術が「グローバル化」や「グローバル」の原動力と考えられている限り、経済と科学技術が、「グローバル化」や「グローバル」のなかで「ローカル」な日本が生き残るための武器とされるのは、当然である。ここに、経済と科学技術を（できるだけ飛躍的に）発展させるための研究が、相応の資源を投じて日本の大学で展開される[11]。他方で「ローカル」な日本の生き残りに必要とされるのは、日本の「自然な／本質的な」性質である。ここでいう「自然な／本質的な」性質としてわかりやすいのは、日本というエリアの内部で、日本が自力で生み出してきたとされる、「グローバル」に人気の高い「日本」固有の伝統や文化である。ここには、言語や文学やポップカルチャー、宗教や自然観やアート、習慣や祭事、人間関係やジェンダー関係、企業文化や科学技術など、実にさまざまなものが含まれる。こうした

日本の伝統や文化は、「グローバル化」や「グローバル」の「大波」や「嵐」に襲われている日本の内的な結びつきを強化するとともに、諸外国も――いわゆる「ソフトパワー」として――魅了する。それゆえこれらは、日本が生き残るための武器として、海外の研究機関と協力し合いながら研究される。「自然な／本質的な」性質を備えた単位として、日本を含むより広い空間――たとえば「アジア」や「東アジア」――が設定されることもある。

「グローバル化」や「グローバル」を既成事実とする日本研究は、「グローバル化」とか「グローバル」というわりには、国民国家や国際関係を念頭に置いた従来の構図とたいして変わらず、一から新たに自分たちの手で世界を制作しなくていい点で、わかりやすい。また、たとえ現実にどのような問題が起ころうとも、経済や科学技術、文化の研究といった生き残り「ゲーム」に乗っておきさえすれば事足りる点でも、手軽である。だから「グローバル化」や「グローバル」を既成事実とする日本研究には、根強い人気がある。これが「グローバル化と日本」問題に対する定番のアプローチである[12]。

「グローバル化」や「グローバル」を既成事実とする日本研究に対しては、さまざまな角度から批判がなされてきた。「グローバル化」や「グローバル」と呼ばれるものが、重力の法則のような不可避の必然的な既成事実ではなく、人為的に生み出されている構築物であることは、多くの研究が指摘してきた（たとえばチャン 2010, マッシー 2014）。「グローバル化」や「グローバル」という同時代記述の流行とともに、日本の経済や労働条件が悪化したり、格差や分断が拡がってきたとする研究も、枚挙に暇がない（井出 2015, 小熊編 2019）。科学技術に限っても、不可避の「グローバル化」や「グローバル」という見方に連なる「選択と集中」のスローガンのもと、人文学・社会科学のみならず、自然科学でも「過度に競争的でハードワークを要する研究環境」が広がり、その結果、基礎研究や特定分野が弱体化したり、研究者の雇用が悪化してきたという指摘が、科学界の内外で繰り返しなされている（榎木 2010, 日本学術会議若手アカデミー 2023, Ikarashi 2023）。「自然な／本質的な」性質を強調する伝統や文化のあり方に関しても、「文化本質主義」や「ナショナリズム」、「多文化主義」や「文化相対主義」、「オリエンタリズム」や「自己オリエンタリズム」と

いった概念を用いる批判的な考察が、連綿と展開されてきた (たとえばサイード 1993, クリフォード & マーカス編, 1996, モーリス＝スズキ 2013)。

　だが、こうした批判が十全に効果を発揮してきたかといえば、にわかには首肯しがたい。なぜか。「グローバル化」や「グローバル」を既成事実と信じ込む人にとっては、それを作り出しているのが自分たちであることなど、どうでもよいことである。事実そうなっている、という信じ込み以上の思考が必要とは思われない。そして「グローバル化」や「グローバル」を、経済と科学技術を動力にした不可避のプロセスとみなす限り、たとえ日本の経済状況や雇用条件が悪化しようとも、それはかえって、「選択と集中」などのスローガンに基づく経済と科学技術のさらなる推進の根拠になるだけである。「自然な／本質的な」伝統や文化も同様である。日本の「自然な／本質的な」伝統や文化を信じ込む人には、その問題性や構築性の指摘など、何の生産性も見いだせない。むしろ、日本の「自然な／本質的な」伝統や文化に対するこの手の批判こそが、日本を分断する原因とされ、それを乗り越えるために、日本や「アジア」の「自然な／本質的な」伝統や文化が称揚される。そうこうするうちに、気がつけば、たとえば日本における格差や分断や貧困が、経済や科学技術での多少の成功や日本文化の称揚程度では埋められないほど深まったりするかもしれない。だがそれすら、さらなる経済と科学技術の推進や新しい日本文化研究の称揚を正当化する根拠になりうるのだから、「グローバル化」や「グローバル」を既成事実とする日本研究の問題性が認識されるということは、そう簡単にはありえないのかもしれない[13]。

　では、「グローバル化」や「グローバル」といった言葉が呼び起こす想像力は、これ以外の方向には展開してこなかったのか。これを考える手がかりとなるのが、前節で触れた、日本における「グローバル化」や「グローバル」といった言葉の使われ方である。そこで示されたように、現代の日本で想像され始めているのは、経済や科学技術を動力とする不可避的な「グローバル化」や「グローバル」でもなければ、経済や科学技術、固有の文化を武器にした「ゲーム」のプレイヤーたる日本でもない。あるいは、それだけではない。「グローバル化」や「グローバル」といった言葉は、経済や科学技術にとどまらない多様

な事象を連想させる複合的な言葉に拡張されたり、日本の内部のあるさまざまな水準の現象を越境的な接続や相互作用のなかで想像させる言葉になっている。こうした「グローバル化」や「グローバル」の使われ方は、「グローバル化」や「グローバル」を既成事実とする日本研究とは、異なる研究の方向性を示唆している。その理念的な方向性を2つ挙げておけば、次のように言える[14]。

　第一は、日本というエリアの内部で生起している特定の現象を、より大きなスケールの複合的な空間の一要素として想像し、それを規範的に分析するアプローチである。これは、構図の上では「グローバル化」や「グローバル」を既成事実とみなす日本研究と似ているが、「グローバル化」や「グローバル」を、経済や科学技術を原動力とした不可避の必然的な現象とみなさず、よって日本も、経済や科学技術、文化を武器にした生き残り「ゲーム」のプレイヤーとみなさない点で、似て非なるものである。このアプローチが目指すのは、日本内部の現象に対する規範的な考察を通じて、多様な異質的存在が許容しうる／多様な異質的存在を許容する、日本を含めた一つのまとまりを作ることである。いわば日本における生活のありようが、他のエリアにおける生活のありようと一緒になって、多様な存在の「共生 coexsistance」にどのような有益さをもたらしているか、と問うアプローチである。

　第二は、日本というエリアの内部で生起している特定の現象を、それと結びついた越境的な接続と相互作用のなかで想像し、記述的に分析するアプローチである。これには、さまざまな接続と相互作用を通じて移動する何か──特定の人であれ、モノであれ、思想であれ──を追いかけるものから、日本というエリアを含む、複数のエリアを横切る接続と相互作用に照準を合わせるものまで、さまざまなバリエーションがある。このアプローチが目指すのは、日本というエリアの内部で生起している現象を、日本の内外に広がる接続や相互作用のなかで、異質な現象と共時的に生起している現象として想像することである。いわば日本というエリアにおける生活のありようを、他のエリアの多様な存在とともに織りなしている「共在 symbiosis」という観点から捉え返すアプローチである。

　さらにこれらとは別の次元でも、現代における「グローバル化」や「グロー

バル」の使われ方には、それらを既成事実とする日本研究とは、異なる研究の可能性が示唆されている。すなわち「グローバル化」や「グローバル」といった言葉は、国際政治や経済と呼ばれる特定の領域だけでなく、多様な領域の事象を越境的な接続や相互作用のなかで想像させるようになってきた。そしてこの「グローバル化」や「グローバル」の複合性とともに、従来異なるものとして扱われてきた諸領域のあいだ――たとえば経済と社会、経済と環境、経済と文化――に、かつて以上に多様なつながりが読み込まれるようになってきた。「格差や環境問題などグローバル経済の矛盾」とか「貿易や投資を通じたグローバル化が友好につながるという幻想」といった文は、その若干の例である。そして、この「グローバル化」や「グローバル」といった言葉による諸領域の媒介が、既存のディシプリン（学問体系）に変化を促している。すなわち、現代の日本を構成しているのは、経済的・文化的・科学的・技術的・経営的・政治的・環境的・社会的といった言葉では切り分けられない、いわばそれらの混合でしか表現できない複合的な関係性や想像力である。よって、専門化した学問体系に忠実に、日本国内のある現象を、経済的・文化的・科学的・技術的・経営的・政治的・環境的・社会的といったいずれかの言葉に落とし込み、そのようにして自身の学問体系やそれに即した研究の有益さを競い合うだけでは、日本というエリアの内部で生起する事象は、十分に理解しがたい。「グローバル化」や「グローバル」とともに浮かび上がってきた関係性や想像力が促しているのは、既存の学問体系が培ってきた概念や考え方を、これまで以上に種々の対象を複合的に構成しうる方向へと深化させることである[15]。

　むろん日本研究の展開の方向性は、これ以外にもさまざまにありうるだろう。そしてそのいくつかは、日本における「グローバル化」や「グローバル」といった言葉の使われ方のなかで、すでに示唆されているように思われる。

3.　グローバル化と日本

　本叢書の最終巻となる第4巻は、「グローバル化と日本」と題されている。

日本というエリア、もしくは、日本というエリアで生じている特定の現象を、「グローバル化」や「グローバル」と呼ばれるものとのかかわりのなかでとらえなおす——先に「グローバル化と日本」問題と呼んだものを扱う——のが、この巻の課題である。本叢書の他の巻同様、「グローバル化」や「グローバル」をどう捉えるかは、各執筆者に委ねられている。ただしこの巻ではそれぞれの執筆者に、日本の特定の側面——「経済」や「労働」などのテーマ——にとくに焦点を合わせていただくようお願いした。同時に、考察の対象や議論の仕方に関しては、叢書の他の巻同様、越境や重複を厭わないことを基本的な方針とした。

　各章の読み方は当然ながら読者に開かれている。ここでは編者の能力の範囲内で、ここでの「序論」の議論に多少とも都合のいいかたちで各章を簡単に整理しておこう。

　「経済」をテーマにした第1章の町北論文は、「経済のグローバル化」のなかでも貿易に注目し、それが日本経済に及ぼした影響を分析する。貿易の指標とされるのは交易条件、日本経済への影響の指標とされるのは労働分配率である。その結果、交易条件の悪化が、製造業の労働分配率を低下させてきたこと、なかでも輸入に依存する業種で労働分配率が低下してきたこと、輸出に関わる自動車関連産業でも、メーカーでは労働分配率が上昇したが、部品サプライヤーでは労働分配率が低下してきたとする。部品サプライヤーで労働分配率が低下した理由としては、下請け構造や賃金交渉力が低い労働組合を指摘する。「経済のグローバル化」の一様でない影響から浮かび上がるのは、日本経済の特徴とされてきた企業規模や雇用形態の二重構造である。これは第2章の小熊論文の指摘と通底する。

　「労働」をテーマとする第2章の小熊論文は、日本の雇用に対する「グローバル化」の影響を分析する。注目するのは、既存の研究での「グローバル化」の定義とデータの問題である。経済学では、とりわけデータセットの整備が進んだ2000年代以降、「グローバル化」を海外直接投資の増大と定義し、海外直接投資を行う企業がいかに雇用を増減させてきたかを論じることが多い。だがこれらのデータセットは主に大企業が対象である。その分析によって「グ

ローバル化」は国内雇用にプラスだとされ、企業の二重構造には注意を払われない。これに対し小熊は、企業の二重構造に、1990年代以降の雇用の二重構造——一方の男性正社員と、他方の自営業・非正規従業員・女性——を重ねて、「グローバル化」が二重構造の下層にマイナスの影響を与えてきたと推論する。これは「グローバル化」それ自体の結果というより、日本社会で発展してきた雇用慣行や労働組合の性格、多重下請構造の効果である。

　「エスニシティ」をテーマとする第3章の髙谷論文は、移民をめぐる現代の動向と日本の対応を論じる。移民は、越境的な社会関係を形成するともに、社会内の人種・エスニシティを多様化させる。この「社会のグローバル化」は、国民国家とのずれをさまざまな局面で生む。そこに、成員や領土、主権の概念を更新することで、ずれを埋めようとする動きが現れてきた。一つは、国民国家が「社会のグローバル化」に適応する方向であり（脱国民国家化）、もう一つは、成員や領土の再画定を通じて国家の権限を強化する方向である（再国家化）。この動向のなかに日本の移民政策を置いてみると、1980年代以降にみられた「脱国民国家化」に対して、近年顕著なのは「再国家化」の動きである。「国民国家の硬化」によって「グローバル化」する社会とのずれが広がり続けている。

　「教育」をテーマとする第4章の吉田論文は、産業界が唱えた「グローバル人材」という言葉を取り上げる。当初は、国籍を問わず、日本企業の海外進出に必要な多様な能力を持つ人材を指した。日本経済の問題解決を大学教育に負わせるこの産業界の言葉に、経済産業省や文科省が飛びつき、「グローバル人材」の育成は日本全体の問題とされた。産業界や政官界による大学批判が繰り返され、大学には絶えざる改革が要請された。その傍らで「グローバル人材」は英語ができる日本人に矮小化され、文科省の競争的資金で日本人学生の英語力の改善に邁進した大学もさほど成功しなかった。そして日本企業は、いまも自分たちには「グローバル人材」を育成する余裕やノウハウがないとし、日本人以外の採用や平等な扱いにも消極的なままである。

　「科学技術」をテーマにした第五章の榎木論文は、自然科学者の移動を論じる。現在、多くの国が博士号取得者を誘致している。これに関して日本でよく話題になるのが、中国の「千人計画」である。1990年代以降、中国は

海外に流出した人材を呼び戻す政策を行ってきた。いわゆる「海亀政策」で、「千人計画」もその系譜である。その一環として他国の研究者も誘致している。これら政策の結果、中国の科学研究は大幅に発展した。これに対し、少なからぬ国々で「経済安全保障」と呼ばれる警戒が生じている。アメリカの大学に勤める多くの中国系の研究者が逮捕された「チャイナイニシアチブ」はその代表である。だがこれはまもなく中止される。大半が不起訴や無罪になったからである。日本では「千人計画」に参加する日本人研究者へのバッシングがいまも盛んである。これら研究者は、日本の研究環境が悪化するなかで渡航したケースが多い。政策の責任を研究者に転嫁する姿勢に、日本の政治の危機的状況が表れている。

　「スポーツ」をテーマとする第 6 章の柏原論文は、2021 年の東京オリンピックから始まるが、論じるのはヨーロッパサッカーである。放映権料や EU 内の労働力移動の自由化に始まる「グローバル化」は、ヨーロッパサッカーを世界中から人と金が集まるグローバルビジネスにした。労働集約的なマルチクラブオーナーシップ、ローカルなサッカー文化の無視やサービスを享受するだけの消費者の創出、主体的に振る舞うサポーターの排除や見世物化、競技空間の衛生化は、その特徴をよく表す。その結果、各国の由緒あるクラブや実績あるクラブすら破産したり負債を抱えるようになる。日本にほとんど言及しない柏原論文は、しかしだからこそ、オリンピックを含めた日本のスポーツを取り巻く状況を鮮明に描き出す。人々がスポーツに見る夢が行き着いたのは、多くの人々の関知できない独自のルールを駆使して、ローカルな文化や観（光）客、プレーの上手な若者をビジネスの資源として活用する巨大なグローバルビジネスである。

　「政治」をテーマとする第 7 章の大山論文は、日本政治の制度を取り上げる。1990 年前後の日本では「政治改革」ブームがあった。目標は、長期的視野に基づく政策の競い合いと政権交代可能な二大政党制であった。政治の「グローバル化」とも言えるこの改革から 30 年後の現在、日本の政治はそこからかけ離れた「内向き」さ具合を見せている。「政治改革」の中心だった衆議院の選挙制度の改変は、大小さまざまな要因が絡まって結果的に選挙を複雑怪奇

にした。その結果、投票率や政治への関心は落ち込み、政府や与党の関心は有利な時期に総選挙を実施することに向かい、野党も小選挙区制と比例代表制の狭間で自発的な分割統治状態に陥った。国会でも、与党議員と省庁の担当者が事前に法案を作成する事前審査、本来法案審議の中心であるはずの常任委員会の不全などが相まって、有権者の声は政策に反映されにくい。政策の競い合いも政権交代もなく、実質的にごく少数の有権者の意向しか反映していないのが、現在の日本政治である。

「ジェンダー」をテーマにした第8章の堀江論文は、ジェンダー／セクシュアリティの観点から天皇制を考察する。国民国家の形成過程では、国民のまとまりを作り出す装置がさまざまに工夫される。日本でのそうした装置の一つが戸籍制度である。「戸主」と「家族」からなる「家（戸）」とともに、戸籍簿に組み入れられない人々（現代では非日本国籍保持者）や、戸籍制度を超越する天皇家を作り出してきた。第二次世界大戦後、法律上の「家」は廃止されたが、戸籍制度は居住実態と合わなくても住民基本台帳によるサービスが主流になっても維持された。天皇制はいまもこの戸籍制度に支えられている。それを基盤にした慣習としての家制度に寄って立つのが、天皇家という公的な「家」である。この「家」の天皇という地位は、その継承における特定「家系」への固執のみならず、女性の排除、父系の優越、女性による継承者の出産、異性愛主義といった点で、問題を孕んでいる。その多くは、女性天皇が認められても解消されることはない。

「社会運動」をテーマとする第9章の濱西論文は、欧米の経験に基づく社会運動論を日本の経験に合わせて再構成する。福祉レジーム論に即した再構成により、以下の社会運動の枠組が示される。①産業社会での社会的保護を求める「労働階級運動」、②福祉国家の更新をめざす「新しい社会運動」、③「ポスト社会状況」で「ソーシャル・ガヴァナンス」の形成をめざす「文化運動」、④「ソーシャル・ガヴァナンス」の更新をめざす「グローバル運動」。この枠組は必ずしも時系列的なものではない。運動を識別する類型でもある。この枠組から見た場合、現代日本のサミット・プロテストは、自由主義的な「ソーシャル・ガヴァナンス」を批判する「グローバル運動」であるとともに、社会

包摂的な「ソーシャル・ガヴァナンス」を作ろうとする「文化運動」の性質を持つ。運動の争点やアクターは「グローバル化」に応じて変化するとともに、運動自体が「グローバル化」の方向性に影響する。

「環境」をテーマにした第10章の比嘉論文は、沖縄での米軍新基地建設計画反対運動とジュゴンとの関わりを分析する。1990年代後半以降、ジュゴンが辺野古基地建設反対運動のシンボルになる。そこに見られるのは、「食み跡」調査が示すように、ジュゴンという動物を「やっていること」や「生き方」と捉え、それを沖縄の先人たちを含む自分たち人間の「行っていること」や「生き方」と並置することで、異なる種が「棲まう」共通の地平としての「環境」イメージを作り上げているさまである。同時に人間とジュゴンのあいだには、個体識別のやり方が示すように、「礼儀正しい」適度な距離が設けられている。ここに現れるのが、ジュゴンと人がともに生きる「環境」の保護であり、ジュゴン保護と基地反対運動の等値である。異なる種に対する異化と同化を同時に行う「分離」の作法は、同じ種のなかに異なる「生き方」を孕む人間がともに生きていくための基盤になる。

「都市」をテーマとする第11章の饗庭論文は、都市計画の世界的な転換に日本のそれを位置づける。21世紀になる頃から都市計画は世界的に変化してきたが、そこに見て取れるのは、問題の震源地から問題を解決する道具へという都市の変化であり、さらには都市問題の解決から世界の問題の解決へという変化である。日本でもこの都市計画の「世界道具化」が生じてきた。代表的なのが東京の都市計画である。だがこの仕組みでは「開発」が民間事業者に委ねられる。そのため、大きな「開発」の可能性があるところでしかビジョンの実現が起こらない。ここに現在、政府や民間業者が整えた大きな流れや空間に、住民が小さな流れや空間を加える「まちづくり」や「コミュニティデザイン」が日本各地で展開されている。この小さな「開発」を、饗庭は「世界道具化装置の民主化」と位置づける。

「災害」をテーマにした第12章の福田論文は、災禍の儀礼研究を論じる。「災害」というと自然現象とみなされやすいが、実際には自然的か人為的かという見方には収まらない現象である。この「災害」概念の文化的バイアスを解

除するところに現れてきたのが、「災害」の文化的研究である。現在、地震や事故からパンデミックや気候変動、紛争やテロまでの「災禍」と、それに対処する社会的プロセスが広く研究されている。なかでも福田は災禍のあとの儀礼に注目する。現代の災禍は「グローバル」に展開することが多く、当事者や犠牲者も複雑である。その結果、どのような災禍を、どのような「われわれ」にとってのいかなる不幸としてどのように記念すべきかが、問われている。災禍の儀礼研究は、日本内の現象を「グローバル」な現象として構成する研究対象の「グローバル化」や、日本研究者が他のエリアの研究者と共同研究する研究の「グローバル化」の好例である。

　「福祉」をテーマにした第13章の竹端論文は、障がい者支援を論じる。日本の障がい者支援に見られる「〈施設主義的〉把握」は、現在課題を抱えている。一方では施設での虐待や殺傷であり、他方では国連による脱施設化の勧告である。これらは別物ではない。障がい者支援が明らかにしてきたのは「医学モデル」の限界であり、当事者の「苦しいこと」に寄り添う支援の有効性である。日本の施設はもともとこうした支援の場として設けられたが、過度の集団的な管理が行われることがある。そのとき、当事者の「苦しいこと」に向き合えない支援の負の効果は施設内に蔓延する。施設上位者による責任転嫁、支援者における「苦しいこと」の伝播、被支援者における「苦しいこと」の増幅である。国連が日本に、平等な尊厳を前提にした脱施設化を勧告するのも、単なる理想主義というより、施設での支援が世界各地で当事者と支援者をこうした悪循環に巻き込んできたからである。

　「日本語教育」をテーマにした第14章の米澤論文は、日本語の習得を必要とする子どもへの支援を論じる。日本でも複数言語の存在がかつて以上に常態になったが、なかでも注目されているのが、日本語の習得を必要とする子どもの存在である。「保護者の国籍」や「母語・継承語」、「移動歴」、「家庭での言語使用状況」といった点で多様な言語環境を生きるこれらの子どもに、現在、学校の内外で多様な日本語支援が行われている。同時に、こうした子どもの存在は、近年の学習観の変化とあいまって、日本語教育に新たな展開を生み出している。なかでも米澤が重視するのは、子どもと日本語支援者の

序論　グローバル化と日本　23

関係性の再考である。母語話者をモデルにした日本語教育ではなく、子ども
が伝えたいことを日本語で表現しやすい言語環境を作り出す日本語支援のあ
り方は、現代の複数言語環境において言語教育が持つ可能性を示す。

　「文化」をテーマにした第15章の清水論文が論じるのは、ダンスである。
芸術の「グローバルな展開」として越境的な活動や海外でのブームが語られ
る現状に対し、清水が注目するのは、現代の小説や音楽にさまざまな形で登
場するダンスである。そこに見られるのは、日本で形作られてきたダンスの
経験であり、ダンスをメタファーとする生の経験である。規範的なだけでは
ない多様なリズムに満ちた社会生活のなかで、人はそれぞれの場所でいくつ
ものリズムと出会い、ときにリズムに乗ったり外したりしながら踊り、新た
なリズムを立ち上げる。本章の小説や音楽が日本に限られない人気を博して
きた一因は、そうした踊る文化が「グローバル」な感性に開かれていること
にある。「高級芸術」対「大衆（ポピュラー）芸術」という図式を峻拒する本論文
が示すのは、日本の「芸術世界」のなかで「表現者」とオーディエンスが作り
上げてきた、日本の踊る文化の可能性である。

　本巻に所収の15の論文を並べてみると、「グローバル化」や「グローバル」と
いった言葉とのかかわりのなかで、日本で起こってきたことや現在起こってい
ることの、ある種の全体像が得られるようで興味深い。だがわずか15の、独
立性の高い論文である。ここで言及されているのは現代日本の断片であり、す
くい取られていない諸相は無数にある。ここでは本巻のねらいに戻っておこう。

　本巻がねらいとしたのは、日本というエリア、もしくは、日本というエリア
で生じている特定の現象を、「グローバル化」や「グローバル」と呼ばれるもの
とのかかわりのなかでとらえなおすことだった。この観点から本巻所収の論文
を眺めると、あらためて次の事実が確認できる。「グローバル化」や「グローバル」
の流行とともに開かれてきた関係性や想像力は、実にさまざまな水準に渡って
おり、その形象も大小さまざまのスケールの「共在」から「共生」まで多様である。
また本巻では各章にテーマを設けたにもかかわらず、本巻所収の論文の多くは、
日本で生じている現象の理解において、経済的・文化的・科学的・技術的・経
営的・政治的・環境的・社会的といったかたちで切り分けられる特定の領域に、

議論を限定しているわけではない。日本で生じている現象を理解しようと思えば、領域を跨いだ関係性や想像力を無視できないからである。

　こうした複合的な関係性や想像力の布置のなかに置き直してみれば、その時々で流行する「グローバル化」や「グローバル」のような同時代記述を、どこかの誰かに与えられた不可避の既成事実として受け取り、生き残り「ゲーム」のプレイヤーとして日本を構成する関係性や想像力は、そのごく一部を構成しているにすぎない。にもかかわらず、それを唯一の関係性や想像力だと信じ込んでしまえば、現代の日本を構成している無数の関係性や想像力は決して目に入らない。さまざまな水準やスケールにおいて展開している、経済的・文化的・科学的・技術的・経営的・政治的・環境的・社会的といった言葉の混合で表現される多様な関係性や想像力は、無いものとされるか、価値のないものとして切り捨てられる。そして日本を「プレイヤー」にした生き残り「ゲーム」の想像力が行き着くのは、いつもながらの、別のどこかですでに行われている経済活動や科学技術の後追いか、これまたいつもながらの「日本的」なるものへの固執である[16]。「グローバル化」や「グローバル」のもとでの日本の生き残りに邁進するほど、さまざまなチャンスがこぼれ落ちていくというパラドックスである。

　今後も「グローバル化」や「グローバル」という同時代記述が使われるのか、そう遠くないうちに新しい同時代記述に取って代わられるのかは、わからない。だが「グローバル化」や「グローバル」以前の流行語である「文明化」や「近代化」の経験を顧みれば、次のように言うのはそう的外れではないだろう[17]。時代の新しさをたえず謳いたがる「近代的 modern」な身ぶりは、現状の行き詰まりや改革、新しい時代の到来を告げる同時代記述を、今後も次々と生み出していくだろうし、実際すでにいくつも生み出されている。そして時が来れば、古い同時代記述は破棄され、新たな同時代記述のいずれかが流行していくだろう。だが「グローバル化」や「グローバル」の流行が終わっても、それらの流行とともに開かれてきた「共生」や「共在」の関係性や想像力が、即座に消えてしまうわけではない。それもまた、「文明化」や「近代化」の経験——それらの流行とともに開かれた関係性や想像力は、時代に合わせて姿を

変えながら現代に流れ込んでいる——が教えるところである。

　そうであるならば、「グローバル化」や「グローバル」の流行が今後どうなるにせよ、「グローバル化」や「グローバル」を既成事実とみて日本や自身の研究（やディシプリン）の生き残りに邁進したり、「グローバル化」や「グローバル」を全面的に否定／批判したり、「グローバル化」や「グローバル」に代わる新しい同時代記述の喧伝に勤しむこと以外にも、現代においてなすべきことは多々あるように思われる。その最たるものの一つが、「グローバル化」や「グローバル」の流行とともにさまざまな水準で現れてきた、さまざまなスケールをもって展開している複合的な関係性や想像力を記述することだろう。それなくしては日本の現状すら理解できないからである。くわえて、「共生」や「共在」の想像力に導かれた、好奇心に満ちた自由な研究の地道な積み重ねこそが、経済的・文化的・科学的・技術的・経営的・政治的・環境的・社会的といった言葉の混合によって表現される、さまざまなイノベーションのチャンスを浮かび上がらせるだろうからである。多様なディシプリン（学問分野）の研究者によって本巻で示されているのは、「グローバル化」や「グローバル」を既成事実とする日本研究からは見えてこない、その広大な土壌のサンプル（標本）である[18]。

注

1　「グローバル化」や「グローバル」といった言葉の流行、言葉の変化と時代の変化の相互構成性、「グローバル化」や「グローバル」といった言葉の変化については、本叢書第 1 巻の「序論」を参照。

2　「朝日新聞クロスサーチ」は、1879 年（明治 12 年）の創刊号から現在までの『朝日新聞』の記事を検索できるデータベースである（https://xsearch.asahi.com/）。1984年 8 月以降の記事は全文検索方式で、テキスト本文を読むことができる。ここでは、「グローバル」「グローバル化」「グローバリゼーション」を検索語にし、条件を朝刊のみ、および「見出しと本文と補助キーワード」にして、全文検索を行った。

3　『朝日新聞』が例外でないことは、『現代用語の基礎知識』をベースにした木村・谷川（2006）の項目「グローバリズム」からも推察できる。「この年〔筆者注：1990 年〕のヒューストン・サミットあたりから『グローバル化』が合い言葉となった。地球的な規模で物事が波及していく現象を指し、サミットでは、開放体制、民主化・自由経済の進展を歓迎することを首脳達が確認し合った」（木村・谷川 2006: 225）。

4 夕刊を入れると「総合面」が一番多くなる。また夕刊を入れると、「文化・芸能面」や「科学・医療面」の用法も増える。新聞紙面の構成の仕方も、「グローバル」や「グローバル化」といった言葉の使われ方に当然影響している。

5 ここで考えたいのは、「グローバル化」や「グローバル」といった同時代記述の流行のもとでの、「エリアスタディーズ（地域研究）Area studies」としての日本研究の可能性である。「エリアスタディーズ」については本叢書第2巻、第3巻の「序論」で触れたが、ここでは次のことだけを断っておく。日本研究が、日本で言う「地域研究（エリアスタディーズ）」に入るかどうか、入るとしてどのように入るか、には、理屈上および実際上、さまざまなバリエーションがある。だが福武（2014）が言うように、日本では「エリアスタディーズ」を基盤に「グローバル・スタディーズ」が展開してきたのだとすれば、それは早晩、日本というエリアの研究を含まざるを得ない。ここで考えたいのは、こうしたタイプの日本研究である。

6 近年の日本学術会議や国立大学法人法改正案をめぐる問題は、国家と研究の関わりを示すごくわかりやすい例である。ただしここで問題にしているのは、国家と研究の関わりそれ自体ではない。その関わりにはかなりの幅がある。ここで問うているのは、研究が「有益」と判断される際に作用する「何らかの意味」の方である。

7 ここでの「日本研究」の用法は、慣用的な用法とは異なる。通常「日本研究 Japanese Studies/Japanology」は、海外で行われている日本についての研究——「エリアスタディーズ」の一種——を指す。誤解を恐れずに、それぞれの特徴を極度に単純化して対比させれば、通常の日本研究が、海外で行われている「日本についての研究」だとすれば、ここでの「日本研究」は、日本で行われている「日本のための研究」である。通常の日本研究については、Okano and Sugimoto eds. (2017)、Kottmann（2020）を参照。

8 同様のことは、たとえば地域研究でも指摘されている。「『グローバル』という言葉が、ある意味で錦の御旗になってしまって、それさえいえば、出す方が財布の紐をゆるめる傾向にある状況」（臼杵ほか 2014: 49）。

9 たとえば、科学研究費助成事業（通称「科研」）のサイト（https://kaken.nii.ac.jp/ja/index/）を参照。科学研究費助成事業（学術研究助成基金助成金／科学研究費補助金）は、文部科学省と日本学術振興会の管轄のもと、「専門家」によるピアレビューに基づいた審査を通じて交付される「競争的研究資金」である。対象は、人文・社会科学から自然科学まですべての分野で、基礎研究から応用研究まで含む。「研究者の自由な発想に基づく」「独創的・先駆的な研究」に助成を行うとされる。

10 「グローバル化」や「グローバル」の既成事実化に関する議論は、本叢書第2巻、第3巻の「序論」に基づく。詳細はそれらを参照。

11 これはさまざまな時代の論者が形を変えて繰り返し指摘してきたことで、特段

新しいことではない。たとえば、Scott（2020）の「ハイモダニスト・イデオロギー high-modernist ideology」を参照。「それ〔ハイモダニスト・イデオロギー〕を最も適切に言い表せば、次のようになる。科学や技術の進歩、生産の拡大、人間の欲求充足の向上、（人間の本性も含めた）自然の支配、そしてなにより、自然法則の科学的な理解に匹敵する、社会秩序の合理的なデザインへの ―― 人によっては『凝り固まった』と呼ぶかもしれない ―― 信じ込みの、強いバージョンである」（Scott 2020: 4）。ここで言われる「イデオロギー」の現れ方には、さきに国家と研究の関わりに触れたように、相応のグラデーションがある。たとえば隠岐（2018）は、日本で浸透した「文系」と「理系」の区別を手がかりに、この論点に関わる興味深い議論を示している。ここではこうした歴史的経緯を念頭に置きつつも、「グローバル化と日本」問題に関与する日本研究の傾向性に議論を限定する。

12　「グローバル化」や「グローバル」であることを他者に顕示ないし強要しながら、その実、従来的な国民国家や国際関係の構図を維持し続けるという現象は、環境の分野でよく知られる「グリーンウオッシュ Green washing」（環境に配慮していないにもかかわらず、しているように見せかけること）をもじって言えば、Global washing とでも呼べるかもしれない。

13　むろんこれは、これらの批判に意味がないということではない。その効果が現れるのに時間がかかろうとも、「凝り固まった」日本研究とは異なる可能性を開くうえで、これらの批判は致命的に重要であると考える。蛇足ながら一言。

14　ここで示した2つの研究の方向性については、本叢書第2巻、第3巻の「序論」を参照。

15　「グローバル・スタディーズ」および「エリアスタディーズ（地域研究）」とディシプリンの関係については、第1巻および第3巻の「序論」を参照。

16　「後追い」の一例として、「近代化」という同時代記述のもとで興隆した第二次世界大戦後の日本のコンピュータ産業が挙げられる（Utsumi and Takazakura, 2022）。

17　「文明化」や「近代化」の流行については、本叢書第1巻の「序論」を参照。

18　ここでの「サンプル（標本）」には次のような限定が必要だろう。まず、ここでの「サンプル」は、全体 ―― 「広大な土壌」 ―― を前提とするというより、「サンプル」を通じて全体性が現れる。そして「サンプル」を通じて現れる全体性は、「もはや目標そのものとされることはないが、自己相対化を支える背景の位置に退いている」（浜本1996）。これについては、叢書第1巻の内海（2025（予定））も参照。

参考文献

チャン, ハジュン, 2010,『世界経済を破綻させる23の嘘』田原源二訳, 徳間書店.
クリフォード, ジェイムズ & ジョージ・マーカス編, 1996,『文化を書く』春日直樹・

足羽與志子・橋本和也・多和田祐司・西川麦子・和辻悦子訳, 紀伊国屋書店.

榎木英介, 2010,『博士漂流時代「余った博士」はどうなるか？』ディスカヴァー・トゥエンティワン.

福武慎太郎, 2014,「グローバル・スタディーズ：地域研究の地殻変動」『地域研究』第 14 巻 1 号：8-32.

浜本満, 1996,「差異のとらえかた：相対主義と普遍主義」『岩波講座文化人類学第 12 巻　思想化される周辺世界』岩波書店, PP. 69-96.

井出英策, 2015,『経済の時代の終焉』岩波書店.

Ikarashi, Anna, 2023, Japanese research is no longer world class - here's why, *Nature*, Nov;623(7985):14-16. doi: 10.1038/d41586-023-03290-1.

木村傳兵衞・谷川由布子ほか, 2006,『新語・流行語大全：ことばの戦後史』自由国民社.

Kottmann, Nora and Cornelia Reiher (eds.), 2020, *Studying Japan: handbook of research designs, fieldwork and methods*, Nomos.

マッシー, ドリーン, 2014,『空間のために』森正人・伊澤高志訳, 月曜社.

モーリス＝スズキ, テッサ, 2013,『批判的想像力のために：グローバル化時代の日本』平凡社.

日本学術会議若手アカデミー, 2023,「見解 2040 年の科学・学術と社会を見据えて、いま取り組むべき 10 の課題」日本学術会議.

小熊英二編, 2019,『平成史【完全版】』河出書房新社.

Okano, Kaori and Yoshio Sugimoto (eds), 2017, *Rethinking Japanese Studies: Eurocentrism and the Asia-Pacific Region*, Routledge.

隠岐さや香, 2018,『文系と理系はなぜ分かれたのか』星海社.

サイード, エドワード・W., 1993,『オリエンタリズム 上・下』板垣雄三・杉田英明監修, 今沢紀子訳, 平凡社.

Scott, James C., 2020, *Seeing Like a State: How Certain Schemes to Improve the Human Condition Have Failed*, Yale University Press.

臼杵陽・遠藤泰生・寺田勇文・宮崎恒二・峯陽一・福武慎太郎 (司会), 2014,「[座談会] 日本におけるグローバル・スタディーズの受容と地域研究」『地域研究』第 14 巻 1 号：33-60.

Utsumi Hirofumi and Takazakura Yoshinobu, 2022, Dreams of the vanquished: narratives of computers in post-war Japan, Dick van Lente ed., *Prophets of computing: visions of society transformed by computing*, ACM publishers.

内海博文, 2025 (近刊),「グローバル化と社会概念の変容」『グローバル化と社会理論』〈グローバルスタディーズ〉叢書第 1 巻, 東信堂.

経済

1

経済のグローバル化と労働分配率の関係
——1990 年代〜 2010 年代の交易条件に注目して

町北朋洋

1. はじめに

　本章の目的は、1990 年代後半から今世紀にかけてのいわゆる「失われた 20 年」「失われた 30 年」の間に日本経済に生じた、経済のグローバル化の帰結を評価することである。その際、貿易・投資費用の低下による経済活動の地理的拡大、労働や資本といった生産要素・技術の可動範囲の拡大がもたらす効果だけでなく、どういう条件でグローバル化に関与しているかを示す交易条件に注目することが重要である。詳細は第 2 節で後述するが、交易条件とは輸出財価格と輸入財価格の相対比であり、外国に財・サービスを 1 単位販売（輸出）することで外国から財・サービスを何単位購入（輸入）できるかを端的に示すものである[1]。個々の消費者の満足度を示す効用やそれを集計した経済厚生はこの相対価格から影響を受ける。例えば外貨と自国通貨の交換レートである外国為替レートの変化は交易条件を変化させる。つまり、円安や円高といった為替レートの変化は交易条件に影響を与える。このため、経済のグローバル化の帰結を評価する上で交易条件への理解は決定的に重要である（椋 2020, 河野 2022）。

　本章はこの立場から上記の期間に日本経済に生じた交易条件の悪化に注目する。特に、国民の消費・貯蓄の原資となる労働所得が国民所得に占める割合である労働分配率に対して交易条件の悪化がどのような影響をもったと考えられるかを報告する。現在、労働分配率が世界的には低下傾向にあると言われている（Karabarbounis and Neiman 2014）。その要因として労働から資本設備へ

の代替、労働組合組織率低下、市場の寡占化（Autor, Dorn, Katz, Patterson, and Van Reenen 2020）等に注目した研究が進んでいる（Grossman and Oberfield 2022）。これらの既存研究とはやや異なり、本章はどのような条件で外国と取引を行うことができるかという交易条件の視点から日本の労働分配率の推移を観察する。

　具体的には、交易条件の悪化をもたらす円の減価（円安）を通じ、輸出財の海外市場での価格競争力を高める可能性が労働分配率の向上につながるのか、それとも海外市場からの輸入調達費用の増加は労働分配率を引き下げるのかを実証的に調べた。まず国民経済計算（System of National Accounts、SNA）と呼ばれるマクロ経済活動の会計体系を国際比較可能な形で整理した内閣府の『国民経済計算』から交易条件の推移を求めた。次に1994年から2018年まで25年間の『日本産業生産性データベース（Japan Industrial Productivity Database）』から業種別労働分配率の推移を求めた。そこに産業連関表の情報を組み合わせ、交易条件と業種別労働分配率という二つの時系列データを結びつけた分析を行った。

　分析の結果、次の3点が分かった。第一に、交易条件の悪化に伴い製造業の労働分配率が非製造業（サービス業など）に比べて大きく振幅するようになった。第二に、交易条件の悪化に伴い、国内で生産した最終生産物を多く輸出する輸出依存度の高い産業は労働分配率を高め、一方で外国から原材料や部品等の中間投入材または最終生産物を多く輸入する輸入浸透度の高い産業は労働分配率を低めた。最後に自動車関連産業のサプライ・チェーンに絞った分析を行ったところ、各工程間で労働分配率の推移には顕著な違いがあった。外国に販売市場のある組立工程の労働分配率は上昇を続けたが、国内市場向けの部品製造工程の労働分配率は低下を続けた。

　これらの分析結果は交易条件の悪化が海外販売市場や海外調達の程度に応じて国内労働者の経済厚生を非対称化させていることを示唆する。輸出に直接関わる業種の労働者は過去20年間の交易条件悪化の恩恵を受けてきたが、そうではない業種の労働者は交易条件悪化の費用を負担してきたと解釈できる。そして需要の価格弾力性が高い場合、つまり販売価格を一単位上昇させた時に需要が大きく減る場合、そうした需要の価格弾力性の高い財を生産す

る企業は、輸入費用の上昇分を価格に転嫁することが難しくなる。その場合には企業利潤もしくは労働費用が圧縮される可能性がある。労働費用が圧縮されれば、産業の総生産額に占める労働所得の割合も小さくなり、労働分配率が低下する。

こうした分析と考察を踏まえ、本章の結論として、経済のグローバル化が国内経済にもたらす費用と恩恵は一様ではないことを主張する。そして、どの業種の労働者に費用と恩恵が帰着するかを理解するためには、第一に経済活動や生産要素・技術のグローバル化の進展如何に関わらず外国との関係で相対的に決定される交易条件の変化、第二に生産活動で生じた付加価値の大きさを決める生産性（資本や労働といった生産要素の投入に比べた生産物の大きさ）、最後に付加価値分配に関わる国内の労働市場制度（労働組合等の賃金交渉力）の三つに注目することが重要であると主張する。

第2節は研究方法、第3節は使用するデータを説明し、過去約50年間の交易条件の推移を示す。続く第4節は製造業と非製造業間の労働分配率の差異を示した後、製造業に絞った上で輸出依存度と輸入浸透度の高低で業種を分割し、グローバル化への関与度が高い業種とそうでない業種の労働分配率の推移を比較する。

第5節以降は自動車関連産業に絞った事例研究を行う。サプライ・チェーンの下流工程にあたる自動車組立業（メーカー）は輸出依存度の高い製造業と同様、労働分配率が上昇傾向にあった。一方、下流工程に部品を供給する上流工程にあたる部品製造業（部品サプライヤー）では労働分配率が下降傾向にあった。第6節では自動車関連産業内部でもメーカーと部品サプライヤーの労働分配率の推移が著しく異なる理由を考察する。最終節では結論と残された課題を述べる。

2. 研究方法

本節と次節では、経済のグローバル化の進行とともに日本で生まれた付加価値がどのように労働と資本間で分配されるかを評価するための準備を行う。

最初に本節では交易条件と労働分配率という本章の鍵となる二つのマクロ経済変数の定義を確認後、それらを先行研究がどう理解してきたかを示す。次いでこれら二変数間の関係についての理論的枠組みを述べ、具体的な実証研究の手順を示す。

(1) 鍵となる変数

　本章の鍵となる交易条件とは輸出財価格と輸入財価格の相対比率である。為替の減価は海外からの輸入商品価格の上昇をもたらすため、たとえば日本円のドルに対する減価、つまり円安は日本の交易条件を悪化させる。また日本は原油・天然ガス等のエネルギー材料を輸入に頼るため、エネルギー価格の上昇も日本の交易条件を悪化させる (阿部, 稲倉 2023)。また円安とエネルギー価格上昇は外国からの最終財と中間財価格を上昇させるため、消費者と企業に負の影響をもたらす。一方、円安は輸出財の外国での価格競争力を高める効果に加え、海外で得た資産・労働所得の円建ての価値を高め、国内総生産や国民総所得を高める効果がある (阿部, 稲倉 2023)。

　労働分配率は雇用者報酬の対国民所得比率であり、70% 前後で推移してきた (釣 2023:73)。雇用者報酬は付加価値のうち労働者に分配された額で、主に賃金からなり、雇用主負担の社会保険料等も含まれる。国民所得は雇用者報酬、一般企業の営業余剰、個人企業の所得にあたる混合所得の三つの和であり、営業余剰と混合所得は付加価値のうち企業に分配された額である。また海外からの報酬や財産所得といった海外で得た資産・労働所得も国民所得に含まれる。

　この労働分配率が変化する要因は何か。これを考えるには、まず労働生産性と賃金の関係を理解することが鍵になる。一国全体の労働生産性は時間あたり実質国内総生産 (GDP) で計測され、時間あたり実質労働費用が賃金として労働に分配される。労働分配率は国内総生産に占める賃金の比率と考えられるので、実質賃金上昇率が労働生産性上昇率を上回ると、労働分配率が上昇する。しかし生産性上昇以上に労働分配率の上昇が続けば、資本収益率が下落し設備投資が減退するため、そうした資本設備の更新が遅れた状況で

は労働生産性は上昇せず持続的な賃金上昇は生まれない (深尾 2013)。さらに、賃金を物価指数である GDP デフレーター (斎藤, 岩本, 太田, 柴田 2016) で実質化すると、生産性に対する賃金の比率が一定で、実質労働生産性と実質賃金の関係が安定的であるため (川口 2015a, b)、持続的な賃金上昇のためには労働生産性の上昇が必要である。

(2) 理論的枠組みと実証研究の手順

　次に、交易条件と賃金、所得の関係についての既存研究を示し、その後、本章の理論的枠組みを簡潔に述べる。これまでの研究では、輸出価格が相対的に下落したことによる交易条件の悪化が外国に所得を流出させ、労働生産性上昇を帳消しとし、実質賃金の下落につながったことを示している (深尾 2013)。また購買力に注目した研究もある。そこでは、労働者が直面する価格は家計最終消費支出デフレーター (斎藤, 岩本, 太田, 柴田 2016) で示される物価指数であり、これが企業が直面する物価指数である GDP デフレーターを上回る場合、労働者の実質的な購買力を奪うことにつながるとする (齊藤 2023)。これによれば交易条件の悪化に伴って実質労働分配率が 2021 年以降低下している。また、これらの既存研究は実質賃金および実質労働分配率の分母にあたる価格指標に対する交易条件の影響に注目していた。

　本章はこれまでの研究が検討してきた価格指標からではなく、円の減価が国内産業の労働分配率に不均一な影響を与えるという見地から労働分配率に関する既存研究を補完する。つまり本章は円の減価が実質労働分配率の分子にあたる名目労働分配率 (以下、単純に労働分配率) に対してどのように影響するかを調べる際、既存研究が示したように円の減価が価格指標を通じて実質値に影響する経路ではなく、円の減価が労働者に対する付加価値分配を示すレント・シェアリング[2] やその結果である賃金に対してどう影響するのかを問う。

　具体的には次の理論的枠組みに基づき、分析を行う。円の減価は輸出時の価格競争力を高めるため (齊藤 2021:148)、交易条件の悪化は貿易財需要を高め、その販売数量と売上額を増加させる。そうした需要の増加は供給の増加につ

ながり、生産量を増やすことにつながる。価格に数量を乗じた総生産価値の増大スピードよりも労働所得の増大スピードが大きくなれば、労働分配率が成長することになる。一方、輸出という選択肢がない非貿易財の場合、円の減価が価格競争力の向上をもたらさず、生産量増加効果は生じない。他方で交易条件の悪化は輸入財の調達価格の増加を通じ、生産費用が増大する効果がある。要するに、交易条件の悪化は輸出時の価格競争力の向上と輸入財の調達費用の上昇をもたらす[3]。

　この理論的枠組みに基づいて労働分配率とその推移に注目することで、交易条件の変化が経済厚生に与える帰結を実証的に評価したい。それにあたって次の三つの課題に問いに取り組む。第一に、貿易財と非貿易財部門で労働分配率の推移にどのような差異があり、貿易財部門の中で不均一性がどの程度見られるのか(第4節)。第二に、貿易財のサプライ・チェーン内で完成品輸出に携わる下流工程と、その工程に中間財を供給する国内の上流工程の間には労働分配率の推移にどのような差異があり、その差は主に何によって説明できるのか(第5節)。最後に、自動車サプライ・チェーンの工程間における労働分配率の不均一性をもたらす理由を考察する(第6節)。

3. データ

　本節では分析に使用するデータを説明する。交易条件と労働分配率という二つのマクロ経済変数を含む時系列データセットの特徴と出所を述べる。

(1) 交易条件と労働分配率に関するデータ

　まず本章で使用するデータを紹介する。本章はマクロレベルの交易条件、業種別労働分配率、業種別グローバル化の度合い(輸出依存度ないし輸入浸透度)の3変数に注目する。それら3変数の時系列を含むデータセットを使用する。本章が注目する第一の変数は交易条件である。本章では交易条件の推移を主たる説明変数として労働分配率の変化を説明してゆく。改めて述べると、交易条件とは輸出価格指数(輸出デフレーター)を輸入価格指数(輸入デフレーター)

経済　1　経済のグローバル化と労働分配率の関係　35

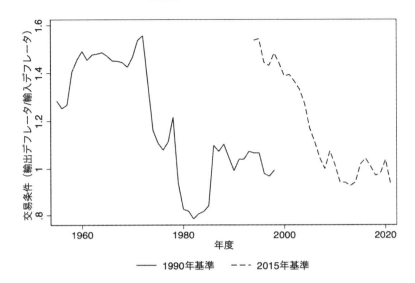

図1-1　1955年から2021年までの日本の交易条件の推移

注：交易条件については斎藤, 岩本, 太田, 柴田 (2016) のウェブサポートページから1955年から最新年までの時系列が得られる。そのうち1990年基準と2015年基準のものを示した。
データの出所：1955年から2021年までの『国民経済計算』。

で除したものであり、内閣府の『国民経済計算』から得られる。1955年から2021年までの推移を図1-1に示した[4]。実線は1995年基準、波線は2015年基準に従う。

　第二に、本章の被説明変数である労働分配率は『日本産業生産性データベース (Japan Industrial Productivity Database、以下JIP)』の2021年3月改訂分である「経済産業研究所・一橋大学JIP 2021 データベース（以下、JIP 2021）」から得た[5]。本章ではJIP 2021の労働データから業種別労働分配率の時系列を入手し、1994年から2018年までの交易条件の推移（2015年基準）とともに図1-2に示した[6]。

(2) グローバル化への関与に関するデータ

　最後に本章はJIP 2021の産業連関表[7]から業種別輸出依存度、業種別輸入浸透度の時系列を入手した。本章では各業種が国際貿易とどの程度、直接の関わりをもつかを輸出依存度と輸入浸透度の二つで表す。最初に各業種の輸

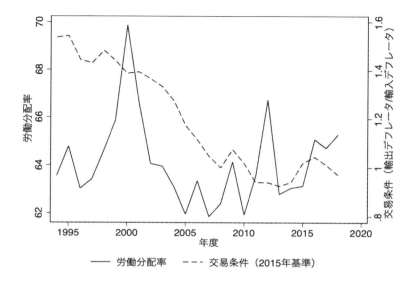

図 1-2　1994 年から 2018 年までの労働分配率（左軸）と交易条件（右軸）の推移

注：交易条件については斎藤, 岩本, 太田, 柴田 (2016) のウェブサポートページから 1955 年から最新年までの時系列が得られる。ここでは 2015 年基準のものを示した。
データの出所：労働分配率については 1994 年から 2018 年までの『日本産業生産性データベース』2021 年 3 月改訂分「経済産業研究所・一橋大学 JIP 2021 データベース」。交易条件については 1994 年から 2018 年までの『国民経済計算』。

入額を各業種の国内生産で除して、この値を業種別輸入浸透度とみなし、また各業種の輸出額を各業種の国内生産で除し、この値を業種別輸出依存度とみなした。そして、それぞれを JIP 2021 で最も古い 1994 年時点の値が高い順に並べ、業種間の労働分配率の時系列を求めた[8]。

さらに JIP 2021 の業種分類が自動車関連産業の中で 2 分割されていることを活かし、自動車部品製造業と自動車組立という同一サプライ・チェーンの上流工程と下流工程に属する二業種の労働分配率の時系列を入手した。本章では製造業の生産物を貿易財と考え、反対にサービス業を中心とする非製造業の生産物を非貿易財として考える。第 4 節では最初に貿易財と非貿易財の比較を行った後、貿易財の中での比較を行う。

経済 1 経済のグローバル化と労働分配率の関係　37

4. 国際貿易への関与は労働分配率をどのように変化させるか

　本節では分析を行う。その結果は次の 2 点に要約できる。第一に、製造業と非製造業の 2 部門の 1990 年代半ば以降 2018 年までの労働分配率の推移を比較したところ、製造業の方が非製造業よりも常に労働分配率が低いが、大きく振幅することが分かった。第二に、輸出依存度と輸入浸透度に注目し、製造業内の業種間比較したところ、もともと輸入浸透度が高かった業種は交易条件が悪化した期間に労働分配率を引き下げていることが分かった。この傾向は輸出依存度が高かった業種には観察されず、マクロ経済内部の不均一性がみられた。

(1) 貿易財と非貿易財の比較

　図 1-3 は国内の製造業と非製造業の労働分配率の推移を比較したもので、図 1-4 はその労働分配率の対前年変化率の移動平均値を製造業と非製造業で比較したものである。これらから分かることが 3 点ある。第一に、非製造業に比べた時の製造業の労働分配率は 2010 年から 2012 年にかけての一時期を除き、一貫して 10-15 ポイント低い (図 1-3)。第二に、一時期に急上昇した以外は製造業の労働分配率は低下傾向にある。製造業の労働分配率は今から30 年前に比べ、約 5 ポイント低下している。一方、非製造業の過去約 30 年間の労働分配率は約 67% 前後とほぼ変化がない (図 1-3)。

　第三に、図 1-4 で労働分配率の対前年変化率を見ると、製造業では 2008年 9 月以降の米国のサブプライム住宅ローン危機を契機としたリーマン・ショック後に労働分配率が落ち込み、労働分配率は 2010 年から 2012 年までの一時期に急上昇を経験するが、過去 25 年間で見れば下降トレンドにあり、その対前年変化率も非製造業よりも激しく上昇と下降を繰り返す。ほとんどの時期で対前年変化率はゼロを下回っており、労働分配率が低下傾向にある。一方、非製造業部門ではリーマン・ショック後のこうした労働分配率の振幅は見られず、労働分配率の対前年変化率は過去 30 年間変化せず、変化率はゼロ周辺に収まる。非製造業の労働分配率は下降トレンドにあるとは言えな

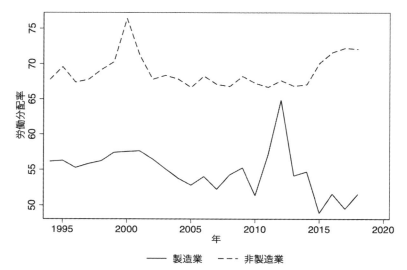

図1-3 1994年から2018年までの業種別労働分配率の推移

データの出所:『日本産業生産性データベース』2021年3月改訂分「経済産業研究所・一橋大学 JIP 2021 データベース」。

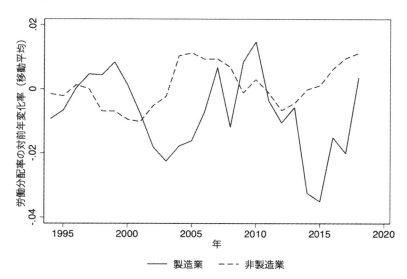

図1-4 1994年から2018年までの業種別労働分配率の対前年変化率の推移(移動平均)

注:労働分配率の対前年変化率には5ヵ年移動平均値を用いた。
データの出所:『日本産業生産性データベース』2021年3月改訂分「経済産業研究所・一橋大学 JIP 2021 データベース」。

い。

　図 1-3 と図 1-4 によれば、長期的な交易条件の悪化は非製造業の労働分配率には影響しないが、代表的な貿易財部門である製造業の労働分配率を長期的に低下させている。このことから、交易条件の変化が国際貿易を通じて労働分配率に影響を与える可能性が示唆される。この非貿易財と貿易財の非対称的な結果を経済学的に解釈すると、非貿易財よりも貿易財では、輸入財との競争のためか、あるいは輸出財の価格競争力を維持するために賃金抑制を進めているという経路の存在が示唆される。

(2) 輸入浸透度と輸出依存度の影響

　前述の輸入経路と輸出経路の二つは労働分配率に対して異なる予測をもつため、これらをそれぞれ取り上げる。輸入経路を輸入浸透仮説として説明し、輸出経路を輸出競争力仮説として示す。さらにリーマン・ショック以前と以後を比較することで、金融危機が産業にとって輸出と輸入環境をどのように変え、労働分配率を変化させる力をもつかを調べる。

　最初に輸入浸透仮説を要約する。交易条件の悪化は輸入中間財の調達費用を上昇させ、輸入企業の総費用を上昇させ、利潤を引き下げる。輸入中間財の調達費用の上昇は、当該輸入企業のみならず、国内生産網を通じ、天然資源も含めた輸入財を中間投入財として使用する全企業の総費用を上昇させる。費用の上昇を生産物価格に転嫁した場合、競争市場では生産物の需要が低下し、総生産価値が低下する。その時、生産に比べて賃金率と雇用量が減らない場合、労働分配率が上昇する。

　この仮説を確かめるため、1994 年時点で輸入比率が高かった業種の労働分配率の推移を見ると、1990 年代半ば以降、2008 年頃まで 45% 前後で推移していた。輸入比率が低かった業種の労働分配率は輸入比率の高い業種に比べて 10-15 ポイント高く、60% をやや下回る程度で推移していた。2010 年以降、両業種とも労働分配率は下降トレンドをもち、その対前年変化率は大きく振幅し、特に輸入比率が高い業種で急落していることが分かった (**図 1-5**)。このことより、輸入財との競争に厳しくさらされている業種または輸入財を

中間財として多く生産に使用する業種では、交易条件の悪化に伴い、賃金または雇用抑制が働いていることが示唆される。

次に輸出競争力仮説を要約する。円の減価によって製造業の価格競争力が上昇し、輸出財への需要が高まり、生産額が増加し、輸出財を生産する製造業の総生産価値が上昇する。この総生産価値の上昇は労働分配率を引き下げる方向に働く。1994年時点で輸出比率が高かった業種と輸出比率が低かった業種の労働分配率の推移から、この仮説を確認する。図示しないが、リーマン・ショック以前はどちらも約55%弱で、同じ値を示していたが、2008年以降、両業種の労働分配率の水準が大きく変わった。1994年時点で輸出比率が高かった業種は60%を超えるまで上昇し、低かった業種では50パーセントを下回るまで労働分配率が低下した。そこから2018年にかけて、両業種の労働分配率は異なった軌跡を描き、輸出比率が高かった業種は55%から60%の間を推移し、輸出比率が低かった業種は2018年では50%を上回

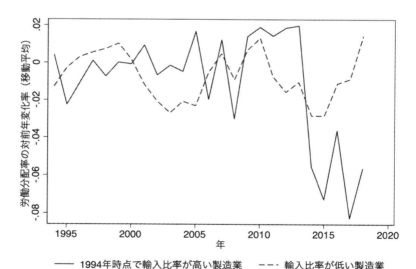

図1-5　1994年から2018年までの輸入浸透度別労働分配率の対前年変化率の推移(移動平均)

注：1994年時点の各業種の輸入浸透度の計算には『日本産業生産性データベース』にある「産業連関表」を用いた。労働分配率の対前年変化率には5ヵ年移動平均値を用いた。
データの出所：『日本産業生産性データベース』2021年3月改訂分「経済産業研究所・一橋大学JIP 2021 データベース」。

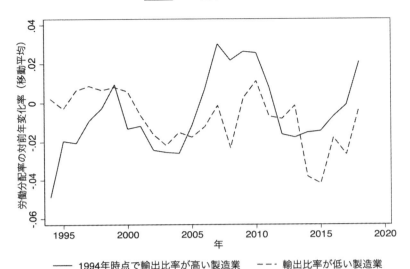

図1-6　1994年から2018年までの輸出依存度別労働分配率の対前年変化率の推移(移動平均)

注：1994年時点の各業種の輸出依存度の計算には『日本産業生産性データベース』にある「産業連関表」を用いた。労働分配率の対前年変化率には5ヵ年移動平均値を用いた。
データの出所：『日本産業生産性データベース』2021年3月改訂分「経済産業研究所・一橋大学JIP 2021データベース」。

らなくなった。労働分配率の対前年変化率をみても、再び2010年から2012年にかけて下降トレンドをもち、輸出比率が低い業種に比べ、輸出比率が高い業種の方が労働分配率の振幅が大きかった（図1-6）。

　要約すると、製造業の中でも交易条件の悪化は業種別労働分配率の推移に対して異なる影響を与えていると考えられる。輸入調達費用の増加が負担となりやすい業種では、労働分配率が下降する一方、輸出時の価格競争力向上から恩恵を受けやすい業種では労働分配率が上昇している。

(3) 分析結果の解釈

　交易条件が悪化した時の労働分配率の影響は業種間で不均一であるという本節の結果はどのように解釈できるだろうか。本節の分析結果からは、労働分配率は生産物需要の変化と労働市場の需給調整のあり方の二つが影響して決まることが示唆される。リーマン・ショック直後は貿易財を含む生産物へ

の需要が減少し、製造業の輸出額が急激に低下し、それに伴い貿易財の生産額が低下したと考えられる。これは労働分配率の分母である総生産額の低下をもたらす。一方、貿易財部門の生産物需要の減少ほどには労働投入量または賃金調整が行われなければ、労働分配率の分子は一定で、労働分配率は上昇する。

つまり、輸入浸透度の高い業種では交易条件悪化に伴い、総生産価値の落ち込みよりも労働所得の落ち込みの方が大きいことが推察される。一方、輸出依存度の高い業種では総生産価値の上昇を上回る大きさで賃金率または雇用量が増え、労働所得の上昇が大きく、労働分配率が上昇したと推測できる。需要の価格弾力性次第であるが、輸出時の価格競争力の向上が需要増を伴い、総生産価値の上昇につながっていると考えられる[9]。

5. 自動車関連産業のメーカーとサプライヤーの事例

本節では国内の産業連関が明確な特定産業の中から自動車関連産業のサプライ・チェーンを事例として取り上げ、いわゆる「失われた20年」もしくは「失われた30年」の間に交易条件が低下し続けたことが、同一産業内のメーカーとサプライヤーに非対称的な影響を及ぼしたのかを労働分配率という尺度から問う。これを通じ、同質的な産業内で、交易条件悪化の影響がどのように不均一に生じるかを検証する。

(1) サプライ・チェーン内部への視点の重要性

具体的には、自動車関連産業を事例とし、日本が2002年以降経験してきた円の減価に伴い、製造業の上流工程から組立・完成に至る下流工程における生産網の各工程の労働分配率にどのような変化が生じたのかという問いを立てた。自動車関連産業を選択する理由は主に2点ある[10]。

第一は、分析上の単純化のメリットである。自動車関連産業は自動車の組立と部品製造の大きく分けて2業種からなり、比較的単純にサプライ・チェーンの上流工程と下流工程を定義できる。これにより、交易条件悪化がサプラ

経済 1 経済のグローバル化と労働分配率の関係　43

イ・チェーンの上流工程に位置する部品サプライヤーと下流工程に位置する
メーカーに与えた影響の違いを検討しやすくなる。

　第二は、自動車関連産業の日本経済全体における位置である。日本経済に
おける輸出の柱は自動車を中心とする輸送用機械である。過去 30 年間に渡
り、付加価値額で見た日本経済の輸出品目の第一位は常に自動車であった。
生産者が円の減価をどのように活用し、外国への販売時の価格競争力を高め、
そして輸入調達費用の上昇にどの程度耐えてきたかを調べる上で、自動車関
連産業は重要な研究対象と考えられる。自動車関連産業は日本の輸出品目の
上位に位置するだけでなく、生産額と付加価値額は他産業に比して大きく、
また部品サプライヤーの数やメーカーがもつ雇用規模、そしてメーカーと部
品サプライヤーが形成してきた産業クラスターが地域経済に与える影響力か
ら見ても、日本経済の中で特に重要である。

(2) 比較の手法

　本項では上記の目的を達するため、次の 4 つの手続きを踏んだ。第一段階
として、本章の第 3 節で紹介した JIP2021 の 100 業種項目から自動車（自動車
車体を含む）および自動車部品・同付属品の 2 業種を選択した。これら 2 業種
は自動車部品・同付属品製造業を上流工程とし、そこから部品供給が行われ、
下流工程の自動車製造業（自動車車体を含む）で組立が行われる。以下、本項で
は自動車部品・同付属品製造業を部品サプライヤーと呼称し、自動車製造業
をメーカーと呼ぶ。

　第二段階として、JIP2021 の産業連関表を用いて、自動車生産の上流・下
流工程にあるこれら 2 業種の 1994 年から最新の 2018 年までの輸出額、輸入額、
付加価値額を入手した。そこから付加価値額に占める輸出額の比率（輸出依存
度）、付加価値額に占める輸入額の比率（輸入浸透度）を計算した（図 1-7）。第三
段階として、これら上流工程と下流工程にある 2 業種の 1994 年から 2018 年
までの労働分配率を JIP2021 から入手し、労働分配率の推移を求めた（図 1-8）。
最後に、これら 2 業種の毎年の労働分配率の対前年変化率の移動平均を求め
た（図 1-9）。こうして産業連関表と JIP2021 から得られた業種別の輸出依存度、

輸入浸透率、労働分配率、そして労働分配率の対前年変化率の推移を用いて、交易条件の悪化がどの業種の労働分配率を低めているのかを調べた。

図1-7は自動車製造業と自動車部品製造業の2業種に関し、1994年から2018年までの付加価値に占める輸出比率、輸入比率の4系列の推移を示したものである[11]。2業種の付加価値に占める輸出入比率を比較すると、円の減価に伴い2002年以降、現在までメーカーは輸出比率を伸ばし続けるが、部品サプライヤーではそうではなかった。また図1-7からは両業種では輸入比率も伸びているため、特に部品サプライヤーでは付加価値に占める輸出比率と輸入比率の差が縮小しつつあることも分かった。

要約すると、図1-7は交易条件の悪化、つまり円の減価は自動車関連産業のメーカーと部品サプライヤーに対し、販売競争と調達環境面で異なった影

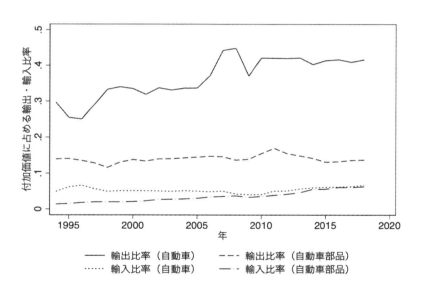

図1-7　1994年から2018年までの自動車組立（メーカー）及び部品製造業（部品サプライヤー）における輸出入比率の推移
注：各業種の輸出依存度、輸入浸透度の計算には『日本産業生産性データベース』にある「産業連関表」を用いた。
データの出所：『日本産業生産性データベース』2021年3月改訂分「経済産業研究所・一橋大学JIP 2021データベース」。

経済　1　経済のグローバル化と労働分配率の関係　45

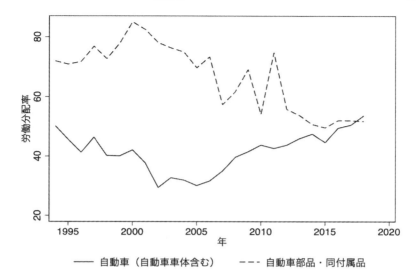

図 1-8　1994 年から 2018 年までの自動車組立（メーカー）及び部品製造業（部品サプライヤー）における労働分配率の推移

データの出所：『日本産業生産性データベース』2021 年 3 月改訂分「経済産業研究所・一橋大学 JIP 2021 データベース」。

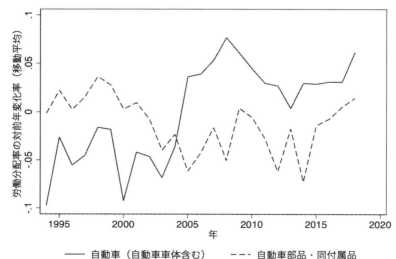

図 1-9　1994 年から 2018 年までの自動車組立（メーカー）及び部品製造業（部品サプライヤー）における労働分配率の対前年変化率の推移（移動平均）

注：労働分配率の対前年変化率には 5 ヵ年移動平均値を用いた。
データの出所：『日本産業生産性データベース』2021 年 3 月改訂分「経済産業研究所・一橋大学 JIP 2021 データベース」。

響を与えた可能性を示唆する。メーカーが円の減価で輸出競争力を高める一方、部品サプライヤーの輸出は大きくは増えずに輸入が増した。輸出から輸入を差し引いた交易利得はメーカーでは増大を続けているが、部品サプライヤーでは縮小し続けており、部品サプライヤーの輸入費用が増大していることを示している。

(3) メーカーと部品サプライヤーの労働分配率の推移

　図 1-8 は 1994 年から 2018 年までのメーカーと部品サプライヤーの 2 業種の労働分配率の推移を示したものである。その特徴を 3 点にまとめる。第一に、メーカーの労働分配率は部品サプライヤーのそれよりも低く、1994 年時点で約 20 ポイント低く 50% 程度である。メーカーの労働分配率は低下傾向にあったが、円の減価が始まった 2002 年以降、労働分配率は上昇を開始し、2018 年まで持続し、55% 近くに至る。第二に、部品サプライヤーの労働分配率は 2002 年ごろまで 80% 近くに達していたが、それ以降、多少の変動はあったが、基本的には低下を続けた。第三に、1994 年時点ではメーカーと部品サプライヤーの労働分配率の差が約 20 ポイントであったが、過去 25 年間で両者の差が縮小を続け、ついに 2018 年時点でメーカーの労働分配率が逆転した。

　次に図 1-9 はメーカーと部品サプライヤーの労働分配率の対前年変化率の推移を示しているが、2002 年以前と以降でこれらの労働分配率の振幅の基調が大きく変わった。2005 年以前は、部品サプライヤーの労働分配率の対前年変化率はゼロをやや上回っていたものの、2005 年以降、メーカーの推移と逆転するようにして部品サプライヤーの労働分配率の対前年変化率が低下し、マイナスに転じた。一方、メーカーでは 2005 年にかけて労働分配率の対前年変化率がゼロを上回り続け、労働分配率が成長を続けるようになった。円の減価による輸出時の価格競争力の向上は、輸出に直接関わるメーカーの労働分配率を成長させるものの、そうした輸出部門に部品を供給する部品サプライヤーでは労働分配率が成長しなくなっており、2002 年以降、円の減価が進んだ時期にはメーカーと部品サプライヤーの間で労働分配率は異

なった基調を示すようになった。

　本節では自動車関連産業のうち、上流工程に相当する部品サプライヤーと下流工程に相当するメーカーの2業種の労働分配率の推移を比較した。円の減価が進み交易条件が悪化した時期には、2業種間では労働分配率に非対称的な効果が現れた。輸出時の価格競争力向上がメーカーにおいては労働分配率上昇に寄与したが部品サプライヤーでは反対に労働分配率低下につながっていることを図1-8と図1-9は示唆している。

6. 自動車関連産業の分析結果の考察

　本節では、いくつかの理論的枠組みを組み合わせながら前節の分析結果が生じる理由を考察する。

(1) 部品サプライヤーで賃金成長が抑制されている可能性

　メーカーは輸出依存度が高い業種の一つであるため、図1-6で示したように輸出時の価格競争力向上に伴う労働需要増、労働所得増の論理が働いていると推測できる。付加価値に占める輸出比率が4割を超えるメーカーと比べ、部品サプライヤーは輸出依存度が高いわけではなく、20-25ポイント低い。また部品サプライヤーは輸入浸透率が高い業種にも含まれず、図1-7に示しているように、部品サプライヤーの輸入中間財への依存度はメーカーとほぼ類似している。

　前節の図1-8のように部品サプライヤーで労働分配率が下がり続けている事実を説明しうる仮説として、部品サプライヤーの賃金成長が抑制されている可能性を取り上げる[12]。部品サプライヤーの部品生産額の増加（総生産価値の増加）に比べて賃金率が伸びなければ、労働所得が増えない。メーカーで生産物需要が増加すれば部品需要も増加するため、部品生産額が増加し、部品サプライヤーの総生産価値も増える。円の減価に伴い、輸出時の価格競争力が上昇する場合には、この経路が強く働くと考えられる。それではなぜ、部品需要増に伴う総生産価値の増加に比して労働所得が増えないのか。本章で

48

はこの理由を説明しうる仮説として賃金交渉力と部品取引価格交渉力に注目した。次の二つの項で説明する。

(2) 賃金交渉力仮説

　本章ではここまで労働市場は完全競争的で、賃金率は労働生産性に応じて決定されると仮定してきた。本節ではこの仮定を一部緩め、賃金決定の枠組みが業種間で異なると仮定する。具体的には賃金は必ずしも完全競争的には決定されず、付加価値を労使間で取り合うというという制度的要因を分析に織り込む。この賃金交渉仮説 (斎藤, 岩本, 太田, 柴田 2016:646) を自動車関連産業の下流部門のメーカーに適用し、この部門では労働生産性で決定される賃金ではなく、企業と労働者の賃金交渉によって賃金が決まると仮定する。そのように仮定すれば、市場賃金以上の賃金を獲得する可能性が生じる。一方、上流部門の部品サプライヤーでは完全競争市場の仮定を維持し、労働生産性に応じて賃金が決定されるものとする。つまり上流・下流工程間で労働市場の逼迫度に対する賃金弾力性が異なると仮定する。

　この賃金交渉モデルは次の二つの理論的予測をもつ。第一に、メーカーの方が部品サプライヤーよりも制度的要因が大きく働き、対企業交渉力が強い場合には、賃金交渉の結果、メーカーの労働者は輸出競争力上昇によって生まれた付加価値を得ることになり、その結果としてレント・シェアリングを通じてメーカーの労働分配率が上昇する。第二に、部品サプライヤーでは賃金交渉力はゼロであるため、賃金交渉機会はなく、賃金は生産性で決定され、生産性上昇分以上には賃金は上昇しない。この場合、労働投入量が増えない限り、労働分配率は上昇しない[13]。

　要約すると、部品サプライヤーでは賃金が労働生産性で決まるが、メーカーでは賃金が制度的要因で決まるという賃金交渉仮説は、円の減価に伴う価格競争力の上昇はレント・シェアリングを通じてメーカーにおける労働分配率の上昇傾向を説明することができる。それではなぜ上流工程では下流工程同様に労働分配率が上昇しないのか。この理由を次の項で考察する。

(3) 部品取引価格抑制仮説

　本項では部品サプライヤーでは、労働生産性で賃金が決定されるという標準的な競争市場モデルを仮定している。この時、労働分配率上昇をもたらすものは、生産性が上昇して賃金率が上昇するか、労働投入量が増えるかのいずれかである。労働分配率が高まらない理由を説明するため、ここでは企業組織論における関係的取引の分析 (浅沼, 菊谷 1997) の視点を用いて、新たに部品取引価格の上昇が抑制されているために部品サプライヤーの生産性が高まらないとする仮説を立てる。

　この仮説をメーカーの立場から次の二つの手順を踏んで考えよう。第一に、円の減価によって完成品輸出時の価格競争力が高まったとしても、日本から輸出される自動車は需要の価格弾力性が高い財である限り、販売単価を引き上げることは輸出時の価格競争力を自ら削ぐことにつながるため、メーカーはそうした行動をとる誘因に乏しい。つまり日本のメーカーは国際的な自動車販売市場において、市場支配力は強くないと仮定する。つまり、市場価格に対して独占的、決定的な影響を与えられるわけではないプライス・テイカーであり、高いマークアップをつけることはできないと仮定する。こうした販売単価の引き上げの可能性が乏しい中では、部品単価の引き上げはメーカーの生産費用上昇をもたらすため、完成品輸出時の価格競争力が高まったとしても、部品サプライヤーからの部品単価の引き上げ要求にはメーカーは応じにくい。

　第二に、メーカーに比べて部品サプライヤーの数が多く、メーカーからみて部品サプライヤーの代替可能性が高ければ、メーカーに対する部品サプライヤーの部品取引価格の交渉力は低い。ただし、部品サプライヤーが資本投資または人的資本投資を行い、高度かつ一般的な技術力を装備することで、他の部品サプライヤーとの代替可能性が低下すれば部品サプライヤーの外部機会を高め、外部価値の向上、組立メーカーに対する価格交渉力の増加をもたらしうる (浅沼, 菊谷 1997)。

　この仮説は次のように要約できる。輸出競争力の向上は国際的な価格競争力を高め、自動車販売台数を増やす方向に作用するが、自動車販売価格を引

50

き上げる方向には作用せず、メーカーと部品サプライヤーの間の部品取引価格も上昇しない。さらに、この取引価格抑制モデルは次の予測をもつ。部品取引価格の上昇が抑制されていれば、上流の部品生産業種における総生産価値は価格ではなく数量で決定されることになる。また部品価格の上昇が抑制されているのであれば、部品生産時の費用が低下しない限り労働生産性は上昇しない。つまり上流工程における労働投入量が増えない限り部品サプライヤーの労働分配率は上昇しない[14]。

(4) 考察のまとめ

　円安によって輸出財を外国で販売する際の価格競争力が高まったことはメーカーの労働者には恩恵であった。円安は交易条件悪化をもたらすが、輸出財の価格競争力の上昇ももたらすため、輸出財では一定条件のもとでレント・シェアリングが実現し、労働分配率が上昇する可能性がある。輸出に直接関わるメーカーにおける労働分配率の上昇トレンドは企業から労働者へのレント・シェアリング仮説と一致すると考えられる (池内, 深尾, Perigini, Pompei 2023)。輸出時の価格競争力が上昇することで生産物需要が高まり、そこで得られた利潤は労働者に分配されやすくなっている。

　その一方で輸出財の外国での価格競争力が高まることの恩恵が、非輸出財部門の部品サプライヤーの労働者に及んでいるとまでは言えない。この業種でレント・シェアリングが働きにくくなっている理由として、(1) 輸出財の外国での価格競争力が高まったとしても、部品自体の付加価値に変化がなく、部品取引価格が変化していないこと、(2) 部品企業にとっての現在の顧客以外の取引先を有するという選択肢 (外部オプション) が増えていないために販売先との交渉力に変化がなく、つまりサプライ・チェーン内部の構造変化が起きていないため、部品取引価格が上昇していないことが考えられる。

　国内の同一業種であっても上流・下流工程間で労働市場の逼迫度に対する賃金弾力性が異なれば、労働分配率に影響を与えうるレント・シェアリングも一様ではなく、交易条件の変化に対する企業の反応は一律ではない。さらに上流・下流工程間で決まる部品取引価格が変化しない限り、部品サプライ

ヤーの生産量あたりの付加価値は増えない。つまり賃金の原資たる生産量あたりのレントが変化しない。

本章で示した賃金交渉力と部品取引価格に関する仮説のみで、交易条件の変化に伴う過去四半世紀の自動車関連産業内の労働分配率の推移の違いを解釈することには一定の留保が必要であるが、これらの仮説には日本経済を特徴づけてきた二重構造性の一面である企業規模格差（石川 1991, ゴードン 2012）、雇用形態の格差（神林 2017）の一部が現れている。本章は不完全ながらも、それを俯瞰的に捉えていると言って良いだろう[15]。

おわりに

日本は有利な条件で海外貿易を行うことができるのかを示す交易条件が過去四半世紀の日本経済の変化を理解する上で決定的に重要という問題意識のもと、本章は「失われた 20 年」「失われた 30 年」の間に日本経済に生じた、経済のグローバル化の帰結を評価してきた。それを定量的に評価するため、業種別労働分配率の時系列データセットを中心とし、交易条件の推移に注目し、そこに国際貿易への関与、賃金交渉力、部品取引価格交渉力からレント・シェアリングの程度を分析・考察するという手法を採用した。このことを通じ、交易条件の悪化は日本経済にどういった費用と恩恵をもたらしたのかを知ることが可能となると考えた。

本章の分析結果が示す重要なメッセージは、グローバル化の進展の程度に関わらず他国との関係で相対的に決定される交易条件の変化は、輸出財と非輸出財に対して異なった影響を与えるため、国民所得の分配に一律の影響を与えるわけではない、ということである。そのことは、自動車関連産業サプライ・チェーン内部の輸出財部門に相当するメーカーと非輸出財部門に相当する部品サプライヤーそれぞれの労働分配率のトレンドが大きく異なっていることからも明らかである。本章の分析手法は労働分配率の偏りを説明する際、貿易への関わり、特にサプライ・チェーンの特性に注目するという素朴なものであるが、経済のグローバル化の帰結を評価する際には業種間（工程

ないしタスク間）の異質性を考慮する必要があるという比較的新しい含意を導いており、政策担当者にとっても一定の意味がある。

最後に、本章で扱っていない重要な代替的仮説として、交易条件の変化に伴い、労働と資本の代替の弾力性が業種ごと、企業ごとに異なってくる可能性がある。清田（2016）によれば、1975年から2006年までの産業別資本集約度（従業員あたりの総資本の大きさ）の変化を見ると、メーカーの資本集約度の変化は全期間で約30%であり、約20%の部品サプライヤーよりも約10ポイント大きい。2006年までの約30年間、部品サプライヤーよりもメーカーの方が資本集約度を高めるスピードが速かった。本章で推論してきた非輸出部門における賃金上昇抑制メカニズムとは異なり、部品サプライヤーはメーカーに遅れて2006年以降に急速に資本集約度を高め、それが労働分配率を下げている可能性もある。本章では交易条件の変化と業種別労働分配率の推移を見ることを通じ、グローバル化に伴うレント・シェアリングのあり方が産業間で不均一であるという統計的事実を素朴な形で提示したが、今後メカニズムを特定するにあたっては、個票データを用いて企業の投資行動と賃金決定がより精緻に観察され、検証される必要がある。

注

1　交易条件、交易利得・損失については、椋（2020）の第2節、斎藤, 岩本, 太田, 柴田（2016）の第9章、釣（2023）の第4章などが簡潔に説明している。

2　労働市場が完全競争的であれば、賃金は労働者の生産性によって決まる。一方、労働市場が不完全競争的である場合には、労働者と企業が交渉し、生産によって生まれた余剰を交渉して賃金が決まると考える。詳しくは斎藤, 岩本, 太田, 柴田（2016）の第17章を参照されたい。

3　言い換えれば、円の減価は輸出時の価格競争力を高める働きをすることから、貿易財部門では生産物需要の高まりがレント・シェアリングを介して賃金上昇につながり、労働分配率が上昇しうる。一方、円の減価は外国から購入する原材料・中間投入財費用の上昇をもたらす働きをすることから、そうした中間財を多く使用したり、輸入財の浸透が大きい貿易財部門では賃金上昇が抑制された結果、労働分配率が低下しうる。

4　斎藤, 岩本, 太田, 柴田（2016）のウェブサポートページから1955年から最新年ま

経済 1 経済のグローバル化と労働分配率の関係　53

での日本の交易条件の時系列が得られる。本章もこれを利用した。

5　1994 年から 2018 年までの産業別の全要素生産性 (TFP) 推計値と資本投入指数
　　および資本コスト、労働投入指数および労働コスト、生産額と中間投入額の名
　　目および実質値、TFP 上昇率等の年次データからなる。JIP2021 の推計方法は深
　　尾 (2021) および深尾他 (2021) に詳しい。

6　分析にあたっては労働分配率の対前年変化率も求め、さらに各年の値とその前
　　後 2 年の値の平均を計算した中心化移動平均 (西山, 新谷, 川口, 奥井 2019:467) に
　　よる調整値を使用した。

7　産業連関表を用いたサプライ・チェーンでの取引を集計したものと考えて良い
　　(猪俣 2019)。

8　1994 年時点で輸入浸透度が高かった部門分類のうち上位 10 業種を並べると、
　　非鉄金属製錬・精製、皮革・皮革製品・毛皮、時計製造業、繊維製品 (化学繊維
　　除く)、その他の窯業・土石製品、製材・木製品、たばこ、石油製品、その他の
　　製造工業製品、半導体素子・集積回路の順であった。一方、1994 年時点で輸出
　　依存度が高かった部門分類のうち上位 10 業種を並べると、半導体素子・集積回路、
　　映像・音響機器、自動車 (自動車車体含む)、電子計算機・同付属装置、その他
　　の業務用機械、時計製造業、生産用機械、化学繊維、通信機器、電子応用装置・
　　電気計測器の順であった。

9　他の解釈として、交易条件の悪化に伴い、輸入財を多く用いる業種では労働か
　　ら資本への置き換えが進み、輸出依存度の高い業種では労働から資本への置き
　　換えは進んでいないという説明があり得る。ただし労働から資本への代替の可
　　能性をみるには、輸入浸透度、輸出依存度ごとに資本装備率の推移を確認する
　　必要がある。

10　他に理由をあげるならば、自動車関連産業内の二重構造的性格をマクロ的に
　　分析した研究が少ないことにある。自動車関連産業は比較的小規模で製品差別化
　　を行って競争する多数の部品サプライヤーと、雇用でも売上でも大規模でかつ少
　　数の寡占的メーカーから構成される。少数の部品サプライヤーを除き、取引価格
　　の決定権はメーカーにある。自動車関連産業については企業組織論 (浅沼, 菊谷
　　1997, 藤本, 西口, 伊藤 1998)、労働経済学 (小池, 中馬, 太田 2001)、製品開発論 (藤
　　本, クラーク 2009)、グローバル・バリュー・チェーン分析等の立場から多くの優
　　れたミクロレベルの分析がなされているが、本章のようにサプライ・チェーン内
　　部のメーカーとサプライヤーの労働分配率に注目しつつ、それらがマクロレベル
　　の交易条件の悪化に伴ってどう変化してゆくのかを調べた研究は存在しない。

11　図 1-7 で示した通り、交易条件が明確に悪化した 2002 年以降 2018 年まで、メー
　　カーの輸出比率は上昇を続け、約 33% から約 41% まで約 8 ポイント上昇した。

同時期の部品サプライヤーの輸出比率は、2010 年以降に一時上昇する機会があったが、過去 15 年間に渡って約 15% 前後とほとんど一定であった。一方、2002 年以降、メーカーとサプライヤーの 2 業種の輸入比率はわずかながら上昇を続けた。部品サプライヤーでも、メーカーに匹敵する 5% を超えるまでに輸入が浸透した。

12　他に考えられる代替的仮説の一つは上流工程の部品サプライヤーで機械化が進むというものである。資本集約的で労働節約的な機械化が進行すれば、労働分配率の分子の労働所得を構成する労働投入量が減少する。分母の総生産価値が一定でも、このことを通じて労働分配率が低下する。また労働投入量の減少に至らず、分子が一定でも、労働投入を上回るスピードで資本投入が増えれば生産量が増え、分母の総生産価値が増えることで労働分配率が低下する。

13　言い換えれば、メーカーとサプライヤーでは賃金交渉に関する制度的要因が異なるため、この差が両者の労働分配率の差を決める。仮に労働組合の組織率が低い場合には企業に対する賃金交渉力が弱く、輸出時の価格競争力の増加で生まれた生産者余剰は労働所得として分配されず、生産者余剰は企業側に残る。欧州の産業別労働組合制度と異なり、日本では企業別組合が一般的であるため（都留 2002）、部品サプライヤーでは個々の企業規模が小さく、個別企業内では労働組合の組織費用が高い場合、部品サプライヤーに就業する労働者は賃金交渉力が小さくなる。このため、完成品輸出時の価格競争力の伸長は労働分配率の成長を伴わない。

14　部品サプライヤーの間でも資本集約的で労働節約的な機械化が進行していれば、自動車部品需要の増加があっても、部品サプライヤーの労働投入量は増えず、労働分配率は上昇しない。また部品サプライヤーの生産時に輸入調達費用の比率が上昇している場合、部品取引価格交渉の際、その中間財投入費用の増加分を取引先に十分転嫁できず、増加した生産費用を賃金または労働投入量で調整する可能性がある。その場合、円安に伴う輸入調達費用の増加は労働分配率の低下を招きうる。

15　本章でここまで示してきた仮説の他に、部品サプライヤーで使用される資本財が安価となり（清田 2016）、メーカー同様、自動化の普及などを通じて労働と資本の代替が進み、そのために部品サプライヤーにおける労働需要も増えないことも考えられる。

引用・参考文献

浅沼万里・菊谷達弥, 1997,『日本の企業組織 革新的適応のメカニズム —— 長期取引関係の構造と機能』東洋経済新報社.

阿部修人・稲倉典子, 2023,「物価上昇と所得・地域特性 —— 深刻な影響はどこに？」

『世界 2023 年 1 月号』岩波書店, 107-115.

池内健太・深尾京司, Christiano Perugini, Fabrizio Pompei, 2023,「どのような雇用主がレント・シェアリングを行うのか？日本の企業レベルの分析」RIETI ノンテクニカルサマリー, 経済産業研究所.

石川経夫, 1991,『所得と富』岩波書店.

猪俣哲史, 2019,『グローバル・バリューチェーン』有斐閣.

川口大司, 2015a,「賃上げ 2 巡目の論点　交易条件の改善こそ本筋」日本経済新聞『経済教室』2015 年 3 月 6 日.

川口大司, 2015b,「労働市場における賃金決定——1997 年から 2013 年を振り返る」労働政策研究・研修機構『ビジネス・レーバー・トレンド』2015 年 3 月号, 6-9.

神林龍, 2017,『正規の世界・非正規の世界——現代日本労働経済学の基本問題』慶應義塾大学出版会.

河野龍太郎, 2022,『成長の臨界——「飽和資本主義」はどこへ向かうのか』慶應義塾大学出版会.

清田耕造, 2016,『日本の比較優位——国際貿易の変遷と源泉』慶應義塾大学出版会.

小池和男・中馬宏之・太田聰一, 2001,『もの造りの技能——自動車産業の職場で』東洋経済新報社.

ゴードン, アンドルー（二村一夫訳）, 2012,『日本労使関係史——1853-2010』岩波書店.

齊藤誠, 2021,『教養としてのグローバル経済——新しい時代を生き抜く力を培うために』有斐閣.

齊藤誠, 2023,「第 3 章　交易条件の変化と付加価値の分配」財務総合政策研究所『生産性・所得・付加価値に関する研究会』報告書」.

齊藤誠・岩本康志・太田聰一・柴田章久, 2016,『マクロ経済学 新版』有斐閣.

釣雅雄, 2023,『レクチャー ＆ エクササイズ 日本経済論』新世社.

都留康, 2002,『労使関係のノンユニオン化——ミクロ的・制度的分析』東洋経済新報社.

西山慶彦・新谷元嗣・川口大司・奥井亮, 2019,『計量経済学』有斐閣.

深尾京司, 2013,「賃金上昇の条件　生産性向上のみでは困難」日本経済新聞『経済教室』2013 年 11 月 1 日.

深尾京司編, 2021,『サービス産業の生産性と日本経済：JIP データベースを用いた実証分析』東京大学出版会.

深尾京司・池内健太・乾友彦・金榮愨・権赫旭・田原慎二・徳井丞次・牧野達治・松浦寿幸・宮川努, 2021,「JIP データベース 2018：推計方法と概要」RIETI テクニカル・ペーパー, 経済産業研究所.

藤本隆宏・クラーク, キム. B.（田村明比古訳）, 2009,『製品開発力：自動車産業の「組織能力」と「競争力」の研究』ダイヤモンド社.

藤本隆宏・西口敏宏・伊藤秀史編, 1998,『リーディングス──サプライヤー・システム』有斐閣.

椋寛, 2020,『自由貿易はなぜ必要なのか』有斐閣.

Autor, David, David Dorn, Lawrence F Katz, Christina Patterson, and John Van Reenen. 2020. "The Fall of the Labor Share and the Rise of Superstar Firms," *The Quarterly Journal of Economics*, 135, 645-709.

Karabarbounis, Loukas and Brent Neiman. 2014. "The Global Decline of the Labor Share," *The Quarterly Journal of Economics*, 129, 61-103.

Grossman, Gene M. and Ezra Oberfield. 2022. "The Elusive Explanation for the Declining Labor Share," *Annual Review of Economics*, 14:1, 93-124.

読書案内

アジアのグローバル化の未来を考えるために：「東アジアの奇跡」の経験から

　本章の読者にアジアのグローバル化の過去から現在、未来を考えるために役立つと思われる和文書籍を紹介する。本章では交易条件面に注目してグローバル化の帰結を分析したが、経済活動の地理的な広がりという側面については注目しなかった。しかしながら最終財、中間財・サービスの輸出入の範囲の広がりや、それらの財サービスをどこで生産するか、資本と労働をどこから調達するかに関する地理的選択肢の広がりは、競争と分業を通じて経済活動の費用を低下させ、人々の生活水準を向上させる力をもつ。この読書案内を通して、この側面の重要性について解説を行う。

　第二次世界大戦後、過去80年近くの間に日本も含む東アジア地域は国際貿易に深く関わり、また域内外からの投資流入を受け入れつつ外国への直接投資や生産委託を行ってきた。生産要素である労働の国際移動もまた広域的であり、貿易と投資を助ける国際金融への参入も進んだ。そして北東アジアは言うまでもなく、東南アジアのメコン圏も「戦場から市場へ」に代表されるように生産・物流の要としても、また人口成長に伴い消費市場としても拡大し、大きく変化してきた。その背後では、道路・港湾基盤の整備、関税以外の貿易制限的措置や構造を指す非関税障壁の低下、そして域内に残る大きな賃金格差の三つが国際分業を深化させ、そこから生産性の向上、規模の経済性が生じ、国際分業のメリットがさらに増した。

　アジアのグローバル化の未来を考える時、東アジアの高度成長と生活水準の上昇を両輪とする「東アジアの奇跡」の経験と経済的成功の裏側で生じていた事柄に学べることは多い。例えば文献[①]は東アジアも含め、広大なアジア地域における過去半世紀の経済発展要因を一望し、それに関連する諸変数の分布と推移を定量的に概観したものである。本書を通じ、読者は市場、政策、技術の三つが駆動する東アジア型

経済発展経路をベンチマークとして、アジア域内の先進地域と途上地域の経済格差やキャッチアップ速度の違いを再確認できる。

　市場経済システムの発達、市場の失敗を補おうとする政策調整、社会制度も含む技術発展の三つはまた、近代経済成長の鍵と考えられる。文献［②］－［④］はそのことを日本、タイ、フィリピンをそれぞれ事例として扱った研究書である。日本の長期経済統計についての首尾一貫した処理法からは、日本の経験と他国のそれとの共通性と差異について、通説を見直す過程をたどることができる。タイの急速な工業化経験への緻密な観察に基づく仮説の提示からは、「追いつけ」戦略に最適化された政治経済社会システムの効率性と限界を学べる。そしてフィリピン農村の事例からは、グローバルに普及してきた新技術の導入と定着には伝統的な共同体組織の力が必要であることを学べるし、両者の補完性と相互依存的変化の重要性を主張する経済理論は読者に経済発展への見方の問い直しを促す。これらは高水準の研究書でありながらも、各国の経済発展の経験と仮説は平易に説明され、読者はこれらを教科書としても使用できるだろう。

　他方、文献［⑤］は、ここまで説明してきた東アジア型経済発展経路を世界史的経験として位置付ける最新の経済史研究の成果である。16 世紀以降の過去 500 年間の近代世界史の中で、20 世紀後半に起きた東アジアの高度成長と生活水準の上昇は、それまでにない規模の貧困削減や人間開発を実現したことを再確認する書だ。つまり、イギリス産業革命を端緒とする「ヨーロッパの奇跡」と比較して、「東アジアの奇跡」は資本や労働といった生産要素の大量投入や効率的な生産方法の導入による生産面での成長の奇跡というよりは、分配面でのグローバルな成長の奇跡として理解すべきだと主張する。

　それでは「東アジアの奇跡」の裏側についてはどのように体系立てて理解することができるだろうか。文献［⑥］－［⑧］は現代の東アジア経済を特徴づける構造とそこから生じている様々なミクロレベルの課題を多数の研究者が抽出した教科書である。いずれも各国・地域別ではなくテーマ別に編まれていることから、読者はグローバル化の進行とともに、そのテーマが東アジアで重要となった契機を知ることができる。特に［⑥］は経済統合の意義を再確認し、［⑦］は主にその市場機能と市場制度整備の重要性を再検討し、一方で［⑧］は社会面にも考察を進め、競争と共生の両立の可能性や条件を追究している。

　文献［⑨］は貧困削減に対する国際貿易と生産性成長の重要性を導く書で、グローバル化が人々の経済厚生に与える影響を評価するための最も基本的な枠組みを学ぶことができ、文献［⑩］とともに人文・社会科学者の必読文献と言って良い。文献［⑩］の白眉は、価格の歪みや競争制限をなくす政策を原則とすることで長期的に利益を得られるという補償原理という考え方を紹介し、「望ましい社会を運営するには、どの

ような立場に立つにせよ、市場と付き合っていかざるを得ない」を説明した終章にある。

①アジア開発銀行, 澤田康幸監訳, 2021,『アジア開発史 —— 政策・市場・技術発展の50年を振り返る』勁草書房.
②南亮進, 牧野文夫協力, 2002,『日本の経済発展（第3版）』東洋経済新報社.
③末廣昭, 2000,『キャッチアップ型工業化論 —— アジア経済の軌跡と展望』名古屋大学出版会.
④速水佑次郎, 2000,『新版 開発経済学 —— 諸国民の貧困と富』創文社.
⑤杉原薫, 2020,『世界史のなかの東アジアの奇跡』名古屋大学出版会.
⑥黒岩郁雄編, 2014,『東アジア統合の経済学』日本評論社.
⑦三重野文晴, 深川由起子編, 2017,『現代東アジア経済論』ミネルヴァ書房.
⑧遠藤環・後藤健太・伊藤亜星・大泉啓一郎編, 2018,『現代アジア経済論—「アジアの世紀」を学ぶ』有斐閣.
⑨エスワラン, ムケシュ・コトワル, アショク（永谷敬三訳）, 2000,『なぜ貧困はなくならないのか—開発経済学入門』日本評論社.
⑩神取道宏, 2014,『ミクロ経済学の力』日本評論社.

労働

2

日本におけるグローバル化と労働
——その研究史と欠落した視点

小熊英二

　グローバル化を論ずるのはむずかしい。何がグローバル化なのか、何をもってグローバル化の影響とみなすのか、定義が一致していないからである。限定なしにあれもこれも「グローバル化の影響」だといえば、人類史に起きた事象はすべて「グローバル化」の影響でおきたことになってしまう。

　グローバル化と労働の関係を論じることも、同様にむずかしい。国境を越えた「ヒト・モノ・カネ・情報」の移動は傾向的に増加しており、それは日本の労働にも各種の影響を与えている。しかし移民の増加、貿易の増加、資金移動や海外直接投資の増加、情報交換の増加は、相互に連関してはいるが、やはり別の事象である。それら個別の事象が、日本の労働にどう影響したかを、明確に論じることは困難である。

　以上を踏まえ、本章では数多い論点のなかで、いわゆる「産業空洞化」に論点を限定する。政府の「労働力調査」によれば、1990 年から 2012 年に、日本では製造業の従業者数が約 33％減少した。これが「グローバル化」の影響なのか否かについて、経済学者が多くの研究を重ねてきた。本章はこの研究蓄積を再検討し、「グローバル化」が日本の労働にどう影響したかを考察する。

　もちろん他の論点、たとえば移民労働者の増加も重要な論点である。しかし日本の技能実習生は、2022 年 6 月現在で約 33 万人である（法務省出入国管理局 2022）。それに対し、2022 年 9 月の「労働力調査」では日本の国内就業者数は 6766 万人とされている。結論でも述べるが、移民労働者は日本の国内雇用の構造を変容させているというよりは、国内雇用の構造に適合する形で入っているのが現状といえる。本章が、日本の国内雇用の全体構造に対する

グローバル化の影響を検討することを主題としたのは、こうした理由からである。

　本章は、以下の4つの部分に分かれる。①第1節では、日本企業の海外直接投資の増加が、国内雇用にどう影響したかについての研究史を整理する。②第2節と第3節では、これらの研究における定義およびデータの制約を指摘する。③第4節では中小企業研究の蓄積から、第5節では1990年代以降の国内就業状態の全体的な記述から、上記の諸研究がカバーしていない論点を補う。④最後に上記の検討を踏まえたうえで、第1節で検討した研究に日本の二重構造に関する視点が欠けていることを指摘し、「グローバル化」の影響がこの二重構造の下層部分に集中したことを推察する。

　本章の主題は、批判的な研究史レビューであり、新たな視点の示唆である。それを通じて、日本における「グローバル化と労働」に関する研究の発展に資することを目的としている。

1. 日本における「産業空洞化」の研究史

　「産業空洞化」という言葉は、日本の『通商白書』1973年版でも使用され、多くの政府文書や学術論文、メディアなどで使用されてきた。ところが2011年の研究レビューでは、「経済学者やエコノミストによる議論で産業空洞化懸念を口にするものは，ほとんど見当たらない」と述べられている（松浦 2011:18）。こうしたレビューで紹介される経済学者たちの諸研究によれば、企業の海外進出や海外直接投資（Foreign Direct Investment, 国外の現地法人設立や企業買収などの投資）[1]が増加しても、国内の雇用は減少しないか、むしろ増加するという。

　こうした経済学者たちの研究結果は、おおかたの常識に反しているかのように見える。そのことは、彼ら自身も意識している。たとえば、慶應義塾大学教授の清田耕造はこう述べている（清田 2014）。

　　　「日本企業の海外進出が進むことで、日本の雇用は失われていると思

いますか」

　この疑問に対し、多くの人は「はい」と答えるだろう。企業が工場を国内から海外へと移転することで、国内の工場を閉鎖してしまい、それが雇用の削減につながる、というイメージが定着してしまっているためである。しかし、このイメージは、少なくともこれまでのところは、必ずしもデータによって支持されているわけではない。

　一般的な「イメージ」と、このような経済学者たちの主張に、ずれが生じる理由については第2節以降で検討する。まずは、経済学における研究蓄積を整理したい。

　海外直接投資が国内雇用に与える影響については、欧米諸国では1980年代から研究が重ねられてきた。それらの研究では、海外直接投資は輸出を誘発する効果が大きく、国内雇用への影響もプラスとするものが多かった（深尾1995）。研究史レビューを整理すると、海外直接投資が国内雇用を減少させない理論的な説明としては、以下の3つが挙げられている（田中2013, 伊藤2018, 井口2003）。

　第1に、海外直接投資には、外国市場を開拓する投資も含まれていることである。たとえば、外国で販売拠点を設置するための投資である。これは国内からの輸出を増やし、国内雇用も増やすことが予測される。また現地で生産したとしても、それが現地の売上増大を喚起するものならば、国内の製造を減少させるとは限らない。

　第2に、海外直接投資で最終財の現地生産工場を作ったとしても、中間財の輸出が増える場合がある。たとえば自動車を外国で組み立てて現地で販売するにしても、部品が日本から輸出されるならば、輸出はそれだけ増加する。たしかに最終財の輸出は減るかもしれないが、中間財の輸出がそれを相殺すれば、総体としての輸出はそれほど減らず、したがって国内の雇用も減らない。

　第3に、海外直接投資で現地生産が増えれば、国内の技術開発や管理事務部門の雇用が増える可能性がある。つまりモノの輸出が減ったとしても、技術供与や管理などサービスの輸出が増えるわけである。ただしこの場合、日

本国内で開発や管理を担う高スキル労働者の雇用は増えるかもしれないが、製造部門に就いていた低スキル労働者の雇用は減る可能性がある。しかしそのような変化は、全体の賃金と生産性の上昇をもたらすことが予想され、国内経済にマイナスとばかりはいえない。

　総じて海外直接投資は、たしかに最終財の輸出を減らす効果はあるが、同時に国内からの中間財やサービスの輸出を増やすことが予想される。結果的にマイナスの効果とプラスの効果が相殺されて、雇用への影響は少ないか、むしろプラスになる。ただし国内の雇用の構成が変化し、賃金の格差が増大することはあるかもしれない。これが、理論的に予想される労働への影響となる。

　また「グローバル化」の影響は、経済の一般的趨勢と混同されやすい。たしかに海外直接投資の増大によって、国内の賃金格差が拡大する可能性は予測できる。しかし低スキル職の需要が減って高スキル職の需要が増えるのは、IT技術の進展に象徴される「スキル偏向的技術進歩(Skill-Based Technical Change, 高スキル労働者の相対需要を増大させるような技術進歩)」の一般的傾向である。それらを考慮すると、先進国で製造業の雇用が減少している主因は「グローバル化」ではなく、むしろ資本設備の増加や生産性の向上によって労働需要が減少しているためだと考えられる。

　日本においても、これと同種の見解を述べている研究が多い。たとえばHijzen et al.（2007）は、経済産業省の「企業活動基本調査」のデータを分析して、1995年から2000年に海外直接投資を開始した日本企業は投資開始後に雇用を3~5%程度上昇させたと結論した。Tanaka（2012）も「企業活動基本調査」のデータから、2003年から2005年に外国直接投資を開始した製造業の日本企業288社を分析して、外国直接投資開始企業は投資開始後3年の間に平均的に雇用を12.6%増加させていたと結論した。Yamashita and Fukao（2010）など、同様の結論を述べている研究は少なくない。

　ただし国内雇用に対する影響は、海外直接投資の性格や対象地域によって異なるとする研究もある。深尾・天野（1998）や深尾・袁（2001）は、海外直接投資は全体としては国内雇用にプラスであるが、資源・市場獲得型投資が国

内雇用を増やす効果があるのに対し、輸出代替・逆輸入型投資は国内雇用を減少させる効果があると結論した。図式的にいえば、北米市場向けの商品の生産のために現地法人を設立するのは市場獲得型、それまで日本で生産していた商品をアジアに現地法人を設立して生産し輸入するのは輸入代替・逆輸入型といえる。Edamura et al.（2011）は、日本企業によるアジアへの直接投資は、北米に対する投資と異なり、国内雇用を減らす場合があると結論した。しかし Hayakawa et al.（2013）は、直接投資の類型を分けてみても、国内雇用へのマイナス効果を確認できないと結論している。

製造業以外の海外直接投資についても、桜・近藤（2013）は 2000 年から 2009 年の小売業や建設業などの上場企業を対象とした分析で、海外雇用の比率が高い企業は国内雇用の伸びが高いと結論した。非製造業における海外直接投資は、進出先の市場を開拓する性格が強いため、国内事業の縮小には直接にはつながらず、むしろ本社機能を強化する雇用創出に結びつきやすいと位置づけられている。

しかしそれなら、日本の製造業の従業者数が 3 割以上も減少したことは、どう説明されるのか。これは欧米の研究と同じく、資本設備の増加によって労働生産性が向上し、労働需要が減っているのが原因だと説明されている。清田（2014）は、みずからの研究である Kambayashi and Kiyota（2014）をもとにこう述べている。

　　分析の結果、海外の労働と日本国内の労働との代替関係は、あるとしても、極めて小さいことが確認された。そして、国内の労働と代替しているのは、国内の資本設備であることも明らかにされている。すなわち、国内でコンピュータなどの資本価格が下落することで、労働から資本への代替が起こり、その結果、企業の労働需要が低下しているのである。

しかし、以上のような研究結果は、どこまでの範囲で妥当なのだろうか。じつは上記の諸研究は、二つの制約をもっている。一つは「グローバル化」の影響の定義による制約であり、もう一つは分析で使用するデータの制約で

ある。以下では、こうした研究の制約を検討したうえで、これらの研究に欠落している視点を指摘していく。

2. 研究設定の制約

　研究とは、一定の前提を設定したうえで、体系的な探求を行う行為である。そうである以上、前提の設定によって研究は制約を受ける。

　上述した研究は、「グローバル化」を、日本企業の海外直接投資の増加と定義したうえで、その企業の国内雇用への影響を分析している。ところが「グローバル化」を貿易の変化、とくに東アジア諸国からの輸入の拡大とみなす研究では、それが日本の雇用と賃金に有意なマイナスの影響を与えたという分析結果が少なくない。

　たとえば橘木ほか(1996)では、1981年から93年の東アジア諸国からの輸入の増大が、輸入が増加した品目に関わる産業の就業者数や賃金水準に有意な負の影響を与えたと結論している。Tomiura(2003)は、工業統計表の詳細分類を用い、1990年代前半において輸入価格の低下は国内雇用に有意な負の影響を与えていることを見出した。産業関連データから貿易が雇用や賃金に与えた影響を推計するファクター・コンテントの考え方を用いて製造業54種を分析した櫻井(2011)では、1990年から2000年の輸出入変化が約56万人の雇用削減効果があったと推計されており、とくに「衣服・その他の繊維既製品」など一部の業種ではその影響が大きかったとしている。

　また佐々木・桜(2004)や櫻井(2014)は、「賃金構造基本統計調査」のデータの分析から、貿易の国内製造業賃金に対する負の影響を推計した。大卒労働者や管理・事務・専門などの非生産労働者を熟練労働者と定義すれば、その他の非熟練労働者との賃金格差が拡大しており、貿易が賃金格差拡大に一定の影響を及ぼしたとされている。

　もちろん個々の研究者によって相違はあるが、概して「グローバル化」を貿易の変化と定義した研究は、国内雇用へのマイナスの影響を認める傾向があった。それに対し前節で概観したように、「グローバル化」を企業の海外

直接投資の増大と定義した研究は、国内雇用への影響は小さかったという分析結果を導いている傾向がある。そして傾向としては、後者の研究が増加している。

こうした「グローバル化」の定義の転換が生じた一因は、研究者がより厳密な分析、とくに企業レベルの分析を志向したためだったと考えられる。逆に言えば、「グローバル化」を貿易の変化と定義すると、分析が全国レベルや産業レベルになり、雇用との因果関係を論証するのが難しかったのである。

1980年代以降、東アジア諸国からの輸入が増大していることは、各種の政府統計から品目ごとに計測できる。並行して、例えばその品目と関係する製造業の雇用が減少していることも、やはり政府統計から計測できる。しかしその二つは、どんな因果関係を持っているのだろうか。たとえば半導体の輸入価格が下がったとしても、それによって減産に追い込まれる企業が予測できる一方、部品価格が下がったことで増産する企業も予測可能である。輸出入の増大は、国内経済の一般条件の変化であり、それが個々の企業にどう影響するかの因果関係を推論するのは難しいのである。

それに比べれば、企業の海外直接投資の効果は、因果関係を推論しやすい。海外直接投資を行った企業が、投資開始後に雇用を増加あるいは減少させたとすれば、それは海外直接投資の影響だと推論しやすい。数百社から数千社のデータを用いて、海外直接投資を行った企業と行っていない企業の雇用動態を比較すれば、企業の個別条件や異質性を制御した因果推論も可能になりうるだろう。

それでも1990年代までは、マクロあるいは産業別のデータを分析して、貿易や海外直接投資の影響を分析した研究が多かった。しかし2000年代以降は、企業レベルの分析に適したデータセットの整備が進んだこともあり、海外直接投資の影響を企業レベルで比較する研究が増加した (松浦 2011)。並行して「産業空洞化」の定義も、海外直接投資による国内雇用や技術水準への負の影響とする定義が採用されるようになった (中村・渋谷 1994)。第1節で紹介した諸研究は、こうした研究史上の変化のあとになされたものである。

とはいえこうした研究動向に対しては、貿易のマクロの影響を重視する研

究者から批判もある。たとえば冨浦 (2012:65) は、こう述べている。「個別企業レベルのプラスの相関関係からだけでは,国内でも雇用を拡大している経営状態の良い企業の方が生産を海外に移転しているという可能性を示唆していることも否定できず,海外生産を行うには経営的・資金的・技術的に制約がきつい企業における国内雇用への懸念を払拭し切ることはできない」。そして Tomiura (2007) は、海外直接投資企業や海外アウトソーシングを行う企業の雇用規模は、輸出も海外直接投資も海外アウトソーシングもしていない企業より大きいとしている。

　問題はこうである。「グローバル化」を海外直接投資の増加と定義して、その国内雇用への影響を企業レベルで分析するのでは限界がある。それでは経営状態のよい企業が、海外直接投資を行いながら国内雇用を拡大している状態を、国内雇用へのプラスの影響だと誤認することになりかねないというのである。

　じつはこうした問題は、企業レベルの分析を行う研究者も意識している。桜・近藤 (2013) は、海外直接投資を行っている非製造業企業が国内雇用を増やしていると結論したが、「こうしたミクロ的な雇用創出・喪失は、必ずしも産業レベル (マクロ) の雇用増減を意味しない」と注意を促している。ある企業が海外進出すれば、その企業の国内雇用は増えるかもしれないが、取引先の下請企業の雇用は減少するかもしれない。あるいは、海外進出企業の業容が拡大すれば、それに太刀打ちできない非進出企業が淘汰されるかもしれないからである。

3. データの制約

　こうした疑問に対して、海外直接投資は下請企業の雇用にも負の影響を与えないと結論した研究もある。Ito and Tanaka (2014) は、1998 年から 2007 年の製造業企業約 4500 社のデータを分析し、海外進出企業と取引のある国内企業は、そうした企業と取引のない国内企業よりも雇用削減率が低いと結論した。また海外進出企業と取引があるか否かにかかわらず、国内にとどまる

企業の雇用は減少する傾向にあった。ここからこの論文は、海外直接投資は取引企業の雇用にも負の影響を与えないとしている。

しかしこの分析にも限界がある。それは、分析に使用するデータの制約である。

前述のように1990年代までは、マクロあるいは産業別のデータを分析して、貿易や直接投資の影響を分析した研究が多かった。それらの研究では、「工業統計表」「労働力調査」「産業連関表」「賃金構造基本統計調査」などのデータがよく利用された（桜井2013）。

なかでもよく用いられた「工業統計表」は、製造業の従業者4人以上の事業所をカバーした「工業統計調査」に基づいており、零細企業の動向が把握できた。また従業員30人以上の企業については、売上高・原材料費・人件費・従業員数・有形固定資産額なども調査されていた。地域別の統計もあるため、地域における企業集積の増減も分析できた。

前述した橘木ほか（1996）やTomiura（2003）などは、この「工業統計表」の分析から、アジア諸国からの輸入の増加が国内雇用に有意な負の影響をもたらしていると結論した。また井口（2003）も「工業統計表」を分析し、南関東・東海・近畿などの製造業集積地帯で製造業事業所の減少が著しいことを指摘した。井口はここから、「日本の製造業を支えてきた中小企業が、急激に淘汰されている」「アジア域内における日系企業の生産ネットワークの再編成は、日本国内の製造業の急速な変化をもたらしている」と述べている。

しかし前述したように、輸入の増加と雇用の減少が並行して起きているというだけでは、その二つがどう関連しているか確定できない。そのため前節で述べたように、2000年代以降は、海外直接投資を企業レベルで比較分析する研究が増加した。こうした研究は、経済産業省の「海外事業活動基本調査」と「企業活動基本調査」のデータを利用したものが多かった（桜井2013）。

この二つの調査のうち、「海外事業活動基本調査」は1981年から行われており、海外に事業拠点を持つ企業に対して、本社と海外子会社の事業内容について調査している[2]。一方で「企業活動基本調査」は、企業の多角化・国際化等を調べるために1992年から調査が開始され、従業者50人以上かつ資本

金額又は出資金額 3000 万円以上の企業を対象に、取引関係から研究開発までの実態を調査している[3]。海外直接投資を行っている企業と行っていない企業の比較には「企業活動基本調査」が適しており、1992 年に開始されたこの調査のデータが蓄積されたことが、2000 年代以降の企業レベル分析の台頭を可能にした[4]。

　しかしこの二つの調査は、企業の動向はわかるが、小規模企業を補足しているとは言いがたかった。「海外事業活動基本調査」は、海外事業を行っていない企業を対象としていない。また「企業活動基本調査」では、従業者 50 人未満や資本金 3000 万円未満の企業が対象外である。つまり小規模企業の状況は、これらのデータからは補足できない。一方で従業員 4 人以上をカバーしている「工業統計表」を分析した井口 (2003) は、1995 年から 2000 年の期間に、製造業事業所の減少は 4 万 6000 カ所、従業員の減少は約 114 万人に及ぶとしている。

　企業レベルの分析を行っている研究者も、こうしたデータの制約に、必ずしも無自覚であるわけではない。前述のように Ito and Tanaka (2014) は、「企業活動基本調査」と「海外活動基本調査」のデータを分析して、企業の海外進出が取引企業の雇用にマイナスの影響を及ぼしているとはいえないと結論した。しかし彼らは論文において、この分析結果に以下の留保をつけている (原文は英語のため筆者訳、Ito and Tanaka 2014:24-25)。

　　しかし、実際には、公式の産業別統計に見られるように、日本の製造業雇用者数、製造業企業数が大幅に減少している。このマクロレベルの観測は、我々の実証結果と矛盾するように思われる。この矛盾をどう解釈すればいいのだろうか。
　　第一に、雇用と製造業企業数の両方が最も大きく減少しているのは、データの制約のためこの論文でカバーできなかった従業員数 50 人未満の企業で見られる現象であることだ。したがって、多国籍企業の海外進出がもたらす負の影響は、小規模企業ほど深刻で顕著である可能性がある。……

労働 2 日本におけるグローバル化と労働 69

　　第二に、親企業の海外展開の成功が、〔取引を継続している〕国内下請企業の雇用にプラスの影響を与える可能性が高いとしても、主要取引先が国内生産から海外生産に移行することで、下請企業の廃業や取引関係断絶の確率が高まる可能性がある。このリスクは、より規模の小さい下請企業ほど高い可能性がある。……

　　これと密接に関連して、我々の分析結果が製造業雇用の減少と矛盾しているように見えるかもしれない第三の理由がある。それは、我々による海外展開の測定方法が、親企業による海外生産と国内生産の動態的な変化を、十分に捉えていない可能性があることだ。……下請企業が高度に差別化された部品やコンポーネントを生産しており、親企業が供給元を変更できない場合には、そうした下請企業は親企業の海外進出からより多くの利益を得ることができる。

　いささか長い引用だが、趣旨は明らかである。下請企業に高度な技術力があるか、そのための開発投資余力がある場合は、取引先大企業の海外進出が事業と雇用の拡大チャンスとなりうる。しかし、二次下請以下の小規模企業で受注減少や取引停止が生じ、下請企業の選別や二極化が起きている可能性は否定できない。おそらく製造業の廃業や雇用削減は、データの制約で把握できない従業員 50 人未満の小規模企業で生じているだろう、というのである。

　　こうしたデータ上の制約は、他のデータを使用した研究でもいえる。たとえば前述した桜・近藤 (2013) は、非製造業の海外直接投資と国内雇用の関係を分析したが、使用データは日本政策投資銀行の「企業財務データバンク」と東洋経済新報社の「海外進出企業データ」である。そのため対象企業は、企業活動基本調査よりも業種は広いが、上場企業に限定されている。もちろん、小規模企業まで把握できるデータとは言いがたい。

　　一方で戸堂 (2012) は、中小企業のデータを対象として、海外直接投資が国内雇用を減らしていなかったと結論している。この研究が使用したデータは、中小企業庁が三菱 UFJ リサーチ＆コンサルティング社に委託して 2009 年 12 月に行った『国際化と企業活動に関するアンケート調査』で集められた。し

かし戸堂自身が記しているように、この調査は法的強制力がないため回答率が低く、1万8407社の調査対象のうち19.1％しか回答していない。またこの調査のデータでは、回答企業の売上高の標準偏差が、ほぼ同時期の「工業統計調査」に比べて顕著に大きい。このことは、回答企業が企業規模としては「中小企業」だったとしても、売上が標準よりも顕著に大きい企業に多かった可能性を懸念させる。

　しかしこれらの研究結果は、その制約から発生する限界と同時に、多くの示唆を与えてくれている。すなわち「グローバル化」は、大企業や優良下請企業の国内雇用にはプラスの影響をもたらしているが、小規模企業では負の影響が大きい可能性を示唆しているのだ。

4. 中小企業の状況

　中小企業の実地調査にもとづく研究では、1990年代以降に中小製造業企業が「グローバル化」で苦境に陥ったという記述が多い。こうした研究は中小企業関連団体の現場から調査を始めた年長の研究者によって行われている[5]。彼らは「訪問した中小企業の現場の数は、国内で8000社、海外は日系企業やローカル企業などを合わせて2000社は下らないと思う」(関 2017:197)と述べるような経験に基づいている。

　こうした研究は、データセットの分析研究とは方法論が異なるためか、お互いの研究が参照文献に挙げることはほとんどない。とはいえ中小企業研究者たちも、全体状況の記述として、以下のような政府統計によく言及する。

　政府の経済センサスによれば、2014年の非一次産業の企業数(法人企業と個人事業者の合計)は382万338だった。中小企業庁の定義に従えば、そのうち大企業は1万1110(構成比0.3％)、中小企業は380万9228(99.7％)、小規模企業は325万2254(85.1％)である。製造業は企業数41万5296のうち、大企業は1957(0.5％)、中小企業は41万3339(99.5％)、小規模企業は35万8796(86.4％)である。2009年と2014年を比較すると、全企業のうち大企業の減少率は6.8％だが、中小企業は9.3％、小規模企業では11.3％だった(関 2017:19)。「小規模

企業」の定義は産業で異なるが、製造業では常時使用する従業員 20 人以下が「小規模企業者」とされている。

「工業統計表」からは、1990 年を 100 とした製造業企業の規模別出荷額の推移が、従業員 100 人を境に二極分化していることがうかがえる。従業員 100 人以上と 300 人以上はそれぞれ 114 および 110 と伸びたのに対し、従業員 20 〜 99 人は 90、10 〜 19 人は 65、4 〜 9 人は 37 となっている（黒瀬 2022: 108）。事業所・企業統計調査と経済センサスによる製造業民営事業所数は 1986 年がピークで、小規模ほど減少率が大きく、従業員 1 〜 9 人では 2014 年に 1986 年の 55.5％に減少した（黒瀬 2018:402）。

製造業の小規模企業の多くは下請企業であった。中小企業庁『中小企業白書 2007 年版』第 3 部第 1 章第 3 節は、東京商工リサーチ「TSR 企業情報ファイル」をもとに、製造業 14 万 3628 社の取引構造を図解している（中小企業庁 2007）。それによれば「上場企業」773 社に対し、1 次取引企業 4 万 880 社、2 次取引企業 2 万 9305 社、3 次〜 6 次取引企業 1 万 2032 社、独立型企業 6 万 638 社であった。企業規模は「上場企業」の従業員数平均値が 2372.8 人（中央値 1013 人）に対し、1 次取引企業が平均 71.3 人（中央値 25 人）、2 次取引企業が平均 36.2 人（中央値 13 人）、3 次以下は平均値 30 人前後（中央値 12 人前後）である。

なお独立型企業は企業数では多いが、従業員数は平均 20.8 人（中央値 10 人）でもっとも小さく、最終生産品を作る零細製造事業者が多かったと推測される。これらのことは、従業員 50 人以上規模を対象とした「企業活動基本調査」では、上場企業と比較的規模の大きい一次取引企業までの実態しかカバーされていないことを示唆している。

そして 1990 年代以降の中小企業の現場では、下請の小規模企業の廃業増加の原因は「生産の東アジア化」であるという指摘が多かった。中小企業総合研究機構による 1994 年のヒアリング調査では、「親会社から円高、内外価格差を引き合いに出して、10％から最大 30％の価格引き下げの要求があり、どうすればよいのか迷っている」「売上単価が以前に比較して 6 割くらいしかもらえなくなった。海外単価と比較され、売り先に提供する見積金額を以前より 3 割、4 割とダウンするのが当然のこととなった」といった証言が

記録されている（黒瀬 2018:378）。自動車産業や電気産業での下請企業の選別や絞り込みも並行して進み、松下精工（現パナソニック・エコシステム）の事例では、2000 年 4 月から部品などの調達先が 730 社から 100 社に絞り込まれた（『日本経済新聞』1999 年 10 月 8 日）。

とはいえ上記のような小規模企業の状況と、「グローバル化」の関係は不明確でもある。なぜなら小規模企業の廃業には、他の要因が複合的に関連しているからである。

前述のように製造業の事業所数は 1986 年がピークだったが、従業員 10 人未満の製造業事業所数は、それ以前の 1981 年をピークに減少が始まっていた。これは、「商業統計表」に示されている小売商店数が 1982 年をピークに減少した時期とも一致している。そしてこれらは中小企業研究者からも、大企業と比して小規模企業が取引条件その他で不利な条件下にあったことが原因だと説明されている（黒瀬 2018:323, 向山 2022:239）。つまりもっとも零細な事業者の廃業については、「グローバル化」を主因として始まったとは唱えられていない。

また小規模企業の廃業には、創業者の高齢化と後継者難も関係している。『中小企業白書 2014 年版』によれば、廃業企業の 87.8 ％が個人事業者で、86.3 ％が経営者年齢 60 歳代以上、65.1 ％が 70 歳代以上である（中小企業庁 2014: 276）。これもまた、「グローバル化」を主因とみなすのは難しい。

また小規模製造業企業の減少は、技術的進歩からも説明される。デジタル技術の発達に伴い精度の高い工作機械が多用されるようになり、小規模製造企業の起業に必要な初期投資費用が増大した。日本の金型製造業では、1980 年代までは「中古のフライス盤一台で起業できる」といわれたが、2010 年代には「初期投資は少なくとも一億円」といわれるようになったとされる（関 2017:25）。こうした要因で新規起業が減少すれば、企業総数の減少が生じるが、これも「グローバル化」が要因とは言いがたい。

とはいうものの中小企業研究では、上記のような諸要因をも、「グローバル化」と連関させて論じられることが多い。従業員 10 人以上については、製造業事業所の減少は 1986 年以降に始まっており、これは 1985 年のプラザ合

意による円高が要因だと説明される。デジタル技術の発達は初期投資の増大を促したが、同時に日本の下請中小企業の熟練の優位を失わせ、中国その他での海外生産を増加させる要因になったと指摘される（黒瀬 2018, 関 2017）。

中小企業の研究者たちが、このように諸要因を連関させて「グローバル化」の影響を論じるのは、彼らが訪問している小規模企業で語られる認識がそうしたものであるからだろう。本章冒頭から述べているように、現実の経済には多様な要因が関係しており、「グローバル化」の影響を単独で取り出すことは難しいのである。

これに対し第 1 節で検討した諸研究は、「グローバル化」の影響を海外直接投資と国内雇用の関係に限定し、企業レベルにおける相関を既存調査のデータセットから分析しようとした。これは学問として厳密さを優先した結果だが、しかしそのために、「グローバル化」の定義や使用するデータの制約を受けることになったといえる。

5. 非正規雇用の増大と女性の地位

「グローバル化」の影響はひとまず措くとして、1990 年代以降の国内雇用の一般的変化はどうであったろうか。結論からいえば、日本型雇用システムの中核に位置する男性正社員よりも、その外部にあたる自営業セクターと非正規従業員、そして女性に大きな変動があったということができる。

ただし非正規従業員の増加は、必ずしも日本の正規従業員の雇用が不安定化していることを示すものではない。むしろそれは、前述した中小企業研究が注目していた小規模企業や個人事業主の廃業と並行して起きている現象である（神林 2017）。実際に「労働力調査」の長期時系列データから、1984 年以降の従業地位別の就業者数をみると、非正規従業員は増加しているが、正規の職員・従業員は顕著な増減をしていない。大きく減少しているのは、自営業主と家族従業者から成る自営業セクターである（図 2-1）。

ただし男女による相違は存在する。全時期を通じた傾向として、女性の正規従業員は男性の約半数で、女性の非正規従業員は男性の約二倍である。ま

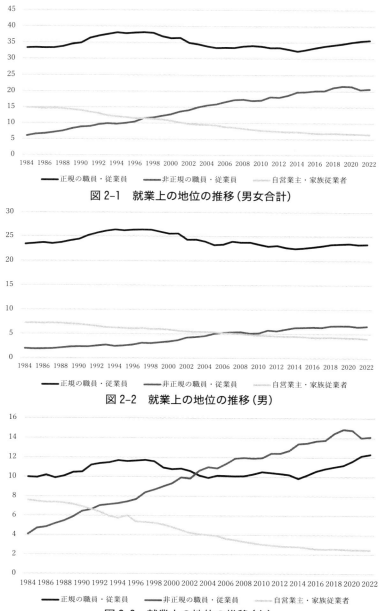

図2-1 就業上の地位の推移（男女合計）

図2-2 就業上の地位の推移（男）

図2-3 就業上の地位の推移（女）

資料：総務省『労働力調査』(単位：百万人)
雇用者は長期時系列データ表9(1)「雇用形態別雇用者数」、1984-2001年は2月、2002-2021年は1-3月平均
自営業主・家族従業者は長期時系列データ表4(1)「従業上の地位別就業者数」。

労働 2 日本におけるグローバル化と労働 75

た Covid-19 が影響した 2020 年から 2021 年は、飲食業・宿泊業などが影響を
うけ、とくに女性の非正規従業員数が減少した。そして 2010 年代後半以降
の正規従業員の増加には、日本社会の高齢化に伴う医療・福祉の女性雇用の
増加が寄与している。このように女性の方が、その時点における変動の影響
が大きいといえる。

　とはいえ男女ともに、非正規従業員数が増加している一方、正規従業員数
は比較的安定しており、自営業主・家族従業者が減少しているという傾向は
共通している。そして前述したように、製造業や小売業などの小規模事業者
の減少が、1980 年代中期以降の趨勢であった。それと並行して非正規従業
員の増加が生じていたのが、1980 年代から 2010 年代の日本の就業状況であっ
たといえる。なお日本の生産年齢人口 (15 歳から 64 歳) は、1998 年をピーク
としてそれ以降は増加していない (図 2-2、図 2-3)。

　このことは必ずしも、個別の自営業就労者が非正規雇用に転じたことを意
味するものではない。とはいえ上記からは、正規従業員から成る第一のセク
ターと、非正規労働者・自営業者・家族従業者から成る第二のセクターから
構成される、二重構造の存在がうかがえる。そして非正規労働者の増大は、
二重構造の下層にあたる第二セクター内部でのことであって、二重構造その
ものは安定していると考えることができる。

　なお年齢階梯別でみた女性の労働力率は、2022 年においても、軽い「M字型」
を描いている (図 2-4)[6]。しかしそれ以上に特徴的なことは、正規従業員の労
働力率は年齢が上がると一方的に低下し、非正規従業員の労働力率が年齢と
ともに上昇する傾向である。「M字型」とは、その両者を合計した結果にす
ぎない。

　社会学者の新谷由里子は、国立社会保障・人口問題研究所の「第 14 回出
生動向基本調査」(2010 年 6 月実施) の個票データをもとに、公務員と民間の女
性の就業状況を分析した。それによると、民間企業の女性正規従業員は、結
婚時に退職した者が 3 割強、出産前後に退職した者が 6 割弱であり、これら
を単純にかけあわせると二つのライフイベントを経た生存率は 28% であっ
た (新谷 2015)。1995 年の SSM 調査 (「社会階層と社会移動全国調査」) を分析した吉

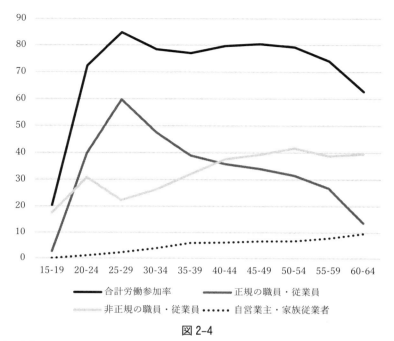

図 2-4

労働力調査基本集計 2022　表 1-2 より算出（単位：％）

田（2004）は、出産後の正規雇用継続割合は20％程度と推計しており、この数値は1980年代からほとんど改善していなかった。2010年における28％という数値は、この状況が基本的に変わっておらず、正規従業員数が減少していないこととあわせて、男性正社員を中核とした日本型雇用システムが大きく変動していないことを示唆している。

　ただし正規従業員の全てが、日本型雇用システムの特徴とされる年功賃金を享受しているとはいえない。労働経済学者の石川経夫らは、1990年の「賃金構造基本統計調査」の抽出個票データをもとに、教育程度と年齢で賃金が上がっている「一次部門」と、そうではない「二次部門」の比率を算出した（石川, 出島 1994）。石川らの推計では、公共部門をふくめた全被雇用者のうち、一次部門は男性で32.3％、女性で20.5％、男女計で28.0％だった。

　労働経済学者の小池和男は、2002年の「就業構造基本調査」から、賃金

労働　2　日本におけるグローバル化と労働　77

が年齢とともに「右上がり」になる雇用労働者が雇用者全体に占める比率を「ざっと 3 分の 1」と推計した (小池 2005)。小池の推計は、企業規模 500 人以上の男性大企業正社員に、中小企業もふくめた事務職・販売職の男性および管理職・専門職の男女合計というものである[7]。これは小池が調査経験から作り出した分類だが、実際の賃金動向から行なわれた石川の推計値ともほぼ一致しており、妥当な推計だと考えられる。

　小池と同じ方法をとり、年功賃金を享受していた雇用労働者が、自営業セクターを含む全有業者に占める比率を「就業構造基本調査」から推計したのが次頁の**図 2-5** と**付表**である[8]。年功賃金を享受しているだろう有業者は、1982 年以降一貫して全体の約 27％、正規従業員の約 50％である。これは年功賃金を享受しているグループには大きな変動がないこと、労働市場の構造が安定していることを示唆する。

　また雇用労働者は傾向的に増大している一方、有業者総数が 1997 年以降は増えておらず、正規従業員は一定である。すなわち増加しているのは非正規労働者であり、自営業主・家族従業者が減少しているという前述の傾向も確認できる。

　一方で産業別では、製造業で就業者が減少した一方、医療・福祉の就業者が増加している。男女別かつ産業別の就業者数がわかる国勢調査の時系列データからみると、産業大分類で就業者の多い製造業、卸売業・小売業、医療・福祉、建設 (男性のみ) のうち、医療・福祉のみが増加し他は減少している。ただし男女別でみると、この変化は男性よりも女性に顕著である。

　就業に占める比率でみた場合、1995 年から 2015 年に全就業者に占める製造業の比率は、男性では 21.8％から 20.0％と微減である[9]。しかし女性では、18.5％から 11.4％と減少幅が大きい。医療・福祉の占める比率についても、男性は 2.3％から 5.1％の増加だが、女性は 10.6％から 20.6％である。なお、成長産業と目されがちな情報通信業は、男性で同時期に 2.5％から 3.7％、女性で 1.4％から 1.7％に増加した程度なので、全体的な労働移動では無視できると考えてよい (図 2-6、図 2-7)。

　こうしたマクロの状況と、「グローバル化」の関係は不明である。ただし

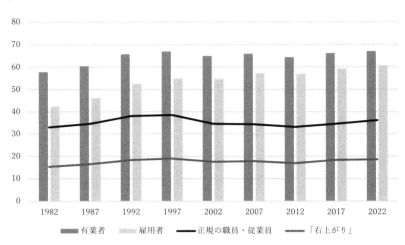

図 2-5

資料：就業構造基本調査（単位：百万人）

付表 「年功賃金グループ」の比率

	1982	1987	1992	1997	2002	2007	2012	2017	2022
有業者に占める比率	26.4%	27.2%	27.8%	28.3%	27.0%	26.6%	26.6%	27.6%	27.7%
雇用者に占める比率	36.0%	35.7%	34.8%	34.5%	32.1%	30.7%	30.1%	30.9%	30.5%
正規の職員・従業員に占める比率	46.4%	47.6%	48.1%	49.3%	50.8%	51.2%	50.9%	53.0%	51.4%

資料：就業構造基本調査

　企業レベルの研究においても、企業が海外に業務を移すオフショアリングの増加や、輸出入の変化が、非正規労働者の増加をもたらした可能性があるという研究は存在する。

　Tomiura, Ito and Wakasugi (2011) は、RIETI の調査にもとづく 2000 年代の日本企業のミクロ・データを用いて、オフショアリングを行っている企業の方が、従業員に占める正規従業員の割合が統計的に有意に低いことを見出した。オフショアリングが原因となって生じたものかは不明であるが、この傾向は、企業特性や業種特性を制御した後でも確認できるとされている。

　さらに Machikita and Sato (2011) は、1999・2001・2004・2006 年の「事業所・

労働　2　日本におけるグローバル化と労働　79

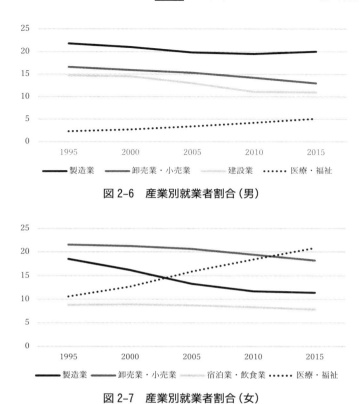

図 2-6　産業別就業者割合（男）

図 2-7　産業別就業者割合（女）

資料：「国勢調査」時系列データ表 4「産業（大分類）男女別 15 歳以上就業者数－全国（平成 7 年〜 27 年）」
（単位：％）

企業統計調査」のデータから、海外直接投資と海外生産が常用雇用を有期雇用に代替する効果があると結論した。また「企業活動基本調査」のデータを用いた Tanaka（2012）は、アジアや北米、西欧に輸出を行っている企業は行っていない企業に比べて、派遣労働者の割合が増加していることを見出した。これは、特定地域に輸出を行っている企業の場合、輸出の増減に対応するために派遣労働者で労働需給を調整する必要があることを示唆しているという。

　「グローバル化」との影響関係は不明であるとしても、総じて 1990 年代以降における国内就業状況の変化は、正社員よりも自営業や小規模事業者に大

80

きく、男性よりも女性に大きかった。日本型雇用システムの中核部分は、労働過重や選別強化といった圧力をこうむりながらも、雇用については維持されていた。それに対し、日本型雇用システムの周辺部にあった小規模事業者と女性に、変化が集中したということができるだろう。

6. 日本における二重構造

これまでの検討を踏まえ、第1節で検討した経済学の研究に欠けている視点として、日本における二重構造の問題を指摘したい。

中小企業研究者の間では、日本には大企業と中小企業の二重構造が存在し、下請構造がそれと関係していることが、経験的な前提とされている（黒瀬 2018）。そしてある時代までの日本の経済学者たちは、日本では企業規模が小さいほど賃金が安く、女性や高齢者などの「縁辺労働力」[10] の比率が高く、労働者が中小企業から大企業へ移動するのは困難であることを経験的な事実として指摘してきた（氏原 1966, 梅村 1971）。前節でみた 1980 年代以降の日本における就業状態の全体動向をみても、安定した二重構造の存在がみてとれる。

しかし 1990 年代から 2000 年代以降、とくにデータセットから海外直接投資と国内雇用の関係を分析する研究では、大企業と小規模企業の二重構造に注意が払われていることはほとんどなかった。なぜだろうか。労働経済学者の玄田有史は、この問題を考えるうえで興味深い指摘を行っている（玄田 2011）。

　　　1990 年代初めに開かれた労働経済学のコンファレンスでの話。会議は、当時まだ関心も薄かった、所得や富の格差について議論しあうものだった。先駆的な研究が多数報告されたが、そこには労働市場の二重構造にまつわる内容も含まれていた。

　　　会議の末席にいた私にとって思い出深い議論が展開されていたが、印象的だったのは、先の二重構造研究に対する、日本のある労働経済学者のコメントだった。冒頭でその学者はこう言った。「労働市場の二重構

造というと、実態をふまえたものとして好意的に受け止める人もいるが、一方でその言葉を聞いただけで生理的な嫌悪感を持つ学者も少なくない」。

「二重構造」は、少なからずの経済学者が忌避するタブーの言葉である。米国の経済学雑誌へ投稿するとき、論文に The Dual Labor Market という言葉を含めるとすれば、それは相当に勇気がある研究者といっていいだろう。なぜなら米国の経済学者である査読者（レフェリー）ならば、二重労働市場という言葉を目にした瞬間、即座に不採択の判定を心に決める傾向が強いからである。

彼らはこう考える。二重構造論は、高賃金や安定した雇用などを「享受」する恵まれた労働者と、低賃金の単純労働で働きがいもない「虐げられた（搾取された）」労働者に市場が分断されていると、あらかじめ想定した考えだ。しかし「享受」や「搾取」などの主観的判断を念頭に置いた論文など、客観性が何より重視されるべき科学的研究とは言えない。だから二重労働市場などという言葉を用いる研究は、学術論文として認められない、と。

玄田によれば、「二重構造」は「少なからずの経済学者が忌避するタブーの言葉である」という。それは、経済学が「科学」としての客観性を確保するためであり、またアメリカの経済学雑誌に投稿するために必要なことでもある。そうであるからこそ、二重構造の指摘が日本の「実態をふまえたもの」であり、その実態に即した研究蓄積が多いにもかかわらず、1990 年代以降の経済学者たちはそれを忌避していたというのだ。

学問における客観性や中立性については、古くから議論がある。それを支持する側は、科学には客観性や中立性が必須であると主張する。それを批判する側は、客観性や中立性を過度に順守することは、無自覚のうちに社会的周辺層を軽視した研究に陥りがちになると指摘してきた（中山 1974）。この問題はここでは措き、本章では、アメリカと日本では労働市場の前提となっている慣行が異なることを指摘したい。

前述のように、日本の製造業では下請構造が存在した。それが理論的にど
う説明されるかは別問題として、実態として存在したのである。中小企業
の系列化は高度成長期に進み、通産省と中小企業庁の「第6回工業実態基本
調査報告書」からの推計では、1981年末時点で300人未満の製造業中小企業
の65.5％が下請企業であった（高田1986:94）。『中小企業白書1978年版』の自動
車メーカー「A社」の例では、一次下請171事業所、2次下請延べ5437事業
所、3次下請延べ4万1703事業所で下請の重層構造を形成していた（中小企業
庁1978:168）。

　このような階層的な下請構造は、下層ほど付加価値と労賃が低かった。中
央大学経済研究所が1975年の日立製作所の下請構造から算出した数値では、
親工場である日立製作所の工場の加工賃「分単価」が45円以上だったのに対
し、一次下請は18〜20円、二次下請10円、三次下請7円、さらにその下
の内職者・家内労働者の受け取る単価は2〜3円だった（中央大学経済研究所
1976）。

　こうした下請構造が「搾取」の構造であったのか否かはともかく、こうし
た構造の存在のため、日本とアメリカでは製造大企業のあり方が異なってい
た。1980年代後半に、アメリカのＧＭは約80万人の従業員で、年間約500
万台の乗用車を生産していた。それに対しトヨタは約7万人の従業員で、年
間約400万台を生産していた。トヨタにそれが可能だったのは、ＧＭが部品
の約70％を自社生産していたのに対し、トヨタは部品の多くを一次下請270
社が中心となった企業グループで生産していたためである。当時のトヨタを
はじめ、1980年代の日本の自動車メーカーの部品内製率は20〜30％だった
（米倉1995, 黒瀬2022）。

　以上のことは、経済学でどう説明されるかはともかく、実態としての日米
の相違である。そして、このような日米の相違の一因は、歴史的な経緯の相
違にもとづく労働組合と雇用慣行の相違だった。

　アメリカの労組は産業別組合であり、圧延工や機械工など職務ごとの賃金
を産業単位の交渉で決めていた。そのため、同じ職務の労働者はどの企業で
も基本的に同じであった。それに対し日本は職務ではなく、特定の企業内の

勤続年数と基本給が連動しており、企業内組合がその交渉を担っていた。そのため日本では、同じ職務の労働者であっても、企業が異なれば賃金が異なるということが可能だったのである (濱口 2011, 小熊 2019)。

1992年の政府の調査では、従業員1000人以上の企業の組合組織率は57.2％だったが、従業員100人未満では1.8％だった (労働大臣官房政策調査部 1992)。中小企業では解雇も多かったが、多くの訴訟の結果として、1975年から79年の複数の最高裁判例によって中小企業でも解雇権濫用には制限が加えられた (菅野・荒木 2017:18-32)。しかし大企業と中小企業の賃金格差は、残ったままとなったのである。

日本の多重下請構造は、こうした雇用慣行の相違と、労働組合の性格の相違を前提に発達したと考えられる。原理的にいえば、全米自動車労組が企業を超えて機械工の賃金を決めている状態であれば、GM本社でもサプライヤーでも、同じ職務なら賃金は同一である。そうであれば、GMがアメリカ国内のサプライヤーに部品を外注しても、労働コストは削減されない。外注がなされるとすれば、それはそのサプライヤーが高度な技術などを持ち、GMでは生産できない製品を製造している場合であろう。

しかし日本の場合は、企業が違えば、同じ職務であっても賃金が異なりうる。そのため下請企業への外注は本社での製造よりも労働コストが低くなり、下請企業が高度な技術を持っていなくとも外注に出す動機が発生する。1980年代のGMとトヨタの部品内製率の相違、そしてGMとトヨタの従業員数の相違は、こうした雇用慣行と労働組合の相違から説明することができるだろう。

上記のような相違を前提とするならば、「グローバル化」の影響を研究する方法論も、日米では異なる必要があると予測される。

アメリカの場合なら、海外直接投資の国内雇用への影響を計測するためには、特定企業を事例とした企業レベルの分析が有効だと考えられる。なぜなら、海外生産で減少することが予想される非熟練労働者も、たとえばGMで雇用されているだろうからである。逆にGMで非熟練労働者が増加していたなら、それは海外市場の開拓に成功したか、中間財の輸出が増加したと

位置づけうるだろう。

　しかしこれは、中間財などの生産を担う労働者が下請企業ではなく、GM本社で雇用されていることが前提である。すなわち、同一産業で同一職務であれば賃金が同じである社会なら、たとえば GM を研究したとしても、製造業の平均的な労働構成を研究するのとほぼ同じであると考えられる。こうした社会であれば、「グローバル化」の国内雇用に対する影響を推定するには、特定企業の海外直接投資がその企業の雇用にどう影響したかを企業レベルで分析する事例研究が有効になるだろう。

　しかし、前述した GM とトヨタの相違が示しているように、これらの前提が日本にも適用できるかは不明である。日本の雇用慣行と下請構造を前提とするなら、「グローバル化」の影響は、トヨタ本社の雇用に表れるのではなく、多重構造の下層に位置する下請企業の廃業や雇用に表れることが予測される。

　そうであれば、トヨタ本社の海外直接投資と国内雇用の関係を事例として企業レベルで研究しても、きわめて特異な事例を研究対象としていることになりかねない。そうであれば、「グローバル化」の国内雇用全体に対する影響を推定するうえでは、事例選択を誤っていることになる。またそうであれば、従業員 50 人以上の企業のみを対象としているデータセットでも、研究対象として不適格だということになるだろう。

　なお本章では言及しなかった移民労働者については、この二重構造に即して導入が進んでいると考えられる。近年の日本の移民労働者は、技能実習などの名目で「バックドア」「サイドドア」から単純労働者を導入しているという形容だけでは不十分であり、日本の同一境遇の労働者と顕著な賃金の差があるとも言えない（是川 2019, 2021）。しかしその導入の形態は、日本の二重構造に即して、やや下層部で技能実習生が導入され、上層部で在留資格の「技人国（技術・人文・国際業務）」が導入されており、いまだ下層部への導入が多いのが現状といえるのではないか。

　移民の導入が下層により多いことは、ホスト国である日本の二重構造に即した導入が進んでいることの反映だとも推測できる。これまで述べてきたよ

うに、「グローバル化」の影響は、日本の二重構造の上層よりも下層に大きかった。日本においては、他国の上層部分で1990年代以降に生じた変化、たとえば大学院進学率の上昇や留学の増加、高度人材移動の国際移動などは、あまり発生していない（小熊 2019）。このことは、正規従業員数が安定的であることと合わせて、日本の二重構造の上部を規定している雇用慣行が、いまだに安定を保っていることの表れと考えられよう。このように「グローバル化」による日本の二重構造の変動が上層には及ばず、下層に偏っているならば、移民の導入がそれに即して下層に偏っていたとしても論理的に整合している。

　とはいえ、本章でくりかえし述べてきたように、「グローバル化」の影響を他の要因と独立に計測することは難しい。そして第1節で紹介した経済学の研究では、製造業の雇用減少は海外直接投資のためではなく、資本設備の増加が労働需要を代替し、生産性が上昇しているためだと主張されている。たしかにデータ上の傾向としても、海外進出企業や中堅以上の企業が生産性を向上させ、小規模企業で雇用削減や廃業増加しているのであるから、そのように説明することは可能であろう。そうした説明をとる研究者は、以下のように述べている（清田 2014）。

　　　「日本企業の海外進出が進むことで、日本の雇用は失われていると思いますか」
　　　企業の海外進出と雇用の低下が同じ時期に起こっているため、あたかも企業の海外進出がその労働需要に大きな影響を及ぼしているかのように思われがちである。しかし、データはこの主張を支持していない。まず注意を払うべきは、資本と労働の間にある古典的な代替関係ではないだろうか。

　これは特定のデータ上の相関を、経済学の「古典的」な体系に沿って解釈した説明としては、論理的に筋が通っている。とはいえ社会の現実は多面的であり、特定の学問体系ですべて説明できるとは限らない。上記の説明は、特定の基準で集められたデータを、特定の前提にもとづく体系から分析した

見解である。この見解が、廃業に至った中小企業の経営者や従業員の経験を説明できるものであるのかは、また別の話だろう。

「グローバル化」とは、世界各地のさまざまな社会でおきた、一連の変動の総称である。そうであるがゆえに、「グローバル化」の影響の現れ方は、その社会がどのような構造的特性を持っているかによって異なってくる。日本にもまた、雇用の二重構造が実態として存在する。その上層部分にあたる国内雇用の量を企業レベルで分析すれば、「グローバル化」は大きな影響を与えていない。しかし全体としてみれば、「グローバル化」は国内雇用に統計的に有意なマイナスの影響があった。そして二重構造の下層に注目してみれば、甚大な影響があったという見解が多く、それは一定以上の妥当性がある。これが、本章で検討してきた諸研究を総合した結論といいうるだろう。

注

1　国外の株式や債券など金融資産への投資である海外間接投資（Foreign Indirect Investment）と対置される。

2　前身の「海外事業活動動向調査」は 1971 年から行われている。

3　「企業活動基本調査」の対象企業に対する回答率は 80-85％だが、「海外事業活動基本調査」は 60-70％である。

4　Tomiura（2007）は「商工業実態基本調査」のデータを用いたが、この調査は 1998 年調査をもって廃止になった。

5　関博満は 1973 年に東京都商工指導所に入職したことから、黒瀬直宏は 1970 年に中小企業振興事業団（のちの中小基盤整備機構）に入職したことから研究を始めた経緯がある。関（2017:196）、黒瀬（2018: V）。

6　労働力調査では統計上の「役員」が女性にもいるが、これはごく少数のためグラフに記載していない。

7　小池の推計方法では、就業構造基本調査から正規従業員をとり、さらにその中から①専門職技術職の男女計、②管理職の男女計、③事務職の男性、④販売職の男性、⑤それ以外の男性正規従業員の 21.9％を「右上がり」とみなした。21.9％は、企業規模 500 人以上の雇用労働者の比率である。なお就業構造基本調査の職業別分類は、官公庁を含んでいる。

8　就業構造基本調査における「専門的・技術的職業従事者」は 2017 年から 2022 年に、119 万人（15.8％）の大幅な増加があった。2022 年データの集計では、「専門

的・技術的職業従事者」から「社会福祉専門職」に分類される正規職員（91 万 6400
人、うち女性 70 万 300 人）を「右上がり」から除外した。2022（令和 4）年の『厚生
労働白書』26 頁によれば、55 歳から 59 歳の平均勤続年数は全産業で約 20 年だが、
介護職員は約 6 年であり、年功賃金を得ているとは考えがたいためである。な
お 2022 年以前のデータについては、「専門的・技術的職業」の内訳が公表されて
いないため、このような処理はできない。

9 1995 年と 2015 年の「国勢調査」では、女性の就業者は 2563 万 6000 人と 2584 万
1333 人、男性の就業者は 3854 万 6000 人と 3307 万 7000 人である。これらの数値
は「労働力調査」と乖離しており、とくに 2010 年代に「国勢調査」での減少が目
立つ。これは、全数調査である「国勢調査」では質問に答えない「不詳」が増大し
ているためである。「国勢調査」は 2020 年調査から「不詳」を「あん分等」で補完
した「不詳補完値」を公表し、「労働力調査」との乖離を小さくした（総務省 2022:
28）。このように就業者数が信頼に欠けるため、本章では男女別の産業別就業者
割合のみを掲載し、また 2020 年調査の結果を加えなかった。

10 梅村（1971）の定義した「縁辺労働力」は、市場の経済的変動（エコノミック・サ
イクル）に応じて断続的に労働市場に参加する「労働力と非労働力との境界領域に
ある一種の浮動層」であり、「恒常労働力」と対置される。梅村の分析では、縁辺
労働力には女性・高齢者・若年者が多く、恒常労働力には青壮年男性が多い。

引用・参考文献

井口泰, 2003,「グローバリゼーションの労働面への影響」『季刊家計経済研究　2003
　　　SUMMER』59, 21-29

石川経夫・出島敬久, 1994,「労働市場の二重構造」石川経夫編著『日本の所得と富の
　　　分配』東京大学出版会, 169-210.

伊藤恵子, 2018,「グローバル化と労働市場－産業構造変化を通じたマクロ生産性へ
　　　の影響」『日本労働研究雑誌』696, 4-17.

氏原正治郎, 1966,『日本労働問題研究』東京大学出版会.

梅村又次, 1971,『労働力の構造と雇用問題』岩波書店.

小熊英二, 2019,『日本社会のしくみ――雇用・教育・福祉の歴史社会学』講談社.

神林龍, 2017,『正規の世界・非正規の世界』慶應義塾大学出版会.

清田耕造, 2014,「企業の海外進出に伴い、国内の雇用は失われているか？」独立行
　　　政法人経済産業研究所「コラム」2014 年 11 月 25 日, https://www.rieti.go.jp/jp/
　　　columns/a01_0412.html　2022 年 10 月 30 日アクセス.

黒瀬直宏, 2018,『複眼的中小企業論――中小企業は発展性と問題性の統一物』同友館.

黒瀬直宏, 2022,「戦後日本の中小企業問題の推移」渡辺幸男・小川正博・黒瀬直宏・

向山雅夫著『21 世紀中小企業論 第 4 版』有斐閣, 88-121.

玄田有史, 2011,「二重構造論―『再考』」『日本労働研究雑誌』609, 2-5.

小池和男, 2005,『仕事の経済学　第三版』東洋経済新報社.

是川夕, 2019,『移民受け入れと社会的統合のリアリティ―― 現代日本における移民の階層的地位と社会学的課題』勁草書房.

是川夕, 2021,「現代日本における外国人労働者の労働市場への統合状況 ――賃金構造基本統計調査マイクロデータによる分析」IPSS Working Paper (J) 45, 1-43.

桜健一・近藤崇史, 2013,「非製造業の海外進出と国内の雇用創出」日本銀行ワーキングペーパーシリーズ No. 13-J-8.

櫻井宏二郎, 2011,『市場の力と日本の労働経済―技術進歩, グローバル化と格差』東京大学出版会.

櫻井宏二郎, 2014,「グローバル化と日本の労働市場―貿易が賃金格差に与える影響を中心に」日本銀行ワーキングペーパーシリーズ No.14-J-5.

桜井靖久, 2013,「産業空洞化論における研究レビュー」アジア太平洋研究所『日本型ものづくりのアジア展開―ベトナムを事例とする戦略と提言』107-121.

佐々木仁・桜健一, 2004,「製造業における熟練労働への需要シフト―スキル偏向的技術進歩とグローバル化の影響」日本銀行ワーキングペーパーシリーズ No. 04-J-17.

新谷由里子, 2015,「公務セクターにおける女性の就業状況と子育て支援環境」『人口問題研究』71（4）, 326-350.

菅野和夫・荒木尚志編, 2017,『解雇ルールと紛争解決 ――10 ヵ国の国際比較 (Dismissal Rules and Dispute Resolution Systems: A Comparative Study of 10 Countries)』労働政策研究・研修機構 (JILPT).

関満博, 2017,『日本の中小企業――少子高齢化時代の起業・経営・承継』中公新書.

総務省統計局, 2022,「令和 2 年国勢調査 就業状態等基本集計結果 結果の概要」.

高田亮箭, 1986,『現代中小企業の構造分析―雇用変動と新たな二重構造』新評論.

橋木俊詔, 森川正之, 西村太郎, 1996,「貿易と雇用・賃金―アジア 諸国の経済発展と日本の雇用及び賃金」『研究シリーズ 28』通商産業研究所.

田中鮎夢, 2013,「製造業の空洞化：外国直接投資によって国内雇用は減少するのか」独立行政法人経済産業研究所「国際貿易と貿易政策研究メモ」第 17 回, 2013 年 6 月 14 日, https://www.rieti.go.jp/users/tanaka-ayumu/serial/017.html 2022 年 10 月 30 日アクセス.

中央大学経済研究所編, 1976,『中小企業の階層構造』中央大学出版部.

中小企業庁『中小企業白書 (2014 年版)』.

中小企業庁編『中小企業白書 (1978 年版)』.

中小企業庁編『中小企業白書 (2007年版)』https://warp.da.ndl.go.jp/info:ndljp/pid/

11551249/ www.chusho.meti.go.jp/pamflet/hakusyo/h19/h19_hakusho/index.html 2022 年 10 月 30 日アクセス.

戸堂康之, 2012,「日本の中小企業の海外生産委託」RIETI Discussion Paper Series, No. 12-J-004.

冨浦英一, 2012,「グローバル化とわが国の国内雇用―貿易, 海外生産, アウトソーシング」『日本労働研究雑誌』No. 623, 60-70.

中村吉明・渋谷稔, 1994,『空洞化現象とは何か』通商産業省通商政策研究所研究シリーズ Vol.23.

中山茂, 1974,『歴史としての学問』中央公論社.

濱口桂一郎, 2011,『日本の雇用と労働法』日経文庫.

深尾京司, 1995,「日本企業の海外生産活動と国内労働」『日本労働研究雑誌』No.424: 2-12.

深尾京司・天野倫文, 1998,「海外直接投資と製造業の『空洞化』」一橋大学経済研究所編『経済研究』49（3）, 259-276.

深尾京司・袁堂軍, 2001,「日本の海外直接投資と空洞化」RIETI Discussion Paper, 01-J-003.

法務省出入国管理局, 2022,「外国人技能実習制度について」令和 4 年 10 月 14 日改訂版, https://www.moj.go.jp/isa/content/930005177.pdf 2022 年 10 月 30 日アクセス.

松浦寿幸, 2011,「空洞化―海外直接投資で『空洞化』は進んだか？」『日本労働研究雑誌』No. 609, 18-21.

向山雅夫, 2022,「中小企業と流通」渡辺幸男・小川正博・黒瀬直宏・向山雅夫著『21 世紀中小企業論 第 4 版』有斐閣, 225-249.

吉田崇, 2004「M 字曲線が底上げした本当の意味－女性の「社会進出」再考」『家族社会学研究』16（1）, 61-70.

米倉誠一郎, 1995,「日本型システムと高度経済成長」小林英夫・岡崎哲二・米倉誠一郎・ＮＨＫ取材班『「日本株式会社」の昭和史』創元社, 199-219.

労働大臣官房政策調査部, 1992,「労働関係総合調査・労働組合基礎調査報告」.

Edamura, Kazuma, Laura Hering, Tomohiko Inui, and Sandra Poncet, 2011, "The Overseas Subsidiary Activities and Their Impact on the Performance of Japanese Parent Firms", RIETI Discussion Paper Series, No.11-E-069.

Hayakawa, Kazunobu, Toshiyuki Matsuura, Kazuyuki Motohashi, and Ayako Obashi, 2013, "Two-dimensional analysis of the impact of Outward FDI on performance at home: Evidence from Japanese manufacturing firms", *Japan and the World Economy,* 27, 25-33.

Hijzen, Alexander, Tomohiko Inui, and Yasuyuki Todo, 2007, "The Effects of Multinational Production on Domestic Performance: Evidence from Japanese firms", RIETI Discussion Paper Series, No. 07-E-006.

Ito, Keiko and Ayumu Tanaka, 2014, "The Impact of Multinationals' Overseas Expansion on Employment at Suppliers at Home: New Evidence from Firm-level Transaction Relationship Data for Japan", RIETI Discussion Paper Series, No. 14-E-011.

Kambayashi, Ryo and Kozo Kiyota, 2014, "Disemployment by Foreign Direct Investment? Multinaitonals and Japanese Employment", RIETI Discussion Paper Series, No. 14 E-051.

Machikita, Tomohiro, and Hitoshi Sato, 2011, "Temporary Jobs and Globalization: Evidence from Japan", RIETI Discussion Paper Series, No. 11-E-029.

Tanaka, Ayumu, 2012, "The Effects of FDI on Domestic Employment and Workforce Composition," RIETI Discussion Paper Series, No. 12-E-069.

Tomiura, E., B. Ito, and R. Wakasugi, 2011, "Offshoring of Tasks and Flexible Employment: Relationships at the Firm Level" International Seminar on International Trade, Firm, and Labor Market, 経済産業研究所.

Tomiura, Ei'ichi, 2003, "The impact of import competition on Japanese manufacturing employment," *Journal of the Japanese and International Economies*, 17(2), 118-132.

Tomiura, Ei'ichi, 2007, "Foreign Outsourcing, Exporting, and FDI: A Productivity Comparison at the Firm Level," *Journal of International Economics*, 72(1), 113-127.

Yamashita, Nobuaki and Kyoji Fukao, 2010, "Expansion Abroad and Jobs at Home: Evidence from Japanese Multinational Enterprises," *Japan and the World Economy*, 22, 88-97.

読書案内

①氏原正治郎, 1966,『日本労働問題研究』東京大学出版会.
　日本の雇用における二重構造の古典的研究。

②梅村又次, 1971,『労働力の構造と雇用問題』岩波書店.
　現代の非正規雇用問題の原点にあたる問題の古典的実証研究。

③神林龍, 2017,『正規の世界・非正規の世界』慶應義塾大学出版会.
　日本の労働に関する現状。

④濱口桂一郎, 2009,『新しい労働社会－雇用システムの再構築へ』岩波新書.
　日本の雇用慣行に関する理解。

⑤杉田麻衣, 2015,『高卒女性の 12 年－不安定な労働、ゆるやかなつながり』大月書店.
　女性非正規労働者のリアリティ。

エスニシティ

3

グローバルな人の移動と国民国家の再編：
「脱」なき「再国民国家化」としての日本

髙谷　幸

はじめに

　20世紀末から顕著になったグローバル化の一局面として、国境を越えて移動する移民や難民の増加があげられる。生まれた国と異なる国に住んでいる移民は、1990年に約1億2800万人だったが、2020年には2億8100万人、世界人口の3.6%を占めるようになった[1]。また迫害、紛争、暴力、人権侵害などによって故郷を追われた人びとも増加傾向にあり、2023年末には1億1730万人にのぼっている[2]。

　一方、日本に目を向けると、戦後日本は、移民労働者の公式な受け入れなしに高度成長を遂げたとされている。しかし1980年前後から、中国帰国者やベトナム難民の来日のほか、アジアからの女性の移動も目立つようになった。こうした流れは、80年代半ばに男性へと拡大し、1989年の出入国管理および難民認定法（以下、入管法）の改定へとつながっていった。その後、バブル崩壊により経済は停滞するようになったが、リーマンショックから東日本大震災、そしてコロナ下の影響を除けば、移民の数は増加傾向をつづけてきた。1990年には100万人強だった在日外国人数は、2023年6月末には登録されている者だけでも320万人を超えた[3]。また日本で生まれた外国ルーツの子どもや帰化者なども含めると、日本社会の多様化が進んでいる。

　とはいえ、こうした移民現象への対応を通じて日本という国家がどのように再編されてきたのかを考察する研究は少ない。移民が国家に与える影響は、主にヨーロッパを対象に考察されてきた。これはもちろん、戦後ヨーロッパ

が移民労働者の受け入れと定住化を経験すると同時に、EU 統合という形で超国家的な機関、規範や制度を作り出し、「ポストナショナル」な現実を垣間みせてきたことが背景にある。しかしその後、ヨーロッパとアジアあるいは日本の違いも目立つようになっている。そもそもアジアの場合、今日に至るまで冷戦が継続し、EU のような超国家的主体は形成されていない。同時に日本は、長期的な保守政権の下、少なくとも 2018 年まで公式の移民労働者受け入れを認めず、硬直した政策を続けてきた。とはいえそれは、移民現象にたいして日本が対応してこなかったことを意味するわけではない。そこで本章では、人の移動がもたらしてきた社会の変化にたいして国家がどのように再編されてきたのか、またその再編における日本の特徴について検討してみよう。

1. 人の移動と社会・国家の再編

　19 世紀以降の近代国民国家は、領域国家、主権国家としての側面も有している。すなわち近代国家は、領域的にも成員的にも限られた範囲において至高の権威（主権）を有する政治体であり、その特徴はしばしば〈領土‐国民‐主権〉の三位一体として表現されてきた。ただしこの三つは同じ水準にあるわけではない。というのも、領域国家と国民国家との関係でいえば、主権は、領域と国民（成員）という国家の構成要素の範囲を画定する権限として捉えることができるからである。

　20 世紀末から目立つようになったグローバル化は、こうした国家のあり方に再編を迫るようになった。ウルリヒ・ベックによると、20 世紀半ばまでの「第一の近代」において前提とされてきた社会は、国民国家の範囲内で成立する「国民社会」であった。だがその後、グローバル化により「経済、情報、エコロジー、技術、文化横断的なコンフリクト、ひいては市民社会といったさまざまな次元で、日常の行為が国境に制限されなくなるのを経験できる」ようになった（Beck 1997=2005: 46）。ここからわかるように、グローバル化とは、日常的な相互行為すなわち社会の次元でまず生じ、そうした相互行為にもと

エスニシティ 3 グローバルな人の移動と国民国家の再編：「脱」なき「再国民国家化」としての日本　93

づく関係性が国民国家の範囲を越えて展開される過程である（Beck 1997＝2005）。
その上で、グローバル化は、「統一体」としての社会や国家という枠組みの
崩壊につながっていく。

　　これまで社会や国家が一定の領域をもち相互に境界で分けられた統一
　体として考えられ、組織され、存続してきた根本的前提となる枠組み
　が崩壊する。……そして、新たに作り出されるのは、一方における国民
　国家という単位やそれに縛られたアクターと、他方におけるトランスナ
　ショナルなアクター、およびトランスナショナルなアイデンティティ、
　社会空間、状況、プロセスとのあいだの新たな権力関係、競争関係、紛
　争、重なりあいである（Beck 1997＝2005: 48）。

　この引用ではベックは、グローバル化が社会にもたらす変化としてトランス
ナショナル（越境的）な関係性の拡大に注目し、それが統一体として想定さ
れてきた社会や国家の枠組みに影響を及ぼしていることに着目する。
　こうしたトランスナショナルな関係性の拡大に着目してきた研究分野の一
つが移民研究である。それらの研究は、移民たちによる出身社会に暮らす家
族や親族との日常的な結びつき、国境を越えたビジネス展開や故郷のコミュ
ニティへの投資、政治参加など様々な領域で、越境的な関係性、相互行為が
生み出されていることを明らかにしてきた。またそれを通じて複数の社会に
同時に帰属する移民たちの生のあり方や、越境的で継続的な社会関係の集積
により、「あちら」と「こちら」をつなぐ社会が形成されていく過程を論じて
きた（Smith and Guarnizo 1998, Levitt and Glick Schiller 2004, Vertovec 2009＝2014）。このよう
なトランスナショナリズム研究の視点は、〈領土‐国民‐主権〉の三位一体
としての国民国家の範囲で成立する社会という視点を批判し、越境的な相互
依存の現実を明らかにしていった。
　同時に、移民現象がもたらした変化は、越境的な社会関係の形成だけでは
ない。一つの社会の変容としては、その成員の人種・エスニシティの多様化
もあげることができる。この変化もまた、国民国家に合致して成立してきた

94

国民社会の同質性に疑念をさらし、さらには国民国家というあり方自体を揺るがすことになった。

つまり人の移動というグローバル化は、越境的な社会関係の形成により社会と領域国家の結びつきを揺るがす一方、それぞれの社会においては成員の人種・エスニシティの多様化を通じて同質的な国民社会という自明性を喪失させていった。これらは、社会が、〈領土‐国民‐主権〉からなる国民国家に合致しなくなったことを意味しており、社会と国家の領域や成員の範囲との間にずれを生み出してきた。

では、こうした社会の変化とその国家への影響に対して、国民国家はどのように反応してきたのだろうか。前述のように、国民国家は、領域国家でもあり主権国家でもある。そこで次節では、国家のこの三つの次元とそれぞれの結びつきに着目し、国家が、グローバルな社会の変化にたいして、どのように再編されてきたのかをみていこう。

2. 人の移動のグローバル化とその帰結にたいする国家の再編

(1)「脱領域化」する国家──国家によるトランスナショナリズム

既にみたように、越境的な関係性の拡大は、領域国家と社会の範囲にずれをもたらしてきた。これに対して、国家のなかには、そうしたトランスナショナルな関係性の拡大に積極的に関与するところも出てきた。その典型として挙げられるのが、移民送り出し国による、その国出身の出移民やその子孫を対象にした対応である。これらの政策には、移民の送金を促す投資政策やかれらのメンバーシップ感覚を強化するための象徴的政策など様々なものが含まれる (Levitt and de la Dehesa 2003)。ただしいずれも、国家がその領域外に暮らしつつも、自らの同胞を考える人びとへの関与を強めることを目的としており、国家自体がトランスナショナリズムを利用し促進していることを意味する。ここでは特に、複数 (重) 国籍の容認に注目しよう。

20世紀後半以降、複数国籍を容認もしくは黙認する国は劇的に増加している (Kivisto and Faist 2007)。その要因の一つに、国外に居住しつつ当該国家に

ルーツがある出移民やその子孫に国籍を付与する国が増えていることがある。20世紀前半まで、国家は出移民にたいし無関心もしくは「裏切り者」とみなす対応が少なくなかったことを考えれば、この変化は際立っている。こうした国外に暮らす出移民やその子孫に付与される外部的なシティズンシップ（とその帰結としての複数国籍の容認）は、現在の移民送り出し国に限られない。オランダ、ポルトガルやスペイン、イタリアなどでも1990年代から2000年代にかけて出移民やその子孫の国籍を認める法改正が行われた（Joppke 2003, 2010＝2013）。

　ここには、出移民やその子孫に国籍を認めることで、かれらとの物質的・象徴的結びつきを維持するよう促すという国家の関心の変化が現れている。あるいは、領域内に暮らす移民の増加にたいする反発から、自国にルーツをもつ国外居住者に国籍を付与する対応がとられた面もある。なお国籍付与の要件は国によって異なるものの、居住要件が課されない場合も珍しくない。

　こうした「外部的シティズンシップ」は、エスニックな論理にもとづくシティズンシップの拡大という意味で「再民族化」として捉えられると同時に、「国民」の範囲を当該国家の領域を超えて広げることを意味しており、「脱領域化」したシティズンシップともいえる（Joppke 2003）。クリスチャン・ヨプケは、国家が当該領域への居住と切り離す形で、成員の地位を保障するようになったこの変化を、国家が「グローバルに広がった人口の具体化」として自らを理解するようになったことの表れと捉える（Joppke 2019: 867）。こうした「外部的シティズンシップ」は、シティズンシップの道具的な利用の一つでもある[4]（Joppke 2019）。

　ただし複数国籍の拡大は、外部的なシティズンシップの付与に起因するだけではない。国際カップルから生まれた複数のルーツをもつ子どもの増加や、移民が移住先で国籍を取得する際に原国籍を保持することを求め、それを法的もしくは実質的に認めることでも増えていく。こうした変化の背景には、国際人権規範の拡大とも結びつきながら、外交的保護についての理解の変化や、ジェンダー平等、人権としての国籍という理解が広まったことなどが影響している（Kivisto and Faist 2007）。それは、次節でみる国民国家の「脱民族

化」の一環としても捉えることができる (Joppke 2003)。

(2) 国民国家の「脱民族化」による移民の統合

①移民への権利拡大：デニズンシップと国籍取得要件の緩和

前述したように、人の移動というグローバル化は、国民国家の次元では成員の人種・エスニックな多様化をもたらしてきた。これに対して、後述するように排除の実践がみられる一方、長期的にみれば、移民に保障される権利は拡大してきた。これは、国際人権規範の拡大の影響であると同時に、各国家が、民主主義の論理にもとづき政治社会から長期的に排除されている居住者が存在することは望ましくないと考えた結果でもある。この観点からみれば、移民の権利拡大は、領域国家に暮らす人びとと国民国家の成員である「国民」のずれの拡大を、民主主義の原理にもとづき縮小しようとする方策といえる (Benhabib 2004=2006)。

T. H. マーシャルがシティズンシップを「ある共同社会の完全な成員である人びとに与えられた地位」と定義し (Marshall [1950]1992: 18=1993: 37)、イギリスにおける公民的権利、政治的権利、社会的権利という権利の拡大を論じた際、これらは国民の地位と権利を意味していた。しかし 20 世紀後半のヨーロッパでは、高度成長期に受け入れた移民労働者が家族を呼び寄せ定住化した後、かれらに社会的権利や一部の政治的権利を認めるようになった (Brubaker 1989)。

このように諸権利が外国人にも認められるようになった変化を念頭に、シティズンシップは、いまや国民としてではなく、「人であること」にもとづく権利に変容したと指摘する論者もいる (Soysal 1994)。とはいえ、ある国家に暮らす移民に一律に平等な権利が認められるわけではない。多くの場合、永住移民と一時的移民は権利において差異化されている。例えば、永住移民には社会的権利や地方参政権など一部の政治的権利を保障する一方、一時的移民にはそれらを認めない国は珍しくない。こうした現状を踏まえ、トマス・ハンマーは、永住移民を「デニズン」と呼び、かれらに保障されている権利の根拠をその国に暮らしているという事実すなわち居住と捉えた (Hammar 1990=1999)。なお「デニズン」の地位を「デニズンシップ」と呼ぶこともある。

エスニシティ 3 グローバルな人の移動と国民国家の再編：「脱」なき「再国民国家化」としての日本 97

　このように移民の増加は、かれらの権利拡大という形でシティズンシップの変容をもたらしてきた。これは、国民国家の成員はもはや「国民」だけには限らなくなったことを意味している。一方で、永住移民に国民と完全に平等な権利を保障している国はほとんどない。そこで移民への権利付与のもう一つの方法として、国籍取得（帰化）要件の緩和も広がることになった。これは、「国民」概念の問い直しと相互規定的に進められてきた。

　そもそも「国民」概念は、各国民国家によって、またある国家のなかでも時代によって変化しうるものである（塩川 2008）。ただし、ある一時点でみるとそれぞれの国家は特定の「国民」概念を基盤にしている。しばしばそれは、血統や言語、歴史、文化などを共有する共同体というエスニックな「国民」理解と、法にもとづく政治共同体のメンバーであるというシヴィックな「国民」理解という二つの理念型によって把握されてきた（Brubaker 1992=2005）。

　このうちとくに、エスニックな「国民」理解が強い国では、成員の人種・エスニシティの多様化が、既存の「国民」概念との齟齬を生みがちである。すなわち移民二世の誕生と成長により、マジョリティの「国民」と同じような社会化過程を経た「外国人」の存在が可視化されたり、あるいは国際結婚夫婦の間に生まれた子どもや帰化の増加などによって「国民」内部の多様性があらわになるにつれ、既存の「国民」概念が揺るがされることになる。こうして例えばドイツでは、1999 年に血統主義だった国籍法の改正を行い、一定の要件のもと生地主義を導入した。さらに裁量による帰化を廃止し、一定の条件を充たせば国籍を取得できる権利帰化を採用した（Joppke 2003）。

　このような国籍要件の緩和は、シティズンシップが、血統や歴史、文化の共有というエスニックな要素を薄め、「脱民族化」していくことを意味する（Joppke 2003）。ヨプケは、こうした個人の自由や権利といったリベラルな価値を基盤にしたシティズンシップを「軽いシティズンシップ」としても捉え、その拡大を指摘している（Joppke 2010=2013）。これは、社会成員の人種・エスニシティの多様化にたいし、国民国家が「国民」の編成原理を「脱民族化」させることによって、マイノリティの統合を進めていこうとするものとして捉えられるだろう。

②多文化主義政策と統合政策

　前節では、社会成員における人種・エスニシティの多様化にたいする国家の対応として、シティズンシップの「脱民族化」傾向をみた。これは法的なレベルで移民を統合する方策である。それにくわえて、統合の模索は、日常生活に関わる様々な領域レベルでも行われ、それらがあわさる形で全体としての政策が形作られてきた。

　そうした政策の一つが多文化主義政策である。その理念や実践には幅があるが、ウィル・キムリッカは、リベラル多文化主義を「単一の同質的国民国家というかつてのモデルを拒否する」思想としてまとめている (Kymlicka 2007: 61＝2018: 67)。つまり多文化主義は、それまでの国民国家が成員の同質性を規範的なものとし、先住民やエスニック・マイノリティを貶め、周縁化してきたことを批判した上で、かれらが、固有のアイデンティティや文化を保持しながら共存する原理として提案されてきた。

　多文化主義は思想レベルでは、当初から様々な批判がなされてきた。しかし 21 世紀になると、政治家などからも「多文化主義の失敗」が語られるようになった (Joppke 2017)。その批判の一つとして、多文化主義がマイノリティ集団の隔離を許容し、ひいては社会の分断を引き起こしているという指摘がある。また多文化主義政策が、寛容な福祉政策と結びついた場合、統合に否定的な結果を及ぼすという研究もある (Koopmans 2010)。

　こうした状況のなか、ヨーロッパ諸国は、移民のホスト社会への統合をより強調するようになった (Joppke and Morawska 2003)。実践レベルでも、移民にホスト社会の言語を学ぶプログラムを設けたり、シティズンシップの取得に言語やホスト社会の知識を問うテストを課すなどの統合政策がとられるようになった。これは一見すると、多文化主義から、20 世紀前半までに多くの国で採用されていた「同化への回帰」にもみえるが、事態はそれほど単純なものではない。というのも現代の「同化」は、マイノリティ集団が、学歴や職業的地位の達成、言語使用などにおいて、ホスト社会の主流派と「似たものとなる」という社会過程を意味しているからである。これは、以前に想定

されていた有機的な意味としての「同化」、すなわちマイノリティ集団のホスト社会への「完全な吸収」というものとは異なっている (Brubaker 2001=2016)。また、ホスト国家の支配的文化自体を、法や民主主義を重視するというようなシヴィックな定義へと変容させる努力もあり、その場合文化の習得は、移民にとって「学習」の側面が強くなるだろう。つまり今日の統合政策は、移民たちに受け入れ国の言語や法、慣習を理解するよう促し、またかれらの権利保障や就学・就業支援を行うことで、権利主体や経済的アクターとしての貢献を期待するスキームとみなすことができる[5]。こうした移民の統合政策もまた、その領域内に暮らす移民の国家への実質的な編入を支え、社会と国家のずれを埋めようとするものといえる。

(3) 主権の「脱中心化」と「脱ナショナルな空間」の創造

　以上の変化にくわえ、グローバル化は国家の主権にも影響を及ぼしてきた。サスキア・サッセンは、経済的なグローバル化と国際人権レジームの拡大のなか、国家がこれまで有してきた様々な権限が、超国家的な主体に部分的に移譲されるようになっていると指摘し、主権の「脱中心化」とよんだ (Sassen 1996=1999)。またこれは、主権国家の排他的領域内に「脱領域化」された空間が生じているということでもある。こうした主権国家の権能が一定程度失われた領域を「脱ナショナルな空間」という (Sassen 2006=2011)。

　サッセンによると、移民現象とそれに対する国家の対応もまた、国家主権の揺らぎを示している。特に、非正規移民は、国家主権の絶対性を問いに付す存在である。というのも、国家による承認なしに移動し、その領域で暮らすことが可能になっているからだ (Sassen 1996=1999: 130)。その意味で、かれらが生活を営む空間もまた「脱ナショナルな空間」といえる。特に都市部では、こうした「脱ナショナルな空間」が一定の厚みをもって形成されてきた。サッセンはまた、戦後確立した国際人権規範の影響を強調する。特にヨーロッパでは、ヨーロッパ人権条約や裁判所が人権規範の拡大に重要な役割を果たし、人権規範が、司法判断や国内法への反映という形で各国の法制度に埋め込まれてきた。さらに、非政府団体も国際人権規範に基づいて移民の権利を主張

してきた。こうした状況は、国際人権規範を体現する超国家的主体や非政府団体が各国の移民政策形成に影響を及ぼすようになっていることを示している。サッセンは、この変化を「入国をめぐる主権権力における構成要素のいくつかが制度的に改変されている」ものと捉え、「主権が部分的に非政府あるいは準政府的な事業体に分散されつつあるという一般的な過程の広がりとみなしうる」と述べる (Sassen 1996: 104=1999: 171)。

このように、サッセンは、国際機関や非政府団体など国家以外のアクターが各国の移民政策や移民への対応に影響を与えていることを強調し、そこに成員を画定する権限としての主権の「脱中心化」を見出している。

以上のように、人の移動というグローバル化は、トランスナショナルな社会関係の形成、社会内部の人種・エスニシティの多様化という変化をもたらし、これらが国家の「脱領域化」「脱民族化」、主権の「脱中心化」という形で国家の再編につながってきた。とはいえ、これとは逆の動きもみられる。次節では、その「再国家化」の動きをみてみよう。

3. 主権権限の変容にみる「再国家化」

(1) 移民・難民の安全保障化を通じた主権の権限回復

前述のように、経済的グローバル化と国際人権規範の拡大は、領域や成員の画定という主権国家の権限を脱中心化させてきた。これに対して、主権国家は、この権限を回復させるための戦略もとってきた。それが象徴的に現れているのが、移民・難民の安全保障化にもとづく非正規移民の排除や国境管理を強化するという政策である。

前述のように、サッセンは、非正規移民の存在自体が主権の絶対性を疑念にさらすと指摘していた。しかし国家は、20世紀末以降、難民申請者や非正規移民を安全保障上の課題として扱い、取り締まりを強化するようになった。特に、9.11の「同時多発テロ」やその後の欧米における「ホームグロウン・テロ」(その国で生まれ育った人が自国内、政府や同胞市民に対して行うテロ行為)以降、各国はテロ対策を強化し、それとも連動しながら非正規移民らの安全保障化

がすすめられてきた。情報技術や監視テクノロジーの発達も背景となり、移民や難民への監視や管理は、国境管理の強化とともに、生活空間のあらゆる地点で行われるようになっている（森, ルバイ編 2014）。これらは、領域や成員の画定という主権権限を実質的・象徴的に回復させる方策だといえる。

　同時に、領域の「再国家化」は主権国家によってのみ実践されるわけではない。人びともまたその行為者になる。前述のように、近代国家は領域国家であると同時に国民国家でもあるため、その空間自体が一定の同質性が担保された空間として想定されてきた。その想定を前提にすると、移民やエスニック・マイノリティの増加は、そうした同質性を揺るがす事態とみなされ、かれらの排斥やヘイト・スピーチやヘイト・クライムが引き起こされてきた。ガッサン・ハージは、こうした実践がしばしば空間的な想像を伴っていることに着目する。つまり「（移民たちの）数が多すぎる」や「国へ帰れ」という発言は、特定の空間を前提にした表現である。そこから、こうした発言や排除の実践は、自らと特定のテリトリー（ナショナルな空間）に「特別な関係がある」と想像し、その空間の統治者として自らを位置づける想像に由来すると論じる。つまりかれらの排除の実践は、「ネイションの管理者」としての振る舞いなのである（Hage 1998=2003）。

　こうしたマイノリティを排除する草の根の実践は、国家による主権権限の回復を目指す行為を規定することもある。ヨーロッパでは、排外主義的な草の根の実践が、極右政党の躍進とも結びつきながら各国の移民政策に影響を与えており、「再国民化」の表れの一つとして捉えられる（高橋, 石田 2016）。このとき注目すべきは、とくにムスリム系移民の排斥が、かれらの行為や習慣が、個人の自由や権利などを重視するリベラルな価値に反するという論理で正当化されるようになっていることである（水島 2012）。ここでは、国民国家の「脱民族化」をすすめてきたものと同じ論理が、「再国民化」の動きを正当化しているという複雑な展開がみられる。

(2) 新自由主義の取り込みと段階的な主権：「特別区」と選別的移民政策

　前節では、移民・難民の安全保障化という形での、主権の権限回復のあり

方をみてきた。一方、国家はますますグローバルな資本主義の拡大に対応することも求められるようになっている。そうしたなか、資本主義の拡大を推し進める新自由主義的な論理を取り込む形で、領域や成員の画定にかかわる主権国家の戦略が編み出されてきた。

　まずその一つとして、アイファ・オングが着目した「特別区」という戦略をみておこう。前述のように、サッセンは、グローバル化のなか主権国家の権限と想定されてきた決定権が民間部門などに部分的に委譲される点に着目し、主権の「脱中心化」を主張した。オングは、こうしたグローバル化による主権権限の弱まりという議論に疑念を示す。このときオングが注目するのが、1980 年代から 2000 年代半ばに中国が設定するようになった経済特区や特別行政区という「特別区」の戦略である (Ong 2006＝2013)。周知のように、中国は社会主義経済を維持しつつ、「特別区」を設置して資本主義経済の導入を図ってきた。オングによると、「特別区」は、そこで働く農民工にたいし、一般の労働者や都市住民と同等の権利を認めないという例外的な措置をとる空間である一方で、東アジア・東南アジアに暮らす華僑や華人の投資を呼び込む結節点になっているという。この意味で、この「特別区」の戦略は、国家によるトランスナショナリズムの一事例としても捉えられる。つまり中国は、「特別区」という「例外」を活用することで、これらの地域に広がる大中華圏に経済的なネットワークを作り出すとともに、社会経済体制を転換させることなく経済を発展させてきた。そこからオングは、「特別区」のような限定された空間を、主権の権能が失われた場というよりもむしろ、主権が新自由主義的な戦略を活用し、動態的に効力を発揮するテクノロジーとして位置づける。ここでは主権は「脱中心化」しているのではなく、「段階的な」形で機能しているという。つまり主権は今や、国家の領域に包括的かつ一律に作用するのではない。むしろ領域をセグメント化し、特定の区域を「例外」として、それ以外の領域とは異なる規範や戦略を適用するのである。

　「特別区」が領域画定という主権権限を用いて、グローバル資本やトランスナショナルな企業家を一定の区域内に限って取り込もうとする国家の戦略であるとしたら、成員画定というもう一つの主権権限を重層的に用いて、グ

ローバルな競争に対処しようとする国家戦略の一つとみなせるのが選別的移民政策である。これは、ポイント制や技能移民の優遇策などを通じて「好ましい」とされる移民を積極的に受け入れる一方、「好ましくない」とされる移民を締め出す政策である（小井土編 2017）。こうした政策は、「好ましい」移民とそうでない移民を区分する知やテクノロジーに依拠し、90年代以降多くの国で取り入れられてきた。

小井土彰宏は、選別的移民政策が、各国の移民政策に通底する傾向として生じてきた背景として、市場原理主義が拡大するなか各国家・地域が競争状態に置かれ、そのなかで「高度技能労働力の獲得が、移民政策の共通テーマとなりうる基礎的条件」となってきたことを指摘する。その上で、インターネットなどの技術がそれを訓練する基盤とともに世界標準化されてきたこと、国際的な教育システムの統合化、グローバルな研究開発拠点の形成、さらには受け入れ国における高齢化と若年人口の減少による成長産業を支える人口ニーズの高まり、グローバルなテロリズムの時代への突入を背景要因としてあげる（小井土 2017: 7-8）。くわえて、こうした選別を可能にする技術の発達は、この政策の実効性を高めてきた。

サッセンが指摘したように、移民政策の決定は主権国家の排他的権限とはいえなくなっている。しかし同時に、国家も移民の選別方法をより洗練させてきたことも確かである。またその選別は、国境すなわち移民の入国時だけでなく、正規化による滞在資格の許可、永住権付与、国籍取得などより細分化された段階において、重層的に行われるようになってきた（小井土 2017）。これは、国家が、成員画定という主権の権限を——断片化された効力であったとしても——不断に発揮できる複数の場を作り出し、セグメント化されたカテゴリーごとに異なる規範や戦略を適用する試みといえる。ここでも、主権は段階的な形で機能しているのである。

4. 人の移動と社会の変容にたいする日本の戦略

前節までにみたように、人の移動というグローバル化、それがもたらすト

ランスナショナルな社会関係の拡大や社会における人種・エスニシティの多様化という社会の変化をもたらしてきた。こうした社会のダイナミズムに対応する国民国家の再編の方向性として「脱領域化」や「脱民族化」、主権の「脱中心化」が見出されてきた。これらは、〈領土 - 国民 - 主権〉という国民国家の構成要素とその結びつきの再編を通じて、国家が、社会との関係を再強化する方向性としてまとめることができる。一方で、領域や成員の再画定という場に着目すると、「再国家化」の動きも見出される。つまり、人の移動というグローバル化やそれがもたらした社会の変化に対して、国家は「脱国民国家化」と「再国家化」の間で揺れる対応を示してきた。

　では日本の場合はどうだろうか。以下で、日本という国家の対応についてみていこう。

(1) 国家によるトランスナショナリズムの否定

　前述のように、(元) 移民送り出し国では、出移民やその子孫に複数国籍をますます認めるようになっている。日本も 20 世紀半ばまで移民送り出し国だったため、南米などを中心に日系人が多く住んでいる。かれらにたいしては、1990 年の改定入管法施行を契機として、三世とその家族に日本での定住資格が認められてきたことはよく知られている。

　しかし国籍の付与となると、国外に暮らす日本ルーツの人びとへの対応は厳格である[6]。とりわけ現行の国籍法 11 条 1 項は「自己の志望で、外国の国籍を取得した」場合、「日本の国籍を失う」という規定になっており、厳格な形で複数国籍を認めていない。この規定にたいし、2018 年、欧州在住の (元) 日本人が違憲を争う「国籍はく奪条項違憲訴訟」を起こした。しかし 2021 年、東京地裁は「一人の者が複数の国に対して同時に主権を持つということは、主権国家の考え方とは根本的に相容れない」として、原告敗訴の判断を下した[7]。その後、原告らは控訴・上告したが、2023 年 2 月、東京高裁が、同年 10 月には最高裁もかれらの訴えを退けた。地裁判決では、「重国籍の発生防止という考え方自体は、国籍の本質から導かれ、国際法上も認められてきた国籍立法の理想」と述べられ、その弊害として外交保護権の衝突や兵役、納

税等の義務の抵触する事態が生じる恐れなどが挙げられている。この判決が示した理由は、複数国籍防止の理念として古典的な考え方である。しかしすでに述べたように、20世紀後半以降、こうした理念が弱まり、複数国籍を容認する国が増加しているのが世界の趨勢であった。一方、日本では、国籍の領域国家との一元的な結びつきが今も重視されているといえる。

くわえてこれ以外の文脈においても複数国籍にたいする厳格化の傾向がみられる。特に影響が大きかったのが、2016年に生じた国会議員（当時）蓮舫氏の複数国籍問題である[8]（野嶋 2019, 佐々木 2022）。1950年に制定された戦後日本の国籍法は、1984年に改正され、父母両系血統主義になった。これにより出生による複数国籍が認められ、それに該当する子どもにたいしては成人時の国籍選択が努力義務として規定された。その後、2000年代には複数国籍容認を求める請願が国会にたびたび提出され、国会質問もなされるなど複数国籍を容認する方向性がみられた（佐々木 2022）。しかし、蓮舫氏のケースをめぐってメディアやインターネットでも否定的な報道や批判が生じ、複数国籍にたいする「逆風」を巻き起こした。あわせて近年、国籍の手続きの面でも厳格化が生じているという（武田 2022）。

この流れは、前節でみた、シティズンシップを「脱領域化」して出移民やその子孫を包摂しようとする動きや、あるいは「脱民族化」して国内の移民を統合していく動きとはまったく対照的である。むしろ日本の反応は、グローバル化のなか国民国家を超えていく社会の変容に対抗し、〈領土-国民-主権〉の結びつきを固持しようとする動きにみえる。

(2) 成員の「脱民族化」

前述のように、社会における人種・エスニシティの多様化にたいし、国民国家は、「国民」の編成原理を「脱民族化」することで社会の変化に適応しようとしてきた。しかし日本の場合、前節でみた複数国籍の反応にも示唆されるように、そうした動きは見られなくなっている。その点を他のイシューについても確認してみよう。

①移民の権利拡大とその途絶

　日本で、「デニズンシップ」の観点から定住外国人にも社会的権利が認められるようになったのは 1980 年代である。1970 年代まではこれらの社会的権利に関わる法律にも国籍条項が設けられ、外国人は国民健康保険や国民年金などから排除されていた。しかしインドシナ難民の受け入れをきっかけに、1980 年前後に国際人権規約の批准や難民条約の加入がなされた。これにともない、国籍条項が撤廃され、外国人にも社会的権利が保障されるようになった[9]（田中 2013）。これは、日本でも居住を原理とする「デニズンシップ」としての地位が一定の移民、エスニック・マイノリティに保障されるようになったことを意味している。またその後、外国人登録時の義務とされていた指紋押捺も廃止された。これらは、国内の運動団体が国際人権を基盤に闘った成果ともいえ、国際人権規範の影響をみてとれる（筒井 2022）。

　一方で、1990 年代半ば以降、移民への権利付与の動きは拡大するどころかむしろ途絶することになった。典型的には政治参加に関わる権利である。永住外国人の地方参政権をめぐっては 95 年に最高裁がそれを容認する判断を示したこともあり、たびたび法案が提出されてきた。当時は、主な対象として在日コリアンが想定され、「過去の国民」にたいする権利として定式化されていた。しかし 2000 年代後半以降、日韓関係の悪化のなかで右派や草の根保守からの反対が広がり、政治的議題として消失してしまった（樋口 2011）。

　同時に、諸外国でなされてきた国籍取得要件の緩和についても日本ではなされてこなかった。日本の場合、エスニックな「国民」理解が根強く、市民運動や在日コリアンらによる当事者運動においても「外国人」としての権利要求が中心になってきた（Kashiwazaki 2013）。この背景には、日本の植民地主義における同化政策の記憶があると考えられるが、結果として国政選挙も含めたフルの権利を求める要求は相対的に小さかった。また国家も、血統主義的な国籍法や裁量にもとづく帰化というあり方を維持してきた。さらに上述のように、複数国籍についてもむしろ厳格化の傾向がみられる。つまり日本の

場合、「国民」概念をシヴィックなものとして再定義する動きや、そうした理解にもとづき「軽いシティズンシップ」へと国籍が変容するというような、シティズンシップの「脱民族化」の動きはみられない。1980年代に「デニズンシップ」の付与という形で萌芽的にみられた「脱民族化」の兆しも、90年代以降途絶えてしまっている。

②多文化主義政策および実質的な統合の不在

　では、多様な人びとを統合するための政策はどうだろうか。よく知られているように、日本では、自治体レベルで多文化共生政策が実施されてきた。この政策については多くの批判がすでになされているが(Shiobara 2020)、多文化主義の代表ともいえるマイノリティ集団のアイデンティティや文化を公的に承認する取り組みがほとんど欠如している点に大きな特徴がある。すなわち大阪など関西圏の一部の自治体で実施されてきた民族教育を例外とすれば、母語・母文化保障を公的な教育プログラムのなかに位置づけている自治体は非常に限られている(髙谷編 2022)。

　実際、多文化主義政策に関する国際比較のために作られた「多文化主義政策指数(Multicultural Policy Index)」によると、日本の指数は、民主主義体制をとる21カ国のなかで最も低い。特に1980年と2020年の指標を比べると、多くの国が政策を充実させているのに対し、日本は政策の変化がみられない点が際立っている[10]。

　一方、各国の統合政策を比較するための「移民統合政策指数・2020年版(Migrant Integration Policy Index 2020)」によると、日本の統合政策の充実度は諸外国の平均より少し低く、ランクとしては「否定された統合」として位置づけられている[11]。概していえば、日本では、永住資格など安定した滞在資格をもつ移民に対する法制度上の形式的な差別はほとんど取り除かれているが、実質的な差別を是正するような積極的な対応はほとんどとられていない。

　これらを踏まえると、日本の多文化共生政策は、「多文化」を標榜しつつも複数文化の公的な保障を含んでおらず、また統合政策としてみても、社会構造への移民の編入を促す政策としては十分でない。つまりかれらの編入促

進を通じて、社会と国家のずれを埋めていこうとする動きは弱いといえるだろう。

(3) 主権の「脱中心化」と「脱ナショナルな空間」の脆弱性

　冒頭で述べたように、日本では1980年代頃から、旧植民地出身者とは異なる形の移動が目立つようになった。かれらの多くはサービス業、建設業や工場などの現場で働いていたが、正規の滞在資格をもたない非正規移民が大半だった。当時の状況はこれまでの研究でたびたび論述されているので、ここでは簡潔に留めたいが、当時は、かれらの就労や滞在は国家によってもある程度黙認されていた（詳細は髙谷（2018）参照）。

　こうした非正規移民の存在とそれらにたいする国家の黙認を背景に、日本でも、かれらが活動したり、生活を営む場として公認されている「脱ナショナルな空間」を見出すことができた（髙谷2009）。当時、移民の歴史的な結びつきや中小零細企業のニーズ、労働組合の活動などにより主権は、実質的・萌芽的な形で「脱中心化」されていたといえる。しかし次節でみるように、その後、移民や難民の安全保障化が進められ、非正規移民の排除が強力な形ですすめられた。こうしたなか「脱ナショナルな空間」も消滅したり、顕在化が困難になっていった。

　一方で、サッセンが注目した国際人権規範の影響も、非正規移民の権利保障については限定的である。1990年代末から非正規移民に有効な滞在資格を認める在留特別許可が拡大するようになり2000年代半ばには年間一万件を超える正規化がなされたが、もともと法務大臣の裁量によるものとされている枠組みのなかでの変化だった。そして非正規移民の滞在をめぐる裁判において国際人権規範が参照されることは、人権条約を批准して40年以上経つ現在においても珍しい。それどころか多くの判決では、その批准の前年にあたる1978年のマクリーン事件最高裁判決において示された「外国人に対する憲法の基本的人権の保障は…外国人在留制度のわく内で与えられるにすぎないものと解するのが相当」という見解を参照することで、国家による非正規移民の追放の判断が正当化されてきた。

5. 日本における主権権限の変容と「再国家化」

(1) 移民・難民の安全保障化と領域の「再国家化」

　前述のように、1980-90年代前半には、非正規移民は政府によって黙認されていたが、その後、かれらにたいする対応は徐々に厳格化されることになった。そうした厳格化を正当化したのが、かれらを「不法滞在者」とよび、「セキュリティへの脅威」とみなす認識である。こうした認識とそれにもとづく「不法滞在者」対策は、警察や出入国管理局（入管）が先導したが、2000年代初頭には犯罪対策閣僚会議などを通じて国家レベルの治安政策に組み込まれていった。またこれらの政策は、9.11以降「テロ」対策とも連動し、強力な形で非正規移民の安全保障化と排除がすすめられていった。

　同時に、入管は、移民の管理権限を国境においてだけでなくかれらの居住や就労空間にも拡大していった（髙谷 2018）。実際、2012年に施行された入管法では、出入国管理にくわえて在留管理を法の目的に含めた。さらに2019年には、入管は出入国在留管理庁になり、名称にも「在留管理」が追加された。

　ヘイト・スピーチやヘイト・クライムなど移民やエスニック・マイノリティの排除の実践を通じた「ネイションの空間管理」の実践も目立つようになっている（Itagaki 2015）。ヘイト・スピーチにたいしては、2016年に通称「ヘイト・スピーチ解消法」が制定され、街頭におけるデモ活動は一時期より目立たなくなった。しかしこの法律は罰則のない理念法であることにくわえ、ヘイト・スピーチの対象として「専ら本邦の域外にある国若しくは地域の出身である者又はその子孫であって適法に居住するもの（傍点引用者）」と定義され、「合法／不法」という区分がもちこまれている。つまりこの法律には、非正規移民にたいする安全保障化の論理が組み込まれているのである。

　くわえて近年たびたび生じているヘイト・クライムにかんしては、政府は何らかの反応を示したことはなく、黙認を貫いている。つまり「再ナショナル化」を目指す草の根の実践にたいして、国家は消極的な姿勢を示しているといえるだろう。

(2) 「特別区」と選別的移民政策

　「特別区」と選別的移民政策は、グローバルな資本主義の展開を支える新自由主義的な論理を取り込みつつ、領域と成員の画定という主権の権限を段階的に用いたテクノロジーといえるのだった。以下にみるように日本でも同様の戦略が模索されてきた。

　まず「特別区」については、日本でも2000年代以降、構造改革の一環としてある特定の地区において国家の規制を解除し、経済活動を促す「特別区」の設定がなされるようになった。とりわけ2013年には、「成長戦略の実現に必要な、大胆な規制・制度改革を実行し、「世界で一番ビジネスがしやすい環境」を創出すること」を目的として、「国家戦略特区」が創設された[12]。その一環として移民（政府の用語では外国人材）を対象にしたプログラムが特区政策で初導入され、「家事支援人材」「農業支援人材」などの採用が認められた。また、高度人材ポイント制の特例措置や移民労働者を雇用する事業主への援助プログラムもある。ただしこの特区で受け入れた移民労働者の数は限られている。

　一方、選別的移民政策についても模索がなされてきた。すなわち従来からの専門的・技術的分野の移民労働者の受け入れにくわえ、2012年には「高度人材ポイント制」が導入された。専門的・技術的分野での受け入れは、従来から「積極的」に受け入れるとされてきたが、現実にはあまり進んでこなかった。そこで「高度移民」獲得の世界的な競争が強まるなか、日本でも「高度人材ポイント制」が導入されたのである。当初は条件が厳しく該当者が少なかったため基準が緩和され、また2016年には「日本版高度人材グリーンカード」が打ち出され、高度人材の永住要件が緩和された。このように、政府は「高度人材」受け入れ制度の実効性を高めようとしてきた結果、2023年6月末現在、「高度専門職」の在留資格保持者は2万人強となっている。ただし、ポイント制が、日本の労働市場慣行つまり内部労働市場でのキャリア形成と矛盾する点も指摘されている。というのもポイント制は「高度外国人材」に「一定の資格を証明することにより、外部労働市場への転職を容易にする制度」

エスニシティ　3　グローバルな人の移動と国民国家の再編：「脱」なき「再国民国家化」としての日本　111

でもあり、かれらを「内部労働市場への包摂」とは逆の方向へ誘因する可能性ももつからである（上林 2017）。

　その後、2018年の「骨太の方針」において、日本の「経済・社会基盤の持続可能性」を維持するために「新たな外国人材の受入れ」が必要と位置づけられ、同年、特定技能制度が創設された。この制度は、実際にはこれまで認められてこなかった分野での移民労働者の就労を認めるものだが、表向きは「専門的・技術的分野」とそれ以外の区分の上、前者の受け入れとして位置づけられている。

　以上のように、新自由主義的な論理のもと移民を受け入れ、かれらの活力を取り込もうとする政策が模索されてきた。その意味で、日本においても、効果としては限定的な面はあるものの、段階的な主権による領域・成員の再画定という「再国家化」の動きが見出せる。

おわりに

　本章では、人の移動というグローバル化がもたらしたトランスナショナルな社会関係の形成と社会内部の人種・エスニシティの多様化という社会の変化にたいして、国民国家がどのように反応してきたのかを検討してきた。そのなかで、国家によるトランスナショナルリズムの活用という「脱領域化」、「軽いシティズンシップ」の拡大や統合政策にみられる「脱民族化」が指摘されてきた。さらに、経済的グローバル化と国際人権規範の拡大ともあわさった主権の「脱中心化」もみられた。これらは、「第一の近代」が前提にしてきた〈領土 - 国民 - 主権〉の三位一体としての国民国家を再編するもので、「脱国民国家化」の動きとしてまとめられる。一方で、こうした「脱国民国家化」にたいして、移民や難民の安全保障化とそれにもとづく排除の拡大、新自由主義的な論理を取り込み、グローバルな資本主義に対応しようとする動態的な主権による領域や成員の段階的なセグメント化といった形での「再国家化」の動きもみられた。この「脱」と「再」の間を揺れているのが、現代の国民国家の特徴といえるだろう。

しかし日本という国民国家の再編は、こうした趨勢と同じものとしては捉えられない。1980 年代に「デニズンシップ」の付与が進むなど、「脱国民国家化」の兆しは早い時期に生じていた。また 1990 年代には、主権の「脱中心化」の動きも萌芽的にみられた。しかしその後、それらの動きは途絶し、むしろ〈領土‐国民‐主権〉の三位一体と「国民」のエスニックな理解を固持しようとする逆の力が強まっている。同時に、移民・難民の安全保障化がすすめられ、動態的な主権による領域や成員の段階的なセグメント化という「再国家化」の動きもみられる。

　これらを踏まえると、人の移動というグローバル化にともなう社会の変化にたいして国民国家・日本がとってきた反応は、「脱」なき「再国民国家化」としてまとめられるだろう。それは、あたかも脅威に直面した昆虫が外殻を硬くするような変化であり、「国民国家の硬化」ともいえるかもしれない。

　とはいえ日本でも、トランスナショナルな社会関係の形成や成員の人種・エスニシティの多様化という社会レベルの変化は拡大している。「脱国民国家化」の動きが、こうした社会の変化に国民国家が再編を通じて適応する戦略だったとすれば、日本の場合、変容する社会と「再国民国家化」する国家のずれは広がっていくばかりといえるだろう。

注

1　IOM *World Migration Report 2024*（https://worldmigrationreport.iom.int/msite/wmr-2024-interactive/, 2024 年 7 月 4 日閲覧）。

2　UNHCR, Figures at a Glance（https://www.unhcr.org/about-unhcr/who-we-are/figures-glance, 2024 年 7 月 4 日閲覧）。この数は国内避難民や庇護希望者なども含む。

3　いずれも法務省統計によるが、算定方式が変わり前者は外国人登録者数、後者は在留外国人数である。

4　クリスチャン・ヨプケは、国家によるシティズンシップの道具的利用の他の例として、投資としてのシティズンシップ、EU シティズンシップを挙げている。前者は、多額の投資をした外国人にシティズンシップを付与する政策であり、ここでも居住要件は課されていない。この意味で、投資としてのシティズシップは、「再民族化」なき「脱領域化」したシティズシップといえるだろう。

5　しかしこうした政策は、就労可能性が低い移民や難民をさらに周縁化させる懸

念も指摘されている（水島 2012）。

6 　日系人についても、2018 年に政府は四世の受け入れを決めたが、三世と比較すると、入国時に日本語要件を課したり、滞在期限に上限を設けるなど厳格化した対応をとった（出入国在留管理庁 web、「日系四世の更なる受入制度」https://www.moj.go.jp/isa/publications/materials/nyuukokukanri07_00166.html、2023 年 1 月 11日閲覧）。

7 　2021（令和 3）年 1 月 21 日東京地方裁判所「平成 30（行ウ）国籍確認等請求事件」（https://www.courts.go.jp/app/files/hanrei_jp/261/090261_hanrei.pdf、2022 年 1 月11 日閲覧）。その後の展開については、国籍はく奪条項意見訴訟 website を参照（http://yumejitsu.net/、2024 年 10 月 17 日閲覧）。

8 　台湾人父と日本人母の間に 1967 年に生まれた蓮舫氏は当時の父系血統主義の国籍法にもとづき、中華民国籍となった。その後、1984 年の国籍法改正の際の経過措置にもとづき、蓮舫氏も 1985 年に届出によって日本国籍を取得した。この場合も 22 歳までに国籍選択を行うことになっているが、蓮舫氏はそれをしておらず、中華民国籍が残っていたことが判明した。ただしこの国籍選択は努力義務とされている。法律上はこの義務が果たされていない場合、日本政府は催告ができるとされているが、政府は、これまで一度も催告をしたことがない。くわえて中華民国籍特有の事情もある。詳しくは野嶋（2019）参照。

9 　ただし生活保護については、外国人は「準用」扱いとされ、権利としては認められていない。またその対象は、1990 年以降、永住者、定住者などに限定された。また非正規移民への社会的権利は非常に限られている。この点については行政と当事者や支援団体の間で様々な攻防がなされてきたが、2012 年に 90 日を超える滞在期限の資格をもつ移民は住民登録が認められるようになって以降は、住民登録の有無が社会的権利の主要な境界となっている（髙谷 2018）。

10 　Multiculturalism Policies in Contemporary Democracy（https://www.queensu.ca/mcp/、2023 年 1 月 9 日閲覧）。

11 　Migrant Integration Policy Index 2020, Japan（https://www.mipex.eu/Japan、2023 年 1月 9 日閲覧）。

12 　内閣府国家戦略特区 web サイト（https://www.chisou.go.jp/tiiki/kokusentoc/kokkasenryakutoc.html、2023 年 1 月 9 日閲覧）。

引用・参考文献

上林千恵子, 2017,「日本 I 高度外国人材受入政策の限界と可能性」小井土彰宏編『移民受入の国際社会学』名古屋大学出版会，pp.279-309.

小井土彰宏，2017,「選別的移民政策の時代」小井土彰宏編『移民受入の国際社会学』

名古屋大学出版会，1-17.

小井土彰宏編，2017，『移民受入の国際社会学』名古屋大学出版会.

佐々木てる，2022，「近年の複数国籍をめぐる日本の議論について」佐々木てる編『複数国籍』明石書店，27-50.

塩川伸明，2008，『民族とネイション』岩波書店.

高橋進・石田徹編，2016，『「再国民化」に揺らぐヨーロッパ』法律文化社.

高谷幸，2009，「脱国民化された対抗的公共圏の基盤」『社会学評論』60(1)，124-140.

高谷幸，2018，「「外国人労働者」から「不法滞在者」へ」『社会学評論』68(4)，531-848.

高谷幸編著，2022，『多文化共生の実験室』青弓社.

武田里子，2022，「国籍法をめぐる日本人当事者の実情」佐々木てる編『複数国籍』明石書店，79-104.

田中宏，2013，『在日外国人』岩波書店.

筒井清輝，2022，『人権と国家』岩波書店.

野嶋剛，2019，「メディアの迷走」国籍問題研究会編『二重国籍と日本』筑摩書房，24-50.

樋口直人，2011，「東アジア地政学と外国人参政権」『社会志林』57(4)，55-75.

ベック，ウルリヒ，1997＝2005，『グローバル化の社会学』木前利秋・中村健吾監訳，国文社.

水島治郎，2012，『反転する福祉国家』岩波書店.

森千香子・ルバイ，エレン編，2014，『国境政策のパラドクス』勁草書房.

Benhabib, Seyla, 2004, *The Rights of Others: Aliens, Residents, and Citizens*, Cambridge: Cambridge University Press.（向山恭一訳，2006，『他者の権利』法政大学出版局.）

Brubaker, William, Rogers., 1989, "Membership without Citizenship: The Economic and Social Rights of Noncitizens", William Rogers Brubaker ed., *Immigration and The Politics of Citizenship in Europe and North America*, Lanham: German Marshall Fund of the United States.

Brubaker, Rogers, 1992, *Citizenship and nationhood in France and Germany*, Cambridge, Mass: Harvard University Press.（佐藤成基ほか訳，2005，『フランスとドイツの国籍とネーション』明石書店.）

Brubaker, Rogers, 2001, "The Return of Assimilation? Changing Prespectives on Immigration and its Sequels in France, Germany, and the United States," *Ethnic and Racial Studies*, 24(4), 531-48.（佐藤成基ほか訳，2016，「同化への回帰か？」『グローバル化する世界と「帰属の政治」』明石書店，200-231.）

Hammer, Thomas, 1990, *Democracy and the Nation State: Aliens, Denizens, and Citizens in a World International Migration*, Aldershot: Avebury.（近藤敦監訳，1999，『永住市民と国民国家』明石書店.）

Hage, Ghassan, 1998, *White Nation: Fantasies of White Supremacy in a Multicultural Society*, Annandale: Pluto Press.（保苅実ほか訳, 2003,『ホワイト・ネイション』平凡社.）

Itagaki, Ryuta, 2015, "The Anatomy of Korea-phobia in Japan," *Japanese Studies*, 35(1), 49-66.

Joppke, Christian and Ewa Morawska eds., 2003, *Toward Assimilation and Citizenship: Immigrants in Liberal Nation-States*, NY: Palgrave Macmillan.

Joopke, 2003, "Citizenship between De- and Re- Ethnicization," *European Journal of Sociology*, 44(3), 429-458.

Joppke, Christian, 2010, *Citizenship and Immigration*, Cambridge: Polity.（遠藤乾ほか訳, 2013,『軽いシティズンシップ』岩波書店.）

Joppke, Christian, 2017, *Is Multiculturalism Dead?: Crisis and Persistence in the Constitutional State*, Cambridge: Polity Press.

Joppke, Christian, 2019, "The instrumental turn of citizenship," *Journal of Ethnic and Migration Studies*, 45(6), 858-878.

Kashiwazaki, Chikako, 2013, "Incorporating immigrants as foreigners: multicultural politics in Japan," *Citizenship Studies*, 17(1), 31-47.

Kivisto, Peter and Thomas Faist, 2007, *Citizenship: Discourse, Theory and Transnational Prospects*, Malden: Blackwell.

Koopmans, Ruud, 2010, "Trade-Offs between Equality and Difference: Immigrant Integration, Multiculturalism and the Welfare State in Cross-National Perspective", *Journal of Ethnic and Migration Studies*, 36(1), 1-26.

Kymlicka, Will, 2007, *Multicultural Odysseys: Navigating the New International Politics of Diversity*, Oxford: Oxford University Press.（稲田恭明ほか訳, 2018,『多文化主義のゆくえ』法政大学出版局.）

Levitt, Peggy and Nina Glick Schiller, 2004, "Conceptualizing Simultaneity: A Transnational Social Field Perspective on Society," *International Migration Review*, 38(3), 1002-1039.

Levitt, Peggy and Rafael de la Dehesa, 2003, "Transnational migration and the redefinition of the state: Variations and explanations," *Ethnic and Racial Studies*, 26(4), 587-611.

Marshall, T.H., [1950] 1992, *Citizenship and Social Class*, Plato Press.（岩崎信彦ほか訳, 1993,『シティズンシップと社会的階級』法律文化社.）

Ong, Aigwa, 2006, *Neoliberalism as Exception*, Durham and London: Duke University Press.（加藤敦典ほか訳, 2013,『《アジア》、例外としての新自由主義』作品社.）

Sassen, Saskia, 1996, *Losing Control?: Sovereignty in an Age of Globalization*, New York: Columbia University Press.（伊豫谷登士翁訳, 1999,『グローバリゼーションの時代』平凡社.）

Sassen, Saskia, 2006, *Territory(Authority)Rights: from Medieval to Global Assemblages*, Princeton: Princeton University Press.（伊藤茂訳, 2011,『領土・権威・権利』平凡社.）

Shiobara, Yoshikazu, 2020, "Genealogy of tabunka kyosei: A Critical Analysis of the Reformation of the Multicultural Co-living Discourse in Japan," *International Journal of Japanese Sociology*, 29(1), 22-38.

Smith, M. P., and Luis Eduardo Guarnizo, 1998, *Transnationalism from Below: Comparative Urban and Community*, New Brunswick: Transaction Publishers.

Soysal, Yasemin Nuhoğlu, 1994, *Limits of Citizenship: Migrants and Postnational Membership in Europe*, Chicago : University of Chicago Press.

Vertovec, Steven, 2009, *Transnationalism*, Oxon: Routledge.（水上徹男ほか訳, 2014,『トランスナショナリズム』日本評論社.）

読書案内

①Sassen, Saskia, 1996, *Losing Control?: Sovereignty in an Age of Globalization*, New York: Columbia University Press.（伊豫谷登士翁訳, 1999,『グローバリゼーションの時代』平凡社.）
経済的グローバル化や国際人権規範の拡大による主権の「脱中心化」をコンパクトに論じた著作。彼女の議論にたいする批判も含め、グローバル化のインパクトを考える際の出発点になる。

② Joppke, Christian, 2010, *Citizenship and Immigration*, Cambridge: Polity.（遠藤乾ほか訳, 2013,『軽いシティズンシップ』岩波書店.）
ヨーロッパにおけるシティズンシップの変化を地位、権利、アイデンティティの次元で考察し、リベラルで包摂的な「軽いシティズンシップ」にむかう方向性を示唆する。

③小井土彰宏編, 2017,『移民受入の国際社会学：選別メカニズムの比較分析』名古屋大学出版会.
各国で導入が進む選別的移民政策の国際比較研究。それぞれの国の差異を明らかにしつつ、そこに通底する共通の選別ロジックを見出す。

④ Hage, Ghassan, 1998, *White Nation: Fantasies of White Supremacy in a Multicultural Society*, Annandale: Pluto Press.（保苅実ほか訳, 2003,『ホワイト・ネイション：ネオ・ナショナリズム批判』平凡社.）
オーストラリアの多文化主義に含まれる白人ナショナリズムを論じた著作。日本の状況を考える際にも示唆に富む。

教育

4
グローバル人材の育成をめぐる奇妙な関係

吉田　文（早稲田大学）

1. 問題設定

「グローバル人材」。いつの頃からか、日本社会の多様な場面で見聞きするようになった。グローバル人材とは、どのような人材を言うのか。社会のどこで、なぜ、求められているのか。そのような人材は供給されているのか。本章は、こうした単純な疑問に対して、文献資料や調査報告書をもとに検討し、グローバル人材を多用するようになった日本社会の姿を描くことを目的とする。

まず、「グローバル人材」という言葉が、いつ頃から日本社会に登場し、注目されるようになったのかをみていこう。便利な素材は新聞である。**表 4-1**は、日本経済新聞の朝刊において、「グローバル人材」というキーワードでヒットした件数を年代順に並べたものである。初出は 1999 年であり、これはトヨタ自動車が世界の従業員をグローバル人材とローカル人材に分け、グローバル人材を将来の経営幹部として育成する一元管理体制を構築したことを報道したものである。その後 2000 年代は年間 2 ～ 3 の記事が掲載されているが、それらは企業の人事異動に関する小さな記事で、「グローバル人材開発」といった部署が設置されていることを知らせるものである。また、企業の海外展開に伴う採用や研修の方法の変化を報じる記事もある。

その後「グローバル人材」に関する記事は、2010 年から急増し年間 100 本を優に超えるに至るが、2010 年代後半からは徐々に減少している。社会的な流行のピークは、2010 年代前半であった。この時期の記事には、企業の

海外展開に必要な人材問題が、政府の政策課題となり、そしてその育成が大学の課題として論じられるようになっていく過程が記されていることに特徴がある。この傾向は、記事が減少していく2010年代でも変わらない。そこで「グローバル人材」が「企業」、「文部科学省」、「大学」といったキーワードと重なる記事数を検索したところ、2010年代以降「グローバル人材」を「大学」との関係で論じた記事、「文部科学省」との関係で論じた記事が次第に増加していることが認められる。また、2010年代前半のピーク時には、「グローバル人材」と他の3つのキーワードそれぞれでヒットした記事の合計は、「グローバル人材」のみでヒットする全記事数を大きく凌駕している。さらに、表には示していないが、「グローバル人材」と他の3つのキーワードの複数とヒットする記事も一定数ある。「グローバル人材」とは、産業界、政府、大学との重層的な契係構造のなかで注目される社会課題となっていったことが推測される。

　こうした状況を踏まえたうえで、2. グローバル人材を英語に翻訳した'global human resources'というフレーズが英語圏でも通用するのかを検討し、グローバルといいつつ日本に限定されたローカルな現象であったことを確認

表4-1　日本経済新聞にみる「グローバル人材」に関連する記事の掲載頻度

年度	グローバル人材	＆企業	＆文部科学省	＆大学
2000	0	0	0	0
2002	3	1	0	0
2004	2	2	0	0
2006	2	1	1	1
2008	4	2	0	0
2010	32	25	2	7
2012	133	92	13	79
2014	110	58	25	66
2016	50	27	9	21
2018	28	16	8	17
2020	23	9	5	11

出典：「日経テレコン21」のうち日本経済新聞の朝刊を対象、全期間について検索し、「グローバル人材」がヒットした1999年以降について記載。

する。続いて、3.「グローバル人材」をめぐる産業界の要請と政府のそれへの関与を分析し、産官学のオール・ジャパン体制が確立されていく過程を明らかにする。そして、4. 人材育成を引き受けた大学における育成状況と、5. 企業におけるそうした人材の充足状況を検討し、求められるグローバル人材の育成・供給が十分ではないことを指摘する。6. 一大流行現象となった「グローバル人材」を腑分けしていくと、その論じられ方はどこか奇妙であり、人材育成の努力は結実せずに課題が増幅している様子が浮き彫りになる。これらをまとめ、日本社会における「グローバル人材」と何なのかを考察する。

2. グローバル人材は英語か

「グローバル人材」という言葉が、「グローバル」というカタカナであるために英語由来であるように思う向きも多いだろう。確かに、グローバルはglobal であり、英語に通じる。日本で用いられているその英訳は、'global human resources' である。たとえば、文部科学省（以下、文科省）の英語版の web サイトには、Global Human Resource Development という言葉がある。この web サイトは後述する「スーパーグローバル大学創成支援事業」という大学への競争的資金を提供するプロジェクトについての紹介ページであるが、そのなかで「グローバル人材」とは、'human resources who can positively meet the challenges and succeed in the global field' と定義されている（Ministry of Education, Culture, Sports, Science and Technology）。また、大学改革支援・学位授与機構『高等教育に関する質保証関係用語集』には、グローバル人材は Global Human Resources という英語があてられ、そこには「2011 年から 2012 年に設置された政府の「グローバル人材育成推進会議」で議論された、「日本が今後育成・活用していくべき」人材とある。これらから、'global human resources' は、日本社会において一定の認知を得ていると言ってよいであろう。

では、英語圏ではどうなのか。それを検討するために、英語論文のデータベースである Scopus[1] を素材とし、それを日本語論文のデータベースである CiNii Articles と比較しつつ、'global human resources' と「グローバル人材」に

ヒットする論文数を検索した[2]。**表 4-2** からは、まず Scopus において 'global human resources' というキーワードでヒットする論文数は、2000 年代前半はほとんどなく、2010 年代からやや増加しているものの、年に数本のレベルである。そして、これらの多くが、'Japan' や 'Japanese' というキーワードとヒットすることを指摘したい。すなわち、英語論文として Scopus に収録されているが、その内容は日本社会におけるグローバル人材について論じたものなのである。では、CiNii Articles はどうだろうか。表 4-2 にみるように「グローバル人材」でヒットする論文は、Scopus とは比較にならないほど多い。そして、2010 年代半ばにピークがあり、その後減少していることは、日本経済新聞の記事数の増減傾向に類似している。

こうしたことから、「グローバル人材」が日本特有の、それも 2010 年代に限定されて関心を集めた現象であり、たとえ global human resources という英語があてられたとはいえ、それが和製英語の域を出ないものであることがわかる。グローバルという語をあてつつ日本社会に限定されたローカルな問題

表 4-2　Scopus 'global human resources' 論文と CiNii Article「グローバル人材」論文

用語 Scopus 載年	'global human resources'		「グローバル人材」
	Scopus	Japan/Japanese と関連する論文	CiNii Articles
1998	1	0	4
2000	0	0	21
2002	0	0	6
2004	2	0	2
2006	1	0	14
2008	2	0	32
2010	2	0	61
2012	4	0	156
2014	3	0	240
2016	9	4	141
2018	3	2	128
2020	2	2	83

出典：CiNii Articles、Scopus をもとに検索、筆者作成。

教育　4　グローバル人材の育成をめぐる奇妙な関係　121

を、マスメディアも学術界もグローバルな問題として扱っているのである。

　では、日本におけるグローバル人材とは、どのような人材として論じられたのだろう。次には、それを検討していこう。

3.　オール・ジャパン体制の確立

(1) 産業界の要請

　上述のように 2000 年代から新聞に取り上げられる「グローバル人材」とは、まずは、企業の人材問題であった。では、企業は、どのような人材をグローバル人材として求めているのか。それは、日本を代表する経済団体である日本経済団体連合会 (以下、経団連) と経済同友会 (以下、同友会) の政策提言に端的に示されている。両団体とも 2000 年前後から日本企業が求める人材の育成を大学に求めるようになり、それを政策提言として頻繁に発出している。その背景には、1 つには、経済のグローバル化に伴い日本企業は海外展開を余儀なくされ、これまでとは異なる新たな人材が必要とされたことがある。もう 1 つには、1990 年以降の日本経済の低迷のなか、産業界はそこからの脱却の方策を、次第に大学による人材育成に求めるようになったことがある。

　経済団体がグローバル人材を明確に論じた嚆矢は、経団連による 2011 年の『グローバル人材の育成に向けた提言』、同友会による 2012 年の『日本企業のグローバル経営における組織・人材マネジメント報告書』である。

　経団連の提言によれば、グローバル人材とは、

　　　「日本企業の事業活動のグローバル化を担い、グローバル・ビジネスで活躍する (本社の) 日本人及び外国人人材」(経団連 2011)

と定義されている。そして、同友会の提言によれば、

　　　「企業が求める「グローバル人材」は、グローバルな環境できちんと仕事が出来、リーダーシップを発揮できる人材である」(同友会 2012)

と、これもまた、きわめて簡潔な定義がなされている。要は、日本企業が国外で事業展開するために必要な人材であり、それは日本企業のこれまでの事業展開では想定されなかった新たなタイプの人材なのであろう。

　そのグローバル人材に求められる資質や能力について、経団連は以下のように述べている。

　　「変化するグローバル・ビジネスの現場で、様々な障害を乗り越え、臨機応変に対応する必要性から「既成概念に捉われず、チャレンジ精神を持ち続ける」姿勢、さらに、多様な文化・社会的背景を持つ従業員や同僚、顧客、取引先等と意思の疎通が図れる「外国語によるコミュニケーション能力」や、「海外との文化、価値観の差に興味・関心を持ち柔軟に対応する」ことが指摘されている」（経団連前掲 2011。下線筆者、以下同様）

また、同友会の提言には

　　「自ら考え、意見を持ち、それを表明できる"自己表現力"、異文化を理解し、変化を楽しみ、現地に馴染んでいく"異文化柔軟性"、多様な人材と協働し、信頼され、リーダーシップを発揮できる"多様性牽引力"が必要となる。また、コミュニケーションツールとしての英語や中国語等の多言語が必要」（同友会前掲 2012）

とある。

　これらを簡潔にまとめれば、外国に進出した日本企業において、現地に馴染んで外国語で事業展開をリードできる者ということになろう。

　ところで、このグローバル人材、国籍は問わないのだろうか。上述の経団連の提言には「日本人及び外国人人材」とあり、国籍を問うてはいない。むしろ、

　　「日本の大学で学ぶ留学生など優秀な外国人人材を人物本位、国籍不

問で採用し、育成していくことが求められる。日本企業における<u>外国人</u><u>人材の定着率を高め、活用</u>」(経団連前掲 2011)

と、外国人の採用に積極的な姿勢を見せている。ところが、その2年後の提言では、企業における外国人の採用を言いつつも、明確に日本人を意図している。

　　「グローバル人材に求められる資質として、世界の人々と積極的に交流できるコミュニケーション能力の向上や<u>日本人としてのアイデンティティの形成</u>があげられる。」(経団連前掲 2013)

　同友会も同様に、

　　「日本企業はグローバルな競争で戦える人材獲得に悩まされ、<u>日本人</u><u>の海外経験の少なさ、内向きさ</u>が指摘されている。要因の一つは、<u>日本</u><u>人の低い語学力(英語)</u>にある。」(同友会 2013)

と、日本人をグローバル人材にすることを前提に議論が進む。グローバル人材といいつつ、日本人だけを対象にしたローカルな論理が先行するようになるのである。
　そして、企業は必要とするこうした人材の育成を大学に要請するのだが、その大学に対しては大変手厳しい評価を下している。2011年の経団連の提言には、

　　「学生の職業観・職業意識の不足、内向き志向、コミュニケーション能力・論理的思考力などをはじめとする基礎的能力の不足、科学技術・産業技術への理解不足、そして、<u>大学の教育カリキュラムの内容が産業</u><u>界をはじめとする実社会のニーズを反映したものとなっていない</u>」(経団連前掲 2011)

とある。産業界に、2000年頃から人材育成という観点から、大学に対して多々その教育の改革を要請してきており、それが、まだ実現していないことへの苛立ちが表れている。大学にどのような改革を求めてきたか、いくつかを時系列でみれば、1996年には、シラバスの作成、授業評価、オフィスアワーの設定など（経団連1996）、2000年には、教員評価、シラバスの公開、外国人教員の採用、学外の人材による教育、教員養成カリキュラムの充実など（同2000）、続いて2007年には、教員評価、FD、ガバナンス改革など（同友会2007）、2011年には、大学評価、教育情報の公開、国際化など（経団連前掲2011）、2014年には、学長のリーダーシップの確立、外部評価、入試改革、カリキュラム改革、国際化と続く（同2014）。いずれも、大学という組織の在り方や経営の細部にまで踏み込んだ改革案である。これらは、1990年頃から始まる大学の教育改革政策に沿ったものでもあり、産業界が独自に要請しているようなものではない。しかし、産業界がここまで深く大学に対して、とりわけその改革に物申すことはこれまでにはなかった。こうした動向の変化は、産業界自身の人材育成に関する危機感の表れであるとも読める。それを、以下の議論からみてみよう。

　　「産業界の求めるグローバル人材と、大学側が育成する人材との間に乖離が生じている。そのような乖離を解消し、グローバル人材を育成・活用していくことは、社会全体の課題であり、企業、大学、政府がそれぞれの役割を果たすとともに、相互に連携して戦略的に取り組んでいくことが求められる」（経団連前掲2011）

　　「世界規模で優秀な人材の獲得競争が激化する中、グローバル化に対応した人材の育成において、わが国は、他のアジア諸国と比べても遅れを取っている。わが国の国際競争力の強化のためにも、グローバル・ビジネスの現場で活躍し、国際社会に貢献できる人材の育成にオール・ジャパンで取り組んでいく必要がある」（同2011）

教育　4　グローバル人材の育成をめぐる奇妙な関係　125

　産業界の危機感は、大学に対する改革要請を越えて、政府への要請ともなっている。会社の論理の貫徹には、政府を巻き込み、すなわち日本社会全体の問題とされねばならないとなっていくのである。

(2) 政府の対応

　オール・ジャパン体制を求める産業界の要請にいち早く反応したのは、経済産業省（以下、経産省）である。経産省は、もともと産業界とのつながりがあるうえ、2000 年前後から大学との関わりを持ち始めいくつかの政策形成に与ってきたという経緯がある[3]。その時は、産学連携に代表される、どちらかと言えば研究面での関与であったが (Yoshida 2009)、今回は人材育成というむしろ教育面に対して関与の度合いを強めている (吉田 2012)。

　その嚆矢は、2007 年に経産省が主導し、文科省が共同した「産学人材育成パートナーシップ」の創設である。産学の共同のもとに人材育成の課題を抽出し、業種や分野ごとの 9 つの分科会において詳細を詰め、2009 年には『今後の取り組みの方向性について』とする報告書がまとめられた。すべの分野に共通する今後の課題として提起されたのは 2 点であるが、その 1 つが「グローバルな視点による人材育成」(産学人材育成パートナーシップ 2009) であった。そこでの論調は明確である。

　　　「日本人の英語力は世界的に見て低水準にあることに加え、最近では、
　　　20 代の出国率が低下するなど若者のグローバル意識の変容も見られる。
　　　しかし、社会で求められる「グローバル人材」の人材像が必ずしも明確
　　　になっておらず、社会のニーズに合った「グローバル人材」が十分に育っ
　　　ているとは言えないのではないか。そこで、社会のニーズに合った「グ
　　　ローバル人材」を産学連携して育成」(同)

　社会のニーズに合ったグローバル人材の産学連携による育成というくだりは、グローバル人材は、もはや会社の必要性を超えた日本社会の問題である

とする認識を示している。この提言を受けて、2009 年に設置された「産学人材育成パートナーシップグローバル人材育成委員会」は、グローバル人材を産学が連携して育成することを目的とし、グローバル人材像の検討をはじめ、2010 年 4 月に『産学官でグローバル人材の育成を』を報告する。ここで、「グローバル人材」とは何かが、以下のように定義される。

　　①「社会人基礎力」、②外国語でのコミュニケーション能力、③「異文化理解・活用力」（中略）　これらの 3 つの能力は、「グローバル人材」は共通して求められる能力である。」(産学人材育成パートナーシップグローバル人材育成委員会 2010)

ここでみてわかるように、政府の定義するグローバル人材とは、日本人のみを対象とするものとなっており、しかも産業界が定義するグローバル人材の資質とは異なり、外国語(≒英語)のコミュニケーション能力の獲得に焦点化している。ここに、グローバリズムに対置されたローカリズムの主張を見てとることができる。

2011 年には、民主党政権が成立する。そこには「グローバル人材育成推進会議」が置かれ、政権の課題としてグローバル人材の議論が始まる。この委員会の議長は官房長官、構成員は外務、文科、厚労、経産、国家戦略担当の各大臣といった総動員体制であり、まさに国家を挙げての推進政策だった。そこでは、再びグローバル人材の定義がなされる。

　　「「グローバル人材」の概念を整理すると、概ね、以下のような要素が含まれるものと考えられる。
　　要素Ⅰ：語学力・コミュニケーション能力
　　要素Ⅱ：主体性・積極性、チャレンジ精神、協調性・柔軟性、責任感・使命感
　　要素Ⅲ：異文化に対する理解と日本人としてのアイデンティティー」
(グローバル人材育成推進会議 2011)

教育 4　グローバル人材の育成をめぐる奇妙な関係　127

これを先に出された『産学官でグローバル人材の育成を』における定義と比較すれば、語学力が第1順位になり、第3の要素としての異文化理解に加えて「日本人としてのアイデンティティー」が加わっている。グローバル人材とは、外国語ができる日本人と矮小化されているようにみえる。グローバル人材の育成の課題が、会社から社会・国家の課題へと拡大していることと対照的に、そのグローバル人材の定義は逆に縮小しているのである（吉田2014, Yoshida 2016）。

そして、このグローバル人材の育成は、大学の責務とされる。では、具体的に大学に対してどのような施策がとられたのか。これは文科省の役割である。文科省は、財務省の経常費補助削減政策を受け、2000年代から時限的な競争的資金政策により大学財政の補助を図ってきた。そうした状況において、国家的課題とされたグローバル人材の育成は、好機である。具体的には、2011年からの「大学の世界展開力強化事業」、2012年からの「グローバル人材育成推進事業」、2014年からの「スーパーグローバル大学等事業」として展開された。これらの事業の中心は、日本人の海外留学、そのための大学の体制強化である。

それまでは、大学の国際化というとき留学生の招致が課題であった。1983年中曽根政権時の「留学生10万人計画」が2003年に達成されると、2008年には新たに「留学生30万人計画」を策定してさらなる留学生の受け入れを目指していた。しかし、それとは逆にこのグローバル人材に関しては、文科省としては如何にして日本人をグローバル化するか、言い換えれば、外国語力を身につけさせるかを課題として、競争的資金事業に取り組んだ。

各事業の目的や事業規模を概観してみよう。2011年からの「大学の世界展開力強化事業」は、「国際的に誇れる大学教育システムを構築するとともに質保証を伴った日本人学生の海外交流、質の高い外国人学生の戦略的獲得等を推進する国際教育連携やネットワーク形成の取組」（日本学術振興会のwebサイト）を目的とするもので、1件あたり毎年1,000万円〜4,000万円を最大5年間の支援を行うとされている。年度ごとの採択数にはばらつきがあるもの

の、多い年度でも 20 機関強の採択である。これまでの各種競争的資金と比較して、1 件当たりの金額は多く、採択件数は限定されている。

　2012 年からの「グローバル人材育成推進事業」は、まさしく「グローバル人材育成推進会議　中間まとめ」におけるグローバル人材の定義にもとづき、その三要素を備えた人材の育成を推進する大学を支援するものであり、初年度に 42 機関が選定された。そして、この事業は 2014 年から「スーパーグローバル大学創成支援事業」に変更される。その目的は、国際通用性、国際競争力の強化に取り組む大学の支援とされ、単なる人材の育成だけでなく、日本の大学の世界における地位向上を目指した事業となった。対象事業はタイプ A（トップ型）とタイプ B（グローバル牽引型）があり、前者は世界大学ランキングトップ 100 を目指す大学、後者は日本社会のグローバル化を牽引する大学が対象であった。経費支援は最大 10 年間、タイプ A は 4 億円強、B は 2 億円弱とこれまでの競争的資金の支援額と比較して破格の額が用意された。結果としてタイプ A が 13 件、タイプ B が 24 件、採択された。

　三要素をもつグローバル人材の育成と、大学の国際競争力の強化は、論理上ストレートに連結するものではない。しかし、それを微妙に連結させての事業展開である。ともあれ、グローバルやグローバル人材には様々な意味が込められてのスタートとなった。

　このように見てくると、新聞記事や CiNii Articles における論文のピークが 2010 年代前半から半ばに集中していることが理解できよう。産業界の要請を受けて政府が音頭を取り、大学は要請される改革をしつつグローバル人材の育成に力を尽くすようになるという、産官学が結集したのがちょうどこの頃なのである。

4.　大学はグローバル人材を育成できるか

　ところで、これらグローバル人材の育成と関わる競争的資金支援事業の特徴として、全体の予算規模は次第に増額されるが、採択校は次第に減少する、すなわち採択校あたりの予算は増額するという傾向を見ることができる。「大

学の世界展開力強化事業」、「グローバル人材育成推進事業」、「スーパーグローバル大学創成支援事業」、それぞれの開始年度の予算額は、22億円、50億円、99億円と倍増していく[4]。初年度の採択件数は、それぞれ25件、42件、37件である。単純計算した1校当たりの支援額をみれば、0.9億円、1.2億円、2.7億円と増加が見てとれる。4年制大学だけでも800校弱あることを考えると、いかに厳しい選抜があったかが想定され、選択と集中という当時の政策の賜物のように見える。しかし、実はそうではない。初年度の申請件数をみると、それぞれ183件（大学数：91校）、152件（大学数：129校）、104件（大学数：104校）であり、意外なほどに申請大学は多くはない。また、詳細な数字は省略するが、これらの事業の複数に採択されている大学があり、申請大学数はさらに限られているのである。社会全体で取り組むべきとされたグローバル人材育成であるが、それに関与する大学はごく一部ということになる。

　こうした状況が生じている背後には、第1に、目的的な事業であるために、申請の前提条件が厳しく付されており、それをクリアできる大学がそもそも少ないことがある。そして第2に、採択可能性が大きい大学は、申請しないことが改革を怠っているかのように見られることを恐れる風潮があるために、どの事業へも申請をするのである。いわば、申請をあきらめさせる力と、申請しないわけにはいかないと思わせる力の2つが働き、大学のグローバル化事業は進んでいるのである（吉田 2015）。

　さて、2014年に始まったもっとも規模の大きい「スーパーグローバル大学創成支援事業」は、どの程度成果をあげているのだろうか。この事業は、日本の大学の国際通用性と国際競争力向上のために、A. 国際性を高める取り組みに加え、それを推進する、B. ガバナンス体制の確立と、C. 教育改革が求められ、2023年度に到達をめざす目標値が設定されている。それを**表4-3**として、2013年度と2021年度の実績値（一部2020年度実績値）、2023年度の目標値を示し、2013年から2021年までの伸び率（2021年実績値／2013年実績値）と、2021年度実績値からみた目標達成率（2121年実績値／2023年目標値）を算出した。

　伸び率、達成率ともに高いのは、科目のナンバリングを始めとして、シラバスの英語化、TOEFL等の活用、外国語による授業数など、主に教育改革

表 4-3　スーパーグローバル大学創成支援事業の目標達成度

		2013	2021	伸び率	2023 （目標値）	目標 達成率
A国際化	全学生に占める外国人留学生	36,545	53,130	1.45	72,182	73.6
	日本人学生に占める留学経験者	16,077	29,035*	1.81	60,966	47.6
	大学間協定に基づく交流数（派遣日本人学生、受入外国人留学生）	14,503	25,989*	1.79	48,076	54.1
	外国語による授業科目数	19,533	51,482	2.64	51,714	97.7
	外国語力基準を満たす学生数	78,262	145,237	1.86	266,043	54.6
Bガバナンス	教員に占める外国人及び外国の大学で学位を取得した専任教員等	12,401	16,501	1.33	21,671	76.1
	職員に占める外国人及び外国の大学で学位を取得した専任職員等	1,215	1,888	1.55	2,955	63.9
	年俸制の導入	7,676	17,120	2.23	16,726	102.4
	事務職員の高度化への取組	2,080	4962	2.39	6,755	73.5
C教育	ナンバリングを行っている授業科目数	23,939	226,793	9.47	213,201	106.4
	シラバスを英語化している授業科目数	37,560	199,529	5.31	207,035	96.4
	TOEFL等外部試験の学部入試への活用	7360	27,276	3.70	37,311	73.1

＊：コロナ禍による 2021 年度数値の急減があるため、2019 年度数値で計算

出典：Top Global University Japan「データで知る。スーパーグローバル大学の現在と未来」(https://tgu. mext.go.jp/data/index.html) をもとに筆者作成。

に関する項目である。いずれも、大学が決定して着手すればできることである。また、年俸制は、伸び率、達成率ともに高いが、これはグローバル人材の育成とは直接に関係するものではない[5]。

　次に、伸び率にさほど高くはないが、達成率がある程度高い項目が、外国人留学生、外国人および外国で学位取得した教員、外国人および外国で学位取得した職員、事務職員の高度化である。大学という組織がグローバル化するためには、教職員のグローバル化は必要条件であり、それも進み始めている。

　問題は、伸び率もあまり高くなく、達成率が低い項目である。日本人の留学者、協定にもとづく派遣日本人学生・受入外国人学生、外国語力基準を満たす学生であり、まさに求められているグローバル人材の育成の度合いであ

る。提供する教育を改革しても、学生はすぐに変わることはできないことを示しているとみることもできるが、そもそも現実を見据えることなく希望的観測のもとに目標値を設定したからだと考えることもできる。

　この点について、学生自身は、自分の外国語能力の獲得をどのように認識しているのだろうか。国立教育政策研究所が実施している『全国学生調査』(2021) によれば、大学生活で身についたと思われる知識や能力のうち、「外国語を使う能力」が「身に付いた」とする者が 7%、「ある程度身に付いた」が 23% であり、他の諸能力と比較すると「身に付いた」とする比率がもっとも低い。

　これを、「スーパーグローバル大学創成支援事業」に採択されている大学のケースで見てみよう。1 つは、東京大学である。2021 年の『大学教育の達成度調査』をみると、大学で獲得した諸能力のうち「外国語を使う能力」が「身についた」者が 10.6%、「まあ身についた」者が 31.9% であり、『全国学生調査』よりは高い数値となってはいるが、他の諸能力の獲得度合いと比較すると、もっとも獲得度が低い。ちなみに外国語の能力に関しては、「外国語の論文や本を読む能力」についても聞いており、それが「身についた」者が 22.6%、「まあ身についた」者が 41.3% である (東京大学 2021)。外国語を読む力はそこそこ身についても、「外国語を使う能力」すなわち、外国語のオーラル・コミュニケーション能力はなかなか身につかないようである。

　もう 1 つ早稲田大学の学生の状況について 2022 年の『学生生活・学修行動調査』からみると、「外国語を理解し、話せる」ことが、「身についた」者が 20.9%、「まあまあ身についた」者が 37.1% である (早稲田大学 2022)。東京大学と同様、「外国語を理解し、話せる」能力の獲得度合いは、他と諸能力の獲得度合いと比較してもっとも低い。

　なぜ、外国語のオーラルな能力の獲得は難しいのか。1 つには、大学の授業のなかでオーラルな外国語を使用する場は限られており、日常生活においてもそうした場は自らが探して飛び込まない限り、あまりない。そうした状況を克服するための 1 つの方法として、近年注力されているのが留学である。とくにこの事業に採択された両大学とも、短期から長期まで多様なプログラ

ムを用意して、学生にその利用を進めている。

　それに対して、学生はどのように受け止めているのだろうか。東京大学の学生の場合、「大学のプログラム／推薦による留学した」者は13.2%に過ぎず（東京大学前掲2022）、早稲田大学の場合は、留学期間によってやや異なるものの、たとえば「数カ月程度の留学」を「経験した」者は3.8%でしかない[6]。ただ、「経験はしていないが関心はある」者は47.9%おり、半数程度は条件がクリアできれば留学の可能性があるとみてよいだろう。他方で、「経験しておらず、関心がない」者は48.3%と同数程度であり、そもそも外国語のオーラル・コミュニケーション能力を向上させようという意思に乏しい者が多いことを指摘したい。そして留学を躊躇する理由として、「語学力」を挙げる者が78.8%いる（早稲田大学前掲2022）。「語学力」をつけるための留学であるのに、「語学力」がないから留学に関心がない、オーラルな外国語能力の獲得が進まないという、負のスパイラルが回っている。産業界が求めるグローバル人材、それも即戦力として使えるグローバル人材の育成は容易ではない。

5. 企業のグローバル人材は充足しているか

　グローバル人材育成が叫ばれてから10年余。日本企業においては、グローバル人材は充足しているのだろうか。総務省は2017年に『グローバル人材育成の推進に関する政策評価〈結果に基づく勧告〉』（総務省2017）を実施し、それを文部科学省に勧告している。その調査には「グローバル人材の確保状況等に関する企業の意識調査」が含まれている。その結果をみれば、「海外進出に必要な人材の確保状況」が、「充足」＋「どちらかと言えば充足」している企業は39.6%でしかなく、グローバル人材が十分に確保されているとは言えない。

　こうした事態に対して、日本企業は不足する人材をどのように採用しようとしているのか。JETROは、2019年に約10,000社の日本企業を対象にして『2019年度日本企業の海外事業展開に関するアンケート調査』を実施し、そのうち約3,600社からの回答を得ている（JETRO 2020）。そこで興味深いのは、

教育 4 グローバル人材の育成をめぐる奇妙な関係 133

海外ビジネス拡大のためにどのような人材をグローバル人材としようとしているのかである。「現在の日本人社員のグローバル人材育成」(39.3%) によって対応しようとする企業がもっとも多く、次いで「海外ビジネスに精通した日本人の中途採用」(21.4%)、そしてわずかではあるが「海外ビジネスに精通した日本人シニア人材 (60 才以上) の採用」(3.4%) といった方針をもつところもある。約 65% の企業が「日本人」を対象にしてグローバル人材を育成しようと考えている。加えて、大学の新卒者を念頭においてはいないようである。さらには、日本人以外、すなわち「外国人の採用・登用」を方針として掲げる企業は 23.4% であり、あまり多くはない。

　では、海外ビジネスの拡大に向けて、わざわざ日本人を確保するメリットは、どこにあるのか。「現在の日本人社員のグローバル人材育成」を方針として掲げている企業は、「販路の拡大」(61.9%)、や「対外交渉能力の向上」(45.8%) を挙げており、「海外ビジネスに精通した日本人の中途採用」を方針として掲げている企業は同様に、「販路の拡大」(72.8%)、や「対外交渉能力の向上」(53.3%) にメリットを見出している。他方で、「外国人の採用・登用」を方針として掲げる企業は、「対外交渉能力の向上」(54.3%) こそは、日本人採用を方針とする企業と同程度のメリットを感じているがが、「販路の拡大」(55.5%) をメリットと認識する程度は低く、むしろ「労働力不足の解消」(39.7%) にメリットを見出している。日本人はビジネス拡大の主戦力、それに対し、外国人は労働力として捉えられているかのようである。

　もう 1 つ興味深いのは、そこまで日本人にこだわっても、社内で日本人社員のグローバル人材の育成を可能としている企業は多くはないのである。日本人社員をグローバル人材に育成する課題として、「人材育成に係る時間・体制的余裕がない」(51.3%)、「社内で明確なグローバル人材育成に対する戦略がない」(50.8%)、「人材指導・育成のノウハウが乏しい」(44.9%) と、社内にグローバル人材育成のノウハウが欠けていることがわかる。日本人にこだわっても、その日本人を求めるグローバル人材に育成できないという負のスパイラルを、ここにも見ることができる。

6. 結論と考察

　2010年前後に登場した、日本においてのみ通用するグローバル人材という言葉が、どのように論じられたか、そして、実際にどのように育成されていったのかについて、関与したアクターごとに分析を行った。この腑分け作業からは、議論のなされ方の奇妙さとともに、実際の育成の努力が結実していないという姿が浮き彫りになった。各節で論じてきたことではあるが、再度まとめよう。

　産業界はグローバル人材の育成という会社の要請を日本社会の要請に転換し、政府はそれを国家の課題として引き受け、いくつかの会議体を設置し、問題を国家規模にしていった。そういう展開がなされたことが、2010年代前半に、新聞紙上をにぎわせたのである。

　こうして課題が大きくなっていくことと対照的に、そのグローバル人材の範疇や特質は矮小化していく。たとえば、当初は日本人のみならず外国人も対象としていたが、最終的には日本人のみを対象とした議論になる。さらに、そのグローバル人材が備えるべき要素も、当初は能力や資質を重視していたが、最終的には外国語のコミュニケーション能力に落ち着く。日本人で外国語が話せ、日本企業の海外展開に貢献できる者がグローバル人材なのである。

　そして、産業界、政府は、そのグローバル人材の育成は大学の役割だとして、文科省は1990年頃より大学に求め続けてきた組織改革、教育改革の延長上に、グローバル人材育成のための競争的資金事業を開始する。大学の国際化という点は、これまでの外国人留学生の招致から、日本人学生の外国語能力のアップ、そのための手段としての海外留学という方針へと大きく転換する。

　競争的資金事業に選定された大学は、学生をグローバル人材とすべく、外国人教員の雇用、外国語による授業の増加と努力を重ねるが、それだけでは限りがある。それを補完するのが留学なのだが、日本人の海外留学者は目標値に届かない。それは留学そのものに無関心な層が一定数いることにもよる。そして、留学に躊躇する主な理由の1つが、外国語のオーラルな能力に自信がないからという学生の回答である。どのようにしたらこのスパイラルを断

ち切ることができるのか、大学は何をすべきなのか。

最後に登場するのは、大学で育成された人材を引き受ける企業である。多くの企業は海外ビジネスに取り組みたいが、ネックはそれを引き受けるグローバル人材がいないことである。そうした人材が必要であるにもかかわらず、社内で育成体制が十分に確立していない。このスパイラルを断ち切る1つの手段が外国人のように思えるのだが、外国人に期待するのは単なる労働力という考え方が根強い。

新聞紙上からグローバル人材に関する記事が姿を消すようになった2010年代後半、大学も企業も、グローバル人材という課題を背負って獅子奮迅の努力を重ねている。新聞や論文の題材には取り上げられることが少なくなった背景には、問題が解決したのではなく、問題が解決しない状況が存続し、そこに関心が寄せられなくなったからのように思う。

グローバル展開をするために日本人にのみ依拠する議論は、日本人学生を批判するときに用いられる「内向き」と同様である。日本人のみに依拠して問題解決を図ろうとすることそのものが、グローバルになれない日本社会を象徴しているように思う。果たして、そこからの脱却は可能だろか。

注

1 Scopus とともに Web of Science も検討した。傾向はほぼ同様であるため、Scopus の結果を用いる。

2 global human resources という言葉の英語圏での普及・定着の度合いを検討するためには、特定の国に限定されない資料に依拠する必要性があり、また、その資料と比較できる日本語の資料が必要であることの2つの理由に鑑み、論文データベースを資料とすることにした。

3 なぜ、経産省が大学に関与するようになったかに関しては、経済政策の失敗からの立ち直りを目指し、経済の向上につながる可能性をもつ大学の研究分野を新たな目標にしたからだという（市川昭午 2003）。

4 初年度99億円と鳴り物入りで始まったスーパーグローバル大学創成支援事業であるが、その予算は毎年減額され、2020年度は30億円と3分の1以下になった。

5 文部科学省は、業績評価にもとづいた教員の給与体系を国立大学の法人化構想のなかで推奨し、その後、2013年の「国立大学改革プラン」において年俸制と

して導入することを要請した。国立大学はこれを受けて年俸制を導入しはじめ、2020 年の調査によれば、72 機関が導入し、2021 年に 9 機関が導入予定、未定が 9 機関となっている（文部科学省 2020）。年俸制をはじめとするガバナンス改革に関しては、光本（2022）を参照。

6　「1 週間〜数週間程度の留学」を経験した者は 7.9%、「1 年以上の留学」経験者は 5.1% であり、留学経験者は期間にかかわらず少なく、期間による差もあまりない。

引用・参考文献

市川昭午, 2003,「高等教育システムの変容」『高等教育研究』6, 7-26.

グローバル人材育成推進会議, 2011,『グローバル人材育成推進会議　中間まとめ』.

経済同友会, 2007,『教育の視点から大学を変える —— 日本のイノベーションを担う人材育成に向けて ——』.

経済同友会, 2012,『日本企業のグローバル経営における組織・人材マネジメント報告書』.

経済同友会, 2013,『実用的な英語力を問う大学入試の実現を』.

国立教育政策研究所, 2021,『全国学生調査』.（https://www.mext.go.jp/a_menu/koutou/chousa/1421136.htm、最終閲覧日：2023 年 9 月 18 日）

産学人材育成パートナーシップ, 2009,『今後の取組の方向性について』.

産学人材育成パートナーシップグローバル人材育成委員会, 2010,『産学官でグローバル人材の育成を』.

JETRO, 2020,「2019 年度日本企業の海外事業展開に関するアンケート調査〜 JETRO 海外ビジネス調査〜」.（https://www.jetro.go.jp/ext_images/_Reports/01/1057c-5cfeec3a1e2/20190037.pdf、最終閲覧日：2023 年 9 月 18 日）

JETRO, 2023,「2022 年度日本企業の海外事業展開に関するアンケート調査」.（https://www.jetro.go.jp/ext_images/_Reports/01/d3add687bd7a74cc/20220061_01rev2.pdf、最終閲覧日：2023 年 9 月 18 日）

総務省, 2017,『グローバル人材育成の推進に関する政策評価〈結果に基づく勧告〉』.（https://www.soumu.go.jp/menu_news/s-news/107317_00009.html、最終閲覧日：2023 年 9 月 18 日）

大学改革支援・学位授与機構『高等教育に関する質保証関係用語集』.（https://niadqe.jp/glossary/5258/、最終閲覧日：2023 年 9 月 18 日）

東京大学, 2021,『大学教育の達成度調査』.（https://www.u-tokyo.ac.jp/ja/students/edu-data/graduatesurvey.html、最終閲覧日：2023 年 9 月 18 日）

日本学術振興会「大学の世界展開力強化事業」.（https://www.jsps.go.jp/j-tenkairyoku/gaiyou.html、最終閲覧日：2023 年 9 月 18 日）

日本経済団体連合会, 1996,『創造的な人材の育成に向けて』.

日本経済団体連合会, 2000,『グローバル時代の人材育成について』.

日本経済団体連合会, 2011,『グローバル人材の育成に向けた提言』.

日本経済団体連合会, 2013,『世界を舞台に活躍できる人づくりのために－グローバル人材の育成に向けたフォローアップ提言－』.

日本経済団体連合会, 2014,『次代を担う人材育成に向けて求められる教育改革』.

光本　滋, 2022,「国際卓越研究大学が招くガバナンス問題」『現代思想　大学は誰のものか』2022 年 10 月号, 24-42.

Ministry of Education, Culture, Sports, Science and Technology, Project for Promotion of Global Human Resource Development. (https://www.mext.go.jp/en/policy/education/highered/title02/detail02/sdetail02/1373895.htm、最終閲覧日：2023 年 9 月 18 日)

文部科学省, 2020,「人事給与マネジメント改革基礎資料」. (https://www.mext.go.jp/content/20201202-mxt_hojinka-000011398_12.pdf、最終閲覧日：2023 年 9 月 18 日)

早稲田大学, 2022,『2022 年度　早稲田大学学生生活・学修行動調査報告書』. (https://www.waseda.jp/inst/ches/assets/uploads/2023/03/2022_Student-Survey.pdf、最終閲覧日：2023 年 9 月 18 日)

吉田　文, 2012,「2000 年代の高等教育政策における産業界と行政府のポリティックス――新自由主義・グローバリゼーション・少子化」『日本労働研究雑誌』629, 55-66.

吉田　文, 2014,「「グローバル人材」と日本の大学教育」『教育学研究』81 (2), 184-175.

吉田　文, 2015,「「グローバル人材育成」の空虚」『中央公論』2015 年 2 月号, 116-121.

YOSHIDA, Aya, 2009, "The Triumvirate Governing Japan's Higher Education Policy since the 1990S: perspectives on neo-liberalism," *Higher Education Forum*, 6, 103-118.

YOSHIDA, Aya, 2016, "Global Human Resource Development and Japanese University Education: 'Localism' in Actor Discussions," *Education Studies in Japan*, 12, 83-99.

読書案内

①本名信行・竹下裕子・三宅ひろ子・間瀬幸夫編, 2012,『企業・大学はグローバル人材をどう育てるか』アスク出版.

日本企業が、どのようにしてグローバル人材を育成すべきか、それを国際コミュニケーションマネジメントという考えにもとづき、理論と実践の双方から多面的に解説を加えた書籍である。書名には「大学」があるものの、企業のグローバルのために何をすべきかを論じた書籍である。編者が 4 人であることに加え 23 章からなる書籍であり、各章は短くまとまっているが、章ごとのつながりはやや欠

ける。

　結局のところ、話せる「英語」の重要性に尽きるのだが、それで終わってはつまらない。コミュニケーション能力の向上の指南書として読むのではなく、海外展開を求められる日本企業において、どのようなコミュニケーションが欠落していると認識されているかを知るという観点で読むことがお勧めである。

②西山教行・平畑奈美, 2014,『「グローバル人材」再考』くろしお出版.

　政府のグローバル人材の育成構想に疑問を呈し、「真」のグローバル人材像を示すために編まれた書籍とされている。2名の編者に7名の著者と、多くの関係者からなる書籍であり、議論は多岐に及ぶ。

　当時の政府を中心とするグローバル人材育成の議論が孕む問題点をどのように考えるかの一定の論点を提示している。それへの賛否を考えつつ、自身の考え方を広げていくうえで役立つ。また、著者たちのいう真のグローバル人材に関する議論は、グローバル人材とは何かを考える素材が提示されており、それを端緒にして思考を巡らすことができる。総じてその時代のグローバル人材をめぐる議論に批判的なスタンスをとっていることを、逆手にとって読むことをお勧めする。

③駒井洋監修, 五一嵐泰正・明石純一編著, 2015,『「グローバル人材」をめぐる政策と現実』明石書店.

　「移民・ディアスポラ研究」シリーズの4巻目であり、「グローバル人材」に関する国際労働移動の研究者を中心とした研究論文集である。「グローバル人材」が得てして、日本企業の日本人の海外適応を課題にしているのに対し、日本にいる外国人労働者（特に高度人材の獲得）の問題、日本企業の海外展開とは無関係な形で海外流出する日本人の問題、また日本企業の人材採用がグローバル人材を受け入れるものとならない現実など、いくつかの論点を諸外国の事例との比較を視野に収めつつ、多方面からの論稿から構成されている。序章において問題の射程を踏まえ、その後は、個々人の興味に従って論稿を読み進めることをお勧めする。

④加藤恵美子・久木真吾, 2016,『グローバル人材とは誰か』青弓社.

　海外の大学で学位取得を目指す日本人留学生の減少をもって、日本の若者の「内向き志向」と批判され、それは産業界や政府による日本人の海外留学を要請する政策を導いた。こうした言説に対し、筆者たちは若者にとっての海外経験が何を意味するのか、インターネットによる調査やフィールドワークにもとづき、その内実を明らかにする。興味深いのは、海外に留学あるいは仕事をしに行く若者たちが、企業や政府が求める「グローバル人材」とは異なる層であることが詳細なフィールドワークから明らかになったことである。その多くが、日本での上昇移動を目指さない層であり、自分でやりたいことを探して海外にわたり、そこで生活の場を形成しているという。日本社会がこれまで目を向けてこなかった、これ

らの層に対して、私たちはどのように対峙するのか、考えさせられる書籍である。

⑤寺沢拓敬, 2015,『「日本人と英語」の社会学』研究社.

　グローバル人材に求められる知識・技能は、突き詰めれば英語が話せるということであった。日本の若者たちがそうなるように、企業は大学に要求し、政府は大学政策の目玉とした。こうした状況下において、日本で英語を使う人はどのような人なのかという疑問に対し、統計データでもって多面的に証拠を突き付ける。データから見えてくるのは、日本社会における英語需要はさほど多くはなく、英語ができたとしてもそれが賃金上昇などに結びつかない現実であった。日本の英語教育政策の問題を明快に指摘してくれる好著。日本では、なぜこれほどまでに英語の必要性が喧伝されるのか、この問題を考える契機となろう。

科学技術

5

開放か鎖国か

――揺れる日本の科学技術研究　中国「千人計画」をめぐって

榎木英介

はじめに

科学には国境はないが、科学者には祖国がある…。

フランスの化学者、ルイ・パスツールが言ったとされる言葉だ。科学研究によって得られた知識には普遍性がある。日本や中国で得られた科学的知見は、当然アメリカでも、全世界でも、強いては宇宙でも通用する。この当たり前のことが揺らぐことはない。ところが、パスツールの言葉の後段、科学者には祖国がある、が、国際情勢の流動化や安全保障に関する状況が変化する中で、いまあらためて大きな意味を持ちつつある。なかでも中国の人材呼び戻し政策である「千人計画」をめぐって、世界各地でトラブルが発生しており、日本人研究者もそれに巻き込まれるなど、研究のグローバル化の負の側面を象徴する大きな問題となっている。

本章では、主に純粋基礎科学研究を中心とする人材（以下高度人材と称する）に注目して、人材の流動性に関する歴史を簡単に振り返ったのち、現在大きな問題となっているアメリカと中国の対立の激化、「デカップリング」（国同士の経済や市場を切り離して連動していない状態）（日経ビジネス 2022）が進む中、それに翻弄される日本の置かれた現状について、「千人計画」をめぐる動向を中心に詳説する。

1. 高度人材の国際移動

(1) 先進地をめざす研究者

　科学研究の中心である国、都市は固定することなく、時代とともに移ろっていく。産業革命が起こったイギリスは、18世紀から20世紀初頭にかけて基礎科学研究でも中心であった。こののちイギリスの国力の衰退もあいまって、ドイツの力が伸びてゆく。20世紀前半には、イギリスと並ぶ成果をあげる科学者が登場するが、2つの大戦を経て、アメリカの時代が続く。ドイツからの亡命者を加え、アメリカの科学研究は資金力、人材とも世界最高レベルとなった。

　こうした科学研究が活発な地域に、様々な国の研究者が留学、あるいは移民という形で流入していく。この例として挙げたいのが、2021年のノーベル物理学賞受賞者である真鍋淑郎氏だ（岸 2002：186-214）。1931年生まれの真鍋氏は、東京大学で博士号を取得したのち、1950年代にアメリカに渡った。日本の研究環境が劣悪だったこととともに、当時としては高性能のコンピュータが使えるなど、アメリカの研究環境が極めてよかったことなどが真鍋氏を惹きつける要因になったという。その後アメリカ国籍を取得するなど、アメリカを研究の場として歩み続ける。一時帰国したものの、再び渡米した。行政とのあつれきがあったためという。

　このように、よりよい研究環境を求めて国を移るのは、研究者としては現実的な選択肢であり、多くのメリットが存在する。しかし、研究者が国を超えて移動するのは単純な話ではない。ここで改めて整理してみたい。

(2) プッシュ要因とプル要因

　科学研究者が出身国外に流出する理由は、大まかに言えば、国の経済状況や雇用状況が影響を与え、活路を見出すために移籍するプッシュ要因と、科学言及の中心で最先端の研究をしたい、高給である、安定した地位を提供するといった科学者優遇を行っているので行きたいというプルの要因に分けられる。

村上によれば、母国での生活に不満や問題がある場合、その問題をプッシュ要因、また、相手国の魅力が労働力を惹きつけているならば、その魅力をプル要因という（村上 2010：55）。

　プッシュ要因は政治上、安全上の問題、職がない、スキルが活かされていないなどである。一方、プル要因は優れた仕事の環境、雇用機会が豊富、実質賃金が高い、キャリア発展の可能性が高い、言葉やスキルが通用する、文化や生活に魅力がある、入国や安住を許可する移民政策などである。（村上 2010：75）

　研究者に特有の国際移動の動機としては以下のようなことが挙げられている（村上 2010：75）。

プル要因
- 若手研究者に与えられる自立生や研究のために利用できる資源（資金、設備、人的資源）の豊かさ
- キャリア向上の機会
- 産学連携や企業の機会
- 他の研究環境とコンタクトを保ちたい
- 自国では十分に発展していない分野で専門性を高めたいという希望
- 研究や科学的トレーニングの優れた機会を提供している

プッシュ要因
- テニュア・トラックポジションの不足など、アカデミック部門における雇用問題

　真鍋氏のアメリカへの移民に関して言えば、前述のようにアメリカの研究環境がよかったというプル要因が大きな要素を占めたと思われるが、同時に、プッシュ要因である当時の日本の研究環境の劣悪さも重要な意味を持つだろ

う（岸 2002：198）。

このようなプッシュとプルの要因が絡み合い、人は国外に流出するのだ。お金に目がつられて国を捨てたというような単純な話にしてしまうと、非常に大きな誤解を生じさせる。

(3) 人材受入国のメリット、デメリット

博士号取得者や技術者などのいわゆる高度人材を受け入れる国には当然メリットがある。こうした人材の知的財産が様々な面で国富増加につながるからだ。だからこそ、世界中で高度人材の勧誘合戦を行っている。日本も例外ではない。単純技能者などの移民受け入れには消極的ではあっても、政府は様々な優遇策を行い、高度人材の受け入れを促している（出入国管理庁）。

ただ、高度人材を受け入れた国が国富を増加させ、人材を流出させた国は生産力の喪失や高等教育に対する公的投資からの収益率の低下といった被害を一方的にうけるという単純な図式が成り立つわけではない。人材を流出させる国及び人材を受ける国双方にとってメリットデメリットが存在する。決して簡単なことではないのだ。

人材を他国に流出させることのメリット、プラス効果というのは以下のようなものだ（村上 2015：29）。

- 受け入れ国との間での知識のフロー
- 海外研究機関とのネットワーク構築
- 技術の輸出
- 海外移住者からの送金やベンチャーキャピタル
- 海外で成功した起業家がマネジメント経験やグローバルネットワークへのアクセスを提供
- 国民の人的投資意欲の向上
- 個人の教育投資からの期待収益の増加
- 人的資本を高めた国民の帰国

一方で、受け入れ国にとってもデメリット、マイナス効果が存在する。

- 国民の高等教育からの締め出し
- 国民が高技能を獲得するインセンティブを消失
- ライバル国や敵対国に技術流出

　世界各国から高度人材を惹きつけるアメリカだが、アメリカ生まれの人たちは科学研究離れが進んでいるという。さまざまな分野でも研究職は決して頭抜けた高給ではない。研究職はアメリカ人にとってさほど魅力的ではないのだ。つまり、アメリカにおける外国人、移民が研究職を担っているということを意味している。アメリカでは世界各国からやってきた移民や外国人に研究をさせることで、国の競争力、研究力を維持しているということになる。

　このように、高度人材の移動は様々な要素が絡み合い、受入国にとっても、人材流出国にとっても複雑な効果をもたらす。以下では、中国、アメリカ、そして日本の3か国の近年の状況を概観し、高度人材の国際流動性の現状について考えてみたい。

2. 中国、アメリカ、日本の人材誘致——知的財産保護をめぐるあつれき

(1) 中国の台頭と海亀政策

　中国は四大文明の発祥地であり、羅針盤の発明など、世界をけん引した知的先進国であった時代があった。しかし19世紀以降、科学研究の発展は遅れた。政治的混乱や戦争、そして文化大革命などもあいまって、科学研究は停滞した（林 2017：2-14）。文化大革命の収束後、その立て直しのために中国人科学者の海外派遣の拡大が行われるようになり、研究者がアメリカなどに流出した（林 2017：19-20）。こうした人材を呼び戻し、中国の科学技術の発展に寄与させることを目的として、海外人材呼び戻し政策、いわゆる

「海亀政策」が行われることとなった（林 2017：138-143）（科学技術振興機構）（中津 2018）。

こうした呼び戻し政策が功を奏し、1990 年代以降流出した人材が帰国するようになった。こうした流れのなかに位置づけられるのが、「海外ハイレベル人材招致計画」、通称「千人計画」だ（林 2017：141-142）（中津 2018）。北京オリンピックが開催された 2008 年、中国共産党中央組織部によって開始されたプログラムは、当初は 5 〜 10 年間で 2 千人の人材招致を目標としていたが、2020 年時点で 1 万人を超えていたとされる。

「千人計画」は「創新人材」「創業人材」「青年」「外専」の 4 つのカテゴリーを持ち、上述の通り、主に中国から国外に流出した研究者の呼び戻しが中心を占めるが、少数の日本人を含め様々な国の研究者を誘致している。自然科学の分野を幅広く対象としたものであり、基礎科学分野の研究者が多い。

こうした海亀政策の影響や、科学技術に関する予算の大幅増加もあり、今世紀に入ってからの中国の基礎科学研究の成果は目覚ましいものがある。中国国内の大学の多くが、各種の世界大学ランキングの上位に入るようになり、論文数、論文の質とも大幅に増加した（文部科学省科学技術・学術政策研究所 2022）。

(2) 「千人計画」と知的財産のトラブル

しかし、こうした中国の台頭は、アメリカを中心とする先進各国と経済安全保障上の大きな問題を引き起こしつつある。とくに、中国政策が掲げる「軍民融合」政策が警戒感を高める原因となった。防衛白書（令和元年度版）では、「軍民融合」について以下のように述べる（防衛省 2020）。

中国は、従来から、緊急事態における民間資源の軍事利用（徴用を含む。以下同じ。）を目的として国防動員体制を整備してきましたが、近年、国家戦略として軍民融合を推進しています。軍民融合とは、国防動員体制の整備に加え、緊急事態に限られない平素からの民間資源の軍事利用や、軍事技術の民間転用などを推進するものとされています。

こうした状況のなか、アメリカ政府は、アメリカ在住の中国人研究者が知的財産を盗み、軍事兵器等に活用するのではないかという懸念を抱くようになり、2019年には上院が報告書を出している（UNITED STATES SENATE 2019）。報告書は以下のように述べる（著者訳）。

　　近年、連邦政府機関は、中国に帰国する前に機密電子研究ファイルをダウンロードしたり、助成金申請時に虚偽の情報を提出したり、米国の助成金申請時に中国政府から受け取った資金を故意に開示しなかったりした人材採用計画のメンバーを発見しています。

　このほか、アメリカ以外でも知的財産がらみのトラブルが発生している。韓国では、千人計画に選ばれていた大学教授が中国に技術を流出させた疑惑が大きく報じられた（ニューズウィーク日本版 2020b）。オーストラリアのシンクタンクは、中国が世界各国に高度技術人材をスカウトするために600もの拠点を持っていることを報じている。（ニューズウィーク日本版 2020a）。

(3) チャイナイニシアチブをめぐる混乱

　こうした中国人が関与する技術流出に関する危機感を背景に、アメリカ政府は2018年から「チャイナイニシアチブ」を開始した。チャイナイニシアチブとは、トランプ政権下ではじまったアメリカ司法省の政策である（United States Department of Justice 2019）。その名の通り中国をターゲットに、経済安全保障上の懸念に対応するために、問題人物の捜査、起訴を行っている（以下著者訳）。

　　企業秘密の窃盗、ハッキング、経済スパイに関与する人物を特定し起訴することに加え、イニシアチブでは、海外の直接投資やサプライチェーンの侵害を通じた外部の脅威から重要インフラを保護し、適切な透明性を持たずに米国民や政策立案者に影響を与える秘密の取り組みと闘うこ

科学技術　5　開放か鎖国か　147

とに重点を置いている。

　実務は国務省が担った。国務省のページによれば、企業関係者のほかにアメリカの大学に勤務する研究者、特に中国系の研究者が多数逮捕された。上述のハーバード大学のケースはこのチャイナイニシアチブによるものであった。大学関係者が関与するチャイナイニシアチブによる研究者の起訴には以下のようなケースがある。

- カンザス大学の研究者が、中国の大学との利益相反を開示しなかったとして詐欺罪で起訴（2019 年 8 月 21 日）
- ハーバード大学教授と 2 人の中国人が中国関連の 3 つの別々の事件で起訴された（2020 年 1 月 28 日）
- ウェストバージニア大学の元教授が、中華人民共和国の「千人計画」への参加を可能にした詐欺行為について有罪を認める（2020 年 3 月 10 日）
- 元エモリー大学教授と中国の「千人計画」の参加者が、虚偽の納税申告書を提出したとして有罪判決を受ける（2020 年 5 月 11 日）
- アーカンソー大学教授が電信詐欺で逮捕（2020 年 5 月 11 日）
- ハーバード大学教授が虚偽陳述罪で起訴（2020 年 6 月 9 日）
- NASA の研究者が、中国の人材育成プログラムに関する虚偽の陳述と通信詐欺で逮捕（2020 年 8 月 24 日）
- ロスアラモス国立研究所の元従業員は、中国で雇用されていることについて虚偽の陳述を行ったために執行猶予を言い渡される（2020 年 9 月 15 日）
- マサチューセッツ工科大学教授が助成金詐欺に関連する容疑で起訴（2021 年 1 月 20 日）
- 数学教授と大学研究者が助成金詐欺で起訴（2022 年 4 月 21 日）
- 中国の科学的専門知識を開発するための助成金申請で嘘をついた大学の研究者に実刑判決（2021 年 5 月 14 日）

　上述のとおり、中国の「千人計画」参加者もターゲットとなり、起訴された。

こうした状況は日本でも報道されるに至った。

(4) チャイナイニチアチブの批判と終了

　しかし、アメリカの「チャイナイニシアチブ」は、メディアや研究者の間から強い批判を浴び、2022 年初頭に中止されるに至った（産経新聞 2022, 毎日新聞 2022a, 日本経済新聞 2022a, 朝日新聞 2022, MIT Technology Review 2022b）。批判が高まったのは、経済安全保障上問題のある人物の摘発や起訴をするはずのチャイナイニシアチブが、「千人計画」に参加しているか、もしくは中国人研究者であるいうだけで強引に研究者を逮捕、起訴したためだ。結果、上述のとおり多数の研究者が逮捕、もしくは起訴されたが、逮捕されても起訴まで至らないケースや、起訴されても無罪判決となるケースが相次いだ。もっとも有名なケースとしてはテネシー大学のフー准教授（MIT Technology Review 2021）とマサチューセッツ工科大学（MIT）のチェン教授のケースだ（MIT Technology Review 2022a）。

　フー准教授のケースでは、捜査した FBI 捜査官が、捜査は誤った情報に基づくものだったと法廷で認めたうえ、フー准教授に関する虚偽の情報を広めたことを認めた。これによって国際的な研究コミュニティにおけるフー准教授の名声は傷つけられ、中国軍の工作員であるかのような印象を大学に与えた。結果、フー准教授はテネシー大学に解雇された。にもかかわらず、サディク捜査官が大学に連絡して情報を修正することはなかった。この証言により、裁判は中止され、その後フー准教授は復職が認められた。

　MIT のチェン教授のケースでは、罪状とされた中国からの研究費提供の不申告が、そもそもチェン教授個人への研究費ではなく、MIT と中国の大学間の公式な共同研究プログラムであったため、MIT が容疑に対して抗議する事態となり、起訴そのものがすべて取り下げとなっている。

　有罪となった一部のケースでも、もともとも基礎内容が知的財産の流出ではなく、中国の大学からの収入を申告していなかったといった脱税容疑による有罪ばかりである。日本でも大きく報じられたハーバード大学教授への有罪判決がまさにそのケースだ（朝日新聞 2021a）。

科学技術　5　開放か鎖国か　149

　このように、アメリカの学術界やメディアからは冷静な声が聴かれる。科学者が中国に引き寄せられる理由を問うべきだという声もある (The diplomat 2020)。科学研究にとって国際流動性が不可欠であることを理解しているからだと言える。

(5) 知的財産保護と人材誘致のバランス

　チャイナイニシアチブにおいて、大学研究者を本来の目的の技術流出での立件ができなかったのは、大学研究者の多くは成果を論文として広く公開するためという点に尽きる。そのため、アメリカでの今後の対中の技術スパイ捜査は大学ではなく企業に重点を置くという妥当な方針が示されている。そしてチャイナイニシアチブは行き過ぎであったものの、アメリカ政府は決して中国人研究者や留学生の全面禁止という極端な反応はしなかった。むしろ、こうした経済安全保障上の問題があったとしても、高度人材はアメリカに来てほしいとのメッセージを送っていた。

　トランプ政権で対中戦略を主導していたポッティンジャー大統領副補佐官は、2020 年 9 月末の会合の中で、安全保障上のリスクがあると判断した中国人に学生ビザを拒否するという政権の方針に言及し、「これは外科的なアプローチだ」と述べた (Reuters 2020)。チャイナイニシアチブ含め、中国人研究者の軍事、先端技術の流出への対応は「膨大な数の約 1% をターゲットにした行動をとっている」にすぎないとも述べた。

　実際、トランプ政権下における米中の緊張状態のなかでも、現場では蜜月状態が続いていた (日本経済新聞 2020a)。両国の共同研究は、中国だけにメリットがあるわけではない。学術界も高度人材の受け入れ政策の継続を強く訴えている (National Academies of Sciences, Engineering, and Medicine 2022)。米国の研究力や産業競争力の強さも支えている。政権内部もそれを冷静に見極めている。

3. 規制に傾く日本の高度人材政策

(1) 経済安全保障の推進と「千人計画」

近年経済安全保障が取りざたされ、2022年には「経済施策を一体的に講ずることによる安全保障の確保の推進に関する法律（経済安全保障推進法）」が成立、公布された（内閣府2022）。経済安全保障のターゲットが中国への先端技術の流出にあるのは明白だ。このなかでアメリカのチャイナイニシアチブがしばしば紹介される。たとえば、経済産業省は「みなし輸出」管理（日本国内の「非居住者」に対する、特定の機微技術を提供することを目的とする取引を管理する制度）に関して、チャイナイニシアチブによりアメリカ在住の中国人研究者が起訴されたケースについて触れ、留学生の管理を強める方向に動いている（経済産業省2021）。

公安調査庁も「千人計画」について警戒を強めている（公安調査庁2022, 産経新聞2021a）。民間企業の技術者や留学生が関与する技術流出事例が発生しており、警戒するのは当然だ。また、日本在住の大学の研究者に対して、外国から研究費を受け取った場合の申告も義務化される（文部科学省）。

しかし、問題はこうした警戒が基礎科学研究にも向けられていることだ。たとえば公安調査庁はパンフレットのなかで、日本人研究者が中国に移籍した例を取り上げている（公安調査庁2022）。

Case 1
　我が国の研究者Aは2013年、中国の人材招へいの計画に参加し、中国人民解放軍と関わりの深い大学の研究センターに移籍。当該研究センターの幹部には、我が国を含む海外の著名研究者が多数在籍

このパンフレット内で挙げられる他の事例は、実際に立件された事例や外国の具体的事例が多いのに対し、この事例は状況証拠だけだ。しかし、これが経済安保の対策であるというのであれば、有効性は乏しいと言わざるを得ない。中国にいる日本人研究者の多くは、中国の大学にフルタイム（他に所属

を持たない専任の研究者）として勤務をしているため、これらの申告義務化とは関係ない。「千人計画」も本来フルタイム勤務型が多数であり、アメリカなどで問題になっている「千人計画」のパートタイム型（外国と中国の研究機関の両方に研究室を持ち、両者に所属する）は廃止され、フルタイム型に統一されるという（毎日新聞 2021）。このように、警戒感を高めるあまり、中国との知的交流全般が規制されようとしている。アメリカにおける対中警戒感が全面的な規制ではないこととは対照的だ。

(2) メディアの異様な「千人計画」叩き

こうした政府のバランスを欠いた対応の背景に、メディアの報道がある。発端となったのは、2020 年 5 月、読売新聞が掲載した記事だ（読売新聞 2020a）。記事中ではある日本人研究者が、「千人計画」に参加するため、中国の大学に高待遇で引き抜きをされ、その引き換えとしてドローンに関連する軍事関連技術を流出させていると記す。しかし記事で取り上げられた日本人研究者の実態は記事とは異なる。この研究者は日本の大学を定年退職後、日本の省庁所管の独立行政法人（配属先は中国事務所）に勤務していた。同時に所属先の許可を得て、中国の大学の教授も兼任することになった。給与は日本の所属先からもらっており、中国の大学から給与は受け取っていない。日本での実績が評価され、「千人計画」に参加することができたのだ。

しかし、匿名を条件に読売新聞の取材を受けたにも拘わらず、年齢、研究分野、中国での兼任先、日本で所属していた大学名などが記されており、個人特定が容易にできる記述だった。給与は中国の大学からではなく、日本の本務先から出ていることに言及はない。研究分野もドローンとは関係がない。そのうえ、その研究者本来の研究分野においても、研究のレベルは中国のほうが高く、「技術流出」の可能性は低い。記事の内容は誤報というべきだろう。

しかし記事は独り歩きした。この記事を自民党の甘利明議員がブログでとりあげ、日本学術会議が「千人計画」に関与していたとの記載をしたのだ（BuzzFeedNews 2020a）。この記事はのちに訂正されることになるが（BuzzFeedNews 2020b）、2020 年秋に日本学術会議の会員任命拒否が表面化したとき、「千人計

画」が「外国人を高給で引き抜き、軍事研究や技術スパイをさせるためのものである」「それには日本学術会議の会員が関わっている」との流言が拡散した。甘利氏のブログのスキャン画像がSNS上で拡散し、関係者のバッシング、脅迫という事態を引き起こした。

日本学術会議と中国科学技術協会が協力覚書を交わしているのは事実である（日本学術会議 2015）。しかし他国とも同種の覚書を取り交わしており、友好関係を示しているに過ぎない。官房長官（当時）も日本学術会議が中国の軍事研究に協力しているとされる報道を否定している（産経新聞 2020）。しかし、ブログの記載は独り歩きした。これに加え、もととなった2020年5月の記事は、読売新聞社に所属する他の記者によって別媒体に取り上げられた（Wedge Online 2020）。

しかし、一度報道されれば情報は拡散されつづける。ネット上では「軍事スパイ」「売国奴」と実名でバッシングされたのだ。これでは「発言捏造」と言っても過言ではない。このような根拠のない記事が別の記事にも引用されてあたかも事実であるかのように広まっていった。さらに、立憲民主党の松原仁衆議院議員が、この記事をもとに質問主意書を国会に提出するなど、政治にも影響を与えている（衆議院 2021）。

こののち読売新聞は2021年元旦の一面記事を皮切りに、何度も「千人計画」に関する記事を一面で掲載している。下記は読売新聞が「千人計画」に関連し掲載した主な記事の見出し（ネット版）である。

- 中国「千人計画」に日本人、政府が規制強化へ…研究者44人を確認（読売新聞 2020a）
- 中国の「千人計画」念頭、外国の研究資金に申告義務…すでに審査開始（読売新聞 2021a）
- 留学生らの出身組織確認、私大4割が実施せず…軍事技術の流出懸念（読売新聞 2021b）
- 中国「千人計画」、日本人研究者らに論文ノルマ…「著名雑誌に2本_要求（読売新聞 2020c）（これのみ紙面版記事）

科学技術　5　開放か鎖国か　153

　これらの記事の根底には、中国は軍事応用を目的とし日本の先端技術を獲得するため、日本人の大学研究者を狙っており、「千人計画」を通し、高待遇での引き抜き攻勢を行っているという認識がある。こうしたことは安全保障に関わる技術流出が懸念される問題であり、対策として海外からの研究費の申告義務化を行うべきであると主張しているのである。

　しかしこの認識は現実とは異なっている。前述のとおり「千人計画」は基礎科学など様々な分野を対象にしており、軍事技術獲得が主な目的とは言えない。それよりも大学の基礎研究力の底上げや、それに伴う世界大学ランキングの順位向上を狙った補助金政策であるのが実態であるといえるだろう。秘密のプログラムでもないため、読売新聞の報道の前には「千人計画」に参加した日本人研究者自らの参加を隠すことなく自由に発言していた。また、「千人計画」に類似するプログラムは日本にもあり、「国際共同研究加速基金（帰国発展研究）」として海外の日本人研究者対象が帰国した際、5000万円の研究費を支給する（日本学術振興会）。同様の人材招聘プログラムは世界各国にある。しかし記事ではこうしたことに触れていない。

　日本人研究者が論文ノルマを課されているという記事も、研究者としての地位の維持に論文数が要件になっているのは「千人計画」だけではないことが知られている。以前はそのような論文ボーナスが高額なものもあったが、中国政府はこうした論文数等の過度な評価が、研究不正の多発など研究の発展をゆがめる弊害があることを認識し改善しつつある（国立情報学研究所 2020）。

　また、読売新聞は元文部科学省所属で、現在は生命科学系の財団理事長インタビュー記事を掲載した（読売新聞 2021c）。「千人計画」が海外に渡った中国人留学生・研究者を中国国内に呼び戻すための政策であることに触れており、中国の科学技術予算の伸長といった点にも触れている。しかし、見出しは「千人計画」への警戒を呼び掛けるものになっていた。ウェブ上では有料記事であり、中身が読めない状態であることを考えると、印象操作だといえよう。こうした一連の読売新聞の記事が日本人研究者へのバッシングを引き起こした。特に軍事や産業技術に直接関与していない基礎研究者、若手中堅の研究

者がバッシングされた (BuzzFeedNews 2020c)。

「千人計画」を過度に問題視することは、読売新聞自身が文化部の記事で「フェイクニュース」であると指摘している (読売新聞 2020b)。しかし、チャイナイニシアチブが撤回された事実を報道しない (2024 年 7 月 2 日現在) など、いまだその報道姿勢を維持しているように思われる。

確かに先端技術流出に関しては、様々なトラブルが報道されている。知的財産をめぐる国と国との争いは綺麗事では済まされない。日本とアメリカでさえ緊張感がある問題であり、逮捕者なども出ている (日経クロステック 2008)。こうしたなか、中国との知的財産の紛争や、日本の技術が軍事利用される懸念が上がるのは当然だ。リストラで活躍の場を失ったりすることで、チャンスを求めて中国や韓国、アジアに渡っていった技術者がいることは知られている。他国の軍事技術に利用されかねない技術の国外流出、知的財産流出は大きな問題であり、対処する必要がある。安全保障に関わる技術流出が問題なのは論を俟たない。経済産業省が定める安全保障上の規制等に違反する行為は問題だ。安全保障貿易関連の規制リストに違反することや給与の二重取りによる脱税はまごうことなき違法である。また、海外からの研究費申告義務に反した場合も罰則があるべきである。

しかし、技術流出の主体は企業の研究者だ (日本経済新聞 2020b)。にも拘わらず一連の「千人計画」で糾弾され、SNS 上でバッシングを受けたのが、日本国内に拠点を残さず完全移籍した若手基礎科学研究者であり、いわば藁人形叩きのようなことが起こっているのだ。「千人計画」を含め、基礎科学研究者の研究成果は論文として世界に公表される。また、応用研究の研究者についても経済産業省の許可をとった上で渡航していることは、読売の記事自身にも記載されている。

中国の大学に所属する日本人研究者は、「千人計画」の採択者や非採択者を含め、主に 40 歳未満の若手、中堅研究者と日本を定年退職したシニア研究者に分けることができる。若手、中堅研究者の場合、日本の大学等の研究環境が厳しい状況にあり、日本で自らを生かせる職がなかったという動機で中国に渡航したケースが多く、給与も日本と大差あるレベルではなく、シニ

ア研究者の場合も著名な研究者ですら日本の大学で勤務時と同額を保証する程度だという（私信）。さらに日本の国立大学を定年後、日本に研究を続けられる職が乏しく、やむをえず定年後中国で研究という渡航が多いようである（朝日新聞 2021b）。また研究分野も、天文学のような日本では十分な研究資金が得られなかった基礎科学分野の研究者が多い。さらには、そもそも科学技術研究の多くの分野で日本よりも中国のほうが大きくリードしているという事実もある（プレジデントオンライン 2020）。

　このような事情を考えると、「千人計画」の採択の有無を問わず、中国へ渡る日本人研究者は中国に軍事技術を狙って高額で「引き抜かれている」（プル要因）というよりは日本側が積極的に「追いだしている」、すなわちプッシュ要因主体の人材流出ということになる（ニューズウィーク日本版 2020c）。中国が近年研究レベルを向上させていることも要因だ。

　また読売新聞は記事中で、自動車技術は回転と関係するので、回転を利用することでウランの濃縮に転用可能であり、それゆえ核開発に関連する技術になるとの主張をしている（読売新聞 2021a）。この論調では、あらゆる技術が軍事応用可能というデュアルユースのなかでも極端な意見だ。国際情勢の変化からデュアルユース研究が大きな問題になりつつあるのは事実であるが、デュアルユースは多義的な用語であり（出口 2022）、主に軍民両用性と用途多義性の二つに分けられる（川本 2017, 川本 2022）。軍民両用性とは、情報・製品・人的資源を含む「技術」が、軍事用途と民生用途の可能性を有するというもので、研究開発の初期段階から軍民共同で研究を行う。経済安全保障における焦点は、こうした自国の民生技術が仮想敵国によって軍用技術に転用されることを防ぐことにある。用途多義性は科学・技術が誤用、悪用により甚大な負の影響を与える可能性を持つことを意味する。あらゆる技術が軍事転用可能というのは、用途多義性という意味でのデュアルユースであり、あまりに規制を強くしすぎると、国際的な共同研究を阻害するなど、日本の国益を損なうものであると言わざるを得ない。中国へ渡った日本人研究者を「高給で軍事技術を中国に売った」とバッシングしても、日本の基礎研究の現状は回復しない。長期的には国力の衰退をもたらし、安全保障にも悪影響がでる

のではないか。

(3) 背景には政府の意向

　なぜ読売新聞は異様な特集を繰り返し続けているのだろうか。内部から
もれ聞こえたのは「政府の一部の安全保障重視の意向」という声である。読
売新聞は前国家安全保障局長の北村滋氏との関係を強めている。北村氏は
2020年4月に当時トップをつとめていた国家安全保障局において「経済班」
の設置に関わるとともに、国家安全保障局の退職後に「民間」の側として政
府の「経済安全保障法制に関する有識者会議」の有識者委員に就任している
（内閣官房 2022）、政府の経済安全保障政策の意思決定を主導する存在だといえ
る。最近読売新聞政治部の記者と前国家安全保障局長の北村滋氏との共著が
出版された（北村 2022）。また北村氏は読売国際経済懇話会の理事長にも就任
している（読売新聞 2022）。

　北村氏の背後には、自由民主党の甘利明衆議院議員がいるとされる。甘利
議員は自民党の経済安全保障推進本部の本部長であり、ルール形成戦略議員
連盟の会長でもある（2024年7月2日現在）。甘利議員が経済安全保障のルール
つくりを主導しているとされる（日本経済新聞 2022b, 産経新聞 2021b）。

　本章脱稿後に、横浜市にある大河原加工機株式会社の社長らが、生物兵器
へ転用可能な機器を中国に輸出したとして外為法（外国為替及び外国貿易法）違
反の容疑で逮捕され、後に起訴が取り消された冤罪事件が大きな話題となっ
た。この冤罪事件の背景には、政府が経済安全保障政策の推進に追い風にな
るような摘発事例を欲していたことがあると言われている。事実か否かに拘
らず、危機感を煽ることができれば、世論を誘導することができ、政策推進
にとって追い風となる。中小企業と基礎科学研究者という立場の弱い者が
ターゲットになった点も含め、時期や構図が酷似している。

　こうしたなか、何が法に抵触するのかに苦慮する企業は、官公庁出身者を
積極的に採用し、官公庁とコネクションを作ることで対応しようとしてい
るという（毎日新聞 2022a）。根拠に乏しい事例で危機感を煽り、政策を推進し、
かつ再就職先まで確保しようとしているならば、マッチポンプと言わざるを

得ない。

　アメリカのチャイナイニシアチブにより無実の中国人研究者が多数逮捕され、職を失う事態になったが、それにより中国人留学生のアメリカ忌避が加速した（日本経済新聞 2022c）。同様に、悪化する日本の研究環境を背景に機会を求めて中国へ渡る基礎研究者をお金につられて軍事関連の技術流出をしていると虚偽に基づくバッシングをして溜飲を下げても、日本の大学や基礎研究の危機的状況の解決にはならず、事態の放置へとつながり、人材流出を悪化させるだけである。

おわりに

　以上、中国の「千人計画」をめぐる日米の動きを中心に、近年の基礎科学研究の国際化をめぐる国内外の動向を探った。近年ロシアのウクライナ侵攻、台頭する中国といった国際情勢の変化の中で、基礎科学研究の位置付けも大きく変わりつつある。多くの研究が用途多義性の意味でのデュアルユースの要素を持つ中で、純粋基礎科学研究も経済安全保障や軍事研究との関わりを無視して研究を行うことはできない。こうしたなか、基礎科学研究の国際流動性、グローバル化は制限される方向に向かいつつある。パスツールの言葉があらためてクローズアップされる。21 世紀は当面の間、祖国を意識し続けることになりそうだ。

　しかし、日本の基礎科学研究者の国外流出は止まらないだろう。なぜなら国内の研究環境が悪化の一途をたどっているからである。本章執筆中にも、理化学研究所、国立大学や国立研究機関の研究者の雇い止め問題が深刻な話題となっている。労働契約法の改正および科学技術・イノベーション創出の活性化に関する法律の特例による研究者の無期転換権発生の 10 年を前にして、多数の研究者が雇い止めされようとしているのである。これらの研究者の中には、予算や研究成果を持つ優れた研究者も含まれており、こうした研究者が国外に流出する可能性は高まっている。研究を続けるためなら、機会さえあれば中国を含めた様々な国へ行くことも厭わないという声は大きく、

まさに日本がこうした研究者の背中を押して（プッシュして）国外流出させようとしているのである。

　グローバル化と囲い込みの二つのバランスをとることは難しい。国境を開けば頭脳流出の可能性は高まる。国境を閉じれば外から優れた人材も情報も来ない。どの国にとっても舵取りは極めて難しい。現在日本政府は、高度人材や留学生の誘致を積極化する一方、留学生等に関する入国規制は厳しくしつつある。アクセルとブレーキを同時に踏むような状態だ。こうした中、近年関係が悪化する中国に流出した基礎科学研究者バッシングを大手メディア、政府関係者、政治家が煽るという危険な状況も生じている。本章では触れられなかったが、日本の基礎科学研究を取り巻く環境の急激な悪化という人材流出のプッシュ要因が政策的失敗によるものであることから目をそらし、結果として不健全なナショナリズムを増長させているともいえる。

　しかし、いくら目をくらませても現実は変わらないし、むしろ悪化させるだけだ。高度人材の国外流出は止まらないだろう。日本の置かれた現状を直視し、有効性、実効性のある対策を講じるというあたりまえのことができない日本の政治状況の劣化を強く感じる。こうした状況を改善し、日本が世界に対し知的に貢献できる国であり続けることができるのか、正念場にあるといえるだろう。

引用・参考文献（ウェブサイトは 2022 年 11 月 5 日閲覧。）
　朝日新聞, 2021a,『ハーバード大教授に有罪、中国との関係を虚偽報告』.
　　https://www.asahi.com/international/reuters/CRWKBN2J101M.html
　朝日新聞, 2021b,『ノーベル賞候補、中国の大学で研究活動へ　「光触媒」発見の藤嶋
　　　　昭氏』. https://www.asahi.com/articles/ASP937H9VP93UHBI00T.html
　朝日新聞, 2022,『「チャイナイニシアチブ」終了へ　米司法省、「偏見助長」の批判受
　　　　け』. https://www.asahi.com/articles/ASQ2S44VFQ2SUHBI007.html
　科学技術振興機構,『海外人材呼び戻し政策』. https://spc.jst.go.jp/policy/talent_policy/
　　　　callingback/outline.html
　川本思心, 2017,「デュアルユース研究と RRI」科学技術社会論学会編『科学技術社会
　　　　論研究』14. 134-156.
　川本思心, 2022,「デュアル・ユース」塚原東吾・綾部広則・藤垣裕子・柿原泰・多久

和理実編『よくわかる現代科学技術史・STS』ミネルヴァ書房, 116-117.

岸宣仁, 2002,『「異脳」流出』ダイヤモンド社.

北村滋, 2022,『経済安全保障　異形の大国、中国を直視せよ』中央公論新社.

出入国管理庁,『高度人材ポイント制とは』. https://www.moj.go.jp/isa/publications/materials/newimmiact_3_system_index.html

経済産業省,『安全保障貿易の概要　リスト規制』. https://www.meti.go.jp/policy/anpo/anpo02.html

経済産業省, 2021,『「みなし輸出」管理の明確化について』.
https://www.meti.go.jp/policy/anpo/daigaku/seminer/r3/minasiyusyutu2.pdf

公安調査庁, 2022,『経済安全保障の確保に向けて 2022』https://www.moj.go.jp/content/001373771.pdf

国立情報学研究所, 2020,『中国、研究評価における SCI 論文と関連指標の使用を規制』. https://rcos.nii.ac.jp/miho/2020/03/20200313/

産経新聞, 2020,『日本学術会議　加藤長官「『千人計画』の支援は承知していない」.
https://www.sankei.com/article/20201012-F5SAX742WNPYTAKKJY653QI4KI/

産経新聞, 2021a,『先端技術に触手の中国　公安庁、情報網広げ阻止　異例の 76 人増員』. https://www.sankei.com/article/20210531-VXO37CLI2ZKMTL4CQMKUDJTFMQ/

産経新聞, 2021b,『経済安保、デジタル…重要政策「甘利人事」くっきり』. https://www.sankei.com/article/20211008-GBOUBZLMONPJLH74VNJML5R7UI/

産経新聞, 2022,『米司法省、中国重点のスパイ対策を取りやめ　「人種差別」批判受け』. https://www.sankei.com/article/20220224-S2W6DTJSNJJF3I5AXCCF77KLCM/

衆議院, 2021,『令和三年六月九日提出　質問第一七五号　中国への軍事転用可能技術の供与に関する質問主意書』. https://www.shugiin.go.jp/internet/itdb_shitsumon.nsf/html/shitsumon/a204175.htm

出口康夫, 2022,「デュアルユースと ELSI に取り組む総合知にむけて」出口康夫・大庭弘継編『軍事研究を哲学する　科学技術とデュアルユース』昭和堂, 1-16.

内閣官房, 2022,『経済安全保障法制に関する有識者会議の開催について』. https://www.cas.go.jp/jp/seisaku/keizai_anzen_hosyohousei/r4_dai1/konkyo.pdf

内閣府, 2022,『経済施策を一体的に講ずることによる安全保障の確保の推進に関する法律（経済安全保障推進法）（令和 4 年法律第 43 号）』. https://www.cao.go.jp/keizai_anzen_hosho/index.html

中津純子, 2018, 日本学術振興会海外学術動向ポータルサイト『中国の高度人材呼び戻し政策』. https://www-overseas-news.jsps.go.jp/wp/wp-content/uploads/2018/04/2017kenshu_16pek_nakatsu.pdf

日経クロステック, 2008,『【電子産業史】1982 年：IBM 産業スパイ事件』. https://xtech.
　　nikkei.com/dm/article/COLUMN/20080807/156203/

日経ビジネス, 2022,『経済を分断する「デカップリング」　米中摩擦で起きているの
　　か？』. https://business.nikkei.com/atcl/gen/19/00081/011300309/

日本学術会議, 2015,『日本学術会議と中国科学技術協会間の協力覚書（要旨）』.
　　https://www.scj.go.jp/ja/int/workshop/abstract.pdf

日本学術振興会,『国際共同研究加速基金（帰国発展研究）』. https://www.jsps.go.jp/
　　j-grantsinaid/35_kokusai/03_kikoku/index.html

日本経済新聞, 2020a,『米研究　危うい中国排除　留学生に依存　中国、「独立」へ
　　着々』. https://www.nikkei.com/article/DGXMZO64090150Z10C20A9MM8000/

日本経済新聞, 2020b,『積水化学元社員が情報漏洩疑い　大阪府警が書類送検』. https://
　　www.nikkei.com/article/DGXMZO64966730T11C20A0AC8000/

日本経済新聞, 2022a,『「中国の産業スパイ」重点監視　米司法省が打ち切り』. https://
　　www.nikkei.com/article/DGXZQOGN240B90U2A220C2000000/

日本経済新聞, 2022b,『経済安保のルール、新構想続々　「甘利議連」が議論先導』.
　　https://www.nikkei.com/article/DGXZQOUA28DX10Y2A420C2000000/

日本経済新聞, 2022c,『米留学、インドが中国逆転　22 年度のビザ発給首位』. https://
　　www.nikkei.com/article/DGKKZO65195180X11C22A0MM0000/

ニューズウィーク日本版, 2020a,『中国による科学者スカウト、豪報告書が暴いた知
　　的財産入手のからくり』. https://www.newsweekjapan.jp/stories/world/2020/09/
　　post-94366.php

ニューズウィーク日本版, 2020b,『韓国超エリート大教授、自動運転の特許を中
　　国へ横流し？　カネで研究者集める中国「千人計画」とは』. https://www.news
　　weekjapan.jp/stories/world/2020/10/kaist.php

ニューズウィーク日本版, 2020c,『千人計画で「流出」する日本人研究者、彼らはな
　　ぜ中国へ行くのか』. https://www.newsweekjapan.jp/stories/technology/2020/10/
　　post-94695.php

林幸秀, 2017,『中国科学院　世界最大の科学研究機関の全容　優れた点と課題』丸善.

プレジデントオンライン, 2020,『中国の大学に移った日本人研究者が明かす「海外
　　流出」の事情』. https://president.jp/articles/-/39031

防衛省, 2020,「〈解説〉軍民融合」『防衛白書』. https://www.mod.go.jp/j/publication/wp/
　　wp2019/html/nc002000.html

毎日新聞, 2021,『千人計画、衣替え　技術力接近、続く対立』. https://mainichi.jp/arti
　　cles/20210322/ddm/007/030/109000c

毎日新聞, 2022a,『新たな天下りの予兆？　経済安保担当役員を調べたら』. https://
　　mainichi.jp/articles/20220205/k00/00m/020/094000c

毎日新聞, 2022b,『米国の「中国イニシアチブ」軌道修正の教訓』. https://mainichi.jp/premier/politics/articles/20220401/pol/00m/010/005000c

村上由紀子, 2010,『頭脳はどこに向かうのか: 人「財」の国際移動』日経 BP マーケティング.

村上由紀子, 2015,『人材の国際移動とイノベーション』NTT 出版.

文部科学省,『研究インテグリティ』. https://www.mext.go.jp/a_menu/kagaku/integrity/index.html

文部科学省科学技術・学術政策研究所, 2022,『科学技術指標2022』NISTEP RESEARCH MATERIAL, No.318.

読売新聞, 2020a,『［安保 60 年］第 2 部　経済安全保障〈1〉技術狙う中国「千人計画」』. https://www.yomiuri.co.jp/economy/20200504-OYT1T50008/

読売新聞, 2020b,『「Q アノン」「千人計画」…陰謀論が広がる背景は』. https://www.yomiuri.co.jp/culture/20201204-OYT1T50127/

読売新聞, 2020c,『中国「千人計画」、日本人研究者らに論文ノルマ…「著名雑誌に 2 本」要求』.

読売新聞, 2021a,『【独自】中国の「千人計画」念頭、外国の研究資金に申告義務…すでに審査開始』. https://www.yomiuri.co.jp/national/20210125-OYT1T50048/

読売新聞, 2021b,『【独自】留学生らの出身組織確認、私大 4 割が実施せず…軍事技術の流出懸念』. https://www.yomiuri.co.jp/national/20210213-OYT1T50177/

読売新聞, 2021c,『［論点スペシャル］先端技術　海外流出を防ぐ』. https://www.yomiuri.co.jp/commentary/20210406-OYT8T50230/

読売新聞, 2022,『北村滋・前国家安全保障局長、YIES 理事長に…理事長交代は 20 年ぶり』. https://www.yomiuri.co.jp/politics/20220725-OYT1T50295/

BuzzFeedNews, 2020a,『日本学術会議が「中国の軍事研究に参加」「千人計画に協力」は根拠不明。「反日組織」と拡散したが…』. https://www.buzzfeed.com/jp/kotahatachi/thousand-talents-plan

BuzzFeedNews, 2020b,『学術会議が「中国の千人計画に積極的に協力」とした自民・甘利議員、ブログをひっそり修正』. https://www.buzzfeed.com/jp/kotahatachi/thousand-talents-plan-2

BuzzFeedNews, 2020c,『「売国奴」「スパイ」千人計画でバッシングに。日本人研究者たちが鳴らす警鐘とは？』. https://www.buzzfeed.com/jp/kotahatachi/thousand-talents-plan-4

MIT Technology Review, 2021,『崩れたシナリオ、中国人教授を狙い撃ちにした FBI 捜査はどこで誤ったか』. https://www.technologyreview.jp/s/249047/what-a-collapsed-trial-says-about-us-claims-of-chinese-high-tech-spying/

MIT Technology Review, 2022a,『米司法省、MIT 教授の起訴を取り下げ＝チャイ

ナ・イニシアチブ問題』. https://www.technologyreview.jp/s/267149/all-charges-against-china-initiative-defendant-gang-chen-have-been-dismissed/

MIT Technology Review, 2022b,『混乱する米国の対中強硬策、チャイナ・イニシアチブのお粗末な実態【本誌調査】』. https://www.technologyreview.jp/s/262812/the-us-crackdown-on-chinese-economic-espionage-is-a-mess-we-have-the-data-to-show-it/

National Academies of Sciences, Engineering, and Medicine, 2022, *Protecting U.S. Technological Advantage*, The National Academies Press.

Reuters, 2020, U.S. targets only one percent of Chinese students over security: White House official. https://jp.reuters.com/article/us-usa-china-students/u-s-targets-only-one-per cent-of-chinese-students-over-security-white-house-official-idUSKBN26M41X

The diplomat, 2020, China's Science Talent-Recruitment Program Draws Fresh Attention. https://thediplomat.com/2020/08/chinas-science-talent-recruitment-program-draws-fresh-attention/

United States Department of Justice, 2019, INFORMATION ABOUT THE DEPARTMENT OF JUSTICE'S CHINA INITIATIVE AND A COMPILATION OF CHINA-RELATED PROSECUTIONS SINCE 2018 . https://www.justice.gov/archives/nsd/information-about-department-justice-s-china-initiative-and-compilation-china-related

UNITED STATES SENATE, 2019, Threats to the U.S. Research Enterprise: China's Talent Recruitment Plans. https://www.hsgac.senate.gov/imo/media/doc/2019-11-18%20 PSI%20Staff%20Report%20-%20China's%20Talent%20Recruitment%20Plans%20 Updated2.pdf

Wedge Online, 2020,『米国が「経済安保」に本気で取り組むワケ』. https://wedge.ismedia.jp/articles/-/21634

読書案内

①岸宣仁,2002,『「異脳」流出』ダイヤモンド社.
のちにノーベル賞を受賞することになる中村修二氏、真鍋淑郎氏を含む7人の研究者への取材を通じ、なぜ研究者が日本を離れたのかを明らかにしている。

② OECD, 門田清訳,2009,『科学技術人材の国際流動性：グローバル人材競争と知識の創造・普及』明石書店.
OECD編著である The Global Competition for Talent; MOBILITY OF THE HIGHLY SKILLED (2008) の全訳。高度人材の国際移動に関して、OECD が持つデータに基づき、多角的に論じている。

③村上由紀子, 2010,『頭脳はどこに向かうのか：人「財」の国際移動』日経BPマーケ

ティング.

科学者の移動の理由、日本の外国人研究者受け入れ政策の推移、そしてアメリカに流出した科学者の実態について調査に基づいて明らかにしている。

④村上由紀子, 2015,『人材の国際移動とイノベーション』NTT 出版.

前掲書と同じ著者。より幅広く、高度人材の国際移動を論じている。

⑤藤原綾乃, 2016,『技術流出の構図：エンジニアたちは世界へとどう動いたか』白桃書房.

本章では取り上げなかったエンジニアの国外流出を、特許データの分析を踏まえ詳説する。

⑥毎日新聞「幻の科学技術立国」取材班, 2019,『誰が科学を殺すのか 科学技術立国「崩壊」の衝撃』毎日新聞出版.

科学技術ジャーナリスト会議の科学ジャーナリスト賞 2020 受賞作。丹念な取材により、日本の研究が抱える問題や、高度人材が国外に流出する理由を明らかにしている。「千人計画」参加者も取材されている。

⑦共同通信社「日本の知、どこへ」取材班, 2022,『日本の知、どこへ』共同通信社.

日本の科学研究が抱える問題について多角的に論じている。中国の「千人計画」についても中立的視点から記載している。

|スポーツ|

6
サッカー、最初にして唯一のグローバルな競技

柏原全孝

1. はじめに：スポーツという夢

　日本の新自由主義的政策は、1980年代の中曽根政権時代からはじまり、バブル景気後の長期にわたる経済低迷のなか、小泉政権時代に本格化した。公的部門を民間に置換し、小さな政府を実現してきた新自由主義は、日本社会に深く染み込んでいった。新自由主義は単なる経済政策ではない。経済的自由を至上とするこの思想は、そこから派生的な思考を生み出す雛形である。たとえば、貧困を経済的自由に基づく個人の活動の結果と見なし、自己責任に回収する思考がそれだ。この思考は公的扶助を妨げるように機能し、生活保護受給への批判を生み出すなどしてきた。このような思考が次々生み落とされてきた日本において、東京は二度にわたって夏季オリンピックの招致活動をおこない、2020年の開催地に選ばれた。

　コロナ禍によって2021年に延期開催された東京大会が、しかしながら、まったく新自由主義的なものでなかったことをわれわれは知っている。規模を膨らませ続けてきたオリンピックは、開催する自治体と国による強力な公的資金の投入なくして成立しない。「IOCは、…オリンピック競技大会の組織運営と財政、開催についての財政的な責任を負うことはない」(オリンピック憲章36.2)。IOCははじめからオリンピック開催が高くつくことを承知した上で、開催地に負担させてきた。2006年の招致活動開始にあたって、限られたエリアに競技会場を集中させるので財政的負担は小さいと都は主張していたが、16億ドルで計画されたアテネ大会(2004年)が160億ドルを費やすこ

とになったと明らかになった後では、計画は初めから絵に描いた餅にすぎなかった (ボイコフ 2016=2018:203)。小さくてお金のかからないオリンピックなど夢物語である。実現不可能な夢だと分かっているのに、人々はそれに向かって突き進み、ついには別の悪夢＝お金のかかるオリンピックを実現してしまう。

　この章では、人々がスポーツに見る夢を考えてみたい。以下では、もっとも深い次元でグローバル化しているスポーツであるサッカー（男子サッカー）について、とりわけ、その最先端であるヨーロッパサッカーを見ていく。本巻のタイトルからすると場違いな議論をしているように映るかもしれないが、日本のサッカーはすでにヨーロッパサッカーの一部である。

2. グローバル化とサッカー

(1) サッカーにおける多元的なグローバル化

　オリンピックは世界的なメガスポーツイベントであるが、それとならぶメガスポーツイベントといえば、男子サッカーのワールドカップである。これは単独競技の大会としては驚異的なことだ。それだけサッカーが世界的に普及した人気競技、つまり、もっともグローバル化した競技であることを示しているだろう。いまや、サッカーは普及という点だけではなく、もっと多元的にグローバル化を遂げている。そのことを示すのが次のエピソードである。

　PrimeVideo のドキュメンタリー『This is Football』シーズン 1 の最初のエピソードの主人公はイングランド・プレミアリーグ (EPL) の有力クラブ、リヴァプール FC のファンたちである。しかし、そこはリヴァプールでもなければイギリスですらもなく、遠く離れたアフリカのルワンダである[1]。試合の日、彼ら彼女らは NIKE のロゴの入ったレプリカユニフォームを着込み「We are Liverpool」と歌いながら集まりスクリーンに映る試合映像を見て熱狂する。彼らはリヴァプールに行ったこともないが、それでもリヴァプール FC のサポーターなのだ。

　ヨーロッパのサッカーチームはもともと地元の街との結びつきが強く、そ

のことが固定的なファン層を形作り、安定した人気を維持してきた。しかし、いまやリヴァプール FC のようなビッグクラブは世界中にファンを持つようになり、そして、ファンたちも世界中でレプリカユニフォームなどのグッズを購入し、チームを「サポート」している[2]。

　グローバルなのはファンだけではない。リヴァプール FC の監督は 2016 年からドイツ人で、所属する選手の国籍もトップチームだけで 10 カ国以上になる[3]。現在、もっとも成功した裕福なリーグである EPL は監督選手だけでなく、各クラブのオーナーも多様化・多国籍化しており、これまでにロシアのオリガルヒ、UAE の王族、中国やタイの富豪、アメリカなどの投資グループなどがオーナーになっている。サッカーはあらゆるレベルにおいてもっともグローバル化を遂げた競技なのである。

(2) 1990 年代からのサッカーの商業主義化

　このようにサッカーのグローバル化が始まったのは、サッカーの経済規模が急成長し投資先として浮上した 1990 年代からである。その主たる要因は放映権料の急騰だった。最初に放映権料の本格的な恩恵を受けたのが EPL である。1970 年代からのフーリガン問題に悩まされたイギリスは政府も関わる形で国内サッカーリーグの立て直しを図り、組織の改変を行った。それが EPL の創設（1992 年）で、これを後押ししたのは衛星放送 B スカイ B との巨額放映権料契約だった。EPL の成功はサッカーに放映権料収入をもたらし始めるが、それを側面からサポートすることになったのが EU 域内の労働力移動の自由化である。欧州司法裁判所のいわゆる「ボスマン判決」（1995 年）は、サッカー選手にも自由化の原則が適用されることを明確にした。これ以降、EU 域内の選手に関しては自国選手と同じ扱いとなり、クラブは域内の選手の保有について制限を受けなくなった。これにより、豊富な資金で EU 域内から優れた選手をかき集められるようになったビッグクラブの試合はスター選手が揃う試合として以前にもまして注目を集めていく。

　1990 年代に生まれた新しい環境はヨーロッパサッカーの制度とサッカーの世界地図を書き換え始める。巨額の放映権料はヨーロッパ最大の大会、チャ

ンピオンズリーグ（CL）を誕生させることになった。各国のリーグ優勝クラブだけが出場できることで人気のあったヨーロッパチャンピオンズカップは文字通り各国リーグのチャンピオンだけの大会だった。それをベースに開催方式を大きく変更した CL では同じ国から優勝クラブ以外の上位クラブも出場できるようになり、名称もトーナメント戦を思わせる「カップ」から組合せ対戦形式を反映した「リーグ」へと改められた。国内リーグ 2 位以下でも出場できるため、一つの国内リーグから人気の高い複数のビッグクラブが CL に出場するようになる。人気の高いビッグクラブの国際的な試合が多数組まれる CL の試合は大いに注目されるようになった。この改変は途方もない放映権料とスポンサー料その他の収入をヨーロッパサッカーにもたらし、かつては南米と二分していた頂点の座をヨーロッパのみに与えることとなった。以来、選手もファンも出資者も、ヨーロッパを目指し、CL の頂点を目指し続けている。

3. 新しいオーナーシップ：レッドブルとサッカー文化

(1) マルチクラブオーナーシップ（MCO）

　巨大ビジネスに成長したヨーロッパサッカーを飲み込んだグローバル化の産物のひとつが、マルチクラブオーナーシップ（MCO）である。同じオーナーが複数のクラブを所有するこの形は、いくつかの成功例がモデルとなって、現在、急速に増加している。2023-24 シーズンで見れば、イングランド、ドイツ、イタリア、スペイン、フランスの 5 大リーグとそれに次ぐポルトガル、オランダ、ベルギーの 8 カ国の 1 部リーグのクラブのうち、およそ 3 分の 1 が何らかの形で MCO と見なすことのできるクラブである。ただし、後で見るようにドイツはオーナーシップについて強い制限を設けているため MCO はほとんどなく、そのドイツを除くと MCO の割合はさらに上がる（片野 2023）。

　MCO が増加しているのは、もちろんメリットがあるからだ。日本のわれわれにとってわかり易い例が EPL のブライトンアンドホーヴアルビオン FC（ブライトン FC）に所属する三笘薫の成功である。J リーグ川崎フロンターレの

下部組織に所属し、同クラブでプロ選手となった三笘は2021年にEPLのブライトンFCに完全移籍する。しかし、EPLの外国籍選手に対する出場制限（労働査証の発給条件）があり、それを満たしていない三笘はEPLの試合に出場できなかった。あらかじめそれがわかっていたブライトンFCはすぐに同じオーナーが所有するベルギーのクラブに三笘をレンタル移籍させる。ベルギーリーグで出場機会を確保しながら、EPLの出場制限をクリアした三笘は2022-23シーズンからブライトンFCに復帰し、知られているように大活躍を始める。三笘の活躍もあって、同シーズンにブライトンFCはクラブ史上初めてCLに次ぐヨーロッパレベルの大会、ヨーロッパリーグへの出場権を得ることになった

　もしブライトンFCがMCOでなければ、三笘は出場機会に恵まれないまま「飼い殺し」され、その後の急激な活躍を見せることができなかったかもしれない。しかし、EPLほどシビアではないにせよ、ハイレベルなベルギーリーグにもブライトンFCのオーナーがクラブを所有していたことから、三笘はJリーグからEPLへのスムーズなステップアップを実現させることができたし、またブライトンFCも三笘への投資を成功させることができた。

　このように異なるリーグに複数クラブを所有して、選手の保有コスト、育成コストを抑制しながら選手の能力を引き上げ、クラブ成績の向上と選手のトレーディング価値の向上につなげることがMCOの狙いでありメリットである[4]。

　現在見られるようなMCO拡大のきっかけとなったのは、あるオーナー会社の成功であった。その会社とは世界的な飲料メーカーのレッドブルである。レッドブルの保有するトップクラブはドイツのRBライプチヒであるが、ドイツこそMCOに対する抵抗がもっとも強い国でもある。さらに考察を進めよう。

(2) ドイツサッカー文化との衝突

　ドイツの国内リーグ、ブンデスリーガは商業主義化の進んだヨーロッパサッカーのなかで特異な位置を占めている。クラブが投資の対象になって多

スポーツ 6 サッカー、最初にして唯一のグローバルな競技 169

様なオーナーを集めている EPL とは対照的に、ブンデスリーガはクラブの会員組織 (フェライン、市民が会費を支払って運営にも関与するドイツ独特のクラブ組織) を基礎とし、フェラインがクラブの過半数の権利を持ち続けるルール (50 ＋ 1 ルール) を定めて、投資の防波堤を築いている[5]。会員組織がクラブ運営の決定権を有する例は他の国にもあるが、ドイツの場合はドイツ固有の歴史的経緯に基づいてリーグとしてルールを定めている点に特徴がある。しかし、そのなかに例外がいくつかある。本章ではそのなかの一つ、RB ライプチヒに注目する。

　RB ライプチヒは極めて特殊なクラブで、その特殊性は 50 ＋ 1 ルールの例外であるだけではない。RB ライプチヒはレッドブルが少数の社員による形ばかりのフェラインを作り、5 部に所属するクラブの試合権や育成部門を手に入れることでライセンスを得て設立されたクラブである (2009 年)。MCO の先駆者であるレッドブルは、ドイツ以外で保有するクラブには「レッドブル」を名乗らせているが、企業名をつけることのできないブンデスリーガの規則のためにレッドブルではなく RB としている。もっとも、それがレッドブルの頭文字を表していることは誰の目にも明らかである。

　レッドブルは RB ライプチヒの前に、オーストリアでクラブを買収している (2005 年)。当初メインスポンサーになるだけだと思われていたが、買収したクラブ名を早々にレッドブル・ザルツブルクに変更し、チームカラーとエンブレムも変えて、当地のファンから大きな反発を食らった (テージワーニ 2021＝2021:24-25)。サッカー文化を顧みないこうした姿勢はドイツのファンにもよく知られており、レッドブルと RB ライプチヒはドイツの多くのサッカーファンから敵視されている (テージワーニ 2021＝2021:70-76)。しかし、旧東ドイツ地域で、かつ、ドイツサッカー史において重要な場所 (ドイツサッカー連盟設立の地) でありながら東西統一後に有力チームのなかったライプチヒのサッカーファンたちには歓迎された。他の地域のファンからは嫌われながらも、RB ライプチヒのホームスタジアムは毎試合、サポーターで満たされている。どこまで意図的かわからないが、少なくとも結果的にはレッドブルがライプチヒのサッカー文化とその空白を「うまく利用した」と言えるだろう。

(3) 戦術と経営の一元化

　RB ライプチヒに注目するのは、サッカー文化を軽視する姿勢からではなく、このクラブがサッカーそのもののにおいて大きく成功しているからである。その成功をもたらしたのが、2012 年から RB ライプチヒのスポーツディレクター (SD) になり、レッドブルの保有するクラブ全体を統括することになったラルフ・ラングニックというコーチである[6]。

　ラングニックのサッカー戦術はいわゆるハイプレス戦術の一種であるが、その強度が特に高い。奪われたボールは 8 秒以内に再奪取、ボールを持ったら 10 秒以内にシュート。一時期の RB ライプチヒの練習場にはボールを奪うと 5 秒のカウントを始める時計が置かれたこともあるほどだ (木崎 2018)。それだけ攻守の切り替えが早く、しかも、切り替え後の動きまで早いのがラングニックのサッカーである。そのため、選手たちは試合中に何度もスプリントしなければならない。疲労のたまりやすい戦術であり、しかもただ走るだけではない。スプリントの質と量を求められるラングニックのサッカーはベテランの選手たちには厳しい。ラングニックの SD 就任以降、補強する選手は原則として 23 歳以下に限られ、RB ライプチヒもレッドブル・ザルツブルクも選手の平均年齢は大きく若返った。

　ラングニックの SD 就任による変化はピッチ上に限定されない。それは、レッドブルのクラブ経営戦略にも及んだ。ラングニックの戦術に適した若い選手は年俸も低い。彼は SD 就任にあたって、レッドブル傘下のクラブ全体の人材募集方針も一新した。以降、各クラブは人件費にサラリーキャップを設け、若く安い選手を取って、活躍して年俸が上限に達するか、その前の段階で他のクラブに売却することを徹底するようになった。また、同時に、リーグレベルが下位のクラブで試合経験を積ませてから、ハイレベルなリーグのクラブへステップアップさせるというシステムを作り上げた。ラングニックが全体を統括することにより、クラブ間に戦術的差異が生まれず、移籍した選手はスムーズに各クラブの環境に適応できる[7]。こうして、レッドブルはサッカー戦術をベースに選手の育成とクラブ経営を合理的に一体化すること

に成功したのである[8]。

　このように、ラングニックの作ったシステムは、戦術の面でも選手の育成と供給の面でもじつに「労働集約的」で、それは世界中から「低賃金でよく働く若者たち」が集められてくることを前提にしたシステムである。さらに、ラングニックの手腕によってレッドブルは MCO の初期の成功例となり、多くのフォロワーを生むようになった。三笘の所属するブライトン FC もフォロワーの例である。その意味で、ラングニックから生まれたレッドブルのシステムはサッカーのフィールドの内においても外においても時代の条件に見事に適合した「現代的な」成功例と見なければならない。

(4) ローカルなものとレッドブル

　レッドブルは各地のサッカークラブを手中に収めるにあって、例外なく当地のローカルなサッカー文化に敬意を払ってこなかった。それを象徴するのが、名前の書き換えである。レッドブルはオーストリアでもドイツでも、また、他の国でも手に入れたクラブの名前を書き換え、レッドブルを名乗らせた。レッドブルを名乗れなかったドイツでも名前は書き換えて RB とした。それが当地のファンたちを怒らせることになっても、レッドブルは意に介さない。

　レッドブルは米国でも同じことをしている。2006 年に買収したメトロスターズをすぐにニューヨーク・レッドブルズに改名し、カラーもエンブレムも変更して、サポーターの反発を買った。が、ここではサポーターが待望していたサッカー専用のホームスタジアムを建設したことで、「サポーターからは認められる存在」（テージワーニ 2021=2021:127）になった。ただし、サポーターの要望に答えたのではない。レッドブル自身が専用スタジアムを欲したのである。建設にあたって提出されたコンサートなどにも活用しやすいスタジアム案に対し、「レッドブルが求めたのはヨーロッパや南米の雰囲気を味わえるスタジアム」（テージワーニ 2021=2021:126）だった。以前に使われていた巨大なアメリカンフットボールスタジアムにはサポーターたちの居場所＝「ゴール裏」がない。スタンドとピッチが近い専用スタジアムのレッドブル・アリーナは 2 万 5 千人規模で、密集したサポーターの集まるゴール裏の雰囲気を生

み出せる。レッドブルが望んだのはその「雰囲気」であった。次節で見るように、サッカーのサポーターはしばしば意志を強く表明する。専用スタジアムの要望もサポーターの意志であった。しかし、レッドブルは自身が専用スタジアムを欲したのであり、サポーターの意志を叶えることになったのは、意図せざる結果にすぎない。

レッドブルは当地の文化や歴史を顧みないが、だからこそ、各クラブは国を越えて同じ戦術のサッカーができるし、選手の入れ替え、コーチの入れ替えもできる。レッドブルにとって、配下の各クラブはたまたまその地にあるだけなのだ。ドイツもオーストリアもアメリカも関係ない。意味があるのはリーグレベルの違いのみである。

極端な言い方をすれば、レッドブルにとってローカルな文化や歴史は、利用価値があるか無価値かのいずれかでしかない。ライプチヒにおけるドイツサッカーの歴史は利用価値があったが、ザルツブルクの伝統的なエンブレムもチームカラーも無価値であった。ヨーロッパや南米のゴール裏の雰囲気を作るサポーターには利用価値があるが、意志を持ったサポーターは無価値である。ローカルなものを徹底的に切り捨てていくことでグローバルなサッカー市場での成功を手にした点においても、レッドブルは現代的な成功例なのである。

4. サッカーの商品化とサポーター

(1) ブランド化とスタジアムの変化

世界的な会計事務所デロイトは、サッカークラブの収入ランキング上位20クラブとその内訳を『フットボール・マネー・リーグ』(FML)として毎年発表している。20クラブはいずれもビッグクラブであるが、そのなかでも上位と下位の差を見ることができる。FMLは各クラブの3大収入、入場料（マッチデー）、放映権料、商業収入（スポンサーやグッズなど）をまとめているが、上位と下位ではその割合が大きく異なっている。コロナ禍の影響のなかった2018-19シーズンを対象にした2020年版で見ると、上位5クラブ平均は、商

業収入 49 %、放映権料 33%、入場料 18％であるのに対し、下位 5 クラブ平均になると、商業収入 22％、放映権料 65 %、入場料収入 13％となる (FML 2020 年版：5)[9]。ここからわかるのは放映権料収入がいかに大きなものかということと、もう一つ、商業収入の違いにブランド化に成功したクラブとそうでないクラブの差が表れていることである。上位 20 のビッグクラブの間でさえ、格差が生じている。

　商業主義化の進展により、クラブにとってより遠くの視聴者にアプローチすることが重要になり、そのことがクラブをブランド化に向かわせることになった (Millward 2011:23-25)。EPL で潤いはじめたイングランドの各クラブもブランド化に向かったが、障害は 80 年代までの負のイメージであった。フーリガンが暴れる「危険な場所」だったイングランドのスタジアムは新スタジアムの建設や改装によりジェントリフィケーション（当該地域の中上流層向け再開発のことで、地価の高騰を招きやすい）が進められ、高級化したスタジアムから労働者階級は減り、中流以上の人々の場所へと変貌した (Dubal 2010:125)。ここからフーリガンに悩まされてきたイングランドのクラブもブランド化に向かうことができたのである。

　スタジアムが安全になるのは望ましいことではあったが、高級化の進行はいっそうの入場料の上昇を招き、ついにはサポーターたちから反発を受けるようになる。なかでも有名な反値上げ運動は 2016 年のリヴァプール FC のサポーターのそれである。このときは、メインスタンドの新しい入場料として提示された 77 ポンドにちなんで試合途中の 77 分でサポーターたちが次々に競技場をあとにした。SNS (#WalkOutOn77) によって広まったこの抗議活動に参加したサポーターは 1 万人前後と推測されている (Hill, Canniford and Millward 2016:15)。ニュースで広く取り上げられ、イギリス国会でも話題になるなどした結果、値上げは撤回された。また、このような値上げ反対の多くの声に配慮し、EPL は 2019 年にアウェイチケットの上限を 30 ポンドとすることを決めた[10]。

(2) 消費者としてのサポーター

　入場料の値上げ反対運動は社会的な広がりを見せた。しかし、この問題の
より深い根は、サポーターがクラブの提供するサービスを享受する消費者と
して扱われていることにある。すでに見たように、サポーターはスタジアム
の雰囲気を作り、入場料収入とグッズ売上収入をもたらす点で価値を持つが、
サポーターが主体的に振る舞うのをレッドブルは期待していなかった。サ
ポーターはクラブの許容する範囲の行動をし、クラブの提供するサービスを
享受していればよいというわけだ。

　もともとサッカーの客層は大きく二つに分かれる。応援しつつも「二チー
ム間の試合を愉しむことができて、ファインプレーを励ましたり称賛した
りする」観客と、「排他的なチームの支持者」であるサポーターである（ボダン
2003=2005:85）。しかし、サポーターも観客も同じようにクラブが提供するサー
ビスの購入者として見れば、クラブにとって同じである。地元に根付いたサ
ポーターも外国で有料チャンネルを契約して公式グッズを購入するファンも
違いはない。海外にファンを増やせば海外でチームグッズを購入する人が増
え、旅行者として高額なチケットを購入してスタジアムに来てくれる。野球
やアメリカンフットボールは知らない人も多いがサッカーなら誰でも知って
いるので、世界中への売り込みもはるかに簡単だ。

　サッカーの商業主義化の進展とサポーターたちとの関係については、リ
チャード・ジュリアノッティの分類が参考になる。彼はサッカーの客層を「伝
統的／消費的」という二項と「ホット／クール」の二項の組み合わせで4つに
分類する（Giulianotti 2002:31）。ローカルで長期間に渡る関係性を作るのが伝統
的、市場中心的に購買を通じた関係性を作るのが消費的という一つ目の軸で
ある。一方、ホットとクールは個人のアイデンティティや自己形成とクラブ
との関係性の違いで、それが強いのがホットで弱いのがクールである。伝統
的でホットなのがいわゆる「サポーター」である。対して、ホットで消費的
なのが「ファン」である。古くからのサポーターに商業主義化が新たな層と
してファンを付け加えたと考えればわかりやすい。消費を通じて何かを愛好
する人をファンと呼ぶのはサッカー以外、スポーツ以外にも当てはめること

ができるだろう。クールの方は「フォロワー」と「遊歩者」に分類される。伝統的な側に位置する前者はサポーターやファンほどではないにせよ、地域に根ざしたアイデンティティを持っている。それに対し、消費的な側の遊歩者はテレビやインターネットによるヴァーチャルな関係性を通じたポストモダン的な観客としてのアイデンティティを持った人々であり、経済、文化、教育の3つの資本を有する裕福な人々である (Giulianotti 2002:38, 39)。

　上のようなジュリアノッティの分類は商業主義化したサッカーが誰にアプローチするものかを教えてくれる。まずはホットで消費的なファンであり、ついで、クールで移り気だが消費意欲のある遊歩者である。つまり、消費者としてチームや選手と関わることに積極的な人々をグローバルな市場を介して作り出し、サッカーの消費市場を成長させることが商業主義の眼目なのである。ローカルで伝統的なサポーターはスタジアムの雰囲気を作りさえすればよい。

　このような消費的な客層による成功のモデルが米国のプロスポーツである。米国ではチームはオーナーの所有物であり、ファンもはじめから消費者だった。米国のプロスポーツにサポーターは育たなかったのである。そのことはメジャーリーグの静かなスタジアムを見ればよくわかる。この現存する世界最古のプロリーグには個別に応援メッセージを掲げるファンはいても、組織的な応援が成立していない。「メジャーリーグはファン側の表現を厳しく禁止してきた」からである (Gerke 2018:5)。近年、米国でもっとも人気の高いプロスポーツのアメリカンフットボール (NFL) もスタジアムへのバッグの持ち込みを禁止した (2013年)。中身の見える透明バッグだけが持ち込みを許されており、こうした形で観客の消費の仕方まで統制するのが米国のプロスポーツで、望ましい消費者としての振る舞い以外許容しない[11]。ただし、米国のプロサッカーのファンたちにはサッカーの応援文化が入り込んでいる。ニューヨーク・レッドブルズもサッカースタジアムらしい雰囲気を望んだことはすでに述べたが、レッドブル・アリーナのサポーターたちもやはり消費者以上の応援者たらんとして振る舞っている。たとえば、2015年にレッドブルのチーム運営の姿勢を問題視するメッセージを発する運動「レッドブルアウト」の運動を展開したのはサポーターらしい振る舞いであった (Gerke 2018:8)。もっ

とも、レッドブルが耳を傾けることなどなかったが。

　米国と違い、ヨーロッパサッカーにおいてサポーターは消費者以上の存在であった。応援するのは地元クラブのチームであり、しばしばサポーター自身もそのクラブの会員であり、形式的には会員としてその意志をチームの運営に関与させることができたのである。しかし、そのような環境は1990年代から徐々に失われてきた。ドイツで50＋1ルールが作られたのはその途上の1998年である。ドイツ以外にこのようなルールはなく、ヨーロッパのサッカーではEPLを筆頭に商業主義化が進み、サポーターの消費者化も進んだ。値上げ反対運動がリヴァプールで起きたのも、それだけイングランドにおける商業化＝消費者化の進展を示すものである (Hill, Canniford and Millward 2018:15)。イングランドのサポーターたちがドイツの50＋1ルールに対して羨望にも似た賛意を表明するのも、この点からみれば頷ける (Hill, Canniford and Millward 2018:12)。

(3) アゲインスト・モダン・フットボール (AMF)

　サッカーの商品化、サポーターの消費者化はさまざまな問題を作ってきた。放映権料は増えたが、その恩恵は好成績を残すビッグクラブにより多くの分け前を与え、ビッグクラブも好成績維持のために選手をかき集め続けた。その結果、選手の年俸や移籍金も高騰し、21世紀はサッカークラブが破産・破綻するという事態が頻繁に起きる時代になった。それも5大リーグを含む国内トップリーグに所属する歴史あるクラブや実績のあるクラブの破産・破綻である。破産こそ免れつつも負債を抱えるクラブも多い。サポーターにとって問題は消費者化だけではないのである。このような状況に異議を申し立てる運動がアゲインスト・モダン・フットボール (AMF) である。

　AMFは多くのサポーターグループに支持されている異議申立て運動であるが、統一的なものではなく、運動の方法も対象もさまざまである。ヨーロッパ全体で広がった中心のない運動であり、各地域の状況に応じてさまざまなものが争点となる一方で、インターネットやSNSを通じてヨーロッパ全体の連帯と広がりを持ってきた運動でもある。

AMFの運動はEPLなどの有力リーグばかりで起きているわけではない。東欧クロアチアの地方都市スプリトにあるハイデュクという創設100年を超える古いクラブのサポーターたちは、クロアチアのサッカー協会の腐敗から、地元市議会による市保有のハイデュク株式のアメリカ企業への売却、おなじく地元市議会によるハイデュクへの融資保証の拒否、さらに協会が主導したサポーター監視強化の動きまでさまざまな事柄に異議を申し立て、積極的な抵抗運動を仕掛けてきた（Perasović and Mustapić 2018, モンタギュー 2020=2021:38-41）。彼らの抵抗はローカルなものであるが、同時にこの運動を行ってきたサポーターグループは自分たちの行動がAMFの一部であるという意識を抱き、そのことをさまざまな機会を通じて表明している（Perasović and Mustapić 2018:9-12）。

　AMFはサポーターによる運動であるが、応援者であるはずのサポーターが止むに止まれぬ形でサポーターという立場を超えた運動をなすことがある。そうした例はAMFの中でも特別な出来事になる。レッドブルに買収され、改名されてしまったアウストリア・ザルツブルクのサポーターが、新たに同名のクラブを設立したのはまさしくそういう例である。さらに、ザルツブルク買収と同じ2005年に、マンチェスターユナイテッドがトリッキーな取引のためにそれまで無借金だったクラブが買収資金を負債として負う形でアメリカ人投資家に買収されたが、そのときに買収に反対した一部のサポーターは新たにFCユナイテッド・オブ・マンチェスターを設立した。この二つのクラブはいずれもそれぞれの国内で下位リーグに所属するクラブでありながら、AMFを象徴するクラブとして名を知られている[12]。

　巨大な資本や投資家たちに翻弄されるクラブの状況に反対するAMFにとって、50＋1ルールが存在するドイツの状況は望ましい形の一つである（Webber 2015:14）。このルールのおかげで誰もフェラインを無視して経済的な力を振るうことができないからである。ドイツであれば、マンチェスターユナイテッドのような買収も起きない。レッドブルもバイエルンミュンヘンは買収できないので、新しいフェラインを作って下部リーグから積み上げていくしかなかった。しかし、そのドイツでは繰り返し、50+1ルールの廃止が提起されている。イングランドのように投資を受け入れなければドイツの

サッカーは徐々に後退するだろうというのが廃止論者たちの主張である。ラングニックも廃止論者の一人で、2016 年のインタビューで、「20、30 年後には、…50 ＋ 1 ルールは廃止され、投資家たちの参入も普通のことになると見ている」と答えている（フロインデ 2016）。また、元ドイツ代表ゴールキーパーで、2023 年までバイエルン・ミュンヘン CEO だったオリバー・カーンは、CEO 就任前の 2019 年のインタビューでもっと典型的な発言をしている。「フットボールにまつわる強固な伝統と文化を身をもって理解しているし、大切に思ってもいる。だが、私はリアリストだ。フットボールをグローバルな展開から切り離しておくのは無理だと考えている。さもなければ、いずれ我々はヨーロッパのトップリーグと競争する力を失ってしまうだろう」（Tittmar 2019）。ドイツのサッカーの伝統の理解者であると言いつつ、「リアリスト」としてドイツの競争力低下を心配するという発言である。リアリストとしてのカーンの目にイタリアやスペインの 1 部リーグのクラブが負債を抱えて破綻している現実はどう映っているのだろう。

(4) ウルトラス

　AMF に言及した以上、触れないわけにいかないのがウルトラスと呼ばれるサポーターグループである。ウルトラスはその全てではないにせよ、AMF の重要な担い手の一つになっている。そもそも AMF の運動が AS ローマのウルトラスが、「ヨーロッパのウルトラスに共通する不満や目的について自分たちの考えを広めたことがきっかけだった」ように、ウルトラスの活動から生まれでたものだった（Kennedy 2013:144）。前述のハイデュクで AMF に関わっていたのも、1950 年に結成されたヨーロッパでも最古のウルトラス、トルツィーダである（モンタギュー 2020＝2021:27）。

　ウルトラスは普通のサポーターグループではない。それは、「熱狂的かつ献身的な応援」を惜しまないコアサポーターの中の「さらに熱狂的で過激な一団」で、「統制された組織を構成し、それを通して「コアサポーター」まで含めたゴール裏を実質的に支配」し、そして、「従順な顧客であることを拒否」するホモソーシャルな集団であって、暴力にも肯定的である（片野 2017:199）。

スポーツ 6 サッカー、最初にして唯一のグローバルな競技 **179**

国によっては「ウルトラスは組織的犯罪や政府当局にまで吸収され、彼らの片棒を担いで」いることもある（モンタギュー 2020=2021:31）。もともと右派のウルトラスが多く、民族主義的な傾向も強い。とはいえ、特徴は何よりも組織力である。コレオグラフィ（人文字）のような規模の大きな応援はウルトラスの統制された組織力でなければできない。

ウルトラスに対する一般的なイメージはフーリガン的な暴力性（フーリガニズム）である。ウルトラスの暴力に対する寛容さについてはよく知られており、そのイメージがサッカーファン全体のイメージに負の影響も与えている（Gońda 2013:86）。彼らの過激さは治安当局の取締対象となり、しばしば地元警察と衝突する。そのため、どこのウルトラスも反警察の姿勢が強い（モンタギュー 2020=2021:32）。ただし、ウルトラスに関するアカデミックな研究には「過度の一般化」が見られるという指摘もなされている（Doidge, Kossakowski and Mintert 2020:5）。ウルトラスの多様さは一般化を拒むのであり、それを把握するのは一筋縄ではいかないのである。とりわけ、政治的な面では多様極まりない。極右から極左まであり、政治性のないウルトラスもある。一つのクラブでも、ヴェルダー・ブレーメン（ドイツ）のように極右傾向の強いウルトラスが支配的だったところに反人種差別、反ファシズムを主張する左派のウルトラスが食い込んで、右派のウルトラスを追いやった例もあり、一つのクラブのウルトラスでさえこうなのだ（モンタギュー 2020=2021:322-327）。

サッカーの商業主義化がいびつに進むなかで、「従順な顧客であることを拒否」し、AMF に連帯するウルトラスの存在感は大きくなっている。彼らの組織的な応援風景はとてもスペクタクルで放映権料を支払う側にとってはありがたい演出であり、テレビ中継がウルトラス文化の拡散を手助けしてきた面も否定できない（Doidge, Kossakowski and Mintert 2020:171）。とはいえ、彼らは自分たちの価値観を表現しながら応援する者たちであり、発せられるメッセージはネオナチ的なものさえ交じった応援以上のものである。このまつろわぬ者たちの危ういあり方は、それゆえにグローバルな資本主義に駆動される現代サッカーのもうひとつの象徴でもある。

5. 無菌室を目指すサッカー

(1) 衛生化されるサッカー観戦

　ウルトラスと関連の深いフーリガニズムと呼ばれる暴力はすでに 1960 年代から始まっていたが[13]、サッカーの観客たちを管理しようという試みは1985 年の 39 人が死亡したヘイゼルの悲劇や 1989 年の 96 人が死亡したヒルズボロの悲劇を経験したイギリスが最初だった。ヒルズボロの事故調査報告書であるテイラーレポートは中間報告で警備の不備による指摘をする一方で、最終報告ではゴール裏などの立ち見席 (テラス) を問題視した。イギリス政府はこれらの出来事を受けて、イングランドのスタジアムから立ち見席をなくす改修を指示した。1992 年から始まった EPL はすべてを椅子席にして行われている。椅子席化はジェントリフィケーションの一環だったのである。この他に、イングランドでは会場でのアルコール販売を規制する「スポーツイベント法」(1985)、サッカーでの暴力行為に関する条項を含める形で改正された「公共治安法」(1986)、そして、直接にサポーターを対象にした「フットボール観客法」(1989) を整備した[14]。フットボール観客法はその目的を十分に果たしたわけではなく、その後も「フットボール法」が制定されていくなど、イギリスにおける観客のコントロールは政府の課題として行われた。

　スタジアムのジェントリフィケーションに取り組んだイギリス (イングランド) が結果的に最も経済的に成功したリーグとなり、それによって優れた選手、コーチが集まり、どこの国内リーグと比較してもハイレベルなリーグになったのは、自然なことに思われる。スター選手たちのサッカーを整備された新しいスタジアムで座って見るために高い入場料を支払うことができる人々、そういう人々に観戦の場を提供するのが現代の「衛生的な」サッカー環境なのだ。あの有名な選手たちプレーを見る、あのクラブの試合を見る、そのためにさまざまなところから観 (光) 客はやってくる。ジュリアノッティが「遊歩者」と呼ぶこうした観 (光) 客にとってスタジアムは安心して観戦できる場所、すなわち、現代のサッカーを「エンターテインメント」として消費することができる場所なのである。

スポーツ 6 サッカー、最初にして唯一のグローバルな競技 181

　米国メジャーリーグでは7回表終了後、スタジアムに「私を野球に連れてって」が流され、観客が一緒に歌う習慣がある。これは一種の観客を馴致する機能を持っている。観客として何をするべきか、主催者の方から指示され、それに従っているわけだ。その時が来ると曲が流され、いっしょにファンたちが歌う。その様子をテレビが映し出して、メジャーリーグの観客になるとはどういうことかを視聴者に教える。しかし、サッカーはこういう習慣を作ってこなかった。サポーターやウルトラスなどはカポ（リーダー）の指示によって動く。応援のスタイルは自分たちで作るからだ。しかし、現在は少しずつ状況に変化が兆している。主催者が決まった曲を流すことでサポーターたちによるチャントなどをコントロールすることが始まっているのである。ドイツでサッカーのファンジン（ファンの作る雑誌、ファン＋マガジン）を発行するフィリップ・ケスターはそのことについて次のように皮肉っぽく語る。「スタジアムの雰囲気そのものも、上手に演出されたものになってしまっている。すべてがあらかじめプランニングされていて、10分前にクラブの歌、5分前と3分前には別の曲を流すといった具合にね。ファンはただ流れた音楽に合わせて歌うだけ。『新しい時代のエンターテインメントはこういうものなんだ』と言う人もいるけれど、ファンが自分たちで歌いたいように歌えばいいじゃないか、とも思うんだ。でもまあ、それも難しくなったのかな。昔に比べると、本当に信じられないほどのお金がつぎ込まれるようになってしまっているからね」（鈴木 2018）。

　観客の応援行動を管理下に置いた観戦空間に消費的な観客を集めてサッカースタジアムの雰囲気を堪能させながら試合を見せること。これがサッカーに投資する者たちの考えるサービスである。そう、「雰囲気」だけあればいいのだ。

(2) 判定テクノロジーとサッカー

　それらしい雰囲気だけが作られ、そこからウルトラスやサポーターによるノイジーな応援が排除されつつあるのと並行して、サッカーの競技空間そのものの衛生化も進んでいる。競技空間の衛生化とは、すなわち、勝敗の決定

を汚染するものとして誤審の排除である。誤審の排除は、サッカーに限らず、スポーツ全般に行われてきた。1950年代から徐々にテレビ映像を通じてスポーツを見ることが始まり、テレビの普及とともにスポーツをテレビで見る人々が激増したが、それにより浸透したテレビならではのスポーツ視聴経験がリプレイである。得点シーンや好プレーのリプレイに加え、誤審を疑われる微妙な判定もリプレイされてきた。テレビは視聴者に誤審の学習機会を与えたのである。テレビの高精細化はますます微妙な場面を誤審として描き出せるようになった。さまざまな競技は、誤審対策として審判の判定を補助するためのテクノロジー（判定テクノロジー）を競技に採用していったのである。

　現在主流の判定テクノロジーはテレビ技術とテレビ視聴経験に根ざしたものである。いわゆるビデオ判定と呼ばれるものはテレビカメラが捉えた映像を利用して始まった。最初の採用は日本の大相撲（1969年）で、中継するNHKの映像が使われている。その後、さまざまな競技で利用が始まるが、大きな画期となったのがテニスのチャレンジに採用されたホークアイという技術である（2006年）[15]。もともとクリケットのテレビ中継に採用された技術だったが、実際のクリケットの判定に用いられるようになり、それがテニスにも転用されたのである。現在はサッカーもゴールラインテクノロジー（GLT）としてホークアイを採用している。

　ホークアイはテレビ映像を使うわけではなく、複数台のカメラと独自の映像処理技術によって、当該プレイ場面を3次元的に再現する。視聴者が見たいものを見やすく映像化する技術として採用されたのであり、もともとは視聴者を楽しませる技術だった。テニスではチャレンジの場面だけではなく、ライン判定のすべてをホークアイがおこなうこと（ホークアイライブ）がすでに始まっている。

　さて、サッカーはと言うと、多くの競技が判定にテクノロジーを用いるようになるなかで、サッカーのルールを統括する国際サッカー評議会（IFAB）は2010年になってもなおテクノロジーを採用しないと宣言していた（3月）。しかし、同年6月に開催されたワールドカップで誤審騒動が持ち上がる。国際サッカー連盟（FIFA）が誤審を認め、IFABはあっさりと数ヶ月前の宣言を撤回。

FIFAとともにテクノロジーの導入に向かうことになった。そして、GLT (2014)、ビデオアシスタントレフェリー（VAR, 2018）がサッカーにやってきた[16]。競技空間の衛生化はこれらのテクノロジーによって開始されたのである。これらはいずれもワールドカップに合わせて世界にお披露目された。

　そもそもスポーツが勝敗決定を目的として行われるものである以上、ルールが正しく適用されたうえで勝敗という結果が得られなければ、目的が達成できない。これを妨げるのが誤審である。勝敗を汚染するものとして誤審。そのようなものは除去されねばならない。まったくシンプルで疑問の余地のない話であるように思える。しかし、それほど簡単な話ではないのだ。

(3) 判定テクノロジーを支持するイデオローグたち

　判定テクノロジーをサッカーファンたち、サポーターたちがどのように評価しているかということについて、すでにいくつかの社会学的調査が行われている。それらの結果は、熱心にクラブを応援する人ほど判定テクノロジーに満足していないという結果を示している（Winand and Fergusson 2016, Winand, Schneider, Merten and Marlier 2021 など）。大雑把に言えば、判定テクノロジーはメインスタンドの真ん中あたりでは評判がいいが、ゴール裏では悪いということだ。これはいったいどういうことだろうか。「勝敗を疑問の余地なく決定すること」が歓迎されていないことをどのように捉えるべきだろうか。

　この問題については、地域差やクラブの規模の差、調査対象者の多様な属性など多くのファクターが影響を与える可能性があるため、より多くの調査結果が得られるまで結論を急ぐべきではないが、判定テクノロジーを支持するスポーツ哲学者の見解と合わせてみることにより、暫定的な結論を描き出すことは許されよう。

　判定テクノロジーを支持する哲学者たちの文章のいくつかを拾ってみる。最初は、勝敗決定をスポーツの最重要事とする立場からのものである。VARの問題として、サッカーの持続的な時間の流れが中断されてしまう問題が繰り返し指摘されてきた。VARを採用している各国のリーグで運用の工夫が重ねられているのもこの問題を認識してのことである。VARはサッカーら

しい持続的な時間を台無しにしかねないとみなされているわけだ。これに対してある哲学者は、勝敗決定というスポーツの最大の重要事に前に「見る者たちの楽しみなど、それが減ろうが増えようが、判定テクノロジーの採用を考えるにあたって大した重みを与えられるべきではない」し、スポーツが「フェアな競技であることは娯楽的な価値よりも優先する」のだと主張した（Bordner 2015:113）。この観客を軽視するかのような主張は、観客を消費者としてのみそこにいることを許す姿勢に通じていないだろうか。同様の考えは判定テクノロジーの普及以前からスポーツ哲学者のなかに存在していた。「能力と献身だけが勝利の決定要素であるような究極的に民主的な場としてスポーツを考えたい」（Dixon 1999:23）。一方だけを応援する「非民主的」なものが勝敗に関与するようなことはあってはならない。こう主張する哲学者たちの理想は判定テクノロジーを実装し、一切の誤審が消毒された無菌室的空間で競技をすることなのである。だから、判定テクノロジーの導入は競技空間の衛生化につながっており、そこに入ることを許されるのは消費者としてのファンだけなのだ。

　もう一つの主張を見ておきたい。ただし、これは主張というより、ふと漏れ出た本音と見るべきものである。じつは 2010 年にサッカーがテクノロジーを導入しないと宣言したとき、当時の FIFA 会長は 8 つの理由を挙げてテクノロジーの不支持を表明していた。そのなかに「ファンは議論を呼ぶ判定についてあれこれ言うのが好きだし、ヒューマンエラーがもたらす娯楽的価値を楽しんでいる」というのがあった。8 つの理由に一つ一つ反論する論文を書いた哲学者は、この理由を 8 つのなかでもとりわけ「軽い理由」だとし、「監督、選手、オーナー、投資家などのステークホルダーが負担するコスト」に比べればファンの楽しみとの比較など粗雑な分析だと一刀両断に切り捨てた（Ryall 2012:443-444）。選手、監督に加えて、オーナー、投資家をステークホルダーとして並べていることに注意したい。競技者たる選手、その指導にあたる監督は競技するチームの人間だからわからなくもない。しかし、オーナーや投資家は違う。投資家まで含めるなら、ブックメーカーで賭けをする人々も含めねばならない。だが、この哲学者はそうしない。彼女が含めるのは投資家

までなのだ。哲学的議論のなかにふと現れたこの言葉遣いに、最大限の注意を向けよう。なぜ、金儲けのためにサッカーを投資対象とする人間たちのことを考えて判定テクノロジーを導入してやらないといけないのか。似た発言は別の哲学者からも引くことができる。「なぜわれわれは隣人間の少額の争いでは事実に基づいた判断をしようとするのに、何百万もの価値のあるサッカーではそうしようとしないのか」(Svantessen 2014:572)。サッカーを何百万もの価値を持つものと見ているのは投資家とオーナー以外に誰がいるだろう。サポーターにとってサッカーは計量可能な有限の価値の対象ではない。それは唯一無二で無限の価値を持つものである。判定テクノロジーを支持する哲学的議論が投資家たちの損得勘定の話へとそれと気づくことなく転調してしまうのは、この哲学者たちが意図せずして商業主義サッカーのイデオローグになってしまっているからである。

　2010年から急激に始まったサッカーへの判定テクノロジーの不可逆的導入がどのようなものを背景としているのか、少し見えてきたのではないだろうか。判定テクノロジーは、サッカー空間から勝敗決定にとって余分な者たち（ウルトラスやサポーターと誤審）を取り除いて、代わりに高価な公式レプリカユニフォームを着込んだ消費者たちで埋め尽くされたスタジアムという安全かつ清潔な空間で、議論の余地なく勝敗決定可能な試合という商品に添える「小道具」なのである。

6. 結び

　騒々しく過激なウルトラスやサポーターを従順な消費者としてのファンに置き換え、騒々しさの種にもなり勝敗を汚染する誤審をテクノロジーで排除して、隅々まで管理された空間のなかで作られる誤審のないサッカーの試合。これがサッカーの商業主義を推し進める者たちの夢だった。この夢が彼岸にあるのならいいが、それはわれわれの世界にあることをレッドブルが教えている。彼らはすでに消費としての応援のみ許されたサポーターで満員のスタジアムも、サッカーの戦術をグローバル化した資本主義に適合させてサッカー

的にも経営的にも成功する秘訣も手に入れた。そのレッドブルの筆頭クラブ RB ライプチヒがまだ FML の上位 20 位に入れていないのだから、この夢にはまだまだ続きがあるということだ。そこには、日本のサッカーも含まれている。報道によれば、レッドブルが日本の J3 のクラブに興味を示しているという[17]。J リーグはクラブ名称に企業名を冠することを認めておらず、レッドブルの J リーグクラブ買収が実現した場合、そのクラブはきっと RB を冠したクラブ名称になるだろう。もちろん、エンブレムやカラーも各国のレッドブル同様のものに変更されるだろう。そのとき、当該クラブや J リーグの他のクラブのサポーターたちはどのように反応するだろうか。レッドブルの示した道筋が唯一というわけではないだろうが、たとえ道が複数あっても、行き着く先は同じである。

　ローカルな文化、サポーターの声、よく走るサッカーのうまい若者たち。これらはこの先ますます商業主義的サッカーの資源としてのみ使われていくだろうし、応援と消費の区別もつかなくなるだろう。FML の順位と CL の結果がますます接近し、ビッグクラブに勝てるのはビッグクラブだけというサッカーが実現してしまうだろう。サッカーでも夢は悪夢として実現するのである。東京を去ったオリンピックと同じように。

注

1　イギリス以外の国は国ごとに一つの協会＝アソシエーションであるが、イギリスでは最初にイングランドで協会が作られ、ついでスコットランド、ウェールズという順番で作られ、その後にイギリス以外の国に広がっていった経緯がある。そのため、サッカーではこれに北アイルランドを加えた 4 協会がイギリスに存在する形となっている。個々の協会がそれぞれのリーグ戦等を統括しており、代表チームも協会単位で編成される。

2　本章ではクラブとチームを区別しながら使用する。チームは競技をする選手やコーチらなど実際に競技空間に関わるメンバーを主に指すものとして、クラブはチームと経営側を含めた組織全体を指すものとして用いる。

3　二重国籍も珍しくないのでここでは FIFA が定める代表資格を基準に、2023-24 シーズンのメンバーをカウントしている。

4　ただし、同じオーナーのクラブ同士の対戦が不正の温床になりかねないとして

ヨーロッパサッカー連盟は MCO のクラブ間での制限強化に乗り出している（片野 2023）。

5　紙数の都合上、詳細は省くが、ブンデスリーガにおけるフェラインとプロ化したサッカー部門との関係については釜崎（2017）を参照のこと。

6　ラングニックは 2020 年 7 月にレッドブルから離れている。

7　このなかで 2006 年に買収したニューヨーク・レッドブルズはやや蚊帳の外に置かれている。ザルツブルクのように国内リーグで圧倒的な強さを示すほどの成功はしていない。これはザルツブルクと RB ライプチヒを重視し、米国への投資を抑制してきたレッドブル本社の意向による（テージワーニ 2021＝2021:130-131）。

8　若い選手を成長させ、高額で他のクラブに売却することでクラブの経営を安定させるという育成型のクラブは珍しくない。しかし、通常は売却後にその穴を埋める人材が育ってくる保証がないために、育成型クラブの成績は安定しにくい。RB ライプチヒのように CL も勝ち抜けるような育成型クラブは珍しい。

9　マッチデー収入には観客が購入した飲食代なども含まれるので、実際には入場料だけではない。

10　2022 年 6 月、さらに今後少なくとも 3 年間はこの上限を維持すると EPL から発表された。https://www.premierleague.com/news/2642529

11　これは仮説の域を出ないが、セイバーメトリクスが一人の野球ファンであるビル・ジェームズから生まれたり、架空のチームで選手を集めて実際の成績をそれに重ねて勝敗を競うファンタジーベースボールが生まれたりしたのも、アメリカのファンが消費者以外の応援者＝サポーターになれないなかで特殊な楽しみ方を生み出したからではないだろうか。

12　FC ユナイテッド・オブ・マンチェスターの取り組みを称賛するサポーターの発言については Perasović and Mustapić（2018:13）を参照のこと。

13　サッカーに関連する暴力は 1960 年代以前から、少なくとも 1870 年代からあるとダニングは指摘している（ダニング 1999＝2004:254）。しかし、1960 年代以降のフーリガニズムは、イギリスにおけるサッカーを取り巻く環境とサッカーそのもの変化、そして、若者のサブカルチャーの出現等の要因のなかで生まれたもので、フーリガニズム以前の暴力と質的に異なるものと考えられる（ボダン 2003＝2005:25-29）

14　この法律の前半はメンバーシップに関する内容が含まれていた。すなわち、「本制度の認可を受けたものが正式会員として登録され、フットボールの観戦が許可されることとされた」のである（月嶋 2008:3）。

15　テニスにおけるホークアイの運用によって生じる特殊な事態については柏原

（2021）の第 8 章を参照のこと。

16　サッカーに商業主義を持ち込んだのが放映権料であること、サッカーを衛生空間に変えた判定テクノロジーがテレビ由来の技術であること。テレビがサッカーに与えたものの意味をわれわれはようやく知りつつあるところなのだ。

17　スポニチアネックス（2024年2月15日）https://www.sponichi.co.jp/soccer/news/2024/02/15/kiji/20240215s00002179097000c.html

引用・参考文献

釜崎太, 2017,「ブンデスリーガの基本構造と RB ライプチヒ─フェラインという伝統の機能」『明治大学教養論集』525, 43-63.

柏原全孝, 2021,『スポーツが愛するテクノロジー』世界思想社.

片野道郎, 2017,『それでも世界はサッカーとともに回り続ける』河出書房新社.

片野道郎, 2023,「MCO が変える世界」『フットボリスタ』98, 8-15.

木崎伸也, 2018,「RB の DNA を取り戻せ！ラングニックの『エクストリーム・プレッシング』」『フットボリスタ』https://www.footballista.jp/special/52576.

鈴木達朗, 2018,「『文化を誤解する』ウルトラス。独カルチャー誌的"ファン文化"」『フットボリスタ』https://www.footballista.jp/special/45232.

月嶋紘之, 2008,「イングランドにおける『フットボール観客法 1989』の成立に関する一考察：「フーリガン」を巡る「法的暴力」の実態」『スポーツ史研究』21, 1-14.

フロインデ, エルフ, 2016,「ラングニックが"金満クラブ"RB ライプツィヒに惹かれる理由」『フットボリスタ』https://www.footballista.jp/special/33899.

Bodin, Dominique, 2003, *Le Hooliganisme (QUE SAIS-JE ?)*, Presses Universitaires de France: Paris.（陣野変史・相田淑子訳, 2005,『フーリガンの社会学』白水社）

Bordner, S.,Seth, 2015, "Call 'Em as they are: What's Wrong with Blown Calls and What to do about them", *Journal of the Philosophy of Sport*, 42(1), 101-120.

Boykoff, Jules, 2016, *Power Games :A Political History of the Olympics*, Verso.（中島由華訳, 2018,『オリンピック秘史：120 年の覇権』早川書房）

Dixon, Nicolas, 1999, "On Winning and Athletic Superiority", *Journal of the Philosophy of Sport*, 26, 10-26.

Doidge, Mark, Kossakowski, Radosław and Mintert, Svenja, 2020, *The Passion and Performance of Contemporary Football Fandom*, Manchester University Press.

Dubal, Sam, 2010, "The Neoliberalization Of Football: Rethinking Neoliberalism Through the Commercialization of The Beautiful Game", *International Review for the Sociology of Sport*, 45(2), 123-146.

Dunning, Eric, 1999, *Sport matters: sociological studies of sport, violence, and civilization,* London New York: Routledge.（大平章訳, 2004,『問題としてのスポーツ』法政大学出版局）

スポーツ 6 サッカー、最初にして唯一のグローバルな競技 189

Gerke, Markus, 2018, ""Supporters, not consumers." Grassroots supporters' culture and sports entertainment in the US", *Sport in Society*, 21(6), 932-945.

Giulianotti, Richard, 2002, "Supporters, Followers, Fans, and Flaneurs: A Taxonomy of Spectator Identities in Football", *Journal of Sport and Social Issues*, 26(1), 25-46.

Gońda, Marcin, 2013, "Supporters' movements 'against modern football' and sport mega events:European and Polish contexts", *Przegląd Socjologiczny*, 2013(3), 85-106.

Hill, Tim, Robin Canniford, and Peter Millward, 2018, "Against Modern Football: Mobilising Protest Movements in Social Media", *Sociology*, 52 (4), 688-708.

Kennedy, David, 2013, "A contextual analysis of Europe's ultra football supporters movement", *Soccer & Society*, 14 (2), 132-153.

Millward, Petr, 2011, *Transnational Networks, Social Movements and Sport in the New Media Age*, New York: Palgrave Macmillan.

Montague, James, 2020, *1312: Among the Ultras: a Journey with the World's Most Extreme Fans*, Ebury Press.（田邊雅之訳、2021、『ウルトラス：世界最凶のゴール裏ジャーニー』カンゼン）

Perasović, Benjamin and Mustapić, Marco, 2018, "Carnival Supporters, Hooligans and the 'Against Modern Football' Movement: Life within Ultras Subculture in the Croatian Context". *Sport in Society*, 21(6), 960-976.

Ryall, Emile, 2012, "Are there any Good Arguments Against Goal-Line Technology?", *Sports, Ethics and Philosophy*, 6(4), 439-450.

Svantesson, Dan Jerker B, 2014, "Could Technology Resurrect the Dignity of the FIFA World Cup Refereeing?", *Computer Low and Security Review*, 30, 569-573.

Tejwani, Karan, 2021, *Wings of Change: How the Worlds' Biggest Energy Drink Manufacturer Made a Mark in Football*, Pitch Publishing.（結城康平訳、2021、『エクストリームフットボール』カンゼン）

Tittmar, Jochen.「カーンが大学で学んだこと。ブンデスリーガの"50＋1ルール"の限界も指摘」、https://www.goal.com/jp/ニュース/カーンが大学で学んだことブンデスリーガの501ルールの限界も指摘インタビュー/d2ovoxq8z31513s3cu07cj04w.

Webber, David M, 2017, "'Playing on the Break': Karl Polanyi and the Double-Movement Against Modern Football." *International Review for the Sociology of Sport*, 52(7), 2017, 875–93.

Winand, Mathieu, & Fergusson, Craig, 2016, "More decision-aid technology in sport? An analysis of football supporters' perceptions on goal-line technology", *Soccer & Society*, 19(7). 966-985.

Winand, Mathieu, Schneider, Christopher, Merten, Sebastian, & Marlier, Mathieu, 2021, "Sports fans and innovation: An analysis of football fans' satisfaction with video assistant refereeing through social identity and argumentative theories", *Journal of Business Research*, 136, 99-109.

読書案内

①モンタギュー, ジェームズ『ウルトラス：世界最凶のゴール裏ジャーニー』カンゼン
　ヨーロッパ、南米からアジア、北米、北アフリカのウルトラスの取材記録。クラブの応援組織であるはずのウルトラスがそれ以上のものへとさまざまに変貌を遂げていることが詳しく描かれている。ウルトラスを知るには最適。

②片野道郎『それでも世界はサッカーとともに回り続ける』河出書房新社
　ヨーロッパ在住のサッカー・ジャーナリストによる商業主義化したヨーロッパサッカーの近年の動きをまとめたもので、同じ著者の『チャンピオンズリーグ・クロニクル』と合わせて読むとヨーロッパサッカーの力学がより深く理解できる。

③井上俊・菊幸一編『よくわかるスポーツ文化論 (改訂版)』ミネルヴァ書房

④友添秀則編『よくわかるスポーツ倫理学』ミネルヴァ書房

⑤飯田貴子・熊安貴美江・來田亮子編『よくわかるスポーツとジェンダー』ミネルヴァ書房
　この3冊があれば現在のスポーツに関する基本的な論点や問題点を簡単に整理できる上に、それぞれの論点から次に進むべき文献も紹介されている。

⑥ボイコフ, ジュール『オリンピック秘史：120年の覇権』早川書房

⑦石坂友司『現代オリンピックの発展と危機 1940-2020：二度目の東京が目指すもの』人文書院
　2020年に向けて、多数のオリンピックに関する文献が現れたが、まずはこの2冊で現在までのオリンピックの展開と問題点とそれらに対する向き合い方を学ぶことができる。

| 政治 |

7
日本政治の「失われた 30 年」

大山礼子

1. 政治の機能不全

　現代の日本社会において、「グローバル化」から最も遠いのは政治の世界ではないだろうか。

　もちろん、日本に限らずどこの国でも、政治的リーダーが直接、国際競争にさらされることはまずないといってよい。彼らがどれほど失政を重ねても、（軍事的に制圧でもされない限り）国がなくなるわけではないし、（外国人は選挙に参加できないので）外部の新しい勢力にとって替わられる心配もない。国内の反対勢力を押さえ込むことさえできれば、どれほど世界の常識からかけ離れた振る舞いをしようと、政権は安泰なのである。

　それにしても、日本の政治を他の先進民主主義諸国と比較すると、特異な点が多いことがわかる。政治的自由が保障され、政党間の競争が存在しているにもかかわらず、長年にわたってほぼ一党優位の状態にあり、政権交代の見通しがないこと、国会ではいわゆる「世襲議員」が跋扈し、女性や若年層はきわめて少なく、とくに女性議員比率は世界最低レベルであること、世界にほとんど類例をみない「中選挙区制」が参議院や地方議会において生き残っていること、選挙では有権者が政党名や候補者名を自ら記入する方式（自書式）が墨守されていること[1]など、日本政治とグローバル・スタンダードとの乖離を示す事実は枚挙にいとまがない。

　1980 年代末から 1990 年代にかけて、日本では「政治改革」が叫ばれ、与野党を巻き込んだブームの様相を呈した。当時、政治改革を推進した人々は、

政権交代可能な二大政党制の実現などをスローガンとして掲げており、日本政治をグローバル・スタンダードに近づけることを目標にしていたとも考えられる。この時期には、1994年の衆議院選挙制度改革をはじめ、多くの改革が実行に移された。

しかし、それから30年を経て、日本政治の本質には大きな変化がないばかりか、後戻りしているようにさえみえる。わかりやすい例をあげるなら、1994年の改正公職選挙法は、衆議院の選挙について候補者名・政党名に○印をつける記号式投票を導入するとしていたのだが、一度も実施されないまま自書式に戻ってしまっている（岩崎 2021：98）。最近では、政治の刷新を目的とする制度改革など、ほとんど論じられることすらなくなっている。

日本の一般市民がこうした事実をどれほど認識しているのかはわからないが、少なくとも政治の現状に満足しているわけではないことは各種の世論調査等のデータから明らかである。アメリカのエデルマン社が行っている世界11ヵ国を対象とした調査（https://www.edelman.jp/research/20200609）によると、日本は以前から政府に対する信頼度が最も低いグループに属してきたが、COVID-19が政府の信頼度にどのような影響を与えたかを調査した2020年4月の結果では、日本以外のすべての国々で信頼度が上昇したのに対して日本のみが低下し、政府を信頼していると答えた人の割合は11ヵ国中最低の38％であった。

政治家に対する信頼の低さは、中央調査社が実施している「議員、官僚、大企業、警察等の信頼感」調査（https://www.crs.or.jp/backno/No750/7501.htm）からも読み取れる。同社の調査では信頼感を「たいへん信頼できる」から「ほとんど信頼できない」までの5段階評価で尋ねているが、国会議員への信頼感は2000年以降、最低レベルにとどまっている。2019年の調査によると、調査対象となった自衛隊、医療機関、警察、裁判官、銀行、教員、大企業、マスコミ、官僚、国会議員のうち国会議員は最下位であり、「信頼できる」（5段階評価の4または5）と回答した者が10.1％であったのに対して、「信頼できない」（5段階評価の1または2）とした者は半数近い43.4％に上った。

政府が国民の信頼を得られなければ、大胆な政策変更は不可能となり、結

局、政治の選択肢を狭めるという悪循環に陥る。2023 年 4 月時点で日本の政府総債務残高（国、地方政府および社会保障基金の債務の合計）は対 GDP 比で 258.19％（IMF 推計値）に達し、先進国中最悪の水準であるが、他方で租税負担率と社会保障負担率を合計した国民負担率はけっして高いとはいえず、OECD 加盟 35 カ国中 10 番目に低い。しかし、日本では政府に対する信頼が低く、負担の不公平感も強いため、増税について国民の納得を得るのは困難である。

政治の停滞は経済の停滞につながる。日本の GDP が中国に追い抜かれて世界ランキングで 3 位に転落したことはよく知られているが、1 人当たりの GDP は 2000 年の 2 位を最高に下降に転じ、2021 年に 28 位まで低下した（IMF-World Economic Outlook Databases）。より実態を反映するといわれる購買力平価 GDP での評価はさらに厳しく、もはや先進国にとどまれるかどうかも危ういレベルである。

ところが、国民の間から積極的に政治を変えようという機運は高まらない。与党・自民党の支持率は 1970 年代以降、20％台後半から 40％を超える程度までを上下しており（NHK 放送文化研究所 2020：99）、いわば高止まりの状態にある。他方、選択肢となるべき野党の支持率は低迷し、政党支持なし層のみが増加している。

そもそも、国民の多くは、投票などの行動が政治に影響を及ぼすとは信じられなくなっているようだ。1973 年時点の調査では選挙が政治に「非常に大きな影響を及ぼしている」と考える人が 40％おり、「かなり影響を及ぼしている」と答えた人と合わせると約 3 分の 2（66％）に達していたが、2018 年には前者はわずか 16％、「かなり影響を及ぼしている」との回答を合計しても 41％まで減少してしまった（同書：75）。

政治の刷新が起きない背景には、日本社会のさまざまな問題が存在していると考えられる。1980 年代以降、非正規労働者の増加によって所得格差が拡大し、相対的貧困率（世帯所得が全世帯の中央値の半分未満である人の比率）は 2000 年には 15％を超えるようになった。2019 年の総人口に対する貧困率は 16％で、OECD 加盟国の平均を上回る（sag2019-japan-jp.pdf（oecd.org））。とりわけ、

ひとり親家庭の貧困率は高く、OECD 加盟国中の最高レベルである。日々の生活に追われる人々は政治に関心をもつ余裕さえ失っているのではないだろうか。その一方で、東京高等検察庁検事長と新聞記者との「賭け麻雀」事件（2020 年 5 月に検事長辞職）などから明らかになったように、権力から距離を置くべきマスメディアは取材という大義名分の下で権力と癒着しており、政治を評価するために必要な情報が国民に十分に提供されているのかどうかも疑わしい。

投票などの行為によって政治に影響力を行使できると感じているかどうかを表す「政治的有効性感覚」はとくに若い世代で低くなっている（NHK 放送文化研究所 2020：78）が、批判精神を涵養せず、若者を政治から遠ざけてきた学校教育の影響も大きいのではないか。表現の自由や団結権などの国民の権利への認知度も、若年層ほど低いというデータがある（同書：84）。

政治を変えるには社会のあり方を根本的に考え直す必要があるのかもしれない。しかし、そうした広範な課題についての検討は本書のほかの章に譲り、ここでは政治の仕組みに着目して政治の機能不全をもたらしている制度的要因はあるのか、あるとすれば何が問題なのかを探っていくことにしたい。

2. 頻繁な選挙がもたらす落ち着かない政治

日本の政策決定における最大の問題点は長期的視野の欠落だといってよかろう。コロナ対策でも政府は場当たり的な対応に終始し、批判が高まるたびに方針変更を繰り返してきたが、より長いスパンで取り組まなければならない政策分野においては、一層深刻な問題が生じている。

現代の日本が抱える重要な課題の 1 つが少子高齢化であることにほとんど異論はないだろうが、少子化傾向に注目が集まったのは最近のことではない。1990 年には前年の合計特殊出生率（1 人の女性が一生のうちに出産する子供の平均数）が 1.57 に落ち込み、過去最低となったことから、1.57 ショックといわれた。しかし、それから 30 年余り、出生率には反転上昇の気配が見られないどころか、2020 年の数字は 1.34 まで低下している（厚生労働省「人口動態統計」）。こ

の間、政府が何の施策も講じなかったわけではないが、長期的な展望を欠いたうえ、省庁の管轄を超える総合的な施策に乏しかったことは否定できない。

　家族支援を目的とする政策は相変わらず不十分であり、多くの先進国で実施されている子どもの多い家庭への家賃補助なども国の政策としては採用されていない。多様な家族の存在を許さない制度も問題である。夫婦＋子ども2人の標準家庭を想定した制度の下で、とくに未婚のひとり親家庭には恩恵が届きにくい。施策の遅れに対する失望の反映なのか、「結婚したら子どもを持つべき」と考える人も減少している。2021年の出生動向基本調査（国立社会保障・人口問題研究所）によると、18〜34歳の独身女性のうち「子どもをもつべき」と回答した人は6年前の67.4％から36.6％へ、30ポイント以上も下落した。

　エネルギー政策などの分野では、すでに長期的視野の欠落が致命的な影響を及ぼしている。東日本大震災から10年余り経過したが、いまだにエネルギー政策に関する国の方針は定まらない。国が確固たる方針を示し、今後数十年にわたって政策の継続を期待できるようにならなければ、民間企業は再生可能エネルギーにも、はたまた原子力発電にも積極的な投資を行うことはできない。投資がなされなければ、技術革新も起きず、日本は科学技術大国の座から転落してしまう（白井2022：136）。

　日本の政治はなぜ長期的視野をもつことができないのか。政治家の資質の問題もあろうが、政治制度の面で考えられる要因の一つとして、頻繁な国政選挙をあげることができよう。

　まず、衆議院総選挙である。議院内閣制の国では議会下院（日本では衆議院）の総選挙が実質的に政権選択の機会として機能し、その結果が次の総選挙までの政治の枠組みを決定することになる。日本の場合、衆議院議員の任期は4年だが、議員の任期満了によって総選挙が行われた例は1976年の1回だけで、それ以外はすべて、任期満了前に衆議院が解散されている。戦後の国会発足から前回2021年の総選挙までの衆議院議員の平均在職期間は、約2年9か月に過ぎない。

　これほど頻繁な解散は、安定した民主主義国のなかでは日本だけの特異現

象である。日本では解散権は「首相の専権事項[2]」とされ、「伝家の宝刀」など
と称されている。しかし、諸外国では、憲法や法律によって、首相（あるいは
大統領）の解散権行使に何らかの制約を加えているところのほうが多い。また、
解散権行使の制約条件が規定されていない国でも、日本のように自由に解散
が行われるとは限らない。OECD 加盟国のうち、日本と同程度かそれ以上
の頻度で総選挙が実施されているのは、デンマークかギリシャくらいのもの
だ。イギリスとイタリアでは比較的頻繁に解散が行われてきたが、実は任期
満了日近くの解散が多かったのである（高澤 2016：3-5）。

　では、なぜ、日本では頻繁に衆議院が解散されるのか。首相が自由に解散
権を行使できるのであれば、なるべく与党に有利な時期を選んで総選挙を
実施し、自らの権力を維持・強化しようとしても不思議ではない[3]。しかも、
日本の制度では、解散と総選挙との間が諸外国と比較して短い[4]ので、総選
挙までの期間中に情勢が変化するリスクは軽減されている。ただし、解散は
下院議員全員を一方的に解職する行為であるから、党利党略に基づく解散に
国民の批判の矛先が向くことになれば、政府・与党の思惑通りの結果にはな
らない。フランスの場合、大統領の解散権行使に特段の制約はないが、解散
が逆に政府の敗北を招いた苦い経験からほとんど行使されなくなっている。
要するに、日本ではマスメディアが首相の解散権行使を当然視してきたため、
国民からの批判も弱く、首相の裁量による解散が許容されてきたのであろう。

　しかし、頻繁な解散は政権にとっても諸刃の剣である。下院議員が任期満
了まで在職するのであれば、下院の過半数の支持を期待できる政府は腰を据
えて長期的な施策に取り組む余裕をもてる。単独政権が常態だったイギリス
では、次期選挙までの 5 年間に大胆な政策変更を実施できたため、「選挙に
よる独裁」という言葉が生まれたほどだ。しかし、日本では常に目先の選挙
が気になり、長期的な戦略を立てられない状況が続いてしまう（「日本は「ゆで
ガエル」国家」『日本経済新聞』2022 年 7 月 26 日）。逆に、長期的な戦略を欠いた政権が、
当面の権力維持のために早期の解散を選択してきたといえるかもしれない。

　しかも、国政選挙は衆議院総選挙だけではない。3 年に一度は参議院の通
常選挙（半数改選）が巡ってくる。

政治 7 日本政治の「失われた30年」 197

　本来、参議院通常選挙は政権選択の場ではない。首相指名においては衆議院の議決が優先するので、内閣は参議院の意思とは関係なく成立し（憲法67条2項）、参議院には内閣不信任を決議する権限もない。ところが、現実には参議院の意向を無視して政権を運営するのはほとんど不可能なのである。憲法は予算の議決（60条2項）と条約締結の承認（61条）について、衆議院の議決を国会の議決とみなすことを可能にしているが、法律についてはそのような規定は存在しない。参議院があくまで反対した場合には、衆議院で出席議員の3分の2以上の特別多数で再議決する以外に法律を成立させる方法はない（59条）のだが、与党勢力が衆議院で3分の2以上の議席を確保するのは容易なことではない。

　与党が参議院の過半数を失う「ねじれ国会」が生じた場合、とりわけ問題となったのが、予算関連法案の扱いである。衆議院の賛成のみで予算を成立させたとしても、関連法案が成立しなければ、予算の執行は不可能になるからだ。また、日本銀行総裁等の人事案件についても、両院の承認が必要とされており（国会同意人事）、参議院の賛成が得られなければ人事が滞る事態となる。

　二院制を採用している国では、上下両院の意思の不一致によって国政が渋滞しないように下院の優越を定めているところが多い。日本もその例外ではないが、参議院の権限は上院としては比較的強力な部類に属する。むしろ、衆議院の優越が認められるのは限られた範囲に過ぎず、憲法は「立法を始めとする多くの事柄について参議院にも衆議院とほぼ等しい権限を与え」（最高裁平成24年10月17日大法廷判決（民集66巻10号3357頁））ているとみるべきだろう。そのため、政府・与党の側は、参議院においても過半数の確保に腐心することになる。衆参の選挙制度が似通っているので、参議院選挙の結果が「直近の民意」として重要視される傾向にあることも、与党が敗北した場合の痛手を大きくする。

　ただし、似ているといっても、衆参の選挙制度には違いがある。衆議院では6割以上の議員が小選挙区から選出されるが、1人の議員だけが当選する小選挙区制は第一党（与党）にとって圧倒的に有利な仕組みである。これに対

して、参議院の選挙は全国規模の比例代表と都道府県単位の選挙区選挙を組み合わせて行われるため、第一党が過半数の議席を確保するのは衆議院ほど簡単ではない。参議院には解散がなく、投票日を動かせないことも、与党側に不利である。「参議院こそが多数派形成の主戦場」(中北 2019：102)になりかねないのである。実際、自民党がようやく参議院で単独過半数を回復したのは 2016 年であり、実に 27 年ぶりのことだった。

　諸外国では、下院(日本では衆議院にあたる)で与党が過半数を確保している場合、かりに上院(参議院)での議席が過半数に満たなくても、他党と連立を組むことなく単独で政権を運営することが多い。ところが、日本では参議院の権限が強いため、衆議院で過半数の議席をもつ与党が参議院での過半数獲得のために連立政権を選択するという、あまり例のない現象が生まれるのである。

　頻繁な国政選挙は野党の戦略にも影響する。常に解散を意識せざるを得ない状況に置かれている野党は、長期的視野で将来の政策を論じるより、政府の失点を狙ったスキャンダル追求などに精力を傾けがちになるからである(濱本 2022：146)。

　さらに、頻繁な閣僚の交代も長期的な施策の妨げとなるだろう。総選挙の結果を受けて首相が任命され、内閣が発足したのちも、毎年のように内閣改造が行われ、閣僚の顔ぶれが入れ替わる。諸外国では主要閣僚が首相交代まで在職する例が多いが、日本の閣僚は 1 年以内に 7 割以上が入れ替わってしまう(濱本 2022：194)。頻繁な改造は、能力よりも当選回数を優先して閣僚ポストを配分する慣行の下で、なるべく多くの議員の希望に応えようとするためと考えられるが、これも落ち着かない政治の一因となっていることは疑いない。

3. 達成されない政党本位の政治

　衆議院の選挙制度は 1994 年の公職選挙法改正によって大きく変化した。当時、選挙制度改革を中核とする政治改革の目的として喧伝されたのは、①

政治　7　日本政治の「失われた30年」　199

候補者の同士討ちを防ぎ、政党本位の選挙を実現すること、そして、②野党の結集を図り、政権交代可能な二大政党制をめざすことであった[5]。では、1994年の改革はその目的を達成することができたのだろうか。

　それまで長年にわたって衆議院の選挙制度として使われてきた中選挙区制は、世界的にはきわめて稀な選挙制度である。1つの選挙区からは3人ないし5人（のちには人口移動にともなう定数是正により、2人区や6人区も登場した）の議員が選出されるが、有権者は候補者の中から1人しか選ぶことができず、仮に候補者の1人が当選ラインを遙かに上回る票を獲得したとしても、その票を同じ政党の候補者に譲ることはできない（「単記非移譲式」[6]）。そのため、同一選挙区に複数の候補者を擁立する大政党、とくに過半数維持のために複数の当選を必要とする与党にあっては、候補者が競合し、同士討ちが生じることになる。同じ政党からの候補者は政党の政策の優劣によって競い合うことができないので、選挙区への利益誘導に走り、金権政治の土壌になると批判された。

　これに対して、1994年に導入された小選挙区比例代表並立制は、小選挙区制と比例代表制というまったく異なるタイプの選挙制度を組み合わせたものである。自民党内には小選挙区制を推す者が多かったが、小選挙区のみでは小政党に議席獲得の見込みがなくなるので、野党の賛同を得るために比例代表制との並立が考え出されたのであった。ただし、小選挙区制にしても、比例代表制にしても、政党本位の選挙制度であることに変わりはない。政党ごとの名簿に対して投票する比例代表制が政党本位であるのは当然だが、各選挙区から1人が当選する小選挙区制で政党が同一選挙区に複数の候補者を擁立することは原理的にあり得ないからだ。

　選挙制度の改革を経て、政党ラベルの重要性が増したことはたしかである。同時に実現した政治資金の規制強化や政党助成金の導入などの効果も相俟って、政党内では党首・執行部の権限が強化され、中選挙区制時代の自民党で力を振るってきた派閥の影響力は確実に減衰している。議員の意識調査からも、個人後援会や個人的な支援者よりも、所属政党のほうを重要と考える者が増加していることがうかがえる（建林2018：57）。しかし、実際の選挙戦では、

政党ラベルだけで当選を期するのは困難で、相変わらず候補者個人が全面に出ることが求められているようにみえる。2022 年に表面化した旧統一教会と政治家の関わりの問題なども、候補者にとって自前で票を獲得する必要性が薄れたわけでにないことが背景にあると考えられる。

　政党本位になったはずの選挙から個人中心の要素を払拭できない理由として、さしあたり次の 3 点を指摘できよう。

　第一に、政党組織の脆弱性である。公明党や共産党を除くほとんどの政党では、選挙費用の相当部分を自前で用意することが候補者となるための前提条件とされ（濱本 2022：208）、自ら出馬環境を整えた者を政党側が公認するというやり方をとっている。政党が候補者を発掘し、育てていく体制になっていないのである。政党の政策形成能力も低いままで、政党本位になったといっても政策本位の政党間競争が実現したわけではなく、候補者本人が選挙運動にどれだけ時間と労力を費やせるかが、依然として当落を左右する重要性をもっている。

　第二に、衆議院の選挙制度自体にも個人的要素が残存している。小選挙区比例代表並立制では小選挙区制と比例代表制という 2 種類の選挙が同時に実施されるが、同時にその両方の候補者となる重複立候補が認められている。重複立候補は小選挙区では当選の見込みのない小政党の候補者にも地元選挙区での立候補と選挙運動を可能にするもので、日本特有の制度というわけではない（川人 2013：79）。日本の特殊性は、重複立候補者については比例代表名簿の同一順位に並べることが許されている点である。衆議院の比例代表は拘束名簿式で、あらかじめ当選を決める順番が指定されているのだが、同一順位に並べた候補者については小選挙区における惜敗率（その候補者の得票÷当選者の得票× 100）の大きい順に当選が決まる。つまり、惜敗率の争いでは同じ政党の候補者がライバルになるわけである。

　第三に、衆議院以外の選挙制度の影響も指摘できる[7]。参議院では、衆議院で廃止された中選挙区制が生き残っている。参議院の選挙制度も比例代表と選挙区選挙の組み合わせであることは衆議院同様だが、選挙区は原則として都道府県単位で設けられているので、人口の多い都道府県は 1 つの選挙区

から複数の議員を選出する「中選挙区」となる。最大の東京選挙区は6人区である。これらの選挙区では、かつての衆議院同様、同一政党の候補者の同士討ちが起きている。また、同じ比例代表制であっても、衆参では異なる点がある。参議院の場合は候補者の当選順を政党が決定するのではなく、個人票の得票順に当選を決める「非拘束名簿」が用いられている[8]ため、衆議院と比較して個人中心の性格が強いのである。

　地方議会の選挙制度も、国レベルの政党のあり方に影響する。都道府県議会と政令指定都市議会の選挙は選挙区を設定して行われるが、参議院以上に選挙区ごとの定数のばらつきが大きい。鹿児島県議会の場合、大半の選挙区が定数1あるいは2であるのに、鹿児島市・鹿児島郡区（島嶼部）の選挙区だけは定数17と飛び抜けて大きい。同じ議会の議員を選ぶのに、まったく性格の異なる選挙を行っているのである。定数の大きい都市部の選挙区では少数派にも当選のチャンスがあり、地域の多様な声が代表されることになるが、政党よりも個人が前面に出る選挙となる。他方、定数1の選挙区は政党本位といえなくもないが、実際には保守系議員が長年議席を独占する場合が多く、その地域の少数派の声が届きにくくなるだけでなく、そもそも選挙が実施されず無投票で当選が決まる地域も少なくない。郡部で強い政党は郡部での議席を独占できるうえに、都市部でも議席を獲得できる（逆に、都市部で強い政党は都市部でさえ議席を独占できない）という、不公平も起きている。

　政令指定都市以外の市町村議会では、市町村の区域全体を選挙区として、議員定数にかかわらず有権者は1人の候補者のみを選ぶ方式の選挙（中選挙区制と同じ単記非移譲式）が行われている。東京都の特別区には定数50というところもあるが、どれほど定数が多くとも、有権者は1人の候補者しか選ぶことはできず、政党ではなく候補者を選ぶ選挙になる。しかし、定数の多い自治体では、各候補者の公約をじっくり見比べることなどほとんど不可能で、移住してきたばかりの住民などが戸惑い、棄権してしまうのも無理はない。他方、候補者の側からみると、定数50の議会では1%程度の得票でも当選可能であるため、利益団体や地縁団体の推薦を得られる候補者にとって有利な仕組みといえよう。

では、政治改革のもう一つの目的、すなわち、政権交代可能な二大政党制は実現しただろうか。

小選挙区制の比重が高い選挙制度（導入時は小選挙区 300 議席、比例代表 200 議席）は、当初、野党勢力の結集を促す効果をあげたかにみえ、二大政党制の実現が期待された。2009 年の政権交代はそのピークであった。しかし、2012 年に自民党が政権の座に返り咲いてからは、期待に反して一強多弱ともいえる状態が続いている。そこには、小選挙区制に対する誤解があったと考えられる。小選挙区制は小政党には過酷な選挙制度であり、政党の数を減少させる効果があるが、その結果が二大政党制になるとは限らない。一党優位が固定化する事態は想定外ではなかったといえる。

野党の結集を阻む要因もある。比例代表の存在は小選挙区制の効果を打ち消す働きをしている。衆議院の比例代表は全国を 11 のブロックに分けて実施されるので、参議院の全国規模での比例代表と比較すれば比例の効果は弱い。それでも、ブロックごとの定数は最小でも 6、最も大きい近畿ブロックは 28 にもなるので、小政党にも議席獲得のチャンスは十分にある。野党第一党と連携しなくても、それぞれの政党が生き残りを図れる仕組みなのである。

比例代表の存在は、小選挙区での選挙協力にも影響する。小選挙区での候補者擁立断念は党の存在感を薄め、比例代表での得票を減らしかねないからだ。その点、現在の連立与党である自民・公明両党が「小選挙区と比例代表の票のバーター」（中北 2019：107）を含む緊密な選挙協力を行っていることとは対照的であるが、自公の協力はそれぞれの分厚い固定票があってはじめて実現したものといえよう（同書 333-334）。

加えて、近年の日本政治では、ポピュリスト的な傾向を有する新党が次々に登場し、政権批判票を分散させる結果を生んでいる。比例代表制、とくに全国を一つの区として実施される参議院の比例代表制は新党に議席獲得のチャンスを提供するが、政党助成金の制度も新党を後押ししている。日本の選挙制度では立候補の際に少なからぬ額の供託金を納める必要があり、法定得票に達しない場合には没収されてしまう。しかし、1 つでも議席を獲得

し、かつ国政選挙で 2％以上の得票をすれば、多額の政党助成金が交付される。多くの候補者を一時に立てることさえできれば、供託金を没収されても「もうかるシステム」(『朝日新聞』2022 年 7 月 13 日夕刊) になっているのである。

　もちろん制度だけが原因ではない。そもそも野党の多くは、一部の小選挙区に候補者を擁立しているだけで、全国の有権者にとっての選択肢にはなり得ていない。有権者からみれば自分の選挙区には投票したい候補者がいないわけで、投票率低下や無効票の増加[9]を招く結果となる。近年、衆議院の投票率はようやく 5 割を上回る程度で、参議院選挙では 5 割を切ったことさえあり、有権者の政治的関心の低下を示すものと受け取られている。しかし、政権交代が実現した 2009 年の総選挙では 69.28％の投票率を記録しており、選択肢の有無が有権者の投票意欲に直結していることは明らかだろう。

4. 国民代表機能を果たせない国会

　議会制民主主義を機能させるためにはいくつかの条件がある。第一に、多様な国民を代表する議員が選出されていること、第二に、国民の意見が議会での審議に反映されること、そして、第三に、政策決定過程の情報を国民と共有することである。残念ながら、日本政治の現状はこれらの条件を十分に満たしているとはいいがたい。

　国会議員の構成は国民からかけ離れている。国会の多様性の欠如を象徴しているのが、女性議員比率の低さだろう。2023 年 6 月 1 日現在、衆議院の女性議員比率は 10.3％にとどまり、187 か国の下院（または一院制議会）のうち 167 位、先進国中の最下位であることはいうまでもない (列国議会同盟 Inter-Parliamentary Union 調べ)。2018 年に成立した「政治分野における男女共同参画の推進に関する法律」(候補者男女均等法) は、男女の候補者をできる限り「均等」にすることを目標に、政党に対して女性候補者増加のための数値目標設定などの自主的な取り組みを求めているが、政党の動きは鈍い。若年層の代表も少なく、2021 年総選挙における当選者の平均年齢は 55.5 歳、20 歳代はたった 1 人だった。

いわゆる「世襲議員」の多さも国会の特徴である。世襲議員といっても選挙で選出されていることに変わりはないし、厳密な定義が存在するわけでもないが、通常、父や祖父が国会議員であった議員をいう。現在の国会では約25-30％の議員が該当し、諸外国と比較してきわめて高い割合となっている（濱本 2022：33-34）。世襲議員は比較的若いときから当選を重ねるケースが多いため、早くから閣僚ポストに登用され、順調に昇進していく。実際、近年の首相経験者には、祖父が首相、父も議員であった安倍元首相をはじめ、世襲議員が目立っている。

議員の偏りは政策の偏りにつながりかねないが、それにも増して懸念されるのは、偏りがあまりに大きいと、国会が有権者から遠くなることだろう。世襲議員ばかりが目立つようでは、多くの国民にとって政治は別世界の出来事になってしまう。国民が議員を自分たちの代表と感じられなくなれば、国会への信頼は損なわれ、民主主義の基盤を掘り崩す危険がある。

議員構成の偏りを生む原因は、女性の進出を阻む固定化した性別役割分業意識など多岐にわたるが、個人中心の選挙による影響も大きいと考えられる。候補者個人が選挙資金を用意し、支持者を開拓しなければならないのであれば、親の知名度を利用でき、支持者も引き継ぐことができる世襲議員は圧倒的に有利となる。朝から晩まで街頭に立つような選挙活動を求められるのでは、家庭責任を負う女性は立候補に二の足を踏むだろう。衆議院の場合、小選挙区単独で300万円、重複立候補では計600万円にもなる供託金も、新人に立候補をためらわせる要因になる。要するに、普通の人が選挙に出るには、ハードルが高過ぎるのである。

国会議員の感覚が一般市民の感覚から遊離しているのではないかと感じられる場面も少なくない。近年、日本人の意識は大幅に変化してきている。たとえば同性愛について、1990年の調査では81.1％の人が「間違っている（認められない）」と回答していたが、2019年には35.6％に減少し、逆に「正しい（認められる）」との回答が過半数の54.4％に達した。8〜29歳の年齢層に限れば9割を超えている（電通総研・同志社大学 2020）。国際比較でみても、日本人の同性愛への受容度は75か国中の18位と高い水準にある（電通総研・同志社大学

政治　7　日本政治の「失われた30年」　205

2021)。ところが、先進諸国の多くが同性カップルの婚姻を認める方向に舵を切るなか、日本では「LGBT理解増進法」の成立さえ難航した。

　多様な声を反映しない政策決定には、選挙制度と多数決のマジックも関わっている。小選挙区制は大政党にとってきわめて有利な選挙制度である。2021年総選挙の小選挙区で、自民党は48.1％の得票率で小選挙区の289議席のうち187議席（64.7%）を獲得した。これに対して、有権者が投じた票のうち議席につながらなかった「死票」は全体の半数近い46.5％にものぼる。こうして過半数を獲得した自民党の政策は、さらに自民党内の多数派の声で決まる。投票率は55.9％にとどまっていたので、国民の1〜2割の意見が政治を決めているといってもよい。ちなみに、比例代表での自民党の得票率は34.7％、有権者に占める割合（絶対得票率）は18.9％であった[10]。

　世論と政策との乖離については、興味深い調査結果がある。2020年3〜4月に朝日新聞社と東京大学谷口将紀研究室が共同で実施した世論調査によると、夫婦別姓に「賛成」または「どちらかと言えば賛成」と答えた賛成派が57％に達した。自民党支持層でも賛成派が増加し、17年の調査から25ポイント増の54％となった（『朝日新聞』2020年5月29日）。一方、2019年参議院選挙の候補者を対象にした調査では、自民党以外の政党のすべてで賛成派が圧倒的に多数を占めているのに対し、自民党では賛成派19％、反対派28％で、過半数の53％は「どちらでもない」と回答している（『朝日新聞』2019年7月19日）。2014年の衆議院総選挙候補者に対する調査では自民党候補者の65％が反対派だったことと比較すると、自民党議員のなかでも反対派は少数になりつつあることがうかがえるが、自民党内の全会一致の意思決定過程において、宗教団体などの支援を受けた強固な反対派が法改正を阻んでいるとみられる（『朝日新聞』2022年9月6日「耕論」）。

　では、与野党の議員による協議の場であるはずの国会審議は、どのように行われているのか。有権者の声は審議に反映されるのだろうか。

　国会の審議を諸外国議会と比較した場合、最も大きな特徴は、内閣提出法案の国会提出以前に、与党内で精緻な事前審査が実施されることである（大山2020：11-18）。事前審査において与党議員の全会一致での承認をとりつけた

のちに法案が提出されるので、与党議員には国会提出時点で党議拘束がかかり、国会審議を通じて法案に実質的な修正が施される可能性は（ねじれ国会でない限り）ほぼゼロとなる。国会審議は政府対野党の論戦に終始し、無修正での早期の法案可決をめざす政府・与党と時間切れで廃案に追い込むことを狙う野党とのかけひきの場と化している。

　諸外国と比較して短い会期と「会期不継続の原則」の存在も、国会審議を不毛なものにしている。諸外国では議会の活動量の増加にともなって会期が長期化しており、ドイツ連邦議会などのように、会期そのものを廃止し、夏期やクリスマスの時期などを除き通年開会しているところも少なくない。ところが、国会の常会は150日間と定められ、150日を超えて国会を開くには会期を延長するか、臨時会を召集するしかない。しかも、大多数の国ですでに廃止されている「会期不継続の原則」が維持されているため、議案ごとに次の会期への継続を議決しない限り、議案は会期終了時点で廃案になってしまう。そこで、会期末には会期延長をめぐって与野党の不毛な攻防が繰り返されることになる。

　実は、国会の権限、とくに法案審議において中心的な役割を担う常任委員会の権限は、議院内閣制下の議会としてはかなり強力である。常任委員会制度は敗戦後の国会の出発にあたって、アメリカ連邦議会をモデルとして整備されたもので、大統領制下のアメリカ[11]同様に実質的な審議を通じて法案を練り上げていくことを想定した仕組みになっている（大山 2011：30-41, 同 2020：7-8）。常任委員会は政策分野別に設けられ、審議のために必要であれば公聴会を開いて利害関係者や学識経験者の意見を聴くこともできる。強制力をともなう国政調査権を行使することも可能である。ところが、法案修正を目的とした審議はほとんど行われないので、強力な権限は宝の持ち腐れになっているのだ。

　実質的な法案審議が事前審査に移行した結果、政策決定の透明性は著しく低下した。事前審査では法案を起草した省庁の担当者と与党議員（自民党の場合は政務調査会に政策分野ごとの部会が設置されており、部会所属の議員が中心的な役割を果たしている）の間で綿密な協議が実施され、大幅な修正がなされることも

あり、場合によっては与党の反対で法案自体が廃案となることさえめずらしくない。そこには当該分野の政策に関心をもついわゆる「族議員」と彼らと密接な関係をもつ利益団体等の意向が強く反映されていると想像できるが、その実態が外部の目にさらされることはない。

国会内での公式な審議過程についても、国会から発信される情報は乏しい。日本では帝国議会の初日から議事速記録が作成、公開されており、本会議と委員会の記録がほぼ完全なかたちで保存されている。現在では、帝国議会会議録検索システムおよび国会会議録検索システムが整備され、会議録の公開という点では諸外国議会と比較しても進んでいるといえる。しかし、会議録以外の資料に目を向けると、情報の乏しさが際立つ。

諸外国において、議会から提供される情報のうち、重要な情報を含み、研究者や関心のある国民に広く利用されているのは委員会報告書であろう。各委員会から、場合によっては数百ページにも及ぶ法案審査報告書や調査報告書が刊行され、委員会が収集した行政文書などとともに議会文書として公開されるので、政策決定過程を把握するための簡便な資料となっている（大山 2021：20-21）。ところが、国会では、衆参それぞれの憲法調査会・審査会や参議院の調査会の報告書を除くと、常任委員会の審査報告書も調査特別委員会の報告書も皆無といってよい。委員会レベルでも実質的審議がほとんど実施されず、論戦に終始しているため、報告書に記載すべき中味がないのである。

5. 政治を国民の手に取り戻すには

日本では、世紀の変わり目の前後から、投票率の低下が目立つようになった。衆議院選挙の場合、かつては7割を超えていた投票率が1996年に初めて6割を下回り、その後、政権交代への期待で一時持ち直したものの、最近は50％台が続いている。首長選挙と地方議会選挙ではさらに投票率の下落が著しい。1951年の統一地方選挙では市区町村長選と市区町村議会選で9割を超える高い投票率を記録していたが、2019年には軒並み5割を切るにいたった。

政治への関心そのものも低下している。NHK放送文化研究所の政治意識調査によると、2009年には84％の人が国の政治に関心がある（「非常に関心がある」、「ある程度関心がある」の合計）と回答していたが、2016年には74％に減少した。また、政治について周りの人と「話し合うことがある」との回答も68％から46％にまで落ち込んでいる。夕食時に家族で政治について話し合う家庭など、もはや絶滅危惧種かもしれない。

　政治への関心を高め、多くの国民に「自分事」として考えてもらうには、どうすればよいのか。2016年に選挙権年齢が18歳に引き下げられたのを機に、有権者教育の必要性が語られ、高校での模擬選挙などが試みられるようになったが、その成果は限定的である。今後は、大人を含めた政治教育の充実が必要であろうし、メディアの役割も重要と考えられる。しかし、より短期的に効果を上げることができるのは、1票の価値を実感できる選挙制度の実現、そして、有権者への選択肢の提示ではないだろうか。

　現在の選挙制度は衆参ともに非常にわかりにくいものになっている。いったい投票に参加する有権者の何パーセントが、衆議院の重複立候補と惜敗率について正確に理解しているだろうか。

　参議院では重複立候補は認められていないが、2019年から導入された比例代表の「特定枠」が問題である。参議院の比例代表選挙では、衆議院と異なり、政党があらかじめ当選順位を決定しておくのではなく、候補者の個人票の得票順に当選者を決める非拘束名簿が採用されている。ただし、政党側が特に指定した候補者に限り、個人票の得票数にかかわらず優先的に当選させる仕組みが導入され、それを特定枠と称しているのである。特定枠を利用するか否か、また何人の候補者を特定枠とするかは政党の判断に任されているので、個人も選べる非拘束名簿のはずだったものを事実上の拘束名簿にすることも可能だ。非拘束名簿か拘束名簿かの違いはけっして小さなものではないが、正面から議論することなしに、変更が行われたのである。

　特定枠は「全国的な支持基盤を有するとはいえないが国政上有為な人材又は民意を媒介する政党がその役割を果たす上で必要な人材が当選しやすくなるよう」に導入すると説明されていた（「提案理由」）。しかし、実際のところ、

参議院の選挙区選挙について行われた「合区[12]」によって選挙区を失った議員の救済を目的として導入されたことは明らかであった。有権者の都合ではなく、党利党略による選挙法改正だったといってよいだろう[13]。

　こうして、現行選挙制度は衆参ともに、容易に理解しがたい複雑怪奇なものとなった。有権者にとって、自分の票がどのような効果をもつのかがわかりにくく、予期せぬ結果を招くこともあり得る。2019年参議院選挙の比例代表では、れいわ新選組が2名の障がい者を特定枠に登載し、2議席を獲得して特定枠の候補者2名を国会に送ることに成功した。ただし、この選挙でのれいわ新選組の得票228万票余りのうち、半分近い99万票以上が山本太郎代表に対する個人票であり、「山本太郎」と書いて投票した有権者にとっては、予期せぬ結果だった可能性がある。代議制を機能させる要となる選挙制度は、簡潔明瞭なものでなければならず、これほどわかりにくい制度は国民の選挙権を不当に制約しているとさえいえるのではなかろうか（上田2019：180）。

　さらに、短い選挙運動期間と厳しい規制も有権者の選択を妨げている。選挙運動は立候補の届出から投票日の前日までしか行うことができないが、その期間は年々短縮されている。1950年には衆参とも30日あったが、1994年からは衆議院12日、参議院17日になってしまった。町村議会にいたっては、1950年の20日から4分の1の5日まで短くなっている。これでは、有権者に対して候補者や政党の政策を十分に伝えるのは難しく、結果的に日頃の議員活動をアピールできる現職を優位に立たせることになる。

　短い期間内に候補者がしのぎを削る選挙運動についても、諸外国に比べてきわめて厳しい規制が存在する。公職選挙法は、選挙違反となる行為を示すのではなく、許容される選挙運動を列挙し、それ以外の方法は許さないという規定の仕方である。選挙運動のために配布できるのは公職選挙法142条に細かく規定された基準に合うビラなどに限られ、それ以外のものを配布すると選挙違反として2年以下の禁錮または50万円以下の罰金に処せられる。2013年にはインターネットを利用した選挙運動が解禁されたが、電子メールを利用できるのは政党か候補者に限られている。多くの国で実際に行われ

ている戸別訪問は、1925年の男子普通選挙導入時に禁止されたまま、いまだに解禁されていない。候補者の名前を連呼するだけの選挙運動は、「べからず選挙」の産物である[14]。厳しい規制は候補者を縛るだけでなく、有権者が選挙を通じて政治に参加する機会も奪っている。

選挙は代議制民主主義の基盤であり、現職議員の都合だけで制度を改変してよいはずはない。選挙に関わる法律の制定・改廃は、審議会の答申などに基づく場合を除いて、議員立法で行うことが慣例となっている。しかし、その審議の過程で国民の意見が十分に反映されているとはいえない。選挙に関する立法は有権者と政治の関係を左右する重要性をもっているにもかかわらず、その立法過程に有権者の影は希薄なのである（岡田 1997：176）。

選挙を国民の手に取り戻すにはどうすればよいのか。少なくとも、現職議員の談合で決定するのではなく、第三者機関の審議を経るべきだろう。日本では総理大臣の諮問機関として、学識経験者等で構成される選挙制度審議会があり、第8次選挙制度審議会（1989－1991年）は衆議院への小選挙区比例代表並立制の導入や参議院への非拘束名簿式導入などを答申した実績がある。しかし、それ以降、選挙制度審議会の委員が任命されたことはなく、休眠状態である。より強力な権限をもつ憲法上の機関として「選挙委員会」を設置すべきだという意見もあり（吉川 2020：110-111）、憲法改正論議において検討すべき事項の1つであろう。

国民投票を実施して、国民に改革の内容を問うことも考えられる。実際に、日本の政治改革とほぼ同時期に抜本的な選挙制度改革を行ったニュージーランドでは、1992年と1993年の二度にわたって国民投票を行った。1回目で改革の是非と方向を聴いた上で、2回目の投票では単純小選挙区制（それまで使われてきた英国流の小選挙区制）か混合制（ドイツ流の小選挙区比例代表併用制）のいずれを選択するかを問い、その結果に基づいて改革が実行されたのである（岡田 1997：186-187）。

大きな改革の前には、国民投票を実施しないまでも、総選挙の際に改革案の骨子を示し、国民の意思を問うべきだろう。現在、議員の間では、参議院に地域代表の性格をもたせ、全都道府県の代表を確保するという意見が多く

聞かれるが、そのような改革を現職議員だけの議論で進めては党利党略の謗りを免れない。

選挙制度をどのように改革しても、国民にとって選択肢となる政党がなく、選びたい候補者がいない状態では、国会・議会に国民の意見を反映させるのは困難である。しかし、政党組織のあり方は政党ごとに大きな差があるうえ、政党の活動は自由でなければならないので、制度改革によって一律に政党を強化することはできない。

検討に値するのは政党助成金の使い方だろう。1994 年に制定された政党助成法に基づき、政党の維持・発展のための費用は「民主主義のコスト」として国民全体で負担することになった。政党助成金の総額は国民 1 人あたり 250 円と定められており、2021 年の数字は約 318 億円である。この額の半分を所属国会議員数、残り半分を国政選挙での得票数に応じて配分するので、自民党には約 170 億円、立憲民主党には約 69 億円が交付された（なお、共産党は政党助成制度自体に反対の立場であるため助成金を受け取っていない）。現在は多くの国々が同様の政党国庫補助制度を導入しているが、日本の交付金額は総額でも国民 1 人当たりの金額でも、世界最高水準である。政党の収入に占める助成金の割合は 6 割から 8 割にも達しており、日本の政党の大部分が助成金頼みの運営になっていることがうかがえる。

本来、政党助成は、「政党の政治活動の健全な発達の促進及びその公明と公正の確保を図り、もって民主政治の健全な発展に寄与すること」（政党助成法 1 条）を目的としたものだったはずである。しかし、政党の収支報告書から、実際には助成金の半分近くが政党支部への交付金として使われていることがわかる。政党支部とは政党が選挙区ごとに設ける支部をいうが、その選挙区から選出されている議員が代表者となることが多く、実質的には議員個人の事務所に近い。つまり、政党助成金は本来の目的である政党の政治活動に使われるのではなく、政治家個人に対する援助（その大部分は従来型の個人型選挙のための費用補填であろう）に使われているのである。しかも、政党支部からの支出については、5 万円以内であれば収支報告書への記載の必要はなく、人件費などの費目に該当するものは 5 万円を超えていても領収書不要とされてい

る[15]。

　政党助成を本来の目的に資するものにするためには、政党の自由を尊重しつつ、その使途に一定の枠をはめる必要があるのではないか。韓国の場合、政党に対する交付金の30％を政策研究所の費用として支出することを義務づけており、すべての政党が政策研究所を設立している。また、女性候補者を多く擁立した政党に対して女性公認補助金を支給し、多様な人材の登用をはかっている。フランスでは、下院選挙での女性候補者比率が低かった政党に対して、国庫補助を減額する措置が導入されている（大山 2018b：182-183）。これらの制度を参考に、日本でも政党を政策集団として建て直し、多様な人材の参画を推進する方策を真剣に検討すべきであろう。

注

1　諸外国は候補者名にチェックする「記号式」や電子投票などを用いているところがほとんどで、自書式を使用している国は日本だけではないかと思われる。自書式は、高齢者の負担となる、無効票が増える、などの欠点があるが、「自分の名前を有権者が自書する。政治家にとって心地よい制度」（岩崎 2021：89）であるらしい。

2　衆議院で内閣不信任決議案が可決された場合には、内閣は総辞職するか、衆議院を解散することができると規定されている（憲法69条）が、不信任決議がなくとも、7条の天皇の国事行為に関する規定を根拠として、内閣は衆議院の解散を決定できると解釈されている。ただし、天皇が衆議院を解散するのは、「内閣」の助言と承認に基づくもので、首相単独で決定できるわけではない。「首相の専権事項」という表現はミスリーディングである。

3　もっとも、現実の解散は、与党側の党利党略によるものばかりではなく、与野党の協議が先行した事例や、政権の起死回生策として行われたものも少なくない（大山 2018a：138-139）。

4　日本では憲法上、解散の日から40日以内に総選挙を実施しなければならない（54条1項）とされているので、たとえばイギリスのような長い選挙期間をとることはできない。近年では解散から投票日までの期間がますます短縮される傾向にあり、2017年の総選挙は解散から23日目、2017年は24日目に選挙が実施されている。なお、2021年総選挙は任期満了近くの解散だったが、総選挙は解散から17日目だった。

5 政治改革の起点というべき 1989 年の自民党政治改革委員会による「政治改革大綱」に示された問題意識については、吉田（2018：48-54）を参照。

6 複数の議員を選出する選挙区を設ける場合には、比例制にするか、あるいは定数と同じ数の候補者を選択できる「連記制」を採用するのが世界標準である。日本の選挙制度も明治に導入された当初は連記制を用いていたが、1899 年に府県会で、1900 年には衆議院でも単記非移譲式が導入され、今日に及んでいる（大山 2017：67-68）。衆議院では第二次大戦後の一時期、制限連記制が採用されたが、すぐに中選挙区制に戻った。当時の内相の国会答弁では、日本には比例代表制の経験がないことを中選挙区制復活の根拠の 1 つにあげていた（岩崎 2021：77-82）。

7 砂原（2017）および建林（2017）は、異なるレベル（マルチレベル）の議会における選挙制度の相違が政党や候補者に及ぼす影響を分析した研究である。

8 投票者は政党名、個人名のいずれを書いてもよく、政党名の票と各候補者の個人票のすべてを合算した得票数で政党ごとの議席配分が決まる。そののち、個人票の獲得票数順に当選者を決定する。

9 「与野党の第一党が候補者を立てず、白票などの無効票が 15％程度を占める選挙区もある」（濱本 2022：3）という。

10 自民党の得票率が比例代表より小選挙区で高いのは、小選挙区では当選の見込みがない小政党が候補者擁立を断念していることのほか、有権者の側も勝てそうな候補を選んで投票するからだと考えられる。

11 三権分立が徹底しているアメリカでは、政府から議会に法案が提出されることはなく、たとえ実質的に政府側が用意した法案であっても、議員法案同様、議員間の討議によって逐条的に検討・修正が行われる。

12 それまで、参議院の選挙区は都道府県を単位として設けられていたが、人口較差是正のため、人口の少ない県同士を合わせて 1 つの選挙区とする措置がとられ、2016 年の選挙から鳥取県と島根県、徳島県と高知県がそれぞれ合併され、1 選挙区となった。

13 同時に、ほとんど議論もないまま、比例代表の定数を 4 議席（改選期ごとに 2 議席）増やす改正も実施されており、合区によって失われた議席を回復する意図が透けて見える（上田 2019：179）。

14 選挙運動規制の淵源と実態については、佐藤・丸本（2010）を参照。

15 政党助成金の実態については、三井（2020：93-03）を参照。

引用・参考文献

岩崎美紀子，2021，『一票の較差と選挙制度——民主主義を支える三層構造——』ミネルヴァ書房.

上田健介，2019，「参議院選挙制度と議員定数訴訟の課題」『憲法研究』5，163-182.

NHK放送文化研究所編，2020，『現代日本人の意識構造（第九版）』NHK放送文化研究所.

大石眞監修，縣公一郎・笠原英彦編，2016，『なぜ日本型統治システムは疲弊したのか－憲law学・政治学・行政学からのアプローチ』ミネルヴァ書房.

大山礼子，1999，「参議院改革と日本政治」『レヴァイアサン』25，103-122.

大山礼子，2011，『日本の国会——審議する立法府へ』岩波新書.

大山礼子，2017，「「地域代表」と選挙区制」糠塚康江（編）『代表制民主主義を再考する－選挙をめぐる三つの問い』ナカニシヤ出版，53-81.

大山礼子，2018a，「審議回避の手段となった衆議院解散権——2017年解散総選挙と議会制民主主義」『憲法研究』2，135-147.

大山礼子，2018b，『政治を再建する、いくつかの方法－政治制度から考える』日本経済新聞出版社.

大山礼子，2020，「国際比較からみた国会審議の特色と問題点——国会における「時間」の意義と特異性」岡田信宏編『議会審議の国際比較——【議会と時間】の諸相』北海道大学出版会，3-28.

大山礼子，2021，「国会とアカウンタビリティ——国民代表機関の二重の責務」『駒澤法学』20（4），1-34.

岡田信弘，1997，「選挙立法における政官関係－「選挙立法の手続的憲法論」試論」中村睦男・前田英昭編『立法過程の研究－立法における政府の役割』信山社，170-191.

川人貞史，2013，「小選挙区比例代表並立制における政党間競争」『論究ジュリスト』5，75-85.

駒村圭吾・待鳥聡史編，2020，『統治のデザイン——日本の「憲法改正」を考えるために』弘文堂.

佐藤令・丸本友哉，2010，「我が国の選挙運動規制の期限と沿革——大正14年普通選挙法制定の帝国議会における議論を中心に——」『レファレンス』2010年11月号.

白井聡，2022，『長期腐敗体制』角川新書.

砂原庸介，2017，『分裂と統合の日本政治——統治機構改革と政党システムの変容』千倉書房.

高澤美有紀，2016，『主要国議会の解散制度』（調査と情報923号）国立国会図書館.

建林正彦，2017，『政党政治の制度分析——マルチレベルの政治競争における政党

組織』千倉書房.

建林正彦，2018，「比較議員研究への一私論：京都大学・読売新聞共同議員調査の分析を通じて」『レヴァイアサン』63，42-65.

電通総研・同志社大学，2020，「人々の価値観変容と"クォリティ・オブ・ソサエティ"の行くえ」(「世界価値観調査」1990〜2019年日本時系列分析レポート).

電通総研・同志社大学，2021，「第7回「世界価値観調査」レポート——最大77か国比較から浮かび上がった日本の特徴」.

中北浩爾，2019，『自公政権とは何か——「連立」にみる強さの正体』ちくま新書.

濱本真輔，2022，『日本の国会議員——政治改革後の限界と可能性』中公新書.

松浦淳介，2022，「国会に関する改憲論と実態論」駒村圭吾・待鳥聡史編『統治のデザイン——日本の「憲法改正」を考えるために』弘文堂，119-144.

三井マリ子，2020，『さよなら！一強政治－徹底ルポ　小選挙区制の日本と比例代表制のノルウェー』旬報社.

吉田健一，2018，『「政治改革」の研究——選挙制度改革による呪縛』法律文化社.

吉川智志，2020，「選挙制度と統治のデザイン——憲法学の視点から」駒村圭吾・待鳥聡史編，『統治のデザイン——日本の「憲法改正」を考えるために』弘文堂，85-113.

読書案内

①大山礼子，2011，『日本の国会——審議する立法府へ』岩波新書.
ここでは詳述できなかった国会審議の問題点、二院制のあり方などについて、歴史的経緯を含めて考察しているので、ご参照願えれば幸いである。

②加藤秀治郎，2003，『日本の選挙』中公新書.
選挙制度と政党制を長年研究してきた著者による一般向けの解説書。同氏による近著『日本の統治システムと選挙制度の改革』(2013，一藝社)では、さらに具体的な問題に言及しつつ、統治システムの一環として選挙制度を考えることの重要性を説く。

③竹中治堅，2006，『首相支配——日本政治の変貌』中公新書.
1994年以降の政治改革によって日本政治を支える仕組みが大きく変化し、2001年体制ともいえる首相支配体制へ移行した道筋を時系列で描き、改革全体の見取り図を提供する。

④中北浩爾，2019，『自公政権とは何か——「連立」にみる強さの正体』ちくま新書.
日本政治の現在を政治学の連立理論の枠組みを用いて、歴史と制度に目配りしつつ分析する。著者による自民党研究として、『自民党——「一強」の実像』(2017，中公新書)に続くもの。

⑤濱本真輔, 2022,『日本の国会議員——政治改革後の限界と可能性』中公新書.
　豊富なデータを駆使して、国会議員とはどのような人々なのか、どのような活動をしているかを、選挙、立法、政治資金、政党との関わりなどさまざまな側面から描き、今後の改革の方向を示す。

> ジェンダー

8
グローバル社会のなかの象徴天皇制
——残存する家制度

堀江有里

1. 問題の所在——国民国家・ジェンダー・社会制度

　日本は民主主義国家なのだろうか。もちろん、この問いには各人各様の応答があるだろう。本章で考えてみたいのは、象徴天皇制という社会体制を維持している日本という国家が、果たして、民主主義国家といえるのか、という素朴な疑問である。天皇が「現人神」とされた君主国家・大日本帝国から、太平洋戦争での敗戦、連合国軍総司令部（GHQ）による占領を経て「日本国憲法」が制定された。そして、天皇は「象徴」という曖昧な存在となった。

　しかし、国家体制は、戦後、大きく変化したといえるのだろうか。「日本国憲法」も冒頭に置かれている第1章（第1条から第8条まで）は天皇に関する条項である。すなわち、天皇制という社会システムは重要事項として位置づけられたのである。かつ、近年、議論されてきた憲法「改正」議論においても、この天皇条項にはほとんど触れられることはない。

　「天皇制は諸差別の根源である」——1990年代にはいくつもの社会運動の場面で、あるいは論壇で、そう指摘されてきた。後にみるように、特定の家系に限定されて皇位が継承される近代天皇制は身分差別に基づく制度でもある。また、ここに置かれた身分のちがいは、具体的な法制度として、皇室と民衆とを分け隔てる戸籍制度という社会制度によって固定されてもいる。戸籍制度は後にみていくように、この制度自体が家父長制を温存する装置である点や、さまざまな差別の温床（性差別、婚外子差別、部落差別、外国人差別など[1]）となってきた点もしばしば指摘されてきた。

しかしながら、近年——とりわけ昭和天皇の死去による代替わり終了後の30余年——天皇制は「差別の根源」として指摘される機会が減退してきている。言い換えれば、それほどに象徴天皇制は日本の社会システムとしてしっかりと民衆に根づき、問題化することさえ難しい現実を迎えてきた。象徴天皇制がはらむ「差別の根源」は変化していないにもかかわらず、である。

　本章では「差別の根源」と指摘されてきた理由のひとつ、性差別の問題について検討してみたい。すなわち、グローバル化社会のなかで、日本政府が固執してきた独自のローカルな社会システムとしての天皇制についてジェンダーの視点から考察していく。

　現行の天皇制というシステムは性差別や異性愛主義を存立構造としてもつ。すでに日本のフェミニズムでは、天皇制というシステム自体の問題や、同時に人びとの意識や貫習にもジェンダー役割という点で大きな社会的影響を及ぼしてきたことが指摘されてきた。

　天皇制を問うこれまでのジェンダー研究では、とくに女性史や表象研究の領域で蓄積されてきている。たとえば、女性史研究では加納実紀代の貢献が大きい。加納が、社会運動と連動しつつ、天皇制を問題化する女性たちの声をまとめたものは同時代の歴史資料としても重要である（加納編 1979）。加納は、その後も、身分制度や性差別装置としての天皇制を批判しつつ、日本の近代化と男系男子の皇位継承権が構築されてきたプロセスなどをあきらかにしてきた（加納 2002；2018 など）。また、鈴木裕子は、近代天皇制がもたらした軍隊「慰安婦」問題などの性奴隷制度や植民地支配の分析をおこなってきている（鈴木 2002；2010）。鈴木はさらに前近代からの皇室の女性たちを時代ごとに追い、近代以降にあらたに構築された問題がその前の時代と連関していることをあきらかにした研究をも著している（鈴木 2019）。ほかにも国民国家形成と近代天皇制の構築や、「皇室典範」制定のプロセスを取り上げた例として、早川紀代の研究がある（早川 1998；2005 など）。

　天皇制を問うジェンダー研究には、表象研究でも蓄積がある。若桑みどりは明治期の昭憲皇后を取り上げ、天皇のみならず、皇后が日本の「国民化」を構築してきた流れを追う作業をおこなった（若桑 2001）。さらに北原恵はマ

スメディアなどで表現される天皇・皇后のあり方や家族像などの政治を検討してきている。毎年元旦になるとマスメディアに登場する天皇一家の写真について「天皇・皇后を中心として子どもや孫たちが団欒する様子は家族の団欒の図像であり、また、象徴天皇制の根幹原理である『万世一系』の視覚表象である」とも述べている（北原 2009：21）。ただ一枚の写真というだけではなく、マスメディアをとおして社会規範の形成に大きな影響を及ぼしているという指摘である。

　これらの研究は、1980 年代終盤から 2000 年代初頭にかけて、とくに多く蓄積されてきた。これは 1988 年から翌年にかけて、昭和天皇・裕仁の病状悪化と死、そして明仁への代替わりにおけるインパクトも影響し、蓄積されてきたとも考えられる。また、それまでの天皇制を課題として取り上げてきた研究が、性差別やジェンダー役割に関わる視点を欠如させてきた点に着目し、課題が追究されてきた背景があることにも注目しておく必要があるだろう[2]。

　他方で、2019 年の代替わり前後にはフェミニズムの研究領域では天皇制の問題についてはほとんど着目されてこなかった。これもまた、象徴天皇制が日本の社会システムとして根づいてきてしまった現状を示しているともいえるだろう。

　そのなかでも女性史の研究者である鈴木裕子は一貫して天皇制の問題を指摘しつづけてきた。鈴木はたとえばつぎのように指摘する。

　　（…）天皇制は、たとえ象徴天皇制であろうと、男系家父長制原理に貫かれた性差別、階級差別、民族差別、身分差別、障碍者差別、異質な思想や人物を排除する差別のシステム・体系ということである。これを「伝統」というなら「差別」と「排除」の伝統が、天皇制の「伝統」ともいえる。たとえ、天皇に女性がなったとしても、天皇制の差別装置としての機能は変わらず、差別と排除の「伝統」も持続するであろう（鈴木 2019：11-12）。

鈴木が記しているような、差別や排除という天皇制の「伝統」を問う視点を踏まえ、本章では国民国家のあり方と象徴天皇制の問題についての現状と課題をジェンダーの観点から考えていくこととしたい。先にみたように、これまでの天皇制を問うジェンダー研究においては、性差別や性別役割などの分析については蓄積があるものの、異性愛主義という規範を問う視点はほとんどない。本章は、皇室のもつ家族主義や皇位継承のプロセスが異性愛主義をも前提としていることにも着目し、分析するところに特徴がある。

以下、まずは国家による国民管理のシステムとして、皇室と民衆を分断する戸籍制度の問題点を考察していく（第2節）。そして、戦後も家制度を維持する天皇制について、皇位継承の問題をジェンダーの観点から批判的に検討する（第3節）。その上でしばしば性差別の解消としても主張されてきた女系天皇・女性天皇の可能性について、その議論の陥穽を確認する（第4節）。これらの作業をとおして、グローバル社会においても、なお、日本国家が固執しつづける独自の社会制度である天皇制のもつ問題をあきらかにすることが本章の目的である。

2. 国家による国民管理と社会制度——家制度と戸籍制度

(1) 近代戸籍制度の成立と特徴

まずは天皇制を支える社会制度のひとつとして、戸籍制度の問題について考えていきたい。近代戸籍制度は皇室と「民衆」を分断する装置としていまも存在しつづけている。ここで「民衆」と表現したが、慌てて付け加えなければならないのは、「民衆」もまた一枚岩ではなく、戸籍制度を通じて分断線が引かれているという点である。というのも、戸籍簿に掲載されるのは日本国籍保持者のみであり、非日本国籍保持者は「外国人登録」というかたちで別管理されているからだ。ここではその詳細には踏み込むことができないが、以下、戸籍制度における性差別の問題のひとつとして、婚姻制度と「家」をめぐる制度について考えていきたい。

日本の現行民法は婚姻関係となる際に夫婦いずれかの氏（姓）を選択しなけ

ればならないと規定する。いずれかを選択するという点で強制同氏の制度ではあるが、いずれの氏を選択してもよいことにはなっている。しかしながら、氏の選択にはかなり大きな偏りがある。2022年のデータによると、夫の氏を選択する割合は94.7%にものぼる[3]。なぜ、これほどまでに男性の氏を優先する選択がなされるのだろうか。同時に、戸籍筆頭者としては、選択された氏である夫が掲載される。それは序列の筆頭に男性が置かれることを意味するものでもある。

　また、選択制別氏制度の導入がこの20余年以上、議論されてきた。1996年にも、選択制別氏制度を導入する民法改正案が準備されたものの、国会への提出は見送られることとなった。2015年には最高裁大法廷も、婚姻により夫婦が同氏を強制される法律を合憲と判断した。ここでは「夫婦及びその間の未婚の子が同一の氏を称するとすることにより、社会の構成要素である家族の呼称としての意義がある」と述べられもした。

　選択制別氏制度の導入に反対する人びとの主張として、「家族」がバラバラになり、その絆が瓦解するとの声はいまだ大きい。このような主張が生み出される理由に、法学者の二宮周平は、「家」意識を「温存する装置」としての戸籍制度があることを指摘する（二宮 2006：52）。上記のような夫の氏を選択する背景も、「家」意識が社会に存続している事例として捉えることもできるだろう。その基盤として戸籍制度が存在している。

　では、戸籍制度とは、いったい、どのような制度なのだろうか。簡単にみていくこととしたい。

　日本の戸籍制度とは日本国籍をもつ人びとを登録した「身分公証制度」であると説明されてきた。ここでいう「身分」とは、出生や死亡、婚姻関係、親子関係、親族関係などを指す。しかしながら、戸籍制度は「身分公証制度」としては限界もある。戸籍簿に記載されるのは日本国籍保持者のみであるからだ[4]。外国籍の人びとは戸籍には登録されないので、国籍の異なる婚姻関係や親子関係などは明記されず、戸籍だけでは身分関係を証明することはできない。

　戸籍制度は日本独自のシステムである[5]。現在使われている戸籍の出発点

は 19 世紀であり、近代国家が形成される途上で、徴税と徴兵のためにつくられたものである。宗門人別帳など寺院が檀家をユニットとして人びとの管理（住民管理）をおこなっていたところから、あらたに近代戸籍がかたちづくられたのは「壬申戸籍」である（1872 年）。ただし、この際に琉球や北海道は含まれていない。

現行戸籍制度とつながる制度ができたのは「明治 19 年式戸籍」（1886 年）である。興味深いことにこの戸籍は陸軍の要請によって作成されている（遠藤 2019）。すなわち、富国強兵をめざす国づくりと戸籍制度の整備が並行しておこなわれてきたことが、この点からもわかる。

近代戸籍制度の特徴はつぎの 2 点である。1 点目は「戸」として管理された基礎単位が徐々に観念化されていったことである。当初は居住単位によって編成されることが目論まれたものの、人びとの移動に伴い、居住関係ではなく、「家」が観念化され、戸籍が維持されてきたのである。そのため、結果として、戸籍の所在地である「本籍地」とは、多くの人びとにとって日常生活とは関係のない場でもあるケースも生じることとなった。

2 点目は「家族国家の頂点に立つ天皇の権威」が用いられたことである。戸籍制度は、臣民簿として作成されたところから、天皇・皇后や皇族は組み込まれていない。そこで採用されたのは、①宗教的要素と、②「男尊女卑」の価値観である（遠藤 2013；2019）。具体的には、近代国家形成時に視察先のヨーロッパの体制が参照された。ヨーロッパにはキリスト教という文化背景がある。宗教と人間を超えた存在——神——という文化から着想を得て、精神的支柱としての国家神道と祭祀長としての天皇の役割がかたちづくられることとなった。その天皇の役割が、「大日本帝国憲法」のもとに制定された旧「皇室典範」には書き込まれることとなった。そして、天皇を国家の頂点とした社会形成のために、男系男子による皇位継承の規則が作成されたのである。欧米列強に対し、「遅れてきた近代国家」としての日本は、「万世一系」というフィクションを据えることによって、権威的な天皇イメージを生み出し、「家」の原理を強化することによって国家形成を進めていくこととなった。

戦後、「日本国憲法」のもとで民法が改正され、法律上の家制度はなくなった。憲法第24条にはつぎのように規定されている。

　　［日本国憲法　第24条］
　　　婚姻は、両性の合意のみに基いて成立し、夫婦が同等の権利を有することを基本として、相互の協力により、維持されなければならない。
　　　2　配偶者の選択、財産権、相続、住居の選定、離婚並びに婚姻及び家族に関するその他の事項に関しては、法律は、個人の尊厳と両性の本質的平等に立脚して、制定されなければならない。

　しかし、戸籍制度は家族単位を基礎として残されることとなった。そもそも、なぜ、戸籍は戦後も家族単位で編成されているのだろうか。なぜ、変更されなかったのだろうか。
　家族社会学者の下夷美幸は、戦後、民法・戸籍法の起草委員会による改正提示案のなかで法律上の「家」は廃止するが、戸籍簿自体の形式は維持されることになった経緯を追っている。戸籍法改正の議論のなかでは抜本的に形式を変更し、「個人カード方式」にすべきとの意見もあった。家制度を全廃するのであれば、家族単位での戸籍制度を廃止し、個人を登録する制度を策定すればよいとの意見である。しかしながら、起草委員であった我妻栄は、「個人カード方式」には反対し、具体的な案を作成する幹事に対して「対案」を考えるように述べたという（下夷2019：43）。個人登録は採用しなかったということだ。このような立場をとった我妻であるが、1953年の時点で起草作業当時をふりかえり、「戸籍に対する国民感情を見誤った」とし、後悔の弁を述べている。「戸籍に対してこれだけ国民の愛着があると思わなかったので、その点は今にして思えばあのときにそこ（個人カード方式の採用──引用者注）までやってしまえばいいという感じ」であったというのだ（下夷2019：51）
　我妻がこのようにふりかえるのには時代背景がある。日本のGHQによる占領からわずか7年を経て、サンフランシスコ条約発効（1952年）を機会とし、

「家」制度への回帰を求める保守派の議論が強まっていく。当時の家族制度復活論の主張は文書で明示されたわけではないが、しかし、下夷は、「戦後の戸籍法改正の不徹底さが、復活論に力を与えていたといえる」と分析する（下夷 2019：52）。家族制度復活論に我妻もまた懸念を示していたため、自らの起草委員会での言動をふりかえり、後悔の弁を述べたといえるだろう。

　また、GHQからは合理性や効率性を理由に東京一極管理や個人単位が求められたが、実現しなかった。その理由のひとつに実務負担という問題があったという。戦後の混乱期のなかでの現実問題である。下夷は、戸籍消失の市町村、戦没者や引揚者の戸籍整理、配給受給のための人びとの殺到など、いくつもの混乱状況があったと指摘する。そして、司法省事務官であった青木義人の 1978 年の時点でのふりかえりを以下のように紹介する。

　　　（…）物資は欠乏し財政は破綻しかけているという困難な時でしたから、かような時期に戸籍事務にとり大きな負担となるような変革ができるわけがないのであります。紙一つにしたって容易に入手できないという時に、戸籍というものをそう大きくいじるということは、実務面からいってもほとんど不可能に近いといわざるを得ないわけです（下夷 2019：76）。

　実際の戸籍法改正作業を担ったのはおもには法務官僚であった。かれらは実務に従事する立場であったため、現実問題として、なるべく容易に作業をおこなうことが必要であるとの課題を痛感していた。すなわち、少しでも容易に作業を進めるためには、物資も人手もないが、戦争の事後処理という膨大な課題があるなか、「家族」単位の方がメリットがあった。とくに物資不足については出版図書数や紙生産高と合わせて背景分析をしている下夷は、個人単位に改正されていれば戸籍制度の運用は立ち行かなかったであろうと述べている（下夷 2019：253）。

　このような議論を考察しつつ、下夷自身は「戸籍が家族単位であることは、決して自明なことではない」とし、戸籍によって生じるさまざまな家族関係の問題を解決するためには、その制度を抜本的に見直し、個人単位にするこ

との必要性を強調する。それが「戸籍の呪縛から日本の家族を解放することでもある」、と（下夷 2019：261）。しかしながら、戸籍制度を家族単位から個人単位に切り替えるだけで、家族からの解放はなされるのであろうか。あるいは、家族主義は緩和されるのであろうか。

(2) 戸籍制度と天皇制の相補・序列関係

　興味深いのは、以上のような議論では、戸籍制度ありきとして議論が進められていることである。本当にこの制度は必要なのだろうか。

　日本国籍をもつ人びとは戸籍簿だけではなく、もうひとつの名簿がある。すなわち、日本は2つの「国民」管理システムをもっている。戸籍簿のほかに住民基本台帳があるからだ。非効率的な二重管理の状況は合理性——コストやセキュリティの問題も——を考えれば一本化すべきであろう。とくに、戸籍が使用されるのは、婚姻・相続・パスポートであり、そのほかの住民サービスは住民基本台帳をもとにおこなわれている。であれば、住民基本台帳に一本化するほうが合理的であるといえる。

　それでもなお、戸籍制度が残されているのは、なぜか。国が見出す、その存続意義についてみていくこととしよう。

　戸籍研究者の佐藤文明は戸籍制度には組み入れられない天皇・皇后および皇室の存在との関係性から、「天皇にまつろう者」たちの「臣民簿」として戸籍簿があることを指摘してきた。

　皇族は戸籍簿には登記されていない。戸籍簿とは別に「大統譜」（天皇・皇后）および「皇族譜」（そのほかの皇族）が存在し、登記されている。なぜ、わけなければならないのだろうか。佐藤は、この点から、戸籍制度が身分関係公証制度であるのみならず、ほかの目的を持つものであることを指摘する。天皇制と戸籍制度は相補関係にあるというのだ。しかし、両者は同列に並ぶものではない。そこには「序列」が生み出されたかたちで配置された関係がある。たとえば、旧「皇室典範」は、皇族が「皇族譜」から離脱し、戸籍簿に編入されることを「臣籍降下」と明記していた。この表現が示唆するように「戸籍と皇統譜（大統譜と皇族譜——引用者注）との関係」は明確である（佐藤 1996：23）。す

なわち、「大統譜」や「皇族譜」は、「臣民」の登録簿である戸籍簿の上位に位置づけられたものであるということだ。

　そもそも、「臣民」とは君主制度における被支配民を意味する。「日本国憲法」成立後、「皇室典範」は一部変更され、「臣籍降下」も「皇籍離脱」と表現されるようになった。しかし、ほとんど変更のない「皇室典範」の文言を考えると、そのような言葉の置き換えだけで、皇統譜と戸籍簿との関係が大きく変化したのだと認識するのは、やはり、難しいだろう。

　佐藤は、この序列関係を考察し、先のように戸籍簿が「天皇にまつろう者」が登録されるシステムであると分析するのである。佐藤によると、戸籍制度とは、天皇制における「臣民」の存在をあきらかにし、その「臣民」を「家」として組織することが目的である (佐藤 1996：26)。そこでは皇族のように「天皇制社会を支配する者は除外され」、外国籍住民のように「天皇制の支配に服さない者（まつろわぬ者）も除かれる」。このような戸籍制度は「天皇制の支配に服す者（まつろう者）だけの登録簿」としての機能を持つものである (佐藤 1988：37)。

　本節の冒頭に、戸籍制度が、いまだ「家」意識を「温存する装置」として機能しているという二宮の指摘を引用した。そのような「家」意識は、戸籍制度を廃止することによって、減退していくのではないだろうか。もちろん、現段階ではなくなるとまでは断言できないかもしれない。というのも、戸籍簿と連動する住民基本台帳が「家族」を単位としているからだ。しかし、戸籍制度を廃止すれば、「家族」単位ではなく、必要に応じて、個人単位の居住登録のみに切り替えることも可能になるだろう。すでに戸籍制度 (戸主制度) を廃止している韓国の例もあるのだから。

3.　皇位継承とジェンダー ——天皇制存続と差別の再生産

(1) 皇位継承という課題

　先に、天皇制が維持されてきた理由を戸籍制度の存続という観点から考察

してきた。慣習としての家制度を補完するために戸籍制度が存在する。では、戸籍制度によって支えられている天皇制には、どのような問題があるのだろうか。この点をジェンダーの観点から考察していきたい。

　天皇制を維持するためには皇位継承が必要である。現行「皇室典範」では、男系男子のみに皇位継承を限定している。かつ、養子は認められていない。そのため、皇室には必ず男系男子が生まれなければならない。出自を限定している点で、皇位継承というシステム自体が身分差別によって成り立っており、家制度によって駆動していることは否定のしようもない。

　「日本国憲法」はつぎのような条項からはじまる。

　　　［第1条］天皇は、日本国の象徴であり日本国民統合の象徴であつて、
　　　　　この地位は、主権の存する日本国民の総意に基く。

　「主権の存する日本国民の総意」は、この憲法が制定されて以降、いかなる方法においても確認されたことはない。また、「総意」を確認するための方法などもこれまでに国会で議論されてきたことは、ほぼ、ない。そのため、「総意」がないことを確認できれば、象徴天皇制は存続することができないと解釈する憲法学者たちもいる (齋藤 2019)。しかし、ことはさほどに容易でもなさそうだ。

　国家権力を制限するために制定された憲法の冒頭 (第1章) に、天皇に関する条項が置かれているのは、いったい、何を意味するのだろうか。この条項は、天皇は国事行為のみをおこない、国政には関与してはならないこと (第4条)、天皇が内閣総理大臣や最高裁判所の裁判長の任命をおこなうこと (第6条) などが明記され、第1条から第8条までつづく。しかし、多くの人びとは、天皇条項が憲法の冒頭に置かれていることをふだん意識すらしていない。

　天皇代替わり——皇位継承——の法的根拠である「日本国憲法」と「皇室典範」には、つぎのように規定されている。

［日本国憲法　第2条］
　皇位は、世襲のものであつて、国会の議決した皇室典範の定めるところにより、これを継承する。

［皇室典範　第1条］
　皇位は、皇統に属する男系の男子が、これを継承する。

　「男系男子」に限定される規定は、つぎのように二重の限定をもつ。まず、「男子」であること。すなわち、女性であれば皇位継承権をもたない。そして、「男系」であること。すなわち、男性から引き継がれる「血統」でなければならず、女性の皇族が結婚して子どもが生まれたとしても、女系の血統になるので、その子の性別にかかわらず、皇位継承権をもたない。

　この条文に明記されるように天皇制は世襲によって支えられている。世襲とは、特定の地位や財産などを子孫が継承していくことをいう。先にもみたように、「皇室典範」では養子が禁止されているので、皇位を血縁関係の子孫という形式でつないでいかなければならないのが、近代天皇制の特徴のひとつでもある。

(2) 世襲制と性差別

　この世襲によって支えられる天皇制というシステムのはらむ性差別の問題を、以下、①「男系男子」という規定と、②子産みの強制というふたつの点から検討していくこととしたい。

　①「男系男子」という規定

　まず、「男系男子」の規定についてみていこう。

　なぜ、戦後も皇位承継を「男系男子」に限定する規定が残ったのであろうか。言い換えれば、なぜ、女性排除の皇位継承規定が存続しているのであろうか。

　近代以前には8人10代の女性天皇が存在していた（古代6人8代、近世2人2代）。しかしながら、これらの女性たちは皇太子が成人するまでの中継であっ

たと位置づけられもしたのである。このような「女帝中継論」(井上毅らによる)は「歴史の意図的偽造」であると、女性史研究者である早川紀代は指摘する(早川 2005：363)。また、同じく女性史研究者である加納実紀代は、かつて存在した女性天皇の存在を踏まえ、皇位継承を男系男子のみに限定した旧「皇室典範」制定のプロセスを「日本古来の天皇制の伝統を無視するものだった」と指摘する。近代天皇制の形成プロセスで目論まれたのは「あくまでも近代国民国家の統合原理」としての機能である。そのために「『至貴至尊』、『万世一系』の権威あるものとして民衆に受け入れさせなければならない」。したがって、「男尊女卑の通念がはびこっている現状では、天皇は男子に限って」規定すると決定されたのである(加納 2002：176)[6]。

　近代天皇制のシステムが構築されるプロセスにおいて帝国議会で協議されたのは、「万世一系」というフィクションを「男系男子」の血統でつないでいくことである。「大日本帝国憲法」には第1条に「大日本帝國ハ萬世一系ノ天皇之ヲ統治ス」と記されている。「万世一系」とは、天照大神から統治を託された神武天皇から天皇家の血統がつながっているという思想で、日本の国の歴史が長く継続していることに価値をみいだし、「伝統」として認識していこうとする姿勢である。

　興味深いのは、現行の規定は「大日本帝国憲法」第2条、旧「皇室典範」第1条を踏襲している点である[7]。結果、百年以上を経た現在も同じ条文が残っているのである。このような皇位継承の規定をみると、女性が排除されているという点でも戦前と戦後は連関していることがわかる[8]。大日本帝国という軍事主義・植民地主義の体制のなかで制定された法律が、戦後も踏襲されてきたという現実があるのだから。もちろん、戦後、憲法や民法が改正されたとしても、「男尊女卑の通念」がなくなったとはいいがたい。ただ、民衆に適用される「日本国憲法」においては先にみたように、第24条では「両性の平等」が明記されており、そのもとで民法が改正されているのである。一方では民衆に「両性の平等」を謳いつつ、他方では皇族に「男系男子」の皇位継承と、女性皇族が婚姻関係を持つ際には皇籍離脱を規定する。すなわち、皇族にはいまだ家制度は残存していることがわかる。「大日本帝国憲法」下

で天皇を元首とし、天皇の権威を保持するために「男系男子」に限定した規定がつくられ、いまもその中心的規定は残存しているのだ。

このように「男系男子」に限定された規定はこれまでにも性差別であるとして問題化されてきた。「女性差別撤廃条約」(1979 年採択、日本批准は 1985 年)の履行に関してさまざまな法的・制度的な制約と同時に、慣習や意識における阻害要因が指摘されてきたが、日本の場合、その阻害要因として天皇制がはらむ問題も横たわっている。たとえば、2016 年に国連女性差別撤廃委員会が日本政府の第 7・8 次レポートに対する総括所見最終見解案に記載された「皇室典範」の見直しをあげることができる[9]。同委員会は「皇位継承権に男系男子の皇族だけがある」ことに対し、女性天皇を認めないことに懸念を表明したうえで、「皇室典範」の改正を勧告しようとしていた。これに対し、日本政府は強く抗議し、勧告から削除させるという事態となった[10]。結果的に削除させた理由について、菅義偉官房長官(当時)は「国民から支持されている皇室制度について十分な議論がないまま取りあげるのは不適切だ」と反論し、「皇位継承のあり方は、女子に対する差別を目的としていない。皇室典範を取り上げるのは全く適当ではない」と指摘したのである(『日本経済新聞』2019 年 3 月 9 日)。

②子産みの強制

つぎに、皇位継承のために必須となる子産みという観点からみていくこととしたい。

血統を中心とする世襲制によって駆動するシステムが存続するためには、かならず、天皇と皇后のあいだに子どもが生まれなければならない。現行「皇室典範」では子産みの役割を果たす女性たちをプールするための側室制度が存在しないからである[11]。

また、血縁関係をつなぐ皇位継承の規定がある以上、皇室内に子どもが生まれなければならない。そこでは、子どもを産む人が必要とされるということである。言い換えておこう。皇位継承には、女性の身体が必要不可欠とされる。しかも、皇后という特定の女性である。つまり、この制度は、女性に

男子を産ませることを必須とする。世襲によって存続する「万世一系」の思想は、日本の近代化のプロセスに形成されたフィクションであるが、かりに皇族男子が結婚したくなかったとしても、女性と結婚し、その妻に男子を出産させることを伴う思想でもある。天皇制というシステムの安定をはかるために、生殖を伴う男女一対の関係を「正しい」ものとする思想は、異性愛規範を強化するものでもある。そのため、規範からはずれた性を生きる女性たちのあり方[12]が阻害され、負のレッテルがはられていく社会を、直接的・間接的に強化するシステムでもある。

　子産みを強要される女性の身体が、いかほど、過酷な状況に置かれるのか。現天皇・徳仁の妻である皇后雅子の例をとっても、その過酷さがわかる。皇后となった雅子は、1963 年に生まれ、ハーバード大学卒業後、東京大学に編入した。その後、中退して、外務省に入省し、外交官を務めるが、その前後よりマスコミによって「お妃選び」の候補として過剰に報道されることとなる。1993 年 1 月には結婚の内定が報道され、同年 6 月に「結婚の儀」を執り行った。しかし、結婚後、しばらくのあいだ、妊娠することはなかった。1999 年 12 月には流産の報道、2001 年 4 月には妊娠発表、そして同年 12 月 1 日に、第一子として愛子が誕生した。

　第一子となった愛子が生まれるまでにもさまざまな報道があった。女性不妊か男性不妊か、どちらかではないか。生殖補助技術が使われたのではないか。そのような話題も女性週刊誌などには掲載されたが、真実はわからない。宮内庁によって厳重な機密保持が徹底されているからである。プライベートな領域に属するはずの妊娠・出産という出来事が、国家システムのなかで何度も一大事として取り沙汰されること自体、異常な光景である。ここには、リプロダクティヴ・ライツもプライバシーの権利も存在しない。

　子産みを徹底的に期待されること。そして、皇位継承のために男子を産まなければならないという制度。このように誰かが皇位継承者を産まなければならない制度は、性差別と異性愛主義を基盤として、ようやく存立しているものでもある。

4. 女系・女性天皇の可能性という陥穽

　限定された枠組のなかで皇位継承をしていく規定がある以上、皇位継承者が安定的に生み出されるとは限らない。皇位継承者が生み出されないことによって、天皇制の存続が危ぶまれることとなる。このような現実から、「男系男子」に限定することの是非が問われ、これまでにも、女系や女性の天皇の可能性についても議論されてきた。

　また、「日本国憲法」制定時に廃止された宮家を復活させるという主張もある。さらには、女性は認めないものの、男系に限定された皇位継承を廃止し、皇籍離脱した元皇族女性を復帰させるという主張、あるいは皇族女性が皇族外の男性と結婚する場合に皇籍離脱をせずに残って皇位継承者を生み出すべきだという主張もある。これらは女系という「血統」による皇位継承者を生み出す可能性を求めるものである。

　先にみた国連女性差別撤廃委員会が予定していた勧告のように、皇位継承権が男系男子に限定され、女性天皇を認めないのは性差別であるとの見解もある。実際には、なかなか男子が生まれない状況から、小泉純一郎首相時代には「皇室典範に関する有識者会議」が首相の私的諮問機関として設置された（2004年12月）。協議の結果、翌年11月に報告書が出され、12月には首相に答申を提出している。そこには、①女性天皇および女系天皇を認める、②皇位継承順位は、男女を問わず第一子を優先とする、③女性天皇および女性皇族の配偶者も皇族とする（女性宮家の設立を認める）ことなどが記載されたのである[13]。

　その後、2006年に秋篠宮家に男児・悠仁が誕生した時点で一時期中断されたが、皇室の今後を考え、女性天皇や女系天皇の話題が登場することとなった。2021年12月には政府の有識者会議が作成した報告書には、①女性皇族が婚姻後も皇族の身分を保有すること、②養子縁組によって旧皇族男系男子の皇族を復帰させることという2点について検討を求めることが記載されている。また、2023年11月には政権与党である自民党が総裁直轄の「安定的な皇位継承の確保に関する懇談会」の初会合を開催している。報道によると、

麻生太郎会長は「具体的な方策については皇室典範などの法改正の必要性を考えなければならない」と述べ、法改正を視野に入れた検討をも進めることが示唆されている（『京都新聞』2023 年 11 月 18 日）。

　日本政府や天皇制を維持したい人びとには、「男系男子」のみに皇位継承権を付与するシステムでは人材不足で皇位継承が断絶するという危機感もある。そこで天皇制を存続するためには女性天皇を認めるべきであるとの議論も生み出されてきた。具体的には、徳仁の第一子である愛子が皇位継承すべきだという意見もある。この場合、「男系男子」に限定した天皇制存続が目的であるとは限らず、いわゆる性別よりも「血統」の近さが強調されているといえる。

　天皇制は性差別を基盤として駆動していると先に述べたが、これまでにもフェミニズムの立場から、女性天皇を認めるべきだという議論もいくつか提示されている。たとえば、先にも引用した加納実紀代も、かつて、皇位継承に内在するあきらかな性差別を放置するのを問題視し、議論喚起のために女性天皇の可能性を提示した（加納 2002）。

　また、インタビュー記事ではあるものの、社会学者の牟田和恵も皇位継承を女性にも開放すべきだとの主張をおこなっている[14]。この記事では、2019年の代替わり時期にマスコミ各社がおこなった世論調査では女性天皇に 8 割前後の賛成意見があったことをふまえ、現天皇の長子である愛子が「次の天皇になられるのが当然」という言葉が紹介されている。というのも、男系男子のみを皇位継承者として規定する「皇室典範」は「日本社会の女性差別を反映している」ものであり、このような「皇室の女性差別が見直されなければ、日本社会における女性の生きづらさも本質的には変わらない」ということらしい。そして、記事は以下のように結ばれる。

　　愛子内親王は天皇皇后両陛下のもとですこやかに成長されているようです。将来、即位されれば、天皇として立派に務めを果たされることでしょう。

234

　「女性だからできないこと」は、社会からなくしていくべきです。皇
　位継承についても、同じだと思います。

　このような方向性がフェミニズムにもひろがっていくことで、天皇制の存
続がはかられることは危惧すべき状況である。というのも、そもそも女性排
除という性差別からはじまった近代天皇制の出発点が忘却されていくからだ。
同時に、女性天皇容認論は、皇室神道の祭祀に女人禁制が含まれていること
をほぼ視野に入れていないともいえるのではないだろうか。

　たとえば女人禁制の例としては 2019 年の天皇代替わりの際にも報道され
た。天皇代替わりの最初の儀式である三種の神器を受け継ぐ剣璽等承継の儀
は、成年の男性皇族しか参加することができなかった。つまり、女性皇族が
排除されたままに執行されたのである。このような儀式における女人禁制は、
旧「皇室典範」に付属した「登極令」によって定められたものである。

　近年は、世論も女性天皇の可能性を後押しする。2019 年 11 月に時事通信
が実施した調査によると、皇位継承を「男系男子」に限定する制度を「維持す
べきである」としたのは 18.5％にとどまり、「こだわる必要はない」との回答
が 76.1％となった[15]。このような状況のなかで、「男系男子」に限定する意味
を問われているのも現状である。

　しかし、女性天皇が認められたところで、特定の「家系」にのみ固執する
世襲制がありつづけることを忘れてはならない。また、子どもを産まなけれ
ばならないという異性愛主義のシステムでありつづけることも忘れてはなら
ない。特定の性差別の側面だけをとりあげて規定の変更を求める姿勢は、こ
のシステムを問う人びとの分断をもたらすにすぎないのではないだろうか。
社会への影響を考慮して女性天皇を認めるべきだという主張は、天皇制とい
うシステム自体が、わたしたちの日常生活と切り離されたものではなく、多
大な影響を及ぼすシステムとして存在していることを示しているのかもしれ
ない。しかしながら、天皇制を維持するためのシステムや、それを支えるイ
デオロギーは存続している。それらがはらむ問題が日本社会に横たわりつづ
けているからこそ、天皇制は廃止すべきであると、筆者は考えている。

ジェンダー　8　グローバル社会のなかの象徴天皇制　235

そもそも、皇位継承者を生み出す生殖を伴う男女一対の関係性を「正しい」ものとする思想は、異性愛主義を強化するものでもある。英文学者であり、フェミニズム理論の研究者であった竹村和子は、異性愛主義（ヘテロセクシズム）と性差別（セクシズム）は同じ根をもつとして、「〔ヘテロ〕セクシズム」という概念を用いる。竹村によると、「同性愛差別は、近代市民社会の性差別（セクシズム）を前提にして、さらに言えば性差別を促進する装置として、編成されたもの」である。そこで「規範として近代社会が再生産しつづけているのは、異性愛一般というよりも、ただ一つの『正しいセクシュアリティ』の規範」である。竹村のいう「正しいセクシュアリティ」とは、「終身的な単婚（モノガミー）を前提として、社会でヘゲモニーを得ている階級を再生産する家庭内のセクシュアリティ」である（竹村 2002：37-38）。そこには、次世代再生産と終身的な単婚という2つの特徴がみられる。

女性の身体利用によって継承される皇位とは、まさにこのような「正しいセクシュアリティ」の規範を強化し、維持しつづける装置である。そのため、規範からはずれた性を生きる人びとのあり方が阻害され、負のレッテルがはられていく社会を、直接的・間接的に強化するシステムでもあることを強調しておきたい。

5．むすびにかえて

国民国家は脆弱である。だからこそ、紐帯が必要とされる（Butler & Spivak, 2007＝2008）。そして、紐帯をめぐるイデオロギーが構築される。日本の場合、近代国家を形成していくプロセスにおいて、徴兵や徴税のために「家」を基礎とした戸籍制度をつくり、統合のための紐帯としてあらたに近代天皇制を構築してきた。そして、このシステムを廃止しようとする議論も減退しつつある。

そのような現実のなか、本章では、「差別の根源」と指摘されてきた天皇制のはらむ問題を批判的に読み解いてきた。グローバル化する社会のなかで、多くの国々は君主制度を廃止する傾向にある。しかしながら、日本は独自の

ローカルな社会システムとして、天皇制を存続してきた。近代天皇制は、性差別や異性愛主義を存立構造としてもつ。また同時に、そのような天皇制を支える戸籍制度を維持してきた。すでに戦後、家制度は法律としてなくなったものの、「家意識」を支える制度として戸籍制度が機能している現実のただなかに、この日本社会は、ある。

　冒頭に、日本は民主主義国家なのかという問いを立てた。天皇制という課題を取り上げてみれば、そこには抵抗の困難が横たわっている。天皇・皇后をはじめとした皇族に関する情報の多くは開示されず、また公的な場で批判することすら憚られる状態がある。マスメディアや法律[16]でさえも最上敬語で天皇や皇后、皇族を扱う。また、天皇制に反対する社会運動にはいまも警察（＝国家権力）による厳しい弾圧が加えられつづけている[17]。

　このような状況を踏まえると、法律上は「民主主義」を採用していたとしても、いまも戦前と同じく「国体」を護持しようとする動向が維持されているといえないだろうか。

　もちろん、本章で考察してきたのは、天皇制という社会システム自体がはらむ問題や、そこから波及するさまざまな問題のうちのほんの一部に過ぎない。今後、より多くの分野において議論がひらかれていくことを期待したい。

注

1　戸籍簿には異動事由が記載されるので、「性同一性障害・特例法」（2003年）によって性別変更をおこなった人びとへの差別も含まれる。しかし、この点はこれまでにもあまり問題化されてきていない。

2　さらに付け加えておけば、天皇制を問題化してきたジェンダー／セクシュアリティをめぐる分野においては社会運動での蓄積を忘れてはならない。たとえば「女性と天皇制研究会」が2002年に発足し、社会運動や研究に従事する人びとが首都圏での集会実施や反天皇制運動との連携を担ってきた。この研究会は愛子誕生（2001年12月）の時期に女帝容認論の広がりなどさまざまな課題を検討するために発足した。

3　厚生労働省「人口動態調査」による。1995年からのデータからみると95％を割り込んだのは、この年がはじめてのことである。

4　ただ、日本国籍保持者が「日本人」であるとは限らないことにも注意をしてお

ジェンダー 8　グローバル社会のなかの象徴天皇制　237

く必要があるだろう。旧植民地出身者や日本以外のルーツを持つ人びとが「帰化」制度によって日本国籍を取得するケースもあるからだ。日本は外国籍であると生存機会が奪われるほどに排他的な国家体制を維持してきている。そのため、国籍取得を余儀なくされる人びとが少なくはない現状にある。ただし、「帰化」制度は、国籍取得の権利を意味するものではなく、法的に「恩恵」として位置づけられ、その許諾についても理由が開示されないところに、戸籍制度の排他性があることも特徴的であろう。

5　大日本帝国が植民地とした朝鮮半島や台湾にも戸籍制度は持ち出された。ただし、「内地戸籍」とは異なるものとして編成されている。戦後、朝鮮半島が解放されてから南北に国家が樹立されたが、朝鮮民主主義人民共和国は建国と同時に戸籍制度を廃止している。残された大韓民国においても現在は戸主制度が廃止されている。2005年、戸主制度に韓国憲法裁判所が違憲判決を出した。その結果、同年3月31日、民法改正となり、戸主制度が廃止されることとなった。このような変遷から、法制度が家族関係登録に変更されたため、戸籍制度が使われなくなったという経緯がある。そもそも戸主制度は男性中心的なシステムであり、女性運動によって廃止の流れが生み出されてきたことも大きい（申2006）。

6　ただ、女帝排除について早川紀代は井上毅による女帝否定論を参照しつつ、「慈悲をもつ女性には政治統治能力はない」との議論をふりかえり、女性全般の政治領域からの排除が背景にあるとする。ここでは「排除の正統性は儒教における男尊女卑思想にもとづくものではなく、男女両性の差異にもとづく性別分業という近代政治の両性観の観点から行われている」と指摘している（早川 2005：364）。

7　付け加えておくと、近代国家の形成期にはそれなりの時間を要している。ここで言及した「大日本帝国憲法」と（旧）「皇室典範」は1889年に制定された。「明治」がはじまってから21年後である。これらの成立過程では、近代国家の支配イデオロギーとして宗教的権威を天皇にもたせることがひとつの目的として置かれた。翌年である1890年には「教育勅語」が定められた。ここでは詳述しないが、学校教育が媒介となり天皇制の国体護持体制が構築されていった流れがあることにも注目しておく必要があるだろう（北村 2020）。

8　本章はジェンダー／セクシュアリティの視点から天皇制の問題を考察することを目的とするため、詳細には踏み込まないが、戦前と戦後の連関のなかで維持されてきた、この支配システムは、排外主義を伴って構築されていることも付け加えておきたい。とくに「日本国憲法」制定にあたって、排外主義が発揮されたのは、具体的には沖縄と旧植民地出身者に対する政策である。憲法第1章とバーターに GHQ が第9条（戦争放棄）を明記した。沖縄を軍事占領させるこ

とを昭和天皇は GHQ に約束したのである（1947 年 9 月 19 日沖縄メッセージ）。同時に「日本国憲法」施行の前日、1947 年 5 月 2 日に最後の「勅令」による「外国人登録令」が出されたことも忘れてはならない。1945 年 12 月には朝鮮人・台湾人の参政権を停止していたが、この登録令により、「台湾人のうち内務大臣の定める者及び朝鮮人は、この勅令の適用については、当分の間、これを外国人とみなす」とされ、治安管理の対象となった。さらにサンフランシスコ条約（1952 年）では国籍を一方的に剥奪されたのである。天皇制維持と沖縄や旧植民地出身者に対する処遇をあわせて考えると、国民国家が何を求めているのかがわかる。これら排外主義とジェンダー／セクシュアリティを合わせてインターセクショナルに分析する必要があるが、ここでは課題を指摘するにとどめておきたい。

9　「皇室典範」に記される女性・女系天皇の問題については、2003 年の第 4・5 次日本政府レポートの審議においてもとりあげられた。

10　総括所見は、委員会での採決後、公表前に事実関係の確認のために締約国に送付され、二四時間以内に修正希望が受け付けられる。削除の報道をおこなったのが読売新聞だった。当時、女性差別撤廃委員会の委員であった林陽子は、原則として締約国と国連スタッフのやりとりでしかないものをどのように取材したのか不明であると述べている（国際女性の地位協会 2019：9）。

11　現行「皇室典範」以前に、昭和天皇・裕仁の天皇即位前後より、宮中の女官制度は大きく改革された。一夫一婦制が定着し、赤坂御所から「天皇の寝所に侍る女性が完全にいなくなり、皇后単独の寝室が不要になった」のは、1928 年のことである（森 2022：106-107）。近代になってから天皇・皇后のあいだに出生したのは、裕仁が初めてである。明治天皇・睦仁と皇后・美子のあいだには子どもが生まれず、柳原愛子とのあいだに後に大正天皇となる嘉仁が生まれている。

12　ここでは規範から外れた性を生きる人びととは、おもに性別二元論や異性愛主義に合致しない性的マイノリティを指している。具体的には異性とつがわないライフスタイルを選択する人びとや、戸籍の性別変更に手術要件を課されているトランスジェンダーの人びとなどを想定している。また、優生保護法によって、強制不妊手術を受けさせられた人びとの置かれた状況は、「産む性」の強要と対極に「産んではならない性」として位置づけられてきた。男性中心主義と異性愛主義というふたつの規範からはずれた生を育む「レズビアン」というポジショナリティから読む天皇制の問題については別稿で考察したので参照されたい（堀江 2022）。

13　婚姻制度を利用するには戸籍が必要となる。先にみたように、皇族は戸籍簿には記載されていない。女性皇族が皇族以外の男性と婚姻関係をもつ場合、新戸籍を編成しなければならず、皇室離脱をすることが「皇室典範」では規定されている。すなわち、婚姻後も皇族として残り、かつ配偶者を皇族とするということは

「皇室典範」の改定を求めるものである。

14 「皇室の女性差別」撤廃を！ジェンダー研究者の女性天皇論（『女性自身』2020年2月11日号）。記事は編集者の手によるものであるので当人がどのように語ったのかは正確にはわからないことを付け加えておく。

15 皇位継承に関する時事世論調査（2019年11月8-11日）は全国の18歳以上の男女1,986人を対象に個別面接方式で実施されている。

16 たとえば、天皇の生前退位を可能とした「天皇の退位等に関する皇室典範特例法」（2017年）の法文など。

17 明仁の生前退位から天皇代替わりの時期、首都圏のいくつかの団体が「終わりにしよう！「代替り」に反対するネットワーク（おわてんねっと）」が2016年から2019年まで時限付きの共同行動を実施した。その記録集にはいくつかの弾圧の記録が掲載されている（おわてんねっと2021）。活動記録は同ネットワークのサイトにも残されている（http://han.ten-no.net ＝最終閲覧 2023年10月1日）。また、拙稿にて同時期にフィールドワークのなかで記録と分析を行った（堀江2020）。

文献

遠藤正敬，2013，『戸籍と国籍の近現代史 ——民族・血統・日本人』明石書店.

————，2019，『天皇と戸籍 ——「日本」を映す鏡』筑摩書房.

おわてんねっと（終わりにしよう天皇制！「代替り」に反対するネットワーク），2021，『終わりにしよう天皇制 ——2016→2020「代替わり」反対行動の記録』おわてんねっと.

加納実紀代編，1979，『女性と天皇制』思想の科学社.

加納実紀代，2002，『天皇制とジェンダー』インパクト出版会.

————，2018，『「銃後史」をあるく』インパクト出版会.

北原恵，2009，「元旦紙面にみる天皇一家像の形成」，荻野美穂編著『〈性〉の分割線 ——近・現代日本のジェンダーと身体』青弓社，20-55頁.

北村小夜，2020，『慈愛による差別 ——象徴天皇制・教育勅語・パラリンピック（新装増補版）』梨の木舎.

国際女性の地位協会，2019，「林陽子さんへのインタビュー ——女性差別撤廃委員会委員としての11年間の活動を振り返って」，『国際女性』第33号：5-11頁.

齋藤小百合，2019，『打ち捨てられた者の「憲法」』いのちのことば社.

佐藤文明，1988，『戸籍うらがえ史考——戸籍・外登制度の歴史と天皇制支配の差別構造』明石書店.

————，1996，「象徴天皇制にとって戸籍とは何か」，戸籍と天皇制研究会編『戸籍解体講座』社会評論社.

下夷美幸，2019，『日本の家族と戸籍――なぜ「夫婦と未婚の子」単位なのか』東京大学出版会.

申琪榮，2006，「フェミニスト視点から分析した韓国戸主制度廃止運動」『国際女性』第20号：147-150頁.

鈴木裕子，2002，『フェミニズム・「慰安婦」・天皇制』インパクト出版会.

――――，2019，『天皇家の女たち――古代から現代まで』社会評論社.

竹村和子，2002，『愛について――アイデンティティと欲望の政治学』岩波書店.

徳永達哉，2016，「憲法と同調圧力」『熊本法学』第136号：1-70頁.

二宮周平，2006，『新版・戸籍と人権』解放出版社.

早川紀代，2005，『近代天皇制と国民国家――両性関係を軸として』青木書店.

堀江有里，2020，「『国家と教会』論・再考――天皇代替わり時代におけるキリスト教会の責任」『人権教育研究』第28号：49-74頁.

――――，2022，「天皇制とジェンダー／セクシュアリティ――国家のイデオロギー装置とクィアな読解可能性」，菊地夏野・堀江有里・飯野由里子編著『クィア・スタディーズをひらく 2――結婚、家族、労働』晃洋書房，167-199頁.

――――，2023，「家族主義の再生産装置としての〈結婚〉――クィア神学からの批判的考察」『法と哲学』第9号：145-164頁.

森暢平，2022，『天皇家の恋愛――明治天皇から眞子内親王まで』中公新書.

安丸良夫，［1992］2007，『近代天皇像の形成』岩波現代文庫.

若桑みどり，2001，『皇后の肖像――昭憲皇太后の表象と女性の国民化』筑摩書房.

Butler, Judith and Gayatri Chakravorty Spivak, 2007, *Who Signs the Nation-State?: Language, Politics, Belonging, London: Seagull Books.*（＝2008，竹村和子訳『国家を歌うのは誰か？――グローバル・ステイトにおける言語・政治・帰属』岩波書店）.

読書案内

①加納実紀代, 2002,『天皇制とジェンダー』インパクト出版会.

　女性史の研究者による天皇制とジェンダーをめぐる論考が集められている. 著者の天皇制の問題へのこだわりは1970年代初頭のウーマン・リブの取り組みの渦中にはじまったという. 後に女性の置かれた位置が文化的に構築されたものであると気づき, ジェンダーの視点からの研究へとつながっていった.

　　天皇制を問う運動の中でも論争が起こったのは女性天皇の可能性について描かれる第3章である. 1990年代に雑誌に掲載された論考は多くの議論を巻き起こしたが, 加納はそれらの批判に対し, 明確な反論を本書ではせずにそのまま収録されている. その後の議論については遺された者たちの課題であろう.

②北村小夜, 2020,『慈愛による差別――象徴天皇制・教育勅語・パラリンピック（新

装増補版)』梨の木舎.

「軍国少女はつくられた」と題する序章からはじまる本書は、1925年生まれの戦前・戦中・戦後を過ごしてきた著者のエッセイ集である。著者は「軍国少女」として育ち、従軍看護師となったが、戦後にはその反省から教員となり、長年、障害児教育に従事してきた。学校現場に戦前も戦後も一貫して影響を及ぼしつづける天皇制について分析がなされている。

　初版は1991年。新装増補版にあらたに加えられたのは戦前の「修身」科の復活と批判される道徳の教科化（小学校は2018年度、中学校は翌年度より）や東京オリンピック・パラリンピックの強行実施（2021年）などを通して近年の劣化する教育現場の現状分析が提示されている

③下夷美幸, 2019,『日本の家族と戸籍——なぜ「夫婦と未婚の子」単位なのか』東京大学出版会.

家族社会学の領域における本格的な戸籍とジェンダーに関する社会学の研究書である。近代戸籍制度の成り立ちからはじまり、家制度がなくなった戦後も家族単位での戸籍制度が残存した経緯がその業務に従事した人びとの回顧録から読み取られ、明らかにされている。また、「身の上相談」から婚外子や結婚・離婚・再婚にまつわるテーマを拾い上げ、分析されている点からは戸籍に翻弄される人びとの現実が描き出され、この社会システムの理不尽さがよくわかる。

④鈴木裕子, 2019,『天皇家の女たち——古代から現代まで』社会評論社.

天皇制や植民地主義、日本軍の性奴隷制度（いわゆる日本軍「慰安婦制度」）の連関についての研究を蓄積してきた近現代史の研究者による著書。古代から現代に至るまで、通時的な天皇家の女性たちを描き出している。大日本帝国憲法と共に制定された皇室典範は神話である神武天皇を祖として「万世一系」の思想を生み出してきた。記紀（古事記・日本書紀）神話、上代・古代から近現代に至るまでの天皇家をめぐる女性たちの歴史を中心に周辺の女性たちも含め、描き出されている。

⑤早川紀代, 2005,『近代天皇制と国民国家——両性関係を軸として』青木書店.

前著『近代天皇制国家とジェンダー——成立期のひとつのロジック』（青木書店、1998年）を発展させ、女性を対象としたこれまでの天皇制に関する研究から「両性関係」に着目した研究書である。近代国民国家の形成を皇室典範や家制度、教育勅語、公娼制度などの成立過程から読み解き、明らかにする。また、このような社会制度が社会や個人の規範形成にも大きく影響し、社会における性別役割などの両性関係（ジェンダー役割）がかたちづくられ、維持されるようになったのかを提示している。

⑥鵜飼哲, 2020,『まつろわぬ者たちの祭り——日本型祝賀資本主義批判』インパクト

出版会.

フランス哲学の研究者であり、かつさまざまな社会運動にも参加してきた著者によるエッセイ集である。鵜飼は「まつろわぬ民」を「この列島で、大和朝廷への服従を拒否した人々」を指すと説明する。2019 年の天皇代替わり、2021 年にコロナ禍で強行された東京五輪の招致・開催などの現場をとらえて考察する。本書はジェンダー／セクシュアリティがテーマとなっているわけではないが、「民族の祭典」(ナショナリズム)と「資本の祭典」(ネオリベラリズム)の関連を示す重要な一冊である。

| 社会運動 |

9
グローバル化と社会運動
——サミット・プロテスト／運動行為を事例に

濱西栄司

1. はじめに

　本書は、グローバル化と、日本社会の諸分野（経済、政治、福祉、環境、教育等々）との関係性を論じるものであり、本章はそのなかで「社会運動」分野を担当する。

　「グローバル化」を定義することは容易ではないが、本章では、Steger（2003）をふまえ、「国際化」（国境の存在を前提として各社会の一部が交流・移動する状況）と区別して、「グローバル化」を、〈旧来の国家や地域などの地理的境界、枠組みを越えて、人・モノ・金の移動、政治や経済が地球規模に広がり、社会的な相互作用や関係性が複雑に絡み合った一つの社会（the globe/globality）を想定したうえで、そこに至る過程にある状況〉という意味で用いることにしたい。本章では、このような意味でのグローバル化と（日本の）社会運動の関係性について、考察していくことになる。

　グローバル化と社会運動の関係はこれまでどのように研究されてきただろうか。社会運動研究は、社会学だけでなく、政治学や歴史学、人類学、地理学、さらに国際関係論や政治哲学でも一部なされているが、それらの研究を、その研究課題に注目して方法論的に整理すると、おおきく2つに分けることができる（濱西 2008, 2016, 濱西他 2020）。

　1つ目は、ある集合的な活動の有する意義・意味を「社会運動」に関する理論・概念枠組みを参照しつつ解釈しようとする研究である。つまり、その運動が現代社会や世界にとって、歴史にとっていかなる意義を有するのか、あ

るいは当事者にとってどういう意味をもつのかといった問いを追究する研究群である。その代表例はアラン・トゥレーヌの歴史的行為論（いわゆる「新しい社会運動」論）だと言えるが、中でもグローバル化によって運動の意義が根本的に変化していると主張するのが、後期トゥレーヌらの諸研究である（Touraine 1992, 1997, 2013, McDonald 2006, Wieviorka 2005, Pleyers 2010, 濱西 2016）。

　2つ目は、「社会運動」と同定された集合的な活動の発生・発展・衰退の要因、成否や帰結の因果的メカニズムを説明しようとする研究である。つまり、何が原因で運動が形成され、発展あるいは衰退したのか、成功・失敗したのかといった問いを追究する研究群である。その主流は動員論[1]だと言える。とくにグローバルな運動を事例として、運動の資源や政治的機会構造、ネットワークの変化を論じるのがデッラ・ポルタらの諸研究である（della Porta et al. 2006, della Porta ed. 2007, Tarrow 2005）。

　いずれも重要な研究群であるが、後期トゥレーヌ理論は、欧米の経験をベースとしており、日本社会に応用するには相対化が必要である。また、デッラ・ポルタらの研究は、グローバル化以前の状況と体系的な時系列比較を行っているわけではない。

　そこで本章では、グローバル化が（日本の）社会運動の意義とメカニズムに与える影響を、解釈枠組みの相対化と時系列比較を通して検討することにしたい。

　ところで「社会運動」分野は、他分野と異なり、当の対象（社会運動）がグローバル化そのものを意図的に牽引したり、妨げたりする。それゆえ本章では、社会運動がグローバル化に与える影響についても触れることにしたい。反グローバル化運動やオルタ・グローバル化運動のように、社会運動は、上述の、地球規模の一つの社会へと向かう「過程」（グローバル化）そのものを推進したり妨げたり方向を変えたりするが、グローバル化と社会運動の〈双方向性〉についてはこれまで国際的にも本格的な検討がなされてこなかったからである。

　以下では、まずグローバル化が社会運動の「意義」に与える影響について、後期トゥレーヌ理論をもとに考察し（第2節）、次にグローバル化が社会運動

社会運動 9 グローバル化と社会運動 245

の「メカニズム」に与える影響について、サミット・プロテストの時系列比較を通して検討する（第3節）。そのうえで、社会運動がグローバル化に与える影響についても、運動行為に焦点をあてて考察していく（第4節）。

2. グローバル化が社会運動に与える影響：意義の変化

(1) ポスト社会状況における個々人の闘いと文化運動

　長年にわたり、社会運動の意義を解釈する理論枠組みを提示してきたアラン・トゥレーヌは、1990年代以降の欧米・世界の状況を、「脱近代化」(démodernisation)、「ポスト社会状況」(la situation post-sociale) と捉える (Touraine 1992, 1997, 2013)。一方には、冷戦体制の終結と国境を越えた地球規模のグローバル経済市場の形成があり、国境を超えるモノ、人、サービス、資本、情報などの動きを国家はもはやほとんどコントロールできなくなっている。他方には、その市場主義への反動として、権威主義的共同体主義の盛り上がりがみられる。その結果、近代において「社会」が結びつけていた、純粋に利益計算的な行為（株式投資家、企業家、消費社会の論理）と純粋に共同体主義的な行為（全体主義、国家主義、排外主義の論理）は分離していく。そのような分裂状況を、後期トゥレーヌはモダニティの解体（脱近代化）と捉える。脱近代化とともに、（近代産業）社会も解体し、さまざまな社会制度は衰退し（脱制度化）、社会化の機能も失われていく（脱社会化）という。

　このような「ポスト社会状況」(Touraine 2013) における「中心となる闘い」は、かつてのような、全体社会の行末をめぐる労働運動と産業資本家の対立 (Touraine 1965) でも、「新しい社会運動」とテクノクラシーの対立 (Touraine 1973) でもない——全体社会はもはや存在しないからである。その代わりに重要になるのは、社会の解体の中で苦しみつつ、なんとか自分自身を維持しようとする個々人の闘い（主体化をめぐる闘い）である。ポスト社会状況では、自律を促す制度も、自己決定すべき選択肢も、主体性を発露するための場も動揺し、解体していく。それゆえポスト社会状況を生きる個人とは、〈自律した自己決定できる人格〉としての個人ではなく、自律すべき対象、自己決定すべき

246

ものが分からない状態で苦闘しながら生きざるを得ない個人なのだとする。

それゆえ運動の意義は、個々人の葛藤と悩み、暗中模索の闘いを支援し、保護するものとして位置付け直されることになる。トゥレーヌが80年代まで最重視していた「(全体)社会(を動かそうとする)運動」(Touraine 1965, 1973)に代わって、重要になるのは個々人による生き方・価値観(文化的指向性)をめぐる闘いを支える「(多様な個々人の)文化(的指向性をめぐる闘いを守る)運動」(cultural movements)であり、文化運動(たとえば合理化・ネオリベラル化を進めようとする文化運動や、コミュニティやアイデンティティに回帰しようとする排外的な文化運動も含め)の間の勢力争いが、脱近代化と社会の解体が進む現代における「中心となる闘い」になるのだという。そして、その闘いのなかから中核となる文化的指向性を有する新しい「社会」――とはもはや呼べないかもしれないが――を再構築していく道が、下から模索されていくことになる(Touraine 1992, 1997, 2013)。

トゥレーヌ理論を引き継ぐミシェル・ヴィヴィオルカは、1990年代末以降、世界的な環境・人権問題や、新自由主義に対抗する「もう一つの世界」、そして承認を要求する文化的アイデンティティなどを争点とするような反権威の「グローバル運動」(global movements)が、文化運動の後に登場していると主張した(Wieviorka 2005)。**表9-1**は、彼が各時代状況において中心的と位置付ける運動を整理したものであるが、① 1960年代までの「労働階級運動」、② 1960年代末から1970年代の「新しい社会運動」、さらに③ 1980年代から1990年代の運動の制度化・商業化(文化運動)、そして④ 1990年代末以降のグローバル運動の関係性が示されている。

(2) 解釈枠組みの相対化と日本

トゥレーヌらの解釈枠組みは、欧米、特にフランスの経験をベースにしており、もちろんそのまま日本社会に適用できるものではない。それゆえ濱西(2016)は、トゥレーヌの80年代までの理論を福祉レジーム論(Esping-Andersen 1990)を用いて、また90年代以降の理論は新しい社会的リスク論などと組み合わせて、相対化しつつ修正している。

社会運動 9 グローバル化と社会運動 247

表9-1 中心的運動の推移

	労働階級運動	「新しい社会運動」	運動の制度化・商業化	グローバル運動
	60年代まで	60年代末〜70年代	80〜90年代	90年代末〜
枠組	国民国家の枠組	国民国家の文脈	国民国家の文脈、近代化	枠組自体の衰退、グローバル化
敵手	支配に対する挑戦	明確に定まらない社会的敵手	曖昧な社会的敵手、異なる指向の文化運動	さらに曖昧な社会的敵手（国際機関）、異なる指向の文化運動
行為	行為は明確に社会的	文化的に充たされた運動（差異、承認）	文化の中心的役割（新しい文化、文化的承認）	文化の中心的役割（新しい文化、文化的承認）
政治との関係	社会運動から政治的行為へ	権力奪取以外の、政治との新たな関係性（すべては政治的）	権力奪取以外の、政治との新たな関係性（すべては政治的）	政治との新たな関係（権力関心なく反新自由主義、国際的レベルで政治再構築）

出典：濱西（2016）より転載

　福祉国家は、「労働者」というカテゴリーに付随するさまざまなリスク（失業・障害・家族の扶養など）を保障しようとしてきたが、現代の新しい社会的リスクは、脱産業社会において、女性の労働市場参加、高齢化、労働市場の変化、民営化が進行することで生まれるリスクであり、同じ「女性」であっても、同じ「男性」であっても、同じ「労働者」であっても、個々人で異なるカテゴリー横断的・個人的なリスクである（Taylor-Gooby 2004）。そして「とりわけ女性、若い労働者、そして適切な技能を持たない人々に、のしかかる」（Esping-Andersen 1999）とされる。トゥレーヌがいうポスト社会状況を生きる個々人の苦しみは、この新しい社会的リスクとある程度、対応していると考えられる——実際、トゥレーヌらは90年代以降、マージナルな若者やマイノリティや障害者、病者の主体性や経験に関する調査を実施している[2]。また文化運動は、貧困支援や権利擁護、社会的包摂を目指すNPO/NGOや社会的企業の活動と対応していると言ってよい——苦しむ個人を別様に包摂し排外主義者へと主体化してしまう集団・運動の例もある。

次に、新たな「社会」の再構築についてはどうか。新しい社会的リスクは、個別的かつ多様で、行政の従来的な問題発見能力や画一的な対応力を超えており、むしろ当事者からの発信があったうえで専門家や自助グループ、非営利セクター・サードセクターがこれを支えていき、そこから行政やケアワーカーにつなげていくしかないとされる（宮本 2008）。多様な組織（NPO/NGO や企業、行政組織、協同組合、労働組合、自助・地縁組織など）によって維持されるそのような社会保障のあり方は「ソーシャル・ガヴァナンス」と呼ばれるが（宮本 2005）、市場と競争を中心とした自由主義的なものもあれば、協同組合などを中心としたもの、社会的包摂や労働統合を重視するもの、北欧のような公的セクター中心のものもある。特に社会的包摂や労働統合を重視するようなソーシャル・ガヴァナンスは、トゥレーヌが新たな社会の形として構想するものと一部重なるし（Touraine 1999）、ヴィヴィオルカが運動の制度化・商業化ととらえる変化とも重なりうる。

　だがそれで終わりではない。ソーシャル・ガヴァナンスは、社会的リスクに苦しむ個々人を支える体制を作り出すが、他方で、そこになじめない人々をやはり排除せざるをえない。深刻なのは、ソーシャル・ガヴァナンスが様々な組織の包括的なネットワークになっているがゆえにそこに異を唱えることが非常に困難になるということである。それゆえソーシャル・ガヴァナンスへの抗議行動は、しばしば、ガヴァナンスを構成する諸組織ネットワーク全体に対する異議申し立てになり、「組織」が有する上下関係や役割分担、規範と権威そのものへの抗議にすらなってしまう。このような抗議は、ヴィヴィオルカのいう反権威のグローバル運動と部分的に対応していると言えるだろう。

　以上の関係性を、濱西（2021b）は初学者向けにわかりやすくまとめているが（図9-1）、そこでは、新しい社会運動は、労働運動と労働運動が求めた（男性健常者中心で生産主義的な）福祉国家とを批判し解体する存在として位置付け直される。またグローバル運動は次の社会・主体を形成するものではなく、同時代の社会状況（ソーシャル・ガヴァナンス）を批判し解体する位置に置かれることになる。

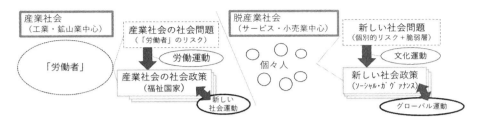

図 9-1　相対化・修正された意義の解釈枠組み

出典：濱西（2021b）より転載

　そのうえで日本のソーシャル・ガヴァナンスの主流は、濱西（2016）も言うように、自由主義的なものであり、しばしばすべてを商品化し、利益追求の流れに乗せてしまおうとする。それは市場中心の企業・起業家・政府・国際機関・投資家などの競争的連携であり、個人の間の競争を促進し、勝ち組と負け組も生み出していく。それゆえグローバル運動もまた日本においては自由主義ソーシャル・ガヴァナンスを批判し、その解体をリードする運動として位置付けられることになる。それは同時に、包摂的で連帯に基づく多様な組織（協同組合、労働組合、NPO/NGO、運動組織、政府など）のネットワークを対抗的に作り直そうとする運動としての側面も持つことになるだろう。それはヴィヴィオルカのいう反権威・反組織のグローバル運動とはやや異なるが、そのズレは、2008年洞爺湖G8サミットへの抗議行動にも伺えた[3]。たとえば、国際交流インフォセンター／キャンプ札幌実行委員会編（2008）には、当事者の語りとして「世界の仲間がつながる場」「オープンな議論や対話を学ぶ場」「初めて顔をみる人……に助けてもらい、たくさん学ぶ場」をともに作り出したという経験、「自分の言葉で思いを語った」といった実感が描かれている。それは反権威のグローバル運動の特徴と一致するように思える。他方、キャンプを自由主義的で競争的な場にするのではなく、地元政府やNPO、地域住民と組んで適切な制度化・組織化を目指そうとする当事者の思いもみえてくる。たとえばキャンプやデモなどを実施するという共通の目的に向かって、戦略的に様々な人を動員し、政府と交渉したり、協力者や寄付を求めたりす

250

る作業を行わなければならないという経験、そのために数多く会議を開き、合意形成を積み重ねなければいけないという実感である。それゆえ、キャンプを反権威（反組織）の場として位置づけるグローバル運動と、連帯的な組織ネットワーク（地方政府、NPO/NGO、組合など）との連携を制度化しようとするグローバル運動の間にズレや緊張感も生まれてくるわけである。

　運動の現代社会的意義は、グローバル化によって個人と社会が変化する中で、変化していくが、国・地域ごとに当然、制度の違いがあり、意義も異なってくるのである。このように後期トゥレーヌらの理論枠組みを応用することで、洞爺湖 G8 サミットへの抗議行動の有する複雑な意義についてもグローバル化の影響を踏まえた解釈をある程度行うことができる。

3. グローバル化が社会運動に与える影響：メカニズムの変化

　次に、運動のメカニズムは、グローバル化によっていかなる影響を受けるのだろうか。

　従来、社会運動の「標的」は、基本的に自国政府の政策や国内企業・産業であり、また担い手は主に当該国家の国民であった。しかしグローバル化によって、政治・経済が地球規模に広がり複雑に絡み合うようになる中で、国際機関の会合やサミットが標的とされるようになり、その開催地に世界中から多様な抗議者が集まり、大規模な抗議行動を実施するということが常態化するようになっていく。それに伴い、運動の政治的環境や動員構造、動員資源、組織ネットワークなども多国間にまたがるようになっている (della Porta et al. 2006, della Porta ed. 2007, Tarrow 2005)。ただしそのようなメカニズムの変化を主張する諸研究が、時系列比較を体系的に行っているかというとそうではない。

　そこで本章では、日本開催 6 サミットに対する抗議行動（サミット・プロテスト）を取り上げ、特に中心的な争点とアクターに焦点をあてた時系列比較を行ってみたい。G7/8 サミット（主要国首脳会議）は 1970 年代から存在しており、グローバル化の影響を把握するうえで、事例としてふさわしく、特に日本のサミット・プロテストはサイクル（2008 年にピークを迎え 2016 年には大幅に衰

社会運動　9　グローバル化と社会運動　251

退）を形成している点で注目に値するのである。

　なお、2008 年までの 5 つのサミット・プロテストについてはすでに濱西
（2016）が詳細を描いているので、本章ではそこに 2016 年の事例を追加する形
で全体を概述する。

- 1979 年 6 月 28 〜 29 日 東京 G7 サミット
- 1986 年 5 月 4 〜 6 日 東京 G7 サミット
- 1993 年 7 月 7 〜 9 日 東京 G7 サミット
- 2000 年 7 月 21 〜 23 日 九州・沖縄 G8 サミット
- 2008 年 7 月 7 〜 9 日 北海道洞爺湖 G8 サミット
- 2016 年 5 月 26 〜 27 日 伊勢志摩 G7 サミット

　まず中心的な争点（イシュー）についてみていく。1979 年と 1986 年のサミッ
ト・プロテストでは労働・資本主義に関する争点が中心であったが、冷戦
終結後の 1993 年には、途上国をめぐる争点が中心となり、環境・開発・人
権・女性・民主主義なども争点化していく。2000 年には、雇用の規制緩和や、
途上国の債務問題、さらに開催地域に関わる基地問題という争点が新たに登
場し、そして 2008 年ではそれらの争点が結び付きながら、全般的に盛り上
がりをみせるようになった（マルチイシュー化）。しかし 2016 年には、途上国
支援のありようと、三重・名古屋の公害を背景とした環境問題とに争点はほ
ぼ限定されることになる（**表 9-2**）。

　次に、中心的アクターは、1979 年と 1986 年においては労働組合と左派グ
ループであったが、1993 年のサミット・プロテストでは環境問題や途上国
開発問題にかかわる国際協力 NGO（「地球の友」など）が中心となる。さらに
2000 年には世界的な途上国債務取り消し運動（ジュビリー 2000）、そして沖縄の
基地問題に取り組む住民ネットワークが主役となった。そのうえで 2008 年
には労働組合や左派グループもふたたび力を持つようになり、直接行動派も
登場するなかで、マルチアクター化が大きく進んだと言える。ただし、2016
年には東海地域の環境 NPO や国際協力 NGO のネットワークにほぼ限られ、

表 9-2　サミット・プロテストにおける中心的争点の変化

	東京サミット			九州・沖縄サミット	北海道洞爺湖サミット	伊勢志摩サミット
	1979 年	1986 年	1993 年	2000 年	2008 年	2016 年
労働問題	◎	◎	△	△	○	
雇用規制緩和				○	◎	
資本主義	◎	◎	△	△	◎	
貿易規制緩和			○	△	◎	
途上国問題		△	◎	○	◎	○
債務問題				◎	◎	○
平和・人権	△		△	◎	◎	○
環境			△	○	◎	○

（※◎ ○ △ は規模やメディア露出の程度をあらわす：以下同）
出典：濱西 (2016) 掲載図に 2016 年事例を追加

活動もかなり小規模になった（**表 9-3**）。

　以上からみえてくるのは、サミット・プロテストのマルチイシュー化とマルチアクター化が 2008 年にピークを迎えた後、2016 年に大幅に衰退するということである。グローバル化が運動の資源や機会、ネットワークの変化をもたらす点は、すでに動員論がある程度明らかにしているが、マルチイシュー・アクター化が進んだ背後にも、（領域・境界を超えた社会的な相互作用や関係性が複雑に絡み合う）グローバル化の進展があることは想像に難くない。他方、2016 年に縮小しているのは、2011 年から続くシリア難民問題や 2015 年頃からのイギリスの EU 離脱問題、2017 年のトランプ政権の登場などを通して、グローバル化自体が根本的に問い直されるようになったことが影響をしているのかもしれない。衰退の過程についてはまだ世界的にもほとんど研究がなされていないが、グローバル化の進展／揺り戻しと争点・アクターのマルチ化がある程度、結びついているということは言えるだろう。

表 9-3　サミット・プロテストにおける中心的アクターの変化

	1979 年	1986 年	1993 年	2000 年	2008 年	2016 年
労働組合	◎	◎	○	○		
左派系	◎	◎	○	○	◎	
協同組合			○		○	
経営者			○	○		
国際 NGO			◎	◎	◎	○
女性団体			○	○	○	
右翼団体			○		○	
弁護士			○			
住民	○			◎	◎	○

出典：濱西（2016）掲載図に 2016 年事例を追加

4. 社会運動がグローバル化に与える影響：結節点としての運動行為を通して

　以上、グローバル化が運動の意義とメカニズムに与える影響について検討を行ってきたが、反対に、運動がグローバル化に与える影響もある。たとえば反グローバル化運動は人や金の移動そのものを止めてしまおうとするし、オルタ・グローバル化運動はグローバル化の方向性を、市場・競争中心から正義や連帯中心のものへと変えようとする。また市場化や関税撤廃、情報技術や人の移動の規制緩和をさらに進めていこうとする運動もある。そしてそれぞれ、実際にグローバル化のありように、その進展や停滞、加速や逆転、方向性に影響を与えてきたと言える。

　つまり、社会運動とグローバル化は双方向的な関係にあると言えるわけである。ただ、双方向性はしばしば〈反グローバル化を主張しているのにグローバル化による技術やテクノロジーを利用している〉といった「逆説」「矛盾」と誤解されて、それ以上あまり分析されてこなかった。必要なのは本章のよう

に〈グローバル化から運動へ〉の影響と〈運動からグローバル化へ〉の影響という2つの側面を明確に区別することであり、それによって2側面をつなぐ結節点についても具体的に考えられるようになる。

　グローバル化は、個人と社会の変化を招き、現実の社会運動の展開にも影響を与えていくが、その社会運動は現実の空間で、デモや集会など様々な運動行為を展開し、その空間に、そしてメディアやSNSを通して社会全体に、世界に、影響を与え、グローバル化自体のありようも変化させていくことになる。つまり社会運動とグローバル化の結節点とは、「運動行為」だと言えるのである。従来、運動行為についてはほとんど分析がなされてきていないので、ここで少し具体的に考察してみたい――より詳細かつ幅広い記述・分析は濱西 (forthcoming) 参照。

　たとえば2008年G8サミットでは、サミット会場（洞爺湖）が大都市から隔離されていたため、札幌が主たる運動行為の舞台となった。札幌中心部のGoogle map 上に関連イベントをマッピングしたのが図 9-2 である。図中の「○」は「集会」の場所を指しているが、大学（北海道大学や北海学園大学）、公共施設（東区民センター、北農健保会館、道民活動センター、教育文化会館、市民活動スペース、コンベンションセンター）、労働・協同組合関係施設（札幌エルプラザ、自治労会館、共済ビル）、宗教関係施設（クリスチャンセンター）などが会場になっている。「市民サミット」（札幌コンベンションセンター他）など、同じ施設で複数開催されたイベント群は四角く囲んでいる。また大通公園から中島公園につながる実線の矢印は大規模な合同デモを指している。その前後には単発のデモが大通り公園を中心に実施され、また臨時のインフォセンターの設営・活動などもなされた。

　これらの活動は主催者も主張もかなり多様だが、場所と日時の近さゆえに、人びとは同時並行的に起こる運動行為群を一体のものとして捉えることになる――メディア報道を通してしばしば海外のサミット・プロテストとも一体のものとして捉えられていた。そして一つの巨大な運動とみなされることによって、この運動行為群はまず札幌在住の人々と日本全国・世界中から札幌に集まった人々（アクティビストや政府官僚、NGO、組合など）に影響を与え、さ

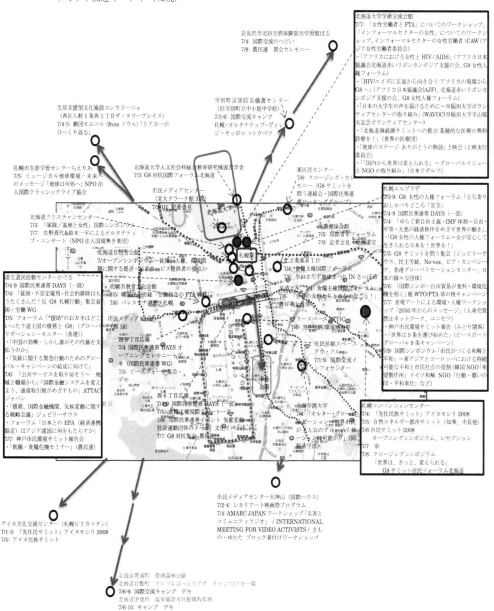

図9-2 2008年サミット時の札幌での運動行為群

出典：濱西（2016）掲載図の転載

らにサミット取材中のマスメディア、オルタメディアや SNS を通じて世界中に報道・発信されていき、グローバル化のありようを問い直す大きな流れを生み出していくのである。

　社会運動がグローバル化に影響を与える時、そこに必ず存在（実在）しなければならないのは、何かの主張や企図でも集合的アイデンティティでも組織でもネットワークでもない。具体的な運動行為である。それがなければ結局、運動が存在しているとはみなされないし、人々にインパクトを与えることもなく、報道されることもないのである。しかし従来の社会運動研究は、運動参加者の意図や運動組織に着目するばかりで、濱西 (2018, 2020, 2021a, 2022, forthcoming) を除いて、運動行為をほぼ無視してきたと言ってよい。様々なグローバル化論 (Steger 2003 他) においても、運動行為はエピソードとして登場するだけで正面から分析されることはなかったのである。新たに運動行為に焦点をあてることで、グローバル化と社会運動の双方向的な関係性をより深く、かつ経験的に検討することができるようになるはずである。

5.　おわりに

　以上、本章では、主にグローバル化が社会運動の意義とメカニズムに与える影響について考察し、社会運動がグローバル化に与える影響についても検討を行ってきた。まず第 1 章で研究課題を定め、第 2 節ではトゥレーヌらの研究を相対化・修正したうえで、サミット・プロテストの意義を解釈した。第 3 節ではサミット・プロテストのマルチイシュー化・マルチアクター化を示したうえで、グローバル化の影響と関連付けて説明した。そのうえで第 4 節では社会運動とグローバル化の双方向的影響関係の結節点としての「運動行為」に注目し、札幌の事例を通して考察した。

　振り返って先行研究 (後期トゥレーヌや動員論) は、グローバル化が運動の意義やメカニズムに与える影響について検討はしていたが、理論の相対化や時系列比較の点で課題を抱えていた。それに対して本章ではその相対化と比較を行うことで、日本の運動の意義をグローバル化と結び付けて解釈し、また

社会運動　9　グローバル化と社会運動　257

グローバル化による運動自体の変化(マルチ化)を見出すことができた。さらにグローバル化と社会運動の双方向関係の結節点(運動行為)についても考察を行うことができた。もちろん本章で取り組めたことは、ごく一部の事例分析でしかなく、より適切な解釈枠組み、より妥当な説明モデルの模索をこれからも続けていく必要があるだろう。

　最後に、本章では「グローバル化」と社会運動の関係性に議論を限定したが、社会運動は、おそらく産業化や市場化、権威主義化、加速化などさまざまな社会変動とも、双方向的な関係性を有している。運動はそれらの変動から影響を受けつつ、同時にそれらの変動にも影響を与えてきているからである。今後、運動行為は、さまざまな社会変動を経験的に捉え直す結節点として重要な研究対象となっていくはずである。

注

1　社会運動と社会運動組織を区別したうえで運動組織の戦略から運動の生成・維持・発展・衰退を説明する資源動員論(McCarthy & Zald 1985)を核に政治的機会構造論やフレーミング論を総合した仮説体系。

2　トゥレーヌ自身も、ムスリム女性やLGBTの調査を実施している(Touraine 2006)。

3　詳細な分析は濱西(2016)に譲りたい。

引用・参考文献

国際交流インフォセンター／キャンプ札幌実行委員会編, 2008,『オルタナティヴ・ヴィレッジ——私たちの小さな村のこころみ』同委員会発行.

濱西栄司, 2008,「動員論と行為論、及び第三のアプローチ——方法論的差異と社会運動の「質」」『ソシオロジ』163, 39-53.

濱西栄司, 2016,『トゥレーヌ社会学と新しい社会運動理論』新泉社.

濱西栄司, 2018,「政治的デモンストレーションの展開とその環境——1999年シアトルWTOと2009年ピッツバーグG20を事例に」『フォーラム現代社会学』17, 5-18.

濱西栄司, 2020,「なぜこういうことをしているのか——世界各地の抗議行動から」濱西栄司他『問いからはじめる社会運動論』有斐閣, 178-213.

濱西栄司, 2021a,「都市抗議の日常化と記述——2009年コペンハーゲンCOP15を事

例に」松田素二他編『日常的実践の社会人間学――都市・抵抗・共同性』山城印刷株式会社出版部, 39-51.

濱西栄司, 2021b,「社会政策と社会問題」『社会学と社会システム』中央法規出版株式会社, 123-133.

濱西栄司, 2022,「運動行為のビッグデータ記述――2015年反安全保障法制抗議集会を通して」『現代社会学理論研究』16, 45-56.

濱西栄司, forthcoming,『社会運動は何を行うのか――運動行為論の構築へ向けて』新泉社.

濱西栄司・中根多惠・小杉亮子・青木聡子, 2020,『問いからはじめる社会運動論』有斐閣.

宮本太郎, 2005,「ソーシャル・ガヴァナンス――その構造と展開」山口二郎・宮本太郎・坪郷實編『ポスト福祉国家とソーシャル・ガヴァナンス』ミネルヴァ書房, 1-23.

宮本太郎, 2008,『福祉政治――日本の生活保障とデモクラシー』有斐閣.

della Porta, D. ed., 2007, *The Global Justice Movement: Cross-National and Transnational Perspectives*, London: Paradigm Publisher.

della Porta, D., Andretta, M., Mosca, L and H. Reiter, 2006, *Globalization from Below: Transnational Activists and Protest Networks*, Minnesota: University of Minnesota Press.

Esping-Andersen, G., 1990, *The Three Worlds of Welfare Capitalism*, NJ: Princeton University Press.（岡沢憲芙・宮本太郎監訳, 2001,『福祉資本主義の三つの世界――比較福祉国家の理論と動態』ミネルヴァ書房.）

Esping-Andersen, G., 1999, *Social Foundations of Postindustrial Economies*, Oxford: Oxford University Press.（渡辺雅男・渡辺景子訳, 2000,『ポスト工業経済の社会的基礎――市場・福祉国家・家族の政治経済学』桜井書店.）

McCarthy, J. D. and M. N. Zald, 1977, "Resource Mobilization and Social Movements: A Partial Theory," *American Journal of Sociology*, 82(6): 1212-1241.

McDonald, K., 2006. *Global Movement: Action and Culture*, South Victoria: Blackwell.

Pleyers, G., 2010, *Alter-Globalization: Becoming Actors in the Global Age*, Cambridge: Polity Press.

Steger, M. B., 2003, *Globalization: A Very Short Introduction*, Oxford: Oxford University Press.（櫻井公人・櫻井純理・高嶋正晴訳, 2005,『グローバリゼーション』岩波書店.）

Tarrow, S., 2005, *The New Transnational Activism*, Cambridge: Cambridge University Press.

Taylor-Gooby, P., 2004, "New Risks and Social Change", Taylor-Gooby, P. ed., *New Risks, New Welfare: The Transformation of The European Welfare State*, Oxford: Oxford University Press, pp. 1-27.

Touraine, A., 1965, *Sociologie de l'action*, Paris: Seuil.（大久保敏彦・石崎晴己・菅原猛・長沢孝弘訳, 1974,『行動の社会学』合同出版.）

社会運動 9　グローバル化と社会運動　259

Touraine, A., 1973, *Production de la société*, Paris: Seuil.

Touraine, A., 1992, *Critique de la modernité*, Paris: Fayard.

Touraine, A., 1997, *Pourrons-nous vivre ensemble ?: Egaux et différents*, Paris: Fayard.

Touraine, A., 1999, *Comment sortir du libéralisme ?*, Paris: Fayard.

Touraine, A., 2006, *Le monde des femmes*, Paris: Fayard.

Touraine, A., 2013, *La fin des sociétés*, Paris: Seuil.

Wieviorka, M., 2005, "After New Social Movements", *Social Movements Studies*, 4(1), 1-19.

読書案内

① Steger, M. B., 2003, *Globalization: A Very Short Introduction*, Oxford: Oxford University Press. (櫻井公人・櫻井純理・高嶋正晴訳, 2005,『グローバリゼーション』岩波書店.)
「グローバル化」という現象について非常に包括的に、かつ分かりやすく解説してくれる。経済的次元、政治的次元、文化的次元、イデオロギー的次元などを区分し、グローバル化の歴史やグローバリズムへの抗議行動も紹介している。

②野宮大志郎・西城戸誠編, 2016,『サミット・プロテスト——グローバル化時代の社会運動』新泉社.
洞爺湖 G8 サミット抗議行動（サミット・プロテスト）に関する研究プロジェクトの成果をまとめた書籍。サミット・プロテストの歴史や全体像、参加回路、イメージの分析、またドイツやイタリアとの比較、社会的受容の分析など、（筆者含め）8 名の研究者による論稿から成る。

③濱西栄司, 2016,『トゥレーヌ社会学と新しい社会運動理論』新泉社.
アラン・トゥレーヌの社会学理論について包括的にまとめ、サミット・プロテストに応用した書籍。第Ⅰ部では、現代フランスを代表する社会学者・知識人であるトゥレーヌと後継者らの社会学理論について体系化を行ったうえで、福祉レジーム論等を通して相対化し、日本の社会組織やアクティビストグループの解釈に応用した。第Ⅱ部では、日本で発生した 5 つのサミット・プロテストの比較分析等を通して、従来の組織パラダイム（動員論）とは異なる第 3 のアプローチによる説明モデルの提示を試みている。

④濱西栄司・中根多惠・小杉亮子・青木聡子, 2020,『問いからはじめる社会運動論』有斐閣.
4 名の研究者が自らの研究過程を振り返りつつ、いかにして社会運動に関心を持ち、どのような調査研究を行ってきたのかについて具体的に解説する初学者向けのテキスト。序章で社会運動研究が意義の解釈とメカニズムの説明に大別されることを示したうえで、第 1 部は、女性の保守運動、1960 年代の学生運動、サミッ

トをめぐる運動を事例にして、意義を解釈する過程を、また第2部はグローバル化時代の労働組合、ドイツの原子力施設反対運動、国会前抗議行動を事例として、メカニズムを説明する過程をそれぞれ具体的に解説している。

⑤ Esping-Andersen, G., 1990, *The Three Worlds of Welfare Capitalism*, NJ: Princeton University Press.（岡沢憲芙・宮本太郎監訳, 2001,『福祉資本主義の三つの世界——比較福祉国家の理論と動態』ミネルヴァ書房.）

戦後資本主義諸国における福祉レジームの形成と類型化を分析した記念碑的名著。歴史的社会学的認識をベースに、計量データ分析を行うことで3つの福祉レジーム（社民主義・保守主義・自由主義）の存在を浮かび上がらせるとともに、各福祉レジームへの分化の要因としての労働勢力の資源動員や戦略の重要性も明らかにした。脱産業社会における各福祉レジームの行末についても論じている。

⑥新川敏光, 2005,『日本型福祉レジームの発展と変容』ミネルヴァ書房.

エスピン・アンデルセンの福祉レジーム論をベースに、戦後日本における福祉レジームの発展と変容を、労働勢力の権力資源動員などから論じている。国際比較可能な視点から、戦後日本の潜在的・顕在的な紛争構造も理解させてくれる。

⑦ della Porta, D., Andretta, M., Mosca, L and H. Reiter, 2006, *Globalization from Below: Transnational Activists and Protest Networks*, Minnesota: University of Minnesota Press.

イタリア人社会学者デッラ・ポルタを中心とする研究グループの成果本。2001年のジェノア G8サミットへの抗議活動と、2002年のフィレンツェ欧州社会フォーラムについて、アンケート調査やグループインタビュー、参与観察調査などを行い、参加者の特徴、組織ネットワーク、政治的機会などを明らかにしている。またインターネット使用法や抗議キャンペーン、警察や政府・野党との相互作用についても分析している。

⑧ della Porta, D. ed., 2007, *The Global Justice Movement: Cross-National and Transnational Perspectives*, London: Paradigm Publisher.

世界的に盛り上がりを見せるオルタ・グローバル化運動について、7か国（イタリア、スペイン、フランス、ドイツ、イギリス、スイス、アメリカ）の比較分析を行った書籍。全体で300以上の組織と5000人以上の活動家について調査を行い、各国事例の特徴と差異を浮かび上がらせる。

⑨ McDonald, K., 2006, *Global Movement: Action and Culture*, South Victoria: Blackwell.

オルタ・グローバル化運動、および新イスラム運動・中国法輪功など非西欧の運動に関する分析を通して、西欧近代発の「社会運動」概念に代えて新しい「経験運動」概念へのパラダイム・シフトを提起する。著者はトゥレーヌの後継者の一人で、英語圏における中心的な人物。

⑩ Pleyers, G., 2010, *Alter-Globalization: Becoming Actors in the Global Age*, Cambridge: Polity Press.

約 10 年かけて ATTAC やサパティスタから世界社会フォーラム、サミット・プロテストまで 1000 近いイベントの参与観察と 150 人以上にインタビュー調査などを行った労作。後期トゥレーヌ理論を土台としつつ、オルタ・グローバル化運動の中に合理性／専門性と創造性／個人性という 2 つの傾向を見出し、さらにその間の争点を明らかにした。トゥレーヌの後継者としては、上述のマクドナルドよりも若い世代の一人であるが、2023 年には国際社会学会会長にも選ばれている。

|環境|

10
ジュゴンを待ちながら
──「不在」の生き物が導く沖縄の平和・環境運動

比嘉理麻

1. はじめに

　沖縄出身の大学生が撮った映画『人魚に会える日。』[1]には、主人公の少年たちが、「幻の生き物」を一目見ようと、海辺という海辺を駆けずり回ってジュゴンを探す印象的なシーンがある。だが、ジュゴンは姿を現わさなかった。諦めかけたとき、少年の一人がこう言ったのだった。「ヤー、ネガティブ思考かぁ？　ジュゴンがいるって信じとこーぜ」。

　普段、滅多に会うことのできないこのジュゴンという生き物をめぐって、沖縄では、さまざまな想像力が生まれている。子ども向けの児童書や絵本から、映画、歌、現代アートに至るそれらの作品において、このいわば「不在」の生き物は、沖縄の人びとを魅了してやまない[2]。だが周知の通り、「ジュゴンの背中には、米軍基地がくっついて」おり、ジュゴンは辺野古の基地建設反対運動のシンボルでもある。

　本章では、沖縄本島近海に生息する絶滅危惧種ジュゴンと、沖縄の人びとが切り結ぶ関係を丁寧に掬いあげながら、ジュゴンという生き物が背負わされてしまった辺野古の米軍基地建設問題にアプローチし、環境破壊への抗議・ジュゴン保護と一体となった反基地・反軍事運動の可能性について考えてゆきたい。基地反対と結びついたジュゴン保護活動において、非人間中心主義的な人と動物・環境の関わりあいが先進的に展開している。本章ではその胎動をしっかりと掴みとり、他種との共生を可能にする環境の理論を提示していきたい。

環境 10 ジュゴンを待ちながら 263

　環境を壊すことは、我々自身を壊すことである。その実感を欠くならば、自然保護活動は、自然か人間か、の単純な二者択一を迫るものに還元されかねない。事実、沖縄では、ジュゴン保護を理由に、普天間基地の辺野古への「移設」（「移設神話」については2節で詳述）に反対する立場に対し、「我々（普天間の人びと）の命は、ジュゴンより軽いのか？」[3] という問いかけがなされた。また、軍事基地とは関係ない自然保護の文脈でも、たとえば、近年、定置網にかかったウミガメが相次いで、漁師に刺殺される事件が起き、改めてウミガメ保護と沿岸漁業の両立可能性が問われている（沖縄タイムス 2022 年 7 月 23 日、8 月 1 日）。

　我々は、どのようにすれば、人間か自然かの二者択一に陥らずに、これ以上の環境破壊を是としない思考を紡ぎ出すことができるのであろうか。本章では、この問いに、人間と動物の関係性からアプローチする。具体的には、人間とジュゴンの種差に留意しながらも、両者の生の根底的なつながりや共通点に着目し、それを土台に、我々人間とジュゴンが共に生きられる環境の総体を守るという視座を築いていく。ここでは、人間中心主義的な「保全（conservation）」論とも、その反動としての自然・動物中心主義的な「保存（preservation）」論とも距離をとり、人間と他の動物の関わりあいを基盤に、（人間の側から見た）関係的倫理の一形態を提示することを目指す。

　人間例外主義を一切揺さぶらずに動物倫理を語るのではなく、現在の著しい偏りに対して、一歩でも、動物の側に歩み寄る倫理のかたちが求められている。本章は、ジュゴンの〈生き方〉に魅了された人びとの活動と語りに耳を傾け、彼らの目指しているジュゴンと人とが共に生きられる環境づくり、すなわち、ジュゴンと共に生きる暮らしに根ざした環境運動を記述していく。それにより、自然保護を我々から切り離された自然を守る活動としてではなく、我々が埋め込まれている環境を守る営みとして示していきたい。

　なお、本章では、環境という言葉を、我々の外側にある無色透明な客観的事象としては捉えておらず、我々の生存基盤であるという意味で、我々がその一部に組み込まれた関係内在的な事象として捉えている。さらに環境は、国家の政治的利害に左右され、軍事介入の対象となり、我々の生もろとも蹂躙する軍事化の拠点ともなる。軍事化への着目は、その被害が我々人間

のみならず、生息環境を共にする他種の生き物たちにも等しく及ぶという点で、我々の生命の延長線上に、彼らの生命を捉えるのを可能にする。本章では、環境と我々の相互構成的な関係への気づきを土台に、「自然保護≒人間保護」という、自然と人間の生命の交差地点 (intersectionality) に、ジュゴン保護の活動を捉える視座を構築する。

　以上の問題意識を出発点に、まず第2節で筆者の専門である文化人類学の人と動物の関係論や環境をめぐる諸理論を参照しながら、本章で主題化するジュゴン保護活動における人と動物の関係やそこでの環境観を捉える具体的な枠組みを築く。続く第3節と第4節では、ジュゴン保護と基地反対の運動が連動して成立する歴史的経緯に着目する。第3節で辺野古の基地建設計画（普天間基地の「移設」神話）を概観し、第4節ではジュゴンと沖縄の人びとの関係史として、基地建設との関係で近年高まりを見せているジュゴン保護活動と、アメリカの「自然の権利」訴訟の系譜をもつ「沖縄ジュゴンの権利訴訟」について取り上げる。さらに第5節では、一般的に流布されているジュゴン言説（「基地反対の道具」説）とは異なる、沖縄の人びととジュゴンの関係を、ジュゴン保護活動のフィールドワークに基づいて描き出す。最後に第6節では、事例分析を通じて、すべての生命が埋め込まれた自然‐社会環境を丸ごと破壊する組織的暴力である、軍事化に抗する人と動物の連帯や協働の可能性を指摘し、人間と動物・環境の来たるべき関係性について総合考察を行なう。

2. 「不在」の生き物と共に生きる──人と動物の人類学

(1) 親しき仲にも礼儀あり──「分離 (detachment)」という問題系

　動物を扱う人類学 (anthropology) は、「動物」という他者・他種との関わりから、人類理解およびその相対化に努めてきた。2000年代を前後して、人類学内外で、「人間性 (Humanity)」の問い直しとともに、ダナ・ハラウェイの「サイボーグ宣言」(2000) や「伴侶種宣言」(2013a, 2013b) が広く読まれ、異種を扱う研究群が静かなる注目を集めてきた。こうした潮流を受け、「人間を超えた人類学」や「マルチスピーシーズ人類学」はバブル期を迎えている (e.g. チン 2019,

奥野 2021, 近藤・吉田編 2021, 近藤 2022)。

　本節では、異種を扱う人類学の諸理論のうち、主に動物について論じた先行研究を参照しながら、ジュゴンという異種と沖縄の人びととの関わりを捉える理論的枠組みを築いていきたい。

　まず大まかに、人と動物の関係を扱う人類学を振り返ると、それらは、動物を社会や文化の「窓」や「鏡」として扱い、当該社会・文化において、特定の動物種と人びとが取り結ぶ関係を通して異社会・異文化理解を行なってきた (Mullin 1999, 2002)。具体的には、地域環境への適応や生業形態、儀礼や信仰上の価値や重要性、肉食のタブーなどに目を配りながら、地域独自の動物との関わりあいのロジックが明らかにされた (e.g. Rappaport 1968, リーチ 1976, サーリンズ 1987, レヴィ＝ストロース 2000, ダグラス 2009)。多かれ少なかれ、昨今、隆盛している新たな研究群も、上記の伝統的な人間 - 動物研究の理論的・民族誌的蓄積の上にある (Kirksey and Helmreich 2010：549-555)。

　動物をはじめとする異種と人間との関わりに関して膨大な研究蓄積があるが、それらの研究は総じて、人と動物の結びつき、すなわち「関与 (engagement)」の側面のみに焦点を当ててきた点で共通する (Candea 2010)。そのため、両者の「分離 (detachment)」については看過されてきた。だが人と動物の関係性は、関係の不在から間主観性 (intersubjectivity) を認めあうものまで、幅広いスペクトラムをもつ (Candea 2010：243-244)。そのため、その幅広い関係性を捉えるには、関与の分析のみでは片手落ちとなる。

　分離とは、単なる関係の欠如ではなく、人間と動物の関係構築の一形態として積極的に捉えられなければならない (Candea 2010：244)。マテイ・カンデアは、この「分離」という問題系から人間 - 動物関係の学説史を再構成し、南アフリカに生息するミーアキャットと科学者が切り結ぶ関係性のモードを「関与」と「分離」のグラデーションとして描き出すことに成功した。ミーアキャットは、常に、人との間に「礼儀正しい」適度な距離を保ち、逆に濃密な関係構築を好まない。だが、これは、関係の欠如なのではなく、洗練された関係構築の作法として捉えられるべきものである。このように、人と動物の人類学は、関与のみの記述から、関与と分離の双方を視野に入れた関係論

的アプローチへと展開し、それにより、関与と分離のモードの切り替えや併存状況の分析が可能となったのである。

　確かに、身の回りを見渡してみると、我々は愛玩動物などとの親密な関わりを築く（山田 2004）一方で、我々の食卓を彩る「食べ物」となる家畜・家禽類との関わりあいをもたない。まさに、我々は毎日のように触れているはずの家畜の命との〈隔たり〉や分断状況を生きている（比嘉 2015, 2022a）。人間 - 動物研究は、分離への注目により、濃密な相互行為をとる親密な間柄にある生き物との関係性のみならず、関係構築と関係不在の間に膨大に広がる関係性の濃淡を分析することが可能となる。これは人間 - 動物研究に新たな局面をもたらすものである。この分離という関係のモードを分析軸とすることで、たとえば、人びとが滅多に出くわすことのないジュゴンという生き物との関係を、単なる関係の不在としてではなく、より肯定的に捉えることができる。ペットや（農家にとっての）家畜などのように、日々相互行為を積み重ねていくような動物個体と人間の関わりのみならず、一回性の出会いを主とする野生動物と人間との関わりあいを捉えようとする場合、特に、この「分離」という関係のモードの分析はより重要な意義をもってくる。

(2) 日本でオオカミを待つ──野生動物は「敵」か「被害者」か？

　次に、本章と同じく日本をフィールドに、野生動物との関わりを捉えたイギリスの社会人類学者ジョン・ナイトの研究を参照し、そこで野生動物と人びととの関係がどのように描かれているかを批判的に検討していきたい。ナイトは、紀伊半島に位置する和歌山県の山村でフィールドワークを行ない、農業・林業・狩猟といった多様な生業に従事している人たちと、イノシシ・クマ・サル・シカ・オオカミとの関わりを描き出した（Knight 2006）。

　なかでも、当地の人びとにとって日本オオカミは絶滅以後も、特別な存在であり続け、その再導入計画がもちあがっていた。オオカミは農作物を荒らすシカなどの「害獣」を（人に代わって）「駆除する」天然のハンターとして英雄視されている。総じて、ここでの野生動物がどのような生き物として捉えられているかというと、まず①獣害問題に顕著なように、人間の「敵 (enemies)」

として表象される。だがその一方で、②森林伐採や開発事業などにより、人間に生息域を侵食された「被害者 (victims)」としても捉えられている (Knight 2006：194-234, 246-254)。ここでの野生動物は常にこの二面性を併せもち、人びとにとって絶えず両義的な存在として現れる。それゆえ、オオカミの再導入計画や人との関わりも、この二面性の間で揺れ動く。このように、ナイトは、人間 - 動物関係を扱う人類学において長きにわたって支配的であった静態的な象徴分析を、動態的なものへと刷新したのである。

　しかし、ナイトの記述からは、具体的に動き回る動物たちの姿が見えてこないのもまた事実である。ナイトの描く動物たちは、「敵」と「被害者」という固定的な二極に揺れるのみで、そのいずれにも回収され得ない個別性や具体性をもつことはない。動物たちは、両極端な形象を担わされ、2 枚の静止画の中に閉じ込められているかのようである。まさにナイトの本の表紙の扉絵に飾られているオオカミの版画のように、動物たちは特定の人たちとの間で相互行為を繰り広げることはなく、動きを失った静物のように、整然とした象徴分析のなかに収められ、個別性や具体性を剥奪され、一般的な種の次元で語られる。このように、動物たちは「種」や「敵／被害者」という一般的カテゴリーに還元され、抽象化されてしまい、生気を失ってしまう。こうして動物たちは、死したモノのように提示されるのだ。

(3) 動物は〈動詞〉である──世界の動きを解放せよ

　私たちは、どのようにすれば、動物たちの生気を記述の中に取り戻すことができるのであろうか。ナイトのような動物の描出は、動物たちを「名詞（一般名詞）」として捉えていることに問題の一因がある。それに対して、長年、人類学の動物・環境研究を牽引してきたティム・インゴルドは、動物を「名詞」としてではなく〈動詞〉として捉えるという独創的なアイディアを提起している (インゴルド 2021：389-413)。そこでは、アラスカのコユコンの人びとと動物の関わりのエスノグラフィーがふんだんに引用され、〈動詞〉として動物を理解するとはどのようなことかを想像可能にする工夫が施されている。

　インゴルドの論点は、我々自身が既にもっている経験を呼び覚まし、我々

の言語によって既に分節化された世界の内で動物を思考するのを止め、その〈手前〉で、すなわち動物との出会いの瞬間という具体的な経験の地平で、新たな言葉を紡ぎ出すことにある。もちろん、これは言うほど簡単なことではない。我々は、既に母語を習得済みであるし、その言語により切り分けられた世界を半ば自明視して生活を送っているからだ。しかしインゴルドは、その自明視された言語によって切り刻まれた世界を保持したまま動物を分析するのではなく、それが切り刻まれる手前の経験の瞬間に立ち返り、別様の存在のあり方を可能にする描写的言語、あるいは物語を紡ぎ出そうとする。その際、我々のように、人間と動物の間に明確な線引きを引いてはいない人びとの想像力＝創造力が、その手助けとなる。

　インゴルドは一貫して、「経験に戻れ」ということを強調しているが、そこに至るまでの過程で、動物をめぐる言語の批判的な検討を行ない、人間と動物の区分・分割を支えてきた従来の言語使用説を批判し、「動物とは何か？」を改めて問うた (Ingold ed. 1988)。一見自明な「動物」という概念を検討に付すことで、インゴルドは、常識的な人間 - 動物の分節を乗り越え、人間と動物たちがそれぞれ、「行なっていること (doing)」の中に、両者の類似性を見出していく。たとえば、動物たちもこの世界に「棲まう (dwelling)」(Ingold 2000：5) ために、自ら環境を改変する。動物たちの「行なっていること」に注目することで、動物を自らの生活世界を創造する生き生きとした能動的な行為者として描くことが可能となる。

　インゴルドにとって既存の言語の分節化が問題なのは、それによって「生きていること」が不可視化され、世界が動きを失い、止まってしまうからである。それにより、人類学は、既に完成された世界の記述に留まってしまう。一瞬たりとて止まっていない世界の只中にどっぷりと身を浸し、その経験に、内側から丁寧に言葉を当てていく。これが、インゴルドの「経験に戻れ」の意味である。

　そこで提示される動物理解の方法も、「動きを取り戻すこと」に焦点を当てるものである。動きを失った動物とは、まさに「名詞」で表される存在である。それに対し、動きを表わすのにふさわしいのが動詞なのである。だが

環境　10　ジュゴンを待ちながら　269

果たして、動物を〈動詞〉として捉えるとは、いかなることか？端的に言えば、常に形成中の世界にあって、動物とは、その動物が「行なっていることであり、その活動の特徴によって知られる」（インゴルド 2021：400, 傍点はインゴルド）。あらゆる生き物は、活動の束として、その都度変わりゆく生の流れの一時的な凝結物として捉えられ、世界のその都度の現われの中で、それと共に生成を遂げるものである。そこでは、人間と動物がおり、その外側を取り巻くように環境があるという環境の外在的な見方が退けられる。

　インゴルドが取り上げた例をいくつか挙げると、我々がブヨと呼ぶものは、コユコン語では「かじる」と言われ、蝶や蛾は「あちこちで羽ばたく」と言われ、衣服を食べてしまう虫たちは「衣類を食べる」と呼ばれる。また、我々の言語でカイツブリという潜水性の鳥類は、陸上での不器用さを指して、「その足は水中だけで働く」と言われる（インゴルド 2021：399）。ここでの動物は、まさに「行なっている」こととして把握されており、それがそのまま、動物の呼び名となっている。こうした命名法は、ある動物のどの行動や特徴に焦点を当てるかによって変わりうるため、表現に幅があるが、たとえば「かじる」のように、ブヨに噛まれた経験がある人にとっては、その意味は明らかである。このような動物の命名法は、行動観察や知覚に基づくものであり、それらの経験から切り離し得ないものである。

　さらに本章との関係で示唆的なのは、寒帯に生息する動物の多くが、人里離れた場所に生息しており、人前に滅多に姿を現さない点である。彼ら動物たちは、ちらっと見かけられるだけで、たとえば、「草むらのなかで尻尾を振っていたり、木のなかで影がさっと動いたり、大空で羽がひらめいたり、水面に跳ね上がったりするだけである」（インゴルド 2021：400）。このように、コユコンにとって、動物は、じっくりとその全貌を眼中に収められるようなものではなく、動物たちの足跡や痕跡、におい、立てた音、鳴き声などとして現われる。動物は、環境に配分されたその都度の現われなのである。

　その現われとしての動物たちの活動や動きに言葉を当てていくと、必然的にそれは動詞形となり、物語のかたちを纏っていく。それが、動物の呼び名となる。動物の呼び名は、彼らがどのような生を育んでいるかを描写するも

のであり、生きていることの描写＝物語が、その動物の呼び名なのである。コユコンは、動物たちを「何か」として分類し対象化することはなく、それぞれの「生き方（ways of living）」に言及し、それを描写する。つまりそれぞれの動物は、特定の生き方である（インゴルド 2021：400, Ingold 2011：170, 傍点筆者）。

　さらに動物たちを「生き方」として捉えるということは、現在進行中の常に変転し成長する生命過程として、彼らを捉えることをも意味する。そして生命過程の束の間の凝結物という視座は、動物のみならず、人間をも、そのような存在として眼差すのを可能にする。人間と動物を最初から明確に切り分けた上で、両者の関係性を問うアプローチでは、生の総体を捉えることができない。そもそも、同様に流転するこの世界の中で、生命活動の流れとして、あらゆる生物は常に既に出会っているのである。

　もちろん、これは一切の種差を無視するよう促すものではない。そうではなく、既存の言語をズラすことで、動物も人間も共に、それぞれ「行なっていること」そのものである、という共通の地平の上での記述が開かれていく。インゴルドは予め人と動物を明確に線引きして序列化し、動物を不活性な存在に貶めた上で、動物にエージェンシーを付与する、という矛盾した動物の扱いを批判する。そして人間と動物の名詞的分節化以前の経験に立ち戻り、そもそも、始まりも終わりもない進行中の生命の流れがあるのみであるという地点から、言葉を紡ぐよう誘っているのだ。コユコンの〈動詞〉として動物を捉えるイマジネーションが、我々をその入り口に立たせてくれている。

　ここまで我々は、南アフリカのミーアキャットの民族誌から出発し、「親しき仲にも礼儀あり」という分離と関与のバランスをとる付き合いの技法を学び、獣害問題に直面する日本の山村のオオカミ再導入計画を経由し、動物の静態的な象徴分析を乗り越えるべく、再び遠くはアラスカ・コユコンと寒帯性の生き物たちの「出会い」の物語から、人間と動物たちを共に〈動詞〉として捉えるという発想を手に入れた。分離、シンボル、動詞という分析ツールを手がかりに、本章で主題とする、ジュゴンという「不在」の生き物と共に生きる人びとの民族誌的記述に着手していこう。

3. 辺野古の基地建設計画とその変遷

　本節では、ジュゴン保護が始まる契機となった、名護市辺野古の基地建設計画とその変遷を概観する（比嘉 2022b：49-50）。主に、1996 年以降、争点となっている普天間基地の撤去を、辺野古への「移設」問題にすり替える傾向を批判的に検討し、「普天間か辺野古か」という二者択一を迫る政治的動向とは距離を置く。

　辺野古の基地建設計画は、1995 年の米兵による少女レイプ事件を受けて設けられた、日米両政府の「沖縄に関する特別行動委員会 (SACO)」の最終報告に遡る。そこでは、普天間基地の返還と、その「移設」先として辺野古の基地建設案が登場した。普天間基地は、市街地の中心にあり、危険性が高いため、その危険性の高い基地を返還することは、沖縄中で高まっていた反基地感情を沈め、米軍基地を継続的に使用する「切り札」だった（野添 2020：149-150）。しかし、普天間基地の返還とは、無条件に為されるものではなく、沖縄県内の「移設」を条件としていた。こうして、普天間基地の返還は、その代替施設として名護市辺野古に海上基地を建設するという条件付き返還へとずらされていった。

　当時、海上基地の建設をめぐって名護市で行われた住民投票では、過半数を超える市民が反対に投票した。だが、当時の名護市長・比嘉鉄也は、首相との会談で「受け入れ」を表明し、自らは辞任するという複雑な事態へと転じた。さらに、反対を表明していた大田知事は、三選を目指した 1998 年の知事選において、自民党・公明党推薦の稲嶺恵一に負けることとなった。稲嶺は、大田知事と政府との「対立」により、沖縄経済が「県政不況」に陥っていると批判し、知事選を勝ち抜いて当選したのである（野添 2020：154-159）。

　その後、稲嶺県政では、普天間基地の固定化を避けるために、使用期限を 15 年とし、辺野古の沖合 2km の地点に海上基地を造るという苦渋の選択を行なった（佐藤 2016：74, 野添 2020：159）。しかし、日米両政府はこの「沖合」案を、沖縄の同意を得ずに変更し、辺野古の沿岸部、すなわち 1950 年代に建設された辺野古の米軍基地キャンプ・シュワブの沿岸部に増設するかたちで、基

地を造るという「沿岸」案へとすり替えていった。現行の「沿岸」案は、軍用機の離発着や航路上の安全性において、当初の沖合案と比べ、格段に危険なものとなっている。

　2006年に、普天間基地の「県外移設」を公約に掲げて知事選を勝利した仲井眞弘多は、2013年に立場を転じ、辺野古への「移設」・埋め立てを承認した。だが、その翌年の2014年には再び、辺野古新基地建設反対の翁長雄志が当選し、翁長知事は、2015年10月に、前知事による埋め立て承認の取り消しを発表した。だが、その直後の10月28日、沖縄防衛局（防衛省の地方組織）による埋め立て工事の届け出がなされるなど、沖縄県の意向は全く日本政府に届いていない。さらに2017年4月、辺野古の基地建設現場では、埋め立ての足場となる護岸工事が始められ、2018年12月には、護岸の内側に、土砂が投入された。しかし、この土砂投入された浅瀬の海域の北側（大浦湾）には、水深70〜90mの海域が広がり、その海底は基地建設に適さない「軟弱地盤」であることが判明した。この種の工事は、今後12年間かかり、かつ完成後も地盤沈下の恐れがあると言われている（野添2020：196）。

　以上が、普天間基地の「移設」先として浮上した辺野古の基地建設の計画とその変遷である。この「移設」案は、普天間－辺野古間の距離が約36kmと近いことや、新基地の軍備増強が指摘されるなど、いくつもの矛盾を孕んでいる（佐藤・屋良編2017）。最も重要なのは、辺野古に新設予定の滑走路の長さが1,800mで、普天間基地の3,000mに満たないことから、「有事」の利用における代替機能をなさないことである。そのため、仮に辺野古の新基地が造られたとしても、普天間規模の滑走路の代替（民間空港の那覇空港などの有事利用）が確約されなければ、普天間は返還できない、と稲田朋美防衛相（当時）が公言した。この発言から、「移設」とは名ばかりであり、普天間基地の返還の目処が立たないまま、辺野古の新基地建設が強行されている現実が露呈した。こうした辺野古の基地建設の強行は、日本政府と米軍の二重支配として、人びとに経験されている。

4. 基地反対運動の展開——ジュゴン保護と「沖縄ジュゴンの権利」訴訟の系譜

1996年のSACO以降、名護市辺野古における新基地の建設計画に対し、さまざまなかたちで、反対運動が続けられてきた（比嘉 2022b：50-52）。1997年、辺野古の住民は、「命を守る会」を結成し、浜での座り込みを開始した（阿部 2011）。その後8年にわたる座り込みと反対にもかかわらず、那覇防衛施設局（沖縄防衛局の前身）は、2004年4月、基地建設を目的としたボーリング調査を開始した。この段階で、名護市民をはじめ沖縄県内外の人による座り込みが始動され、新たに海上での作業を阻止するという「海上行動」も展開していった（阿部 2005：182-184）。2024年4月現在も、辺野古の基地建設への反対運動は続けられており、20年以上にわたって継続している。沖縄県全体の総意としては、2019年の辺野古の基地建設の賛否を問う県民投票において、7割を超える人が「反対」に投じ、2022年9月の知事選でも辺野古基地「反対派」の玉城デニー知事が再選を果たしている。

辺野古の基地建設は、辺野古の浜とその北側の大浦湾を埋め立てるものであるため、その反対運動は当初より、環境破壊への抗議の様相を呈していた。だが、明確に「環境保護」という論点が基地反対運動の文脈に組み入れられるのは、後に名護市議となる東恩納琢磨に同行した地元メディアのヘリが、辺野古上空から遊泳するジュゴンの姿を捕らえた1998年以降である。滅多に姿を見せないジュゴンの映像が、メディアのカメラに収められ、繰り返し報道され、未だ沖縄本島近海にジュゴンが生息しているという驚きと共に伝えられた。

ジュゴンの出現は、かつてジュゴン漁を行ない、ジュゴンとの直接的な関わりをもっていた年配の人びとにとっては、過去の記憶と結びつき、親密な感情を伴って受けとめられ、そうした語りを伝え聞いていたその子ども世代の人びとにとっては、やっと会うことのできる「まれびと」の登場でもあった。名護でエコガイドをしている40代女性は当時を振り返り、ジュゴンを「大変な時に出てきてくれる」助け船のような存在として語る。辺野古の基地建設問題に揺れる名護市民にとって、ゆったりと大浦湾を海遊するジュゴンの

姿は、当地の竜宮神話や「ユイムン（縁起のいい寄りもの）」の観念と結びつけられ、解釈されたのである。

　このようにジュゴンの出現は劇的に受けとめられ、辺野古近海に生息するジュゴンを保護する機運が高まっていった。ここに、ジュゴン保護と基地反対の運動が結びついていく。当時、ジュゴンを目撃した東恩納琢磨は、大浦湾に面した瀬嵩という集落を拠点に、「ジュゴン保護基金」を立ち上げ、ジュゴン保護活動を組織していった。彼は後述する「沖縄ジュゴン訴訟」の原告の一人となり、前述のエコガイドの女性らと共に、ジュゴン保護を求め、辺野古の基地建設の中止を訴えていく。

　さらに、ジュゴンの登場は、さまざまな〈物語〉を醸成するものでもあった。ジュゴン保護団体「ジュゴン保護ネットワーク」の沖縄支部のキーパーソン、歌手の海勢頭豊は「ザン（ジュゴン）の涙」という歌を歌い広め、ジュゴン保護を訴える活動を行なっている。また歌手 Cocco も大浦湾に現われた親子のジュゴンに捧げる歌として、「ジュゴンの見える丘」（2007）をリリースするなど、本章の冒頭で述べた映画や絵本、アート作品なども含め、これらはジュゴンの出現により生まれた物語の数々である。

　また、現在でも広く知られる「生物多様性」や「絶滅危惧種」という論点で、沖縄のジュゴンが語られるようになったのも、この時以降である（中島 2008）。「北限のジュゴン」として再発見された沖縄近海のジュゴンは、ジュゴン研究者らの関心をも呼び、国際的な学術的注目を集めるようになった。沖縄を拠点とするジュゴン保護関連の団体が次々と生まれ、沖縄の海にジュゴンが生息しているという事実を周知する広報活動やイベント、ジュゴン研究者らと連携したシンポジウムなどが開催された。くわえて、それらのジュゴン保護団体は、研究者や他の自然保護団体と連携しながら、ジュゴンの生態調査を行ない、それらの結果を踏まえ、沖縄県や環境庁、防衛施設局への要請活動を行なっていった（中島 2008：79）。

　上記の流れと連動して、ジュゴンの法的保護を目指す「沖縄ジュゴンの権利」訴訟（以下、沖縄ジュゴン訴訟）も開始された。「沖縄ジュゴン訴訟」は、人間主体のみならず、非人間の動物や木などの環境にも自己の保存のために裁判

を起こす資格(原告適格)を与えるべきだとする「自然の権利」(ストーン 1990) 訴訟の系譜に位置づけられるものである。自然の法的権利が認められ、人間以外の生物も裁判にたてるようになったのである。沖縄ジュゴン訴訟では、日米の環境 NGO や法律家らと共に、「沖縄ジュゴン」も原告のひとりとして原告団を構成している[4] (関根 2007：61)。

　まず 2003 年 3 月、名護市辺野古の海を埋め立てて建設される予定の米軍基地が、日本の天然記念物に指定されているジュゴンの生存を脅かし、その生息域を破壊するとして、沖縄の人とジュゴンらが原告となり、基地建設の主体である米国防省とラムズフェルド国防長官(当時)を被告として、連邦地裁に提訴した(関根 2008)。アメリカの基地建設が、沖縄の歴史や文化と関わりが深く、日本の天然記念物でもあるジュゴンの生存を危ぶませるとして、同国の「国家歴史保存法(National Historic Preservation Act)」に反する行為にあたるとされた(関根 2007：79)。

　2007 年 9 月 17 日、沖縄ジュゴンを原告のひとりとする裁判が、サンフランシスコ連邦地裁で結審し、2008 年 1 月に勝訴した。だがその後、紆余曲折あり、裁判は一時休止され、再開された 2015 年、連邦地裁は「外交問題である基地建設の中断を命じる法的権限がない」として原告の訴えを退けた(沖縄タイムス・オンライン記事 2018 年 9 月 26 日)。その後、原告側は控訴したが、敗訴した(沖縄タイムス・オンライン記事 2020 年 5 月 7 日)。

　この裁判の特徴は、まず原告に地元の沖縄の人のみならず、アメリカの環境裁判に関わる弁護士や平和団体も名を連ね、国境を越えた連帯が築かれている点にある(関根 2007：61)。さらに特筆すべきは、ジュゴンが自らの生息環境の破壊に異議を唱える主体として、裁判に参加している点である(関根 2008)。これは、基地建設を人間の命のみならず、動物の命をも奪うものとして批判し、人間と動物の生命を等しく法的な権利をもつものとして認める革新的な動きである。基地建設の最中に、人間と人外の生き物という垣根を越えた、脱・人間中心主義的な「命の民主主義」が、生まれているのである(比嘉 2022b：48)。

　ここでジュゴンの生態や生存状況を確認しておこう。ジュゴンは国際的に

激減しており絶滅の危機にあり、日本および沖縄県のレッドデータブックにも登録されている絶滅危惧種である（池田 2012：166-174）。ジュゴンの生息域は、温暖な海に限られ、沖縄本島近海がその北限となっている。なかでも、ジュゴンは海草藻場と呼ばれる浅瀬の海域に生息し、そこでリュウキュウアマモやウミヒルモなどの海草だけを食べる（池田 2012：43-44）。重要なのは、ジュゴンは海のどこにでも棲めるわけではなく、沿岸部の浅瀬で、海草の生えている海域でしか生きられない点である。くわえて、ジュゴンは 1 日当たり、体重の 4 〜 25％ほどの海草を食す。仮に 250kg ほどの成獣であれば、ジュゴンはその体重の一割に当たる 25kg もの海草を毎日食べることになる。10 頭のジュゴンが生息する海域では、1 日のみで 250kg の海草が必要となる。これは、非常に豊かな藻場がなければ、ジュゴンの食を支えられないことを意味する（池田 2012：45-46）。

　しかし、沖縄本島の沿岸部は、すでにリゾート開発や人工ビーチの造成が進み、海草藻場が破壊されずに残されている自然の砂浜が極めて稀少となっている。そのため、辺野古は稀少な海草藻場の 1 つであり、ジュゴンの生存にとって極めて重要な場所なのである。

　こうしたジュゴンの「偏食性」と結びついた生態環境の総体を守るべく、辺野古の海を埋め立てる米軍基地建設に反対する活動が展開されてきた。ジュゴン保護という論点が、基地反対運動の文脈に組み込まれることで、それまで基地建設に無関心であった層をも取り込むことが可能になったという点で、ジュゴンは広く、基地建設問題を周知させる存在でもある。ジュゴンと言えば、辺野古の基地建設が喚起されるほどまでに、ジュゴンは基地反対のシンボルともなっている。奇しくも、基地反対で有名になったジュゴンだが、具体的に地域の人びととどのような関係を築いているかは、その有名さの陰で、さほど知られていない。次節では、沖縄近海のジュゴンの保護活動を行なっている人びとの語りに耳を傾け、ジュゴンという動物がどのように捉えられているのかを具体的に見ていきたい。

5.　「マイ・ジュゴンじゃ、だめ」──ジュゴンを我有化しない意志

　本節では主に「北限のジュゴンを見守る会」や「チーム・ザン」を率いて、ジュゴン保護を行なってきた 70 代女性 M さんの物語を取り上げる (比嘉 2022b：53-56)。M さんは関東出身で沖縄出身の男性と結婚し、ジュゴンの出現以降に保護活動を開始し、名護市に移住した女性である。M さんは 1999 年に発足した「北限のジュゴンを見守る会」の初期メンバーとしてジュゴン保護に携わるようになった。その後、2004 年に辺野古の基地建設のためのボーリング調査で「ジュゴンの海に穴が開けられる」という電話を、名護市在住の知人より受け、「居ても立っても居られなくなり」息子と共に辺野古に通い始め、海上阻止行動を行なってきたという。M さんは、ジュゴンのモニタリング (生息確認) 調査をはじめ、保護対策の提言や、沖縄県や関係省庁への要望書の提出や署名活動、イベントや SNS 等での情報発信を行なってきた。現在は名護市の商店街でジュゴンの情報発信の拠点を運営しながら、「身近な命」を見守る活動として野良猫の保護に従事している。

　これまで M さんは仲間たちとジュゴンの棲む海に潜り、ジュゴンの生息状況を確認するモニタリング調査を行なってきた。ジュゴンの生息確認は、ジュゴンが海草を食べた「食み跡 (ジュゴン・トレンチ)」を調べる方法で行なわれる。ジュゴンは前節で述べたように、沿岸部の浅瀬に生える海草 (「ザン・グサ (ジュゴンの草)」) だけを食べるため、ジュゴンが生息していれば、その食み跡が残されることになる。その食み跡があるか否かを調べるのが、ジュゴンの生息確認調査となる。

　M さんはジュゴンが生息しているとされる辺野古周辺の海に潜り、ジュゴンのいる環境を肌で感じた経験を次のように語る (比嘉 2022b：55)。

　　　ジュゴンの目線で海に潜ると、海草が美味しそうに見えてくる。「これ、美味しそうだね」と〔仲間と〕言い合っていると、そこにジュゴンの食み跡が見つかる。そこに張り付いていれば、ジュゴンに会えるが、敢えて会わなかった。もし自分がジュゴンに会ってしまったら、他のみんなも

会いたくなる。そうなれば、ジュゴンがのびのびと暮らせる静かな海ではなくなってしまう。無理やりジュゴンを見なくても、ジュゴンのいる環境を感じるだけでいい (2019 年 9 月 9 日)。

　まず注目したいのは、海に潜ると「海草が美味しそうに見えてくる」という語りに見られる、ジュゴンの視点 (perspective) についてである。これは、Mさん単独の視点というよりは、ジュゴンの主食の海草が生える海草藻場の海に潜るという経験のなかで、彼女が獲得したジュゴンの視点である。ジュゴンは前方方向に泳ぎながら、海草を食んでゆくため、通常、ジュゴンによる海草の食み跡は、緩やかな一列を成す。食み跡は、そこにジュゴンがいたという形跡であり、通常、食み跡を見つけたらジュゴンがいたことが分かる、という順序で把握される。だが、ここでの M さんの語りはその逆となっている点に注目すべきである。つまり、M さんは海草が「美味しそう」だと感覚したその後に、ジュゴンの食み跡を発見している。この知覚の順序を踏まえれば、確かに M さんはジュゴンの目線で藻場を見ており、ジュゴンの視点が M さんの感覚の中に入り込んでいることが分かる。

　また、海草の食み跡は、ジュゴンのいた痕跡であり、M さんはジュゴンの痕跡に出会っているわけである。ジュゴンの食み跡を辿りながら、泳ぐという経験は、まさにそこを泳いで通ったジュゴンの後を追いかけ泳ぐことである。この経験の繰り返しが、さらに M さんをジュゴンの目線へと近づける。眼前に広がる海中の景色は、ジュゴンが眼差し、突き進んだ道なのである。その食んだ海草の跡は、ジュゴンが好んで食べた証である。M さんの「海草が美味しそうに見えてくる」という表現も、海に潜る以前とは異なる知覚が M さんにもたらされたことを示している。これは、海に潜り、食み跡に出会った経験がなければ芽生えなかったものであり、ジュゴンと M さんの出会いにより生まれた、M さんとジュゴンの視点の混合物として捉えることができる。

　くわえて、ジュゴンの痕跡に出会うという経験は、動物を〈動詞〉として捉えるというインゴルドの議論と突き合わせることで、より理解が深まる。

普段、滅多に人前に姿を現さない野生動物に対して、人はその痕跡を通して出会う。この痕跡は、まさに時間差で、その動物がそこを通り、何かを〈行なっていたこと〉の形跡であるため、この形跡から、あることを為すものとしての動物が事後的に浮かび上がる。Mさんにとってジュゴンは、「海草を食む」という〈行なっていること〉として現われている。Mさんはコユコンのように語ることはないが、ここでジュゴンは〈行なっていること〉として現われており、不活性な「名詞」としてではなく、生きた〈動詞〉として捉えられている。

　次に、上記の語りから見えてくる、Mさんのジュゴンと人の適度な距離感の保ち方や、自然への不介入の態度を指摘しておきたい。Mさんは、自然への不介入こそが、ジュゴン保護に繋がると考えている。彼女はこれまで、不介入の海をつくるべく、辺野古の基地建設だけでなく、人工ビーチ造成や護岸工事に反対の声をあげてきた。ここでの保護のあるべき形は、積極的に関与する方向ではなく、むしろジュゴンに関与しないこと、手出しをしないこととして見出されている。ここでは、明確に「分離」の態度が貫かれている。ジュゴンに近づきすぎずに、一定の距離を保ち、その環境ごと見守ることが大事なのである。私たちは暗黙のうちに、動物との親密な関係構築に関しては対面や対峙の状況を前提としがちだが、カンデアの描いたミーアキャットのように、種によりある程度の距離感を好む動物たちがいることを想起すれば、Mさんのジュゴンへの態度は、ジュゴンの「静かな海」を好むという習性や嗜好性を踏まえた「礼儀正しき」ものとして理解することができる。それは、ジュゴンが望んでいない（と考えられる）こちら側の欲求（無理やりでもジュゴンに会いたい、この目で見たい）を抑制し、「分離」ベースの関係構築となっていると言えよう。

　こうした分離・不介入の態度は、Mさんのジュゴンへの眼差しの随所に現われている。たとえば、それはジュゴンの名づけにも見出せる。沖縄本島に生息するジュゴンの個体は、現在確認されているのが、3個体で、その3頭はそれぞれ、ジュゴンA、B、Cとアルファベットで個体識別されている。ジュゴンAはオスで、ジュゴンBは2019年に名護市に隣接する今帰仁村の海域

で死骸で見つかったメスの個体である。ジュゴンCは、AとBの子ども（オス）だと推定されている。

　このアルファベット名は、沖縄の地元メディアでも、ジュゴン保護活動家の間でも、呼称として使用されており、一般的に流通してもいる。このアルファベット記号による個体識別は、単なる便宜上の命名にも思われるが、そこにはジュゴンと人びととの絶妙な距離感が表れている。このアルファベット記号の名称が定着するまで、沖縄の言葉で「美しさ」や「可愛さ」を表わす「ちゅら」の語と、ジュゴンの語尾を組み合わせた「ちゅらごん」の名で呼ぶ流れもあったという。事実、初期に作られたジュゴン保護の広報パンフレットには、「ちゅらごん」の名前が刻まれている。だが、この「ちゅらごん」という名前は沖縄社会で定着することも、ジュゴン保護団体で使用され続けることもなく、廃れていったという。

　Mさんの説明を聞いていると、ジュゴン保護を熱心に行なっている人びとが、ジュゴンをどのように捉え、どのような距離感を彼らとの間で保とうとしているのかが見えてくる。Mさんは当初より「ちゅらごん」という命名に否定的だったというが、その理由には、野生動物に対して名づけをするという行為自体を慎むべきだという抑制的態度が見受けられる。なぜなら、動物たちに対して名づける場合、親しみの感情が前提としてあるわけだが、その親しみの感情は明らかに、ジュゴンへの「関与」へと我々を向かわせるからである。

　通常、我々が動物に名前をつけるのはペットに対してである。名づけという行為は、擬人化と家族化の2つのベクトルをもっている。もしそれをジュゴンに対して行なうならば、ジュゴンを人間に還元し、その上でさらに家族にするという段階を踏むことになる。ジュゴンは当然ながら、人間ではないし、人間から離れた生息環境に棲まう生き物であり、家族でもない。Mさんの違和感は、そのような生き物に対して「人間に近しい」名をつけることにある。それは単にジュゴンの擬人化に反対しているというよりは、命名を通してジュゴンとの距離が縮まり、いわば親密圏を構成する生き物という認識が生じるからである。こうして親密圏へとジュゴンが迎え入れられてし

環境　10　ジュゴンを待ちながら　281

まったなら、人間と距離をとり、静かな海でゆったりと泳ぐ、というジュゴンの生活スタイルは壊されかねない。たかが名前、されど名前なのは、このような理由によると解釈することができる。事実、Mさんはジュゴンに「人間に近い名」をつけようとする動きを、「マイ・ジュゴン」にする試みとして、すなわち、ジュゴンに自己所有格をつけて我がものにする、我有化の意志として批判している。

　我々は、一般的に、ペットなどの動物と関与の度合いが極めて高い関係を築く一方で、家畜などの食用動物とは全く関わりをもたない分離の度合いが極めて高い関係を制度化する両極端の世界を生きている。この両極端な「関与」と「分離」の構図のもとでは、たとえば、ジュゴンのように「かわいい」動物種に関心を寄せようとすると、大きく「関与」の側に極端に振れてしまいがちである。つまり、「分離」しながら、そっとケアをする、といった「分離」と「関与」のバランスをとることができないのである。そうしたなか、Mさんは、距離を詰めるか、無関心かのいずれかに振り切れた関係ではなく、「分離」と「関与」のバランスをとり、ジュゴンにとって棲みやすい環境について考え、ジュゴンの埋め込まれた環境ごと保護するという、一定の距離を保った上での保護活動を実践しているのである。

　最後にMさんがジュゴンという動物のどのような側面に惹かれているかを、沖縄の基地反対・平和運動との関連で記述しておきたい。彼女は「ジュゴンは、小さな音にも驚く臆病者で、餌場をめぐって争うこともなく、他の動物を殺さない「ベジタリアン」」(比嘉 2022b：55)であると語る。争わず、殺さず、すぐ逃げる臆病なジュゴンの〈生き方〉は、多種共存のモデルとして、来たるべき平和の先取りだと語られる。そのような〈ジュゴンの生き方〉を生きようとするとき、平和がもたらされるのである。

　ジュゴンは単なる基地反対のための便宜的な道具でも、形骸化したシンボルでもない。〈動詞〉としてのジュゴンの〈生き方〉そのものが、平和を実現するための〈生き方〉として捉えられている。ジュゴンは絶滅しそうなまでに追い詰められた弱きものの代表である。この弱きものの生を可能にする環境をつくることこそが彼女の辿り着いた新しい平和・基地反対運動なのであ

る。そこでは、ジュゴンの〈生き方〉と沖縄の人びとの〈生き方〉が、生の総体のなかで重ね合わされている。

6. 考察——ジュゴンがもたらす平和

　本節では、本章で取り上げたジュゴン保護に関する一連の議論を総合し、考察していきたい。まずジュゴンという生き物は、生物多様性の観点からも保存が望まれる種であるが、本章では生物学的・生態学的な価値以上に、ジュゴンが絶滅の淵に立たされるまでに追い詰められた弱きものの代表となっている点を重視している（比嘉 2022b：59）。なぜなら、その弱きものが生きられる環境は、他の命をも生かす包摂的なものであるだろうからだ。ジュゴンが生きられる環境の保護は、ジュゴンのみならず、他種の生の確保をも同時に可能にするものである。

　具体的にジュゴンの生息する浅瀬の沿岸部は、基地建設をはじめ、リゾート開発や人工ビーチ造成、護岸工事等で最も破壊されてきた場所の一つである。この場所の破壊の影響を受けるのは、ジュゴンのみではない。沿岸部は、稚魚の命を育む海域であり、それらの恵みを得て生計を立てる漁師たちにとっても大切な環境である。この意味で、ジュゴンと稚魚と漁師たちの生は、ひと連なりに繋がっている。それゆえ、ジュゴン保護とは、ジュゴン単体を保護するジュゴンのためだけの運動ではなく、それと繋がっている命の総体を守る活動である。それら数珠つながりの命を守る動きとして、ジュゴン保護活動は捉えられるべきである。

　さらに、ジュゴンの「小さな音にも驚く臆病な」性質は、小さな音もしない静かな環境を求めるものである。基地建設の騒音のみならず、仮に基地が完成されれば、そこは軍用機が離着陸を繰り返す場所となり、当然、臆病なジュゴンが安心して暮らせる場所ではなくなる。そのため、ジュゴンがこれからもこの海に生息することのできる環境を確保することは、沖縄の人びとにとっても安全で安心して暮らせる未来と重なり合う。このようにジュゴン保護は、ジュゴンの命と人びとの命が交差する地点において成立しており、

種の垣根を超えた命の連関に、改めて目を向けさせるものである。

　絶滅の淵に立たされたこの弱きジュゴンの臆病な生は、軍事基地とは両立しない。このような意味で、ジュゴンの生き方は、来たるべき平和のモデルなのである。ゆえに、ここで「待たれている」動物とは、ナイトの描いたような固定的なシンボルではない。ジュゴンの〈行なっていること〉、その生き方が希求されているのであり、その生き方の種を超えた反復、すなわちジュゴンの生き方を我々自身が生きることが求められている。我々がジュゴンへと生成する（「なる」）ことが平和への道であり、これがMさんをはじめジュゴン保護活動により導かれた平和成就への方法論である。我々が、ジュゴンの〈行なっていること〉を、行なっていくとき、それはすでに平和への途上を突き進む〈動詞〉となる。それは「旧い社会の殻のなかで新たな社会を創出」（ネグリ・ハート 2003：272）する試みでもあり、人間だけでなく「自然の平和」をも求める静かなる世界変革の営みである。

　だが、ここでジュゴン抜きの平和構築の道がありうるではないかと訝るかもしれない。人間たちのみによって遂行される平和獲得への道があるか否かという論点である。この点について戦後沖縄の社会運動論（e.g. 阿部 2011, 新城 2016）の観点から述べれば、沖縄戦と米軍占領期を経て、沖縄返還後も続く基地闘争の歴史は、生の平等を求める弱きものたちの闘いであった（ある）と言うことができる。米軍占領期に基地建設のため土地を奪われた農民たちが、自らの窮状を「乞食」として訴え、沖縄中を練り歩いた阿波根昌鴻らの「乞食行進」は、現在まで続く運動の土台となっており、その非暴力・不服従の闘い方は、概して、弱きものたちが強さを志向することなく、弱きままに闘う方法である。

　しかし、辺野古の基地建設を強行する日本政府に反対し、基地建設現場で座り込み、抵抗する人びとに対し、機動隊や海上保安庁の「強制排除」の暴力が振るわれている。熾烈化する抗議行動の最前線で、機動隊らの暴力により、心身に傷を負い、抗議に行けなくなる人が増えている。基地反対運動は、建設工事を遅延させる成果を上げてきた一方で、政府の暴力により、局所的な座り込みなどの抵抗では立ち行かなくなっている現状がある。そこで筆者

が目の当たりにしたのは、基地反対の苦境の只中で、運動が頓挫するのではなく、より広い領域を巻き込みながら、自らの生き方を通して変革の方途を切り拓いていく自然保護活動家の姿であった。彼・彼女らは、運動を先鋭化させ、対抗暴力を正当化する方向には決して進まない。そうではなく、弱きままに闘うという意志に基づいた「弱さ」を洗練させ、さらなる弱きものたち、すなわち人間あらざるものたちの弱さと結びつき協働する、弱きものたちの連帯の拡張が、そこには看取される。

　それゆえ、ここでのジュゴン保護により到達する平和な社会とは、周縁に追いやられた弱き人間たちの運動を、非人間たちの領域にまで広げ、絶滅へと追い詰められている非人間の弱き生き物たちをも包摂するものである。その意味で、ジュゴン保護と一体となった平和運動は、沖縄の先人たちの生き方に導かれつつ、さらにそれを極限まで推し進め、最も弱きジュゴンの生き方と深い部分で通じあい、基地建設の強行と反対運動の困難の只中で、動物たちの非暴力の生き方に、来たるべき社会運動のあるべき姿を見出すものである。

　さらにジュゴンとともに目指される平和において忘れてならないのは、ジュゴンと人との間に、適切な距離を保つという「分離」の態度とその倫理性である。今はジュゴンの生息域に人間が侵入しすぎており、それゆえにジュゴンが立ち退かざるを得ない状態となっている。侵入しすぎたジュゴンの海域から後退し、ジュゴンとの心地よい距離を築くことが多種共生の倫理として不可欠である。人間による干渉に敏感な生き物たちにとって、こうした「分離」の態度に配慮した関係的倫理が求められている。

　カンデアの議論を振り返れば、「分離」とは単なる関係の欠如を意味するものではなく、種の傾向性により異なる適度な距離感を慮るという、異種間の関係構築に必須の倫理的な態度であった。ジュゴンそれ自体への直接的な関与を行なわずに、距離を保った地点から配慮することで、ジュゴンとの善き関係を築くことができる。それがジュゴン保護に欠かせない来たるべき人と動物の環境倫理である。野生動物との関係構築に欠かせない、「分離」の作法を身につけることが、人間を含めたあらゆる生き物の環境を守ることに

繋がるのである。

　人と他の動物の生が複雑に折り重なっているこの環境の総体を丸ごと守ること、それが来たるべき環境保護であり、自然収奪的な社会からの脱却と併走する「弱き者たちの平和」構築の実践なのである。

注

1　仲村颯悟監督, 2015,『人魚に会える日。』配給：RYU-GOATS。

2　ジュゴンに関する絵本として、たとえば『ジュゴンに会った日』(今泉 2019) や『ジュゴンの帰る海』(浦島・なかち 2021) などがある。また現代アート作品としては、山城知佳子の「アーサ女」(2008) という約 7 分のビデオアートがある。

3　たとえば、2017 年、普天間基地近辺の道路脇にそのような垂れ幕が掲げられていた。

4　なお、この裁判は、基地建設の主体であるアメリカの国防省を相手取って、起こされたものである。本訴訟の内容は弁護士で法学者の関根孝道の著作 (2007, 2008) に詳しい。

引用・参考文献

阿部小涼, 2005,「海で暮らす抵抗－危機の時代の抵抗運動研究のために」『現代思想』33 (10) , 182-91.

阿部小涼, 2011,「繰り返し変わる－沖縄における直接行動の現在進行形」『政策科学・国際関係論集』13 , 61-90.

池田和子, 2012,『ジュゴン－海の暮らし、人とのかかわり』平凡社.

今泉真也, 2019,『ジュゴンに会った日』高文研.

インゴルド, ティム, 2021,『生きていること－動く、知る、記述する』柴田崇・野中哲士・佐古仁志・原島大輔・青山慶・柳澤田実訳, 左右社.

浦島悦子・なかちしずか, 2021,『ジュゴンの帰る海』ハモニカブックス.

奥野克巳, 2021,『絡まり合う生命－人間を超えた人類学』亜紀書房.

近藤祉秋, 2022,「マルチスピーシーズとは何か？」『思想』1182, 7-26.

近藤祉秋・吉田真理子編, 2021,『食う、食われる、食いあう－マルチスピーシーズ民族誌の思考』青土社.

佐藤学, 2016,「「思い込み」政治に抗する」『現代思想』44 (2) , 71-75.

佐藤学・屋良朝博編, 2017,『沖縄の基地の間違った噂－検証 34 個の疑問』岩波書店.

サーリンズ, マーシャル, 1987,『人類学と文化記号論－文化と実践理性』山内昶訳, 法政大学出版局.

新城郁夫, 2016,「倫理としての辺野古反基地運動－辺野古から嘉手納、宮古、八重山へ」,『現代思想』44 (2) , 120-128.

ストーン, クリストファー, 1990,「樹木の当事者適格－自然物の法的権利について」岡嵜修・山田敏雄訳, 畠山武道解説『現代思想』18(11), 58-98.

関根孝道, 2007,『南の島の自然破壊と現代環境訴訟－開発とアマミノクロウサギ・沖縄ジュゴン・ヤンバルクイナの未来』関西学院大学出版会.

関根孝道. 2008,「世紀のショー・ダウン！沖縄ジュゴン対米国国防省－米国国家歴史保存法第 402 条の域外適用に関する米国連邦地裁命令訳と解説」『総合政策研究』28, 205-242.

ダグラス, メアリ, 2009,『汚穢と禁忌』塚本利明訳, 筑摩書房.

チン, アナ, 2019,『マツタケ－不確定な時代を生きる術』赤嶺淳訳, みすず書房.

中島弘二, 2008,「沖縄における自然保護と基地反対運動の展開－ジュゴン保護運動を事例として」『金沢大学文学部論集　史学・考古学・地理学篇』28, 77-94.

ネグリ, アントニオ・ハート, マイケル, 2003,『〈帝国〉－グローバル化の世界秩序とマルチチュードの可能性』水島一憲・酒井隆史・浜邦彦・吉田俊実訳, 以文社.

野添文彬, 2020,『沖縄米軍基地全史』吉川弘文館.

ハラウェイ, ダナ, 2000,『猿と女とサイボーグ－自然の再発明』高橋さきの訳, 青土社.

ハラウェイ, ダナ, 2013a,『犬と人が出会うとき－異種協働のポリティクス』高橋さきの訳, 青土社.

ハラウェイ, ダナ, 2013b,『伴侶種宣言－犬と人の「重要な他者性」』永野文香訳, 以文社.

比嘉理麻, 2015,『沖縄の人とブタ－産業社会における人と動物の民族誌』京都大学学術出版会.

比嘉理麻, 2022a,「動物嫌悪と肉食主義の共生成－いのちと再び出逢い直すために」『現代思想』50(7), 161-172.

比嘉理麻, 2022b,「これは、政治じゃない－〈生き方〉としての基地反対運動と命の民主主義」『文化人類学』87(1), 44-63.

山田昌弘, 2004,『家族ペット－やすらぐ相手はあなただけ』サンマーク出版.

リーチ, エドモンド, 1976,「言語の人類学的側面－動物のカテゴリーと侮蔑語について」, 諏訪部仁訳『現代思想』4(3), 68-91.

レヴィ＝ストロース, クロード, 2000,『今日のトーテミズム』仲澤紀雄訳, みすず書房.

Candea, Matei, 2010. "I fell in love with Carlos the meerkat": Engagement and Detachment in human-animal relations, *American Ethnologist*, 37(2), 241-258.

Ingold, Tim ed., 1988, *What is an Animal?*, New York: Routledge.

Ingold, Tim, 2000, *The Perception of the Environment: Essays on Livelihood, Dwelling and Skill*, New York: Routledge.

環境　10　ジュゴンを待ちながら　287

Ingold, Tim, 2011, *Being Alive: Essays on Movement, Knowledge and Description*, New York: Routledge.

Kirksey, S. Eben. & Helmreich, Stefan, 2010, "The Emergence of Multispecies Ethnography", *Cultural Anthropology*, 25(4), 545-576.

Knight, John, 2006, *Waiting for Wolves in Japan: An Anthropological Study of People-Wildlife Relations*, Honolulu: University of Hawaii Press.

Mullin, Molly. H, 1999, "Mirrors and Windows: Sociocultural Studies of Human-Animal Relationships", *Annual Review of Anthropology*, 28, 201-224.

Mullin, Molly. H, 2002, "Animals and Anthropology", *Society and Animals,* 10(4), 387-393.

Rappaport, Roy. A, 1968, *Pigs for the Ancestors: Ritual in the Ecology of a New Guinea People*, New Haven and London: Yale University Press.

読書案内

①鬼頭秀一, 1996,『自然保護を問いなおす－環境倫理とネットワーク』筑摩書房.
　産業社会で生きる私たちの生活は、どのような自然との関係性の上に成り立っているのか。本書は、私たちが自然と切り結ぶ関係がどのようなものかについて、極めて明快に概念整理をしてくれている。本書で提示される「生身」や「切り身」としての自然という捉え方は、自然保護や環境倫理のみならず、広く食文化や産業社会の分業システムに興味をもつ読者にとっても、知っておくべき初歩的な概念である。このような大枠を掴んだ上で、環境に関する個別トピックを扱った文献を読み進めていくことをお薦めする。

②インゴルド, ティム, 2021,『生きていること－動く、知る、記述する』柴田崇・野中哲士・佐古仁志・原島大輔・青山慶・柳澤田実訳, 左右社.
　経験に戻れ。世界の動きを解放せよ。自然に身を浸し、その只中で言葉を紡ぎだせ。2000 年代以降のインゴルドの思想はこれに尽きる。既存の言語・概念で切り刻まれた世界の中で環境を捉えるのではなく、その〈手前〉に立ち戻り、その経験に内側から言葉を当ててゆく作業が不可欠である。本書は、邦訳で読むことのできるインゴルドの最重要著作であり、未邦訳の『環境の知覚』と並ぶ彼の主著である。インゴルドは、「生きていること」を扱う総合人類学を企図し、あらゆる生き物がこの世界に棲まう根本様式を「歩くこと」として、その動きの「線」として生を捉える、独自のライン学を提唱してきた。そうした生が展開する場は、無機質な空間では決してなく、天候や風で絶えず変化する〈素材〉から成る。インゴルドは、生ける物のみならず、すべての生が埋め込まれている大気や水といった物質的なメディウムの〈動き〉をも前景化し、流転する生気あるこの世界の記述を含み込んだ経験内在的な環境の総合理論を構想する。学際研究を地で行くイ

ンゴルドの知的追求は止まることを知らない。

③比嘉理麻, 2015,『沖縄の人とブター産業社会における人と動物の民族誌』京都大学学術出版会.

本書は、食肉産業のフィールドワークを行ない、養豚場・屠殺場・市場のそれぞれの現場で、豚と人とが切り結ぶ関係を描き出した、斬新なエスノグラフィであり、国際的に見ても稀有な先進性をもつ。現在、日本で消費される家畜の頭数は、年間、1829 万頭に及ぶ。家禽まで含めると、7 億を超える生き物が屠殺され、肉となり、食卓にのぼっていることになる。人類学の人と動物の関係論は、主に狩猟採集社会や牧畜社会を対象としており、我々自身が埋め込まれている当の産業社会における大量生産・大量消費システムの総体的な理解を行なってこなかった。一方、産業社会の人と動物の関係を扱う動物の権利論や批判的動物研究は、「べき」論が先行し、家畜を育て殺し、食べるというありのままの現実を理解するフェーズが抜け落ちているがために、現実変革に結びつかない画一的な倫理の提言に留まっている。対して、本書は、産業社会の大量生産・大量消費システムに真正面から切り込んだ、生産・流通・消費のマルチサイト民族誌として、産業社会における人と動物の関係論の必読書である。

④スコット, ジェームス.C, 2013,『ゾミア―脱国家の世界史』佐藤仁監訳, 池田一人・今村真央・久保忠行・田崎郁子・内藤大輔・中井仙丈訳, みすず書房.

本書は、我々がどのような環境に棲まうとき、国家権力から逃れうるのかを教えてくれる。本書を一読すれば、環境について考える、のみならず、環境の中で考えることの大事さを体感できるだろう。その意味で、本書はストレートに環境について論じたものではないが、「環境の書」として読みうるものである。現代社会の我々を取り囲んでいる字義通りの surrounding としての環境とは、アスファルトである。そんな我々が、環境について思考するためには、頭の柔軟体操のような想像力のレッスンが求められる。その柔軟体操に、本書はうってつけだ。近代国家の支配権力は〈平地〉・〈稲作〉に萌芽する。それに対しゾミアとは、東南アジアから中国、インド北東部の山岳地帯にかけて、国家支配から逃れてきた人びとの避難地帯を総称する言葉である。平地国家の思考を深く内面化している我々にとって、急峻な山々や絶壁などの生態的・地理的地形が、アナキズムの素地を醸成するという議論はとてもスリリングである。

⑤ドナルドソン, スー・キムリッカ, ウィル, 2016,『人と動物の政治共同体―「動物の権利」の政治理論』青木人志・成廣孝監訳, 尚学社.

人間あらざるものたちとの来たるべき倫理は、いかようであるべきか。私たちはどのような関係生を異種の動物たちと築いてゆけばよいのだろうか。本書は、その素朴な疑問に対して、一つの入り口を与えてくれている。私たちは、動物との

関係を思考するとき、大雑把に「動物」と一括りにして考えてしまいがちである。本書は、その動物たちについて、我々との関係性の在り方の違いから、野生動物・境界動物・家畜に分けて考えることの重要性を指摘する。本書は、一律の画一的な倫理ではなく、多様な関係性に即した柔軟で繊細な動物倫理を構想する際の道しるべとなってくれる。

| 都市 |

11
グローバル化と都市

饗庭　伸

1. 都市計画の世界道具化

(1) 世界を救う道具としての都市

　都市というものは随分と発達してしまった。国連は伝統的な指標として都市人口を数え上げているが、2018年のデータをみると、世界の76億3281万人の人口のうち、55.3%にあたる42億1981万人が都市に居住している。そして日本に限るとその割合は91.6%であり、世界の中でも突出して都市に人口が集中しているということがわかる。

　その都市に起きる問題を、都市に暮らす人のために、都市の空間を使って解決する政策の体系が都市計画である。近代の都市計画は、産業革命後の工業化がもたらした諸問題、人口集中にともなうスラムの発生や、工業による環境悪化といった、都市によって引き起こされる問題を都市の空間を使って解決するものとして発達してきた。しかし近年は、地球の大半の人たちが都市に暮らしているという事実を踏まえ、世界が抱える問題を都市を使って解決しよう、というふうに言われるようになった。問題としての都市ではなく、問題解決の手段としての都市と、それを実現する都市計画である。グローバル化が本書の主題であるが、サスキア・サッセンの『グローバル・シティ』が世界都市を格差の拡大などをもたらす新たな問題系として定義したのが1991年のことである。問題から手段へのこの視点の転換は、世界を俯瞰して、それを救う道具として世界都市を捉え直そう、というものであり、これまでのグローバル化と都市をめぐる議論にあらたな展開を加えるものではないだ

ろうか。

　前者の都市計画は都市への集中と大規模化を抑制し、都市そのものを否定するような、いわば自己否定的な都市計画である。都市に集まるな、田園都市をつくろう、都市を分散させよう、という手立てが多く考えられてきた。例えば社会主義国の中国では、長く農村人口の都市への流入が厳しく制限されてきたし、それほど極端ではないにせよ、20世紀の初頭から各国では都市の拡大を制御するために都市の周囲をぐるりと囲む緑地帯＝グリーンベルトが導入された。また、我が国においても国土の中に都市と農村を区切る二つの計画線（都市計画区域と市街化調整区域）がひかれ、国土が全て都市になったりしないよう、都市の大きさが慎重に制御されてきた。

　そしてそれに対する後者の都市計画は、都市こそが世界の問題を解決する手段であり、その手段の性能をあげるために、都市へのより一層の集中を促すような都市計画である。2011年に刊行されたエドワード・グレイザーの『都市は人類最高の発明である』は、その視点をはっきりと持つものであった。その背景には、地球環境全体への自己否定的な態度があるにはあるが、宇宙へと移住ができるわけではないので、世界のために、都市に集中し、それを高度に作り込んでいこうという都市計画へとつながっていくのである。2000年代に入って、日本の政府が人口減少社会の都市像として打ち出した「コンパクトシティ　プラス　ネットワーク（以下「C+Ne」）」という都市像も後者の視点を持つもので、そこでは公共交通を中心とした環境性能の高い都市が目指されている。C+Ne の先進例である富山市では鉄道沿線への再投資が促されそこに新たな住宅が集積しているし、大都市に見られる都心部へのタワーマンションの集積も、同じ文脈の上で評価されている。（図11-1）

(2) 都市計画の転換

　誰かがはっきりと宣言したわけではないが、この転換は21世紀になるころから始まった。それは都市計画の現場ではどのように観察されるだろうか、筆者の小さな経験を記しておきたい。

　2008年ごろのこと、東京郊外の農地混じりの既成市街地に、都市計画道

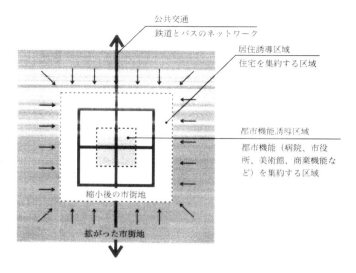

図11-1 コンパクトシティ プラス ネットワークの模式図
国土交通省の資料を参考に筆者作成

路を整備する際の市民との会議を手伝ったことがある。東京の都市計画道路は、戦前に計画されたものも多くあるが、6割程度の完成率にとどまる。この道路も計画が決定されたのは1965年のことであり、実に40年後に動き出したという状況だった。東京において、こういった都市計画道路の整備が遅れた理由の一つに、地域の環境悪化を心配する住民の反対運動がある。この道路ではないが、多摩地域のいくつかの道路に対して1960-70年代に多くの反対運動が展開されたし、1970年代には美濃部亮吉都知事によって外郭環状道路をはじめとする道路の整備が凍結された。これらの反対運動は、自動車の排気ガスによる大気汚染や交通事故の多発といった「都市によって引き起こされる問題」を懸念するものであり、それに対して「都市をつくらない」という自己否定的な都市計画が決定されたのである。

では、2008年には何が起きたか。やはり会議の席上で「子どもたちの交通環境が危険になる」「自動車の交通量が増えて環境が悪くなる」という発言は出た。しかしそれに対して、「広幅員の歩道付きの道路が信号とともにつく

都市　11　グローバル化と都市　293

られた方が安全になる」「細い路地に自動車が入り込んで低速で走るよりも、高速で一気に走り抜けた方が環境負荷は低い」「街路樹が緑のネットワークをつくるので環境はよくなる」というやりとりが交わされ、そこにあっさりと納得が作り出された。「暮らしが大事」といった理念が重要なことは、1970年代であっても、2000年代であっても変わりはないし、「都市計画道路をつくりたい」という都市計画の意図が変わったわけでもない。しかしその都市計画は、1970年代のような「都市をつくらない」という都市計画でなく、「都市をつくることによって地球が抱える問題を都市を使って解決する」という都市計画として示され、2000年代の人たちはそれに乗ったのである。

　この転換は、地球環境問題への認識が深まり、それが都市政策の主要な議題となってきたことと軌を一にしている。1992年の「環境と開発に関するリオ宣言」を一つの転換点として、その後30年近く私たちは学習と実践を重ねつつ、環境に対する理解を深めてきた。私たちは環境に対して1970年代とは比べものにならない高解像度の認識を持ち、一つ一つの行動の意味を、常に環境と照らし合わせながら解釈するようになった。このことが「世界を救う道具としての都市計画」への転換を支えているのである。本章ではこの転換を都市計画の「世界道具化」とよぶことにしたい。

2.　縮小する日本の都市

(1) 世界道具化と人口減少

　世界道具化は多くの先進諸国で共通した現象であると考えられるが、我が国はそれを人口減少とあわせて経験することになった。全ての先進諸国で人口減少が起きているわけではないので、「世界道具化」と「人口減少」に因果関係はなく、相関関係すらない独立した現象であるが、我が国の都市計画を考えるときには、その二つの関係を検討しておかなくてはならない。人口増加時代と人口減少時代の都市計画の転換と、世界道具化の関係について考えてみよう[1]。

　都市空間の大きさと人口の多さを二つの軸にとり、日本の都市の変化を考

えてみる。日本の人口が急激に増え始めたのは明治維新を契機とする近代化が始まってからのことであり、3000万人だった人口は、その後の150年間のうちに1億3000万人まで増えた。その人口が暮らし、仕事をする都市空間もあわせて発達したので、日本の都市の多くは、図の矢印①に沿うようにして、150年間かけて右上から左下へとその位置を変化させてきた。しかし、150年もの間、常に矢印①に沿っていたわけではなく、たいていの都市は矢印②の方向へと寄り道をしてしまった。それは、人口増加に対して都市空間が増加しない状態、人口に対して都市の空間が足りない「過密都市」の状態である。明治期に大都市の内部に発生したスラム、戦災と戦後の引き揚げにともなって発生した住宅不足、交通の集中による渋滞や満員の通勤電車、急激に人口が増加した郊外において発生した教室の不足など、私たちは幾度となく過密を経験している。そしてその過密が原因となって、健康状態の悪化、居住環境の悪化、伝染病の蔓延、災害リスクの上昇といった問題が発生する。これらの問題は人々の寿命を縮めることにつながるので、過密をなんとか解消しようという動機が社会に強くはたらくことになり、そこにさまざまな都市政策が投入されてきた。明治維新の30年後に始まった近代都市計画は、その後の120年の間、混雑を解消するための道路をつくり、密度を下げるための緑地をつくり、健康に暮らせる住まいのために建物の容積率を制御してきた。1970年代の住民の反対運動が対象としていた「都市によって引き起こされる問題」も、過密によって引き起こされる問題だったのである。(**図11-2**)

　ではその問題は解決されたのだろうか。図のバランスがとれた「大きな都市」に150年かけて私たちは辿り着けたのだろうか。今日の日本の都市を見渡してみても、そこに「スラム」と定義されるものは残っていない。大都市では木造住宅が密集した市街地が問題となり、現在もその改善事業が続いているが、そこに欠けているのは防災性能だけであり、貧困がそこで再生産されていたり、疫病が常に発生するような場所ではない。工場と住宅が密集し、住民の健康被害が常に報告されているような場所もない。1940-50年代にかけて頻繁に起きていた都市大火は減少し、常に大火に見舞われているような

11 グローバル化と都市 295

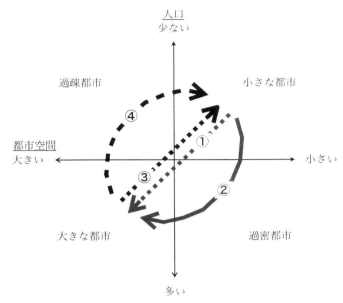

図 11-2 都市空間と人口のバランス

筆者作成

都市もない。つまり、私たちは150年かけて過密をほぼ抑え込んだ都市空間を手に入れているのである。

(2) 都市問題なき時代

　ではここから先、人口が減ると都市空間はどのように変化し、そこで都市計画はどのような問題の解決に取り組むことになるのだろうか。矢印①の方向が反転し今度は矢印③に沿うようにして、日本の都市の多くは図の左下から右上に向かってその位置を変化させていくことになる。その過程でまた、人口と都市空間のバランスが崩れた状態に陥ってしまうのではないか、と懸念されているが、これからの寄り道は、矢印④の方向への寄り道、人口に対して都市空間が過剰である「過疎都市」への寄り道である。それはここ数年で新たな都市問題と目されるようになった、空き家や空き地が都市の内部に

大量に発生してしまうという問題である。

　しかし確かに空き家や空き地は問題のように見えるが、それは過密ほどに大きな都市問題だろうか。過密は人々の寿命を脅かすような問題を引き起こしていたが、その問題は過疎になればなるほど減少するはずである。交通事故は減るだろうし、伝染病は広がりにくくなるだろうし、火災も燃え広がりにくくなる。ぎゅうぎゅう詰めだった都市空間が空き地や空き家という形で空き始め、私たちはかつては苦労して手に入れていた緑や広場のような「空地（くうち）」を「空き地（あきち）」という形で、労せず手に入れられるようになった。

　では、かわって過疎ではどういう問題が起きるのか。治安が悪くなると唱える人はいるが、空き家の増加と治安の悪化の関係は寡聞にして報告されていない。空き家に雑草が繁茂する、野生動物が棲みつく、地域の景観を悪くするという問題も指摘されるが、それらは寿命を脅かすような課題ではない。つまり、人口減少に転じた日本の都市は、「都市によって引き起こされる問題」なき時代に入ったのである。

　世界道具化が起きたのは、日本においてはこのような時代であった。もう人口増加は期待できないが、人口が急激に集中することによって発生するスラムを恐れる必要はなくなった。誰かが自分の暮らしや仕事をよくするためにちょっとした空間が必要になった時には、余っている空間を簡単に手に入れることができる。都市の空間は一様ではないので、局所的に問題が発生することもあるだろうが、その総量は減ってゆくはずである。

　一方で、人口が減少するということは開発が減っていくということを意味しているので、日本の都市は、期待するほど世界を救うことができないとういうことでもある。例えば東京都は、戸建て住宅を含む新築建物への太陽光パネルの設置義務化を 2025 年 4 月に始めることを発表した[2]。まさしく「世界道具化」を象徴するようなインパクトのある政策であるが、都によると、この施策によって 2050 年までに既存の 200 万棟のうち、130 万棟が置き換わるとされている。一方で東京都の世帯数は 2035 年に頭打ちになると予測されており、2020 年の 702 万世帯から 2035 年の 724 万世帯まで、15 年か

けて 22 万世帯しか増えず、その後は減っていく。2005 年から 2020 年までの同じ 15 年間の増加が 127 万世帯であることを考えると、住宅の需要は逓減し、これまでのように調子よく住宅が建つことはなくなる。もし全ての人々が既存の住宅で満足してしまったら、そこには太陽光パネルが一枚も増えないということになる。

　東京はまだ新築住宅の需要があるからよいが、地方都市になるとその需要がさらに少なくなる。先述した C+Ne を実現するために、それぞれの都市では「立地適正化計画」という計画がつくられ、都心に近いところに住宅を集めようとしているが、政府が都市の縁辺部にある住宅を取り壊し、都心に近いところに新たに住宅を建てよう、という直接介入をするわけではない。個々の人々が住宅を建てようとするときに、都心近くに誘導することが C+Ne の実現手段であり、個々の所有者によって住宅が建替えられないことにはそれは実現しない。つまりは C+Ne は、開発が極端に少なくなった地方都市では、絵に描いた餅になってしまう可能性がある。

　単純化すれば、私たちは大きな失敗が起きることを恐れることなく、世界道具化に集中することができる都市を手に入れているということである。しかしそこに大きな変化を仕掛けることはできず、これから全ての世界を救う、なんていう大袈裟なことはできそうにない。それは人口がいまだに爆発的に増えている南アジアやアフリカの国々の役割なのだろう。私たちは、つつましく、小さな空間を使って、できる範囲で世界を救っていくしかないのである。

　では、この世界道具化はどういった政策で方向付けられてきたのだろうか。東京を例に見ていこう。

3. 世界道具化する東京

(1) 東京における世界道具化

　世界道具化に危うさを覚えた読者もいることだろう。これは結局のところ開発主義への回帰であり、地球環境問題が地球の開発の大義名分になってしまっている本質的な矛盾にも危うさを覚えるし、都市内外の問題を全て地球

環境問題に単純化してしまうことで、100年単位では確かに問題は解決されるかもしれないが、5年単位、10年単位で、目の前にあらわれてくる小さな「都市によって引き起こされる問題」の解決がおざなりにされるのではないか、という懸念もある。この危うさを頭の中において、東京において世界道具化がどう行われていったのかを見てみよう。

東京の都市計画は、東京都と区市町村の2層の行政によって担われている。そして2000年ごろに前のめりに世界道具化を仕掛けたのが東京都であった[3]。

少し辿ると、1979年まで2期にわたって都政を率いた美濃部亮吉に続いて、1995年まで4期にわたって都政を率いたのは鈴木俊一であった。社会党、共産党の推薦を受けた美濃部が率いた頃の東京都はいわゆる革新自治体であり、自民党の推薦を受けた鈴木が都政を奪取したことは、1970年代に全国を席巻した革新自治体ブームの終焉を告げる象徴的な出来事として語られている。先述の通り、美濃部都政は「都市によって引き起こされる問題」に対して「都市をつくらない」という都市計画を決定したが、鈴木都政も「都市によって引き起こされる問題」に対応するという点では、美濃部都政と本質は同じであった。

鈴木のもと東京都が1982年に策定した長期構想「東京都長期計画　マイタウン東京——21世紀を目指して」は、東京に集中した人口が「安心していきいきと暮らせ、故郷と呼べる街」を目指すものであったし、そこでは都心への集中を複数の副都心等へと分散する多心型の都市構造が示されていた。東京への人口集中はとどまることがなく、そこでは美濃部都政の中で強調されたような、さまざまな都市問題が発生していた。マイタウン東京構想と多心型都市構造は、その問題を「つくらないこと」で解決するものではなく、副都心等を「つくること」で解決しようとするものであり、それは都民が故郷と呼べる街をつくろう、という都民のための都市計画であり、世界のための都市計画ではなかったのである。

鈴木都政は、90年代に入る頃には都庁の移転、臨海部の開発といった大規模開発への批判を受けて失速していく。都庁の移転も、臨海部の開発も、都心の密度を分散させるという多心型都市構造、マイタウン東京構想の物語

に乗っていたわけであるが、おりからのバブル経済崩壊による開発失敗地が都市のいたるところに顔を出す中、開発自体を倦む空気に負け、都政は歴史を逆行するかのように「つくらないこと」だけを標榜する青島幸男に1期だけ委ねられ、そののち1999年から石原慎太郎に委ねられることになる。

(2)「内向き」から「外向き」へ

　前置きが長くなったが、その石原都政のもと2001年に策定された「東京の新しい都市づくりビジョン」が、世界道具化への道筋をつけたものである。そこではそれまでの多心型都市構造にかわり「環状メガロポリス構造」が示されている。二つの図面を並べてみると、そのスケールの違い、その解像度の違いがわかるだろう。東京都内を対象とした多心型都市構造にかわり、環状メガロポリス構造では首都圏の全体が描かれている。そして、多心型都市構造では複数の拠点の組み合わせで描かれていた東京の都心が、たった一つの円で乱暴に描かれている。この構想は何を狙ったものなのか。(図11-3)

　石原は「国家や都市の繁栄と安全のためには、日本も東京も国際社会の中で強い影響力を発揮することができるグローバルプレーヤーであり続けることが重要であるとの思想」[4]を持っていた。鈴木の「故郷と呼べる街」にかわって、東京の都市計画の目標となったのが、この「グローバルプレーヤーであり続ける」ということであり、ここで「内向き」から「外向き」への視点の転換が行われたことがわかる。この視点は開発のビジョンを失いつつあった東京を新たに方向づけるものであり、2005年から始まる東京オリンピック・パラリンピック誘致へとつながっていく視点でもあった。

(3) 空間の姿を描く

　ではこの視点の転換が、どのように都市計画を世界道具化していったのかを見てみよう。グローバルプレーヤーとしての東京を鍛え直すために、都市づくりビジョンは「空間の姿」と「それを駆動する仕組み」の二つの具体的な像を描いていた。

　一つめの空間の姿は既述の環状メガロポリス構造である。それは東京だけ

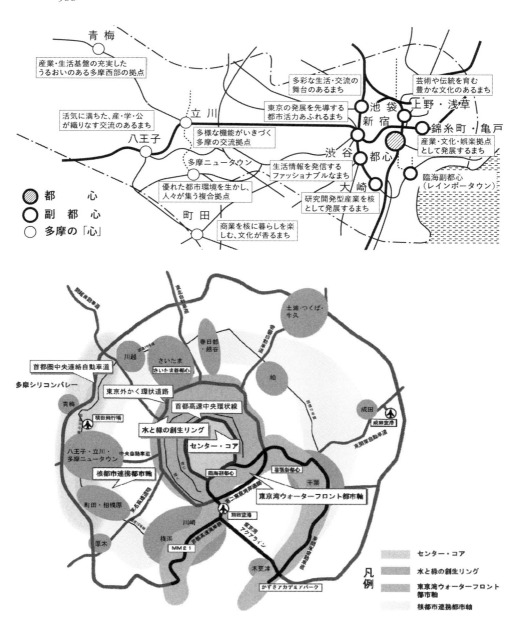

図11-3　多心型都市構造（上）と環状メガロポリス構造（下）

でない首都圏の全体の空間の姿を描いたものだった。首都圏を構成する一自治体にすぎない東京都が、なぜ首都圏の全体像を提案する必要があったのか。バブル経済期の都市再編を経て、東京は商業・業務機能と住宅機能で埋め尽くされてしまい、産業機能が欠けた、都市としては歪な構造になってしまっていた。東京都内にある機能だけでは役者が足りず、グローバルプレーヤーになることが出来なかったのである。そのため首都圏の諸都市にある産業機能との一体的な空間システムとして環状メガロポリス構造が示された。

　そして、首都圏の諸機能をつなぐものとして、首都高速中央環状線、東京外郭環状道路、首都圏中央連絡道路の3つの環状高速道路とそれらを放射状につなぐ高速道路が示されている。東京は伝統的に交通網を放射状に発達させてきたが、それだけでは都心に交通が集中してしまい交通の流動が悪くなるため、環状の道路でそれぞれを外側でつなぐという計画がつくられていた。環状メガロポリス構造は遅々として進んでいなかったその建設を推進するものであった。美濃部都政によって凍結されていた東京外郭環状道路も再始動する。

　こうして、グローバルプレーヤーというビジョンを得て「世界を救う道具」としての首都圏がここで定義された。その全体は、5つのエリアで大雑把に塗り分けられている。そのうちの「センター・コア・エリア」は、それまで複数の都心の組み合わせで描かれていたところだったが、「都心から副都心へ業務機能を分散させるという従来の考え方を改め、都心と副都心は相互に機能を分担し合いながら、エリア全体で国際ビジネスが育つ環境を創造していく」とされた。多心型都市構造の図も粗い解像度をもつものであったが、この図はさらに粗く描かれたものだった。

　折りからの民営化で、都市を開発する、住宅を建設するといった役割から政府が撤退し、民間の事業者に委ねられつつあった。詳細にマスタープランを描いたところで、実現手段のない政府はその実現を担保することが出来ない。一方で、民間の事業者は政府が考えてもいなかったところで開発を成功させることもあった。例えば1986年に森ビルが完成させた「アークヒルズ」は、副都心が配置されていた山手線のどの駅からも遠く、条件が不利な場所

に開発されたが、都心の構造を一変させるほどの成功をおさめた。こうした民間の事業者の成長を受け、どこにどのような開発を行うかについての判断の多くを民間の事業者に委ねようということになり、その前段となるマスタープランの表現としては大雑把なエリアの提示に止められたのである。

(4) 駆動する仕組み

　この空間の姿とあわせて提案されたのが、その実現を駆動する仕組みである。構想を描いただけで個々の事業者による開発が誘導されていくわけではなく、事業者に何らかのインセンティブを与えないことには構想が実現されていかない。そして財政的に潤沢でなかった東京都が選択したのは、都市開発にそれまでかけられていた規制を緩和することで、財政に負担をかけることなくインセンティブを生み出す、という方法だった。緩和の対象となった主な規制は、その敷地にどれくらいの大きさの建物を建てられるかを指定する「容積率」という規制である。東京都がどのような開発が行われると、どのように容積率が緩和されるのか、というメニューを事前に提示し、民間の事業者はそのメニューを組み合わせて開発を提案し、それが認められれば特区が設定されて容積率が緩和される、という仕組みがつくられた。やや専門的な話になるが、特区には4種類の制度があるため、それらが総称されて「都市開発諸制度」と呼ばれ、その活用方針が詳細に定められたのである。メニューには環状メガロポリス構造の実現に必要なものが書かれている。メニューを細かく見直すことによって、ニーズの変化にも対応することができる。例えば長く人口の流出に悩まされていた都心部では、住宅の整備がメニューに書き込まれ、その住民が憩う公園や広場の整備もメニューに書き込まれ、休日に音楽を楽しむホールもメニューに書き込まれ、災害時に逃げ込むシェルターもメニューに書き込まれた。そして民間の事業者がそれらのメニューを組み合わせて開発を行い、結果的には30-40代の人々が豊かな住環境の中で暮らせる都市が実現したのである。かつてのマイタウン東京構想でめざされていた「安心していきいきと暮らせ、故郷と呼べる街」の大半の開発は、メニューを選択する民間の判断に委ねられてしまったのである。

都市 11 グローバル化と都市 303

　この仕組みは、東京の都市計画にとって 21 世紀の最大の発明といっても
よいだろう。東京都は道路を中心としたインフラの整備に力を注ぎ、そこの
上で行われる民間の大規模な都市開発を通じて、税を使うことなく必要な空
間を手に入れることができるようになる。この仕組みに転換してから 20 年
ほどの間に、道路については中央環状線が 2015 年に完成し、残る二つの環
状道路も着々と整備が進められた。そして民間の手によって、大手町・丸の
内・有楽町、新橋・虎ノ門、渋谷といったエリアを中心に、あちこちに大規
模な都市開発が行われていくのである。

　このように、グローバルプレーヤーというビジョンのもと、巨大な首都圏
を一つの空間として捉え直し、政府と民間が役割を分担して、大規模開発を
用いてその空間を作り替えていくこと、これが「東京の新しい都市づくりビ
ジョン」が目指したものであり、その視点は今日の世界道具化につながって
いるのである。

(5)「外向き」から「外から」へ

　石原は「グローバルプレーヤー」と述べているが、20 年前のこの言葉は勇
ましく、世界の中で戦うための都市の戦闘力を上げることをめざしたような
言葉である。『「NO」と言える日本』(1989 年) を著した石原らしい言葉である。
そしてこの勇ましさが「世界を救おう」と、つまり「外向き」から「外から」あ
るいは「世界から」と変わったのが、石原都政のもとで 2009 年に改訂された
「東京の都市づくりビジョン」である。「魅力とにぎわいを備えた環境先進都
市の創造」という副題がついたそれは、「経済活力の向上、安全・安心の確
保に加え、低炭素型都市への転換、水と緑のネットワークの形成、美しく風
格ある景観の創出など、「環境、緑、景観」を一層重視した都市づくりを推
進していく」と謳っており、ここで環境の視点が経済活力の向上と並列的に
取り入れられた。そしてこのビジョンの変化を受けて、カーボンマイナスや
緑化誘導がメニュー化され、それらが新たに都市開発諸制度の活用方針に書
き込まれ、その実現が民間に委ねられることになったのである。

　一番新しい計画図書を読んでみよう。2016 年からの小池百合子都政のも

とで策定された「都市づくりのグランドデザイン」(2017 年) には、それまでの計画図書になかった「世界において東京が果たすべき役割」という項が設けられており、はっきりと「世界から」の視点を持つものになっている。

そこでは「(1) 包容力を持ち、多様な人々・文化の交流を育む」「(2) 都市課題の先駆的な解決モデルを構築・発信する」「(3) 伝統と先進を融合させ、新たな価値を創出する」の 3 点にわけて、東京が果たすべき役割が整理されている。(1) と (3) は世界を牽引する人材育成やイノベーションを起こすこと、新たな価値を創出することが都市の役割である、と明言するものであり、世界からの視点で都市への集積を進めていくことの大義名分が明文化されたことがわかる。そしてその大義名分からは「グローバルプレーヤー」というような勇ましい言葉が姿を消し、「環境先進都市」という言葉もやや後退し、文化育成や価値創造といった柔らかい言葉に置き換わったことがわかる。

(2) は都市課題を解決する道具としての東京の都市空間の強みを整理したものである。そこでは「急速な少子高齢化・人口減少の進行」「切迫する大地震の脅威」への対応策を世界に先駆けてつくること、そして東京がこれまで蓄積してきた「急速な人口増加に対応した計画的かつ効率的な都市基盤や市街地の整備」「大気汚染やヒートアイランド対策など環境問題」についてのノウハウを世界の都市で活かしていくとされている。前者の二つが、これから道具として鍛えていく部分、後者が道具として鍛え上げてきた部分ということである。このように最新の計画図書では、世界に資する文化育成や価値創造といった大義名分が持ち込まれ、大都市のシステムが「外から」の視点によって道具化されたことがわかる。

(6) 世界道具化装置の限界

ここまで東京における世界道具化の政策を見てきた。その転換の経緯をまとめつつ、3 章の冒頭で示した二つの論点、世界道具化は開発主義への回帰ではないかという点、そして小さな問題の解決がおざなりにされるのではないかという点を注意して見ていくことにしよう。

政策は「都市のビジョン」とそれを「駆動する仕組み」で構成されている。

平たく言うと、「目的」と「実現手段」であるが、そのセットを「世界道具化装置」と呼ぶことにしよう。2000年代にグローバルプレーヤーという言葉とともに新たに都市のビジョンが定義され、やがてそこに環境の視点が、最後に文化育成や価値創造といった視点が入ることで世界道具化が進んできた。このようにビジョンだけを見ると、いたずらな都市開発競争から、管理された競争へと変化し、開発主義からの脱却が図られているように読める。文化や価値は新たな開発によってのみ作り出されるものではなく、どちらかというと古い都市から作り出されるものと考えられるので、成熟した東京の都市空間の強みが認識されつつあると言えよう。ではそのビジョンを駆動する仕組みはどう組み立てられてきたのだろうか。

東京において世界道具化と同時並行に起きていたのが民営化である[5]。これも相互に因果関係も相関関係もない、たまたまの符号である。そこでは政府が直接にビジョンを実現するのではなく、政府はインフラの開発に集中し、その上に規制緩和をインセンティブとした民間の事業者がビジョンに沿った空間を大規模開発の中でつくっていくという仕組みが組み立てられた。この仕組みはよく出来ており、ビジョンの変更にあわせてインセンティブを細かく書き換えることができるため、小さな「都市によって引き起こされる問題」が発生したとしても対応することが出来る。

一方で、駆動する仕組みが民間の事業者の大規模開発に委ねられているため、例えばビジョンに環境の視点が入ったときには、民間は最新の環境性能をもったビルをつくることでそれに応える、ということになる。たとえその土地に何もつくらないほうが望ましい場合であっても、開発からは永遠に逃れることが出来ないということになる。また、大規模開発を実現手段とするということは、そもそも大規模開発のポテンシャルがあるところでしか問題を解決することができないということを意味している。事実、大規模開発が集中したのは、東京においても23区のごく限られたエリアであり、ビジョンに掲げられた課題はそこでしか解決されていないのである。開発のポテンシャルとは、ある土地を新たに使いたい人のニーズの合計であるので、人口が減少する中で同じ数だけの開発が永遠に続いていくとは考えにくい。東京

ですらそんな状況であるので、私たちは、大規模開発ではない実現手段をつくり出す必要がある。

世界を救うために、この世界道具化装置を根本からリセットする、それをつくりだしている精緻に組織化された政府の組織と、巨大な資本を食らいながら成長してきた民間の組織をリセットすることを期待する向きもあるだろう。1945 年の終戦から 75 年のあいだ、大きなカタストロフィもなく政府も民間も成長してきたので、その大きさや複雑さが私たちの手に負えなくなってきた。しかし、私たちは政府の組織をリセットする政権交代も、民間の組織をリセットする経済崩壊も、どちらをも経験してしまい、そのどちらにも期待できないということを知ってしまった。私たちには、現在の世界道具化装置を引き継ぎ、それを漸進的に改善し、再構成していくことしか残されていない。

ではその改善と再構成をどのように進めていくか。次に都市計画の技術の本質に立ち返り、どういった技術のもと、世界道具化装置を再構成していけるのかを考えていこう。

4. 都市計画の技術

(1) 二つの設計技術

都市は、人々のよりよい暮らしと、よりよい仕事を支えるものであり、その暮らしや仕事を成り立たせるための資源を調達する空間として発達してきた。

多くの人たちは、都市を使って、自身の暮らしや仕事を成り立たせる資源を調達している。若者は教育の資源を調達するために都市にやってくるし、そこで人生をともに過ごすパートナーを調達することもある。自分を懸けることができる仕事の機会も調達するし、新たな仕事を立ち上げようとするときに、その運転資金も、優秀な従業員も、快適なオフィス空間も都市で調達することができる。瀟洒な戸建住宅や、最新の設備に囲まれたタワーマンションといった、住宅のバリエーションも都市にふんだんに準備されており、思

うような暮らしを手に入れることができる。そして何らかの理由で資源をうまく調達できなくなった人たちが、生きていくための最小限の資源、食い繋ぐための仕事、雨露を凌げる住まいを調達できるのも都市である。

　このように、人々が先天的に持っている資源ではなく、後天的に手に入れられる資源を調達できる場として都市は発達してきた。この本質に立ち返ると、状態としての「よい都市」とは、この調達が合理的になされる都市、必要なものを、必要な人が、素早く調達できる都市であり、よりよい都市をつくる、ということは、その調達の効率を高めることである。調達は空間を媒介にして行われる場合（＝例えば商店街で買い物をする）と、空間を媒介としないで行われる場合（＝例えばインターネットを介して新しいアプリを購入する）があるが、都市計画はそのうち空間に介入し、空間を媒介にした調達の効率を高めるものである。

　前置きが長くなったが、この定義に従うと都市計画には二つの技術があると定義できる。一つ目は「資源の流れをよくする技術」であり、もう一つは「資源を空間で混ぜ合わせて価値を創出する技術」である。前者を「流れの技術」、後者を「空間の技術」と呼ぶことにしよう。少しわかりにくいので、稲作に例えて二つの技術を考えてみる。

　沢から水を引き込み、稲が栽培されている水田を思い浮かべてほしい。そこにある流れの技術は沢から水田へと水を引き込み、使い終わった水を水田から沢へともどしていく技術である。円滑に水を流すこと、その過程でできるだけ水を失わないこと、豪雨時にも渇水時にも水田の環境が一定に保たれることなどが重視される。もう一つの空間の技術は水田の中に苗を植え、手入れをしながら稲を育てる技術である。稲の収量をあげることを重視し、苗の間隔を均等にあけたり、稲の発育の邪魔になる雑草を除去したり、肥料を撒いたり、といった水田の環境を細かく調整する技術として発達してきた。

(2) 流れと空間

　都市計画に例えなおすと、流れの技術は道路や鉄道、橋梁、ダム、上下水道、河川といったインフラの整備を通じて、都市内部の資源の流れ、水の流れか

ら自動車や人の流れまでをよくする技術である。そこでは、都市というものが、ヒトやモノといった様々な資源の「流れの束」として捉えられる。ヒトやモノの流れは、数学を用いて抽象化することができるので、流れをモデル化するたくさんの理論が発達し、それが常に設計にフィードバックされる形で流れの技術は発達してきた。

　空間の技術はインフラを通じて一つの空間に流れ込んだ資源を、集め、組み合わせ、人々の暮らしや仕事にとって価値のあるものへと変えていく技術である。インフラを通じて調達された水、食材、エネルギーが台所という空間において美味しい料理に姿を変えるように、あるいは交通のネットワークを通じて調達されたさまざまな商品が商店という空間において陳列され、それが新たな消費行動を誘発するように、価値を創出するように空間を使って資源を配列し組み合わせる技術である。商品を配列し組み合わせるショッピングモール、教育の資源を配列し組み合わせる学校建築、健康の資源を配列し組み合わせる公園、バランスよくさまざまな資源を効率的に配列し組み合わせる近隣住区……と、インフラに比べるとはるかに多くの種類の空間が空間の技術で作り出されてきた。そこでは、都市というものが「空間のパッチワーク」として捉えられる。(図11-4)

　流れの技術は路地を広げてその先にある巨大なショッピングセンターへと人々の流れを誘導し、そこを調達の場にしようとするが、空間の技術は狭い

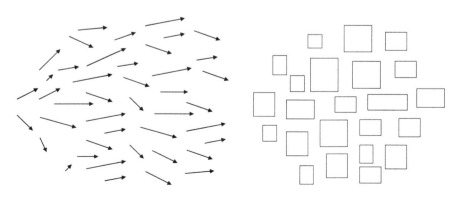

図11-4　流れと空間

路地にベンチやテーブルを出して人々の流れを小さくせき止め、そこを調達の場にしようとする。このように流れの技術から見ると、空間は資源を溜め込んでしまうものなので、流れに抵抗するものである。だからといって、水田に水を流し込まない水路には何の意味もない。そして空間の技術から見ると、インフラから急速に資源が流れ込んでしまうと、粗雑な空間しか形成できなくなってしまうが、水路につながないとそもそも水田は成立しないので、インフラにつながないという選択肢はありえない。このように二つの技術は相互に協力し合いながら都市計画という技術を構成し、それを使って都市がつくりだされてきた。

(3) 東京の世界道具化における二つの空間

　東京の世界道具化装置は、この二つの技術を政府と民間でわかりやすく分担するものだった。環状メガロポリス構造で示され、推進された高速道路をはじめとするインフラの開発は、流れの技術を徹底的に駆使し、都市における資源の流れを徹底的に改善するものであった。インフラと並行して、eコマースと物流産業が発達したため、21世紀の東京は、おそらく世界トップクラスの、必要な資源をあっという間に調達できる都市になった。さらには東京を中心にして高速鉄道の放射状のネットワークも発達したので、東京そのものが国土のインフラとなり、日本中の人が多くの資源をあっという間に調達できるようになった。インフラは巨大企業が製品の材料を調達して組み合わせるためにも使われるし、地方の小さなまちで起業した小さなパン屋が遠方の顧客を開拓するときにも使われる。インフラはあらゆる人の資源調達を支え、あらゆる人の暮らしや仕事を発達させているのである。

　そして整備されたインフラの上に、空間の技術を行使して新しいタイプの空間を作り込んでいったのが、民間の事業者であった。大量の住戸を積み重ねたタワーマンション、膨大な商品を陳列するショッピングモール、快適な執務環境を持ったオフィスビルなど、民間の事業者が新しい空間を次々と発明し、都市に新しい空間を増やしていった。空間は都市を構成する細胞のようなものなので、全てが同時に入れ替わることはない。特に日本の都市は土

310

地の所有権が強いため、一つの街区が丸ごと再開発されてしまう、ということはなかなか起きなかった。一つ一つは、古くからある空間に重なるようにしてつくられ、人々は古くからある空間と新しくつくられた空間のそれぞれを使って必要な資源を調達することができるようになる。

　この変化がどのように観察されるのか、2000年代に東京都心でつくられた、タワーマンション群で構成されている住宅地を見てみよう。筆者が少しだけまちづくりのお手伝いをした、東京都中央区晴海である[6]。

(4) 東京都心の変化

　戦前、戦後を通じて東京には人口が集中し続けてきたが、その内部において都心部から人口が郊外に向けて流出していくドーナツ化現象が起きた。晴海が立地する中央区を見ると1953年の17万2千人をピークとして1997年の7万2千人まで人口が減少している。しかしその後人口はV字カーブを描くように増加し、2018年時点の人口は16万人まで回復した。東京の都心人口は約40年かけて減少し、20年かけて元に戻ったのである。この都心人口の回復は、東京都と中央区の長年の課題であった。とはいえ、かつてのような低層の住商併用建築に高密度に居住していた状況に戻るわけにもいかないので、そこでは当然のように超高層住宅＝タワーマンションが手段として選択されたのである。

　同じ数の人口が戻ったからといって、1953年の人口と2018年の人口の質ははっきりと異なる。かつての都心人口は商店や工場の労働者であり、例えば商店の上階に設えられた6畳一間に地方都市から出てきた単身の見習いが集団生活を送る、というものであったと想像されるが、この20年で増えた人口を見ると、1970年代から80年代生まれの世代が圧倒的に多く、およそホワイトカラーの高所得層であり、ファミリー層も少なくない。これは東京で仕事についている世帯が、結婚や子供誕生などで住宅を取得しようとした時に新たに都心の不動産を購入しているだけのことであり、1960-90年代の郊外化を牽引した層が都心回帰を牽引していると考えるとわかりやすいだろう。

晴海のインフラと空間はどのように変化していったのだろうか。晴海は1931年に埋め立てによってつくられた人工島であるが、1957年に日本住宅公団の晴海団地が開発されたほか、展示場やセメント工場、自動車学校など大規模な施設が多く立地していた。もともと利便性が高いところではあったが、その利便性をさらに向上させたのが、2000年の12月に開業した地下鉄の都営大江戸線である。大江戸線は都心をぐるりとつなぐ路線であり、南北に細長い円環状の形態を持つ山手線に対して、東西に細長い円環状の形態をもち、新宿や上野や新橋などの古くからの要所と六本木や清澄白河などの新しい要所をつないでいくものであった。東西方向への人の流れを改善し、各所の開発ポテンシャルを向上させることを意図したものであり、晴海の近くには、運河を挟んだ反対側に勝どき駅が開設された。

最初に開発されたのは、2001年に完成した、3棟の超高層のオフィスビルと、複数棟にわかれた1789戸の住宅開発で構成される晴海アイランドトリトンスクエアである。オフィスビルの低層部は屋根で覆われた広場でつながれ、そこに商業施設やクラッシック音楽のホールもつくられ、海に囲まれた立地を強調するために商業施設は海や船をモチーフにした意匠で統一された。また、勝どき駅に向けて、既存の橋と並行するように94mの「動く歩道」がある人道橋がかけられた。これは開発によって発生するオフィスワーカー、住民、来街者の人流を支える小さなインフラであり、整備のための財源はこの開発の収益から賄われた。開発のコンセプトは「職・遊・住」の混合であり、この場所で暮らす人は、通勤時間をかけずに職場に行き、帰宅後にクラッシック音楽のコンサートを楽しみ、その後にフランス料理を楽しむこともできるようになる。このように、この地区にはもちろんのこと、東京都心にも存在しなかった新しいタイプの空間が作り出され、さらにはそれを大きなインフラに接続するための小さなインフラまでもが作り出されたのである。

その後晴海では、トリトンスクエアの成功を受けて多くの超高層住宅が開発されていくことになる。「職・遊・住」のコンセプトは継承され、オフィスビルもつくられ、タワーマンションの足元にはスーパーマーケットなどの商業施設もつくられていく。1995年には3250人だった人口は、2000年に

は4511人、2005年には5562人、2010年には7561人、2015年には9584人と、20年間で約3倍となった。2021年に開催された東京オリンピック・パラリンピックの選手村も建設され、大会後は分譲住宅として売却されている。そこでは新たに4145戸の住宅がつくられ、単純計算で一万人以上の人口がさらに増加することになる。

(5) 空間とインフラの状況

　住宅の空間は、建物の共有部に入る時に鍵のかかったゲートがあり、共有部から住戸に入る時にも鍵のかかった扉がある、といういわゆるゲーテッド・シティ、ゲーテッド・コミュニティであり、住宅の内部と外部との間に断絶があるだけでなく、住戸同士の独立性も高いという空間的な特徴を持つ。しかし、そうしたデメリットを補うようにして、パーティルームやプールといった豊かな共用部が提供され、住宅の足元には誰でも使うことができる公園や広場がつくられているので、住民がいたずらに孤立するような空間構成を持っているわけではない。むしろ住宅の外部空間の豊かさは、個々の住戸の価値をあげるものとして考えられているため、テーマパークのような凝った空間を外部につくった住宅もあり、民間の事業者によって、工夫を凝らした、独自性のある空間が多くつくられた。

　古い空間とのつながりも見ておこう。北側の運河を挟んだ対岸には、佃島、月島、勝どきのまちがあり、佃島にある住吉神社では、江戸期から続く3年に一度の例大祭が開かれている。「佃祭」として知られる祭りであり、晴海の町会も参加している。例大祭の2日目は町会ごとに神輿が出され、それらが合流しながら住吉神社まで担がれていく「連合渡御」が行われ、そののちに3日目の午前にかけて、町内を練り歩く町内渡御が行われるという構成を持っている。新興の晴海が自分達の神輿を持つことができたのは2011年のことであり、それまではレンタルの神輿で賄われていた。古くからの住民も少なく、神輿の担ぎ手を集めることにも苦労をしていたという。

　しかし、それから7年後の2018年の例大祭では、多くの担ぎ手、新しいタワーマンションの住民から、オフィスワーカーまでの担ぎ手がトリトン

スクエアの「水のテラス」の前に設けられた「御神酒所」と「御仮屋」に集合し、そこから住吉神社へと連合渡御に向かう風景が展開された。さらに興味深いのはその後の町内渡御である。晴海はタワーマンションで構成されており、「町内」の構成単位は一つ一つのタワーマンションである。神輿は一つ一つのタワーマンションの足元の広場まで運ばれ、そこには「休憩所」が設けられている。そこでそれぞれのタワーマンションの自治会から、担ぎ手に対してそうめん、稲荷寿司、バナナ、スイカ、カツサンドなどが振る舞われ、二日にわたって9ヶ所の休憩所を巡って賑やかな祭りが終わったのである。(図11-5)

　祭礼は「ハレ」と「ケ」でいうところの「ハレ」であり、祭礼において見られた空間のありようが、日常的な空間のありようと同じであるわけではないが、そこで見られたのは、古い伝統的な行事が、開発によってつくられた新しいインフラ、新しい空間の使い方を発見していくプロセスであった。古くからの人々が、開発によって新しく出来た空間に「御神酒所」「御仮屋」「休憩

図 11-5　晴海の例大祭の記録

Harumirai paper vol.3 より抜粋

所」といった新しい空間を足し合わせる。そこでは伝統的な「空間の技術」が総動員されている。そして町内から住吉神社に向かう、わずか4日間だけの強い「人の流れ」をインフラに加える。そこでは警察が自動車の流動を制御し、細い路地に順番に神輿が入り込んでいき、順序にそって神輿が運ばれる、という伝統的な「流れの技術」が総動員されている。新しくやってきた人々は、その空間やその流れを通じて、町への誇りや伝統といった、無形の資源を調達することが出来、それは都心のタワーマンションで提供される資源と結びついて、人々の暮らしを、確実によりよいものにしているのである。

5. 世界道具化装置の民主化

(1) 小さな流れと小さな空間を加える

　都市は、無数の流れの束と、膨大な空間のパッチワークでつくられている。そして世界道具化装置はそこに、大きな流れと、膨大な新しい空間を加えた。大きな流れは政府によるもの、大きな空間は民間の事業者によるものであった。そして晴海での小さな経験からわかることは、そこに小さな流れを加えたり、小さな空間を加えたりすることで、人々はより豊かな暮らし、豊かな仕事を手に入れようとしている、ということである。

　世界道具化装置の改善とは、このような、人々が自分達の固有の技術を使い、自分達のビジョンのもとで、大きなインフラと空間に、新たなインフラと空間を付け加えられるようにする、ということではないだろうか。しかしそれは、人々が持ち寄った技術でばらばらに好きなことをやっていればよい、ということではなく、自分の課題だけでなくまちの課題を、まちの課題だけでなく都市の課題を、そして都市の課題だけでなく世界の課題を解決するものでなくてはならないし、その実現のために自分達だけでなく他者を駆動するものでなくてはならない。つまり、人々が何らかのインセンティブで駆動される仕組みと、そのインセンティブの根拠となる自身・まち・都市・世界を救うために描かれたビジョンが、改善された世界道具化装置である。陳腐な言葉であるがこの改善を「世界道具化装置の民主化」と呼ぶことにしよう。

東京都のような大きさでは世界道具化装置の民主化は難しいだろう。市区町村やまちといった単位でビジョンをつくり、そこに多くの人たちの課題と世界の課題を反映させ、課題解決のために必要なインフラや空間がメニューとしてそこに示される。メニューを実現するためにインセンティブが設計されるが、容積率緩和のような大雑把なインセンティブは多くの土地で使うことはできず、多くの人たちを動かすことができないので、インセンティブもきめ細かく設計する必要がある。容積率とは、要するにある土地の開発権であるので、開発権を容積率ではない形で表現することが必要になる。それは例えばある人が、自分が使わなくなった住宅を地域のために使ってくれる人に格安で貸し出すとか、商店が実質的に占有している街路を新しく商売する人に無償で貸し出すとか、そういった類の小さな開発権を積分したものになるだろう。そのように設計されたインセンティブが、容積率のインセンティブでは開発されない都市空間を開発し、そこに新しい小さなインフラと空間がつくりだされることによって、世界を救う道具としての都市がつくりこまれていくのである。

おわりに

この小論は、世界の問題解決の道具として捉えられはじめているグローバル化した都市が、どのようにその道具化の装置を発達させてきたのかを、東京を中心的な題材として論じてきた。東京でつくりだされた装置はよくできているものの限界があり、小論の最後にはその改善の方法を「世界道具化装置の民主化」として論じた。

その民主化は、これまで誰も取り組んでいないことではなく、いわゆる「まちづくり」や「コミュニティデザイン」という言葉のもとで、多くの人々が取り組んできていることでもある。小論はすでに起こっていることを、筆者なりに「都市計画の世界道具化」や、その「装置」「民主化」とった言葉で整理し直したものにすぎない。21世紀に入って以降に大都市を席巻した巨大な開発から、身の回りで行われた小さな開発までを、一つの言葉で再統合するこ

とで、多くの人たちのさまざまな「開発」が、世界の問題解決につながっている、という見通しと道筋をつけようと考えたのが小論である。

注

1 人口減少時代の都市計画については、饗庭（2015）を参照のこと。
2 東京都の施策については、東京都環境局「太陽光ポータル」を参照のこと。
3 東京都の都市政策の変遷については、青山（2020）、東京都都市づくり公社（2019）、源川（2007）、源川（2020）を参照した。
4 東京都都市づくり公社（2019:100）より引用。
5 平成期の都市計画の変化については、饗庭（2021）を参照のこと。

参考文献

饗庭伸, 2015,『都市をたたむ ―― 人口減少時代をデザインする都市計画 ―― 』花伝社.
饗庭伸, 2021,『平成都市計画史 ―― 転換期の 30 年間が残したもの・受け継ぐもの ―― 』花伝社.
青山佾, 2020,『東京都知事列伝 ―― 巨大自治体のトップは、何を創り、壊してきたのか ―― 』時事通信社出版局.
グレイザー, エドワード, 2012,『都市は人類最高の発明である』NTT 出版.
サッセン, サスキア, 2008,『グローバル・シティ ―― ニューヨーク・ロンドン・東京から世界を読む ―― 』筑摩書房.
東京都環境局「太陽光ポータル」https://www.kankyo.metro.tokyo.lg.jp/climate/solar_portal/index.html（2022 年 10 月 31 日閲覧）
東京都都市づくり公社, 2019,『東京の都市づくり通史　第 1 巻』東京都都市づくり公社.
源川真希, 2007,『東京市政 ―― 首都の近現代史 ―― 』日本経済評論社.
源川真希, 2020,『首都改造 ―― 東京の再開発と都市政治 ―― 』吉川弘文館.

読書案内

①日本都市計画学会, 2021,『都市計画の構造転換 ―― 整・開・保からマネジメントまで ―― 』鹿島出版会.
近代がはじまって 150 年、近代都市計画がはじまって 100 年、そして都市計画の民主化がはじまって 50 年、複雑に組み上げられてきた都市計画の法と制度をどう理解し、それを自分たちの道具としてどう使いこなしていけばよいか。整開保、マスタープラン、区域区分、用途地域、都市施設、市街地開発事業、地区計画…

といったいかにも無愛想な道具たちを、どう創造的に読み替えていくことができるかを論じたものである。

②饗庭伸, 2021,『平成都市計画史——転換期の 30 年間が残したもの・受け継ぐもの——』花伝社.

バブル経済の崩壊に始まり、民営化と規制緩和、そして本格的な地方分権の時代に入った平成期の都市計画の法や制度の変化を「地方分権」「コミュニティ」「規制緩和」「住宅」「景観」「災害」「土地利用」の 7 点から明らかにしたもの。都市計画の民主化の現在地を理解し、これからの法と制度の乗りこなし方を考えるための一助となる。

③トマス・ジーバーツ, 2006,『都市田園計画の展望——「間にある都市」の思想』学芸出版社.

ドイツの都市計画家であるジーバーツが 2000 年に発表した「Zwischenstadt」の邦訳である。「間にある都市」という訳語のとおり、これは中心に空間を集約していく「コンパクトシティ」の対抗軸となる都市像であり、「田園地域の海のなかに群島のように存在する都市的ネットワーク」と定義されている。この二つの都市像を場所に応じて混ぜ合わせることによってそれぞれの都市の正解があると考えられ、その都市を使って世界の課題を解決していくことが問われているのである。

④平山洋介, 2011,『都市の条件——住まい、人生、社会持続——』NTT 出版.

小論では「資源を調達する場」として都市を定義したが、本書は「都市はなぜ都市なのか」という問いの答えを「都市の空間・社会が開かれ、ライフチャンスを準備し、多数の人々を受け入れる」と定義し、住まいの確保と安定、人生の軌道、社会の持続の 3 つの視点から都市が持続するために必要な条件を析出していく。本書で示されているのは、セーフティネットとしての都市の条件であるが、豊かな暮らしや仕事を生み出す都市の環境形成に欠かせない条件であると言える。

| 災害 |

12
災害研究と「災禍の儀礼」研究

福田　雄

1. はじめに

　20世紀半ば以降、社会科学における災害研究は大きく進展してきた[1]。なかでも今世紀に入りもっとも活発に調査と研究が進められてきた領域の一つは、災害の文化的側面にかんする研究である。2007年に刊行された『災害研究ハンドブック』のなかで社会学者のゲイリー・ウエッブ（Gary Webb）は、それまで十分に展開されてこなかった「災害の文化的側面」に着目する必要を呼びかける。ウェッブによれば、これまでの災害研究では災害を社会構造という観点から捉えようとするあまり、死者をめぐる記念物（memorials）、災害に関連した創作活動、そして「生活に秩序と意味を与えるための新たな儀礼」（Webb 2007: 430）など、災害の経験にかかわる文化的次元が十分に検討されてこなかったという。そこでウェッブは近年その兆しがみられる災害研究の「文化論的転回」[2]を、さらに推し進めることを提案する。それは文化にかんするわれわれの理解をより深めるだけでなく、災害にかんするわれわれの知識がいかに作り出され、またそれといかに向き合うのかを明らかにするという（前掲: 435）。災害文化を研究することの意義をこのように述べたうえで、ウェッブは「潜在的に実りある領域」（前掲: 437）としていくつかのテーマをあげる。それは災害にかんする卓越した文化的シンボルがいかに維持・保存されるのか、災害はいかなるレトリックや枠組みのもとに解釈されるのか、災害神話が持続しうるのはなぜか、災害文化はいかに人びとを連帯あるいは対立させるのか、そして災害研究が取り扱う／わない事象にはどのようなもの

があるのか、である。

　2018 年に出版された第二版『災害研究ハンドブック』収録論文において
ウェッブは、上述の「転回」がこの 10 年でなしとげられたと評価する。ウェッ
ブによれば、災害の文化的側面に着目した近年の研究は、「いかに災害が枠
づけられ、解釈され、想起されるとともに、災害がメモリアル化され、表象
されてきたか」(Webb 2018: 109) に焦点をあて、「いかにコミュニティが非常な
…出来事に対処 (cope) し取り扱うのか」(前掲 : 114) を明らかにしたという。災
害文化に着目する近年の諸研究とは、具体的にどのような事象を取り扱い、
そこで明らかにされた「文化的な対処の仕方」とはいかなるものなのだろう
か。本章は今世紀に入り活発に国際的・学際的研究が推進された災害文化に
かんする研究の一つとして、災禍の儀礼 (Disaster Ritual) 研究をとりあげる。

　災禍の儀礼研究とは、主として災害や事故のあとに行われる儀礼を対象
とする研究である。その端緒は、2003 年に刊行されたオランダの共同研究
プロジェクト *Disaster Ritual: Explorations of an Emerging Ritual Repertoire* (Post et al. 2003、
以下 *DR*[3]) である。この探索的プロジェクトは、主として参与観察や半構造化
インタビューによって得られるデータをもとに、現代オランダ社会の災禍の
あとに行われる儀礼のレパートリーを考察したものである。著者らによれば、
1990 年から 2001 年にかけてオランダ国内で発生した災禍のあとにみられる
記念行事や諸儀礼のレパートリーは、ある特徴的な形式に収束する。まず災
禍の直後より記帳所が設置され、ぬいぐるみや写真、花束などが自然発生的
に災禍の現場に供えられる。その後、数週間以内に「沈黙の行進[4]」や追悼式
などの集合的儀礼が組織される。最後にモニュメントの建立や発生日ごとの
記念式典の開催が実施される[5]。*DR* は、現代社会の公共空間に現れ出たこれ
らの儀礼のレパートリーに焦点をあて、それが多様なパースペクティブから
検討可能な現象であることを提示した先駆的研究として位置づけられる。

　この共同研究以降、災禍の儀礼に焦点をあてた数々の個人研究や共同研
究プロジェクト (Foote 2010, Danbolt and Stifoss-Hanssen 2011, Arfman 2014, Kranemann and
Benz 2016, Fukuda and Boret 2019 など) が様々な分野で発表された[6]。災禍の儀礼を
主題とするこれらの研究成果を踏まえ、それぞれの知見を総合するプロジェ

クトが 2018 年に立ち上がり、2021 年に *Handbook of Disaster Ritual*（以下、*HDR*）
として出版された[7]。先行プロジェクトである 2003 年の *DR* は典礼学、比較
宗教学、宗教心理学を専門とする研究者が中心となり、キリスト教文化圏を
その射程として進められた共同研究であった。一方、2021 年の *HDR* は地理学、
心理学、人類学や社会学だけでなく、イスラームやヒンドゥーを対象とする
宗教研究や、アフリカや南アジアをフィールドとした地域研究、そのほか観
光学、メディア研究、紛争研究など多様なディシプリンの研究者 40 人が執
筆者に名を連ねた。とりあげられた事例もヨーロッパだけでなく、中東やア
フリカ、アジア諸国など幅広い地域からとりあげられた。このように災禍の
儀礼研究は、今世紀に入り学際的かつ国際的な展開がみられた災害研究の一
領域といえる。

　本章は災禍の儀礼研究に着目することで、この研究が現代社会の災害文化、
ひいては現代社会の理解にどのような展望をもたらすのかを考察する。具体
的には、*HDR*（2021 年）の内容とそこで示される諸論点を、その先行プロジェ
クトである *DR*（2003 年）と対比させつつ、特徴づけるとともに、それを社会
科学における災害研究の動向との関連のなかで捉える。そうして災禍の儀礼
にかかわる国際的な研究動向をあとづけることで、災禍の現代的特質を考察
するとともに、災禍[8]の文化研究への展望と課題を提示することを試みる。

2. *DR* と *HDR* にみる諸特徴

　2021 年に出版された *HDR* は災禍の儀礼という現象をどのような観点から
捉えるのだろうか。以下では *HDR* の諸特徴をその 18 年前に出版された *DR*
と対比させながら把握する。

(1) ディシプリンと事例の多様化

　HDR の特徴の第一は、様々なディシプリンの研究者が、幅広い地域
で、多様な災禍のあとの儀礼を検討していることにある。前節に見た通り、
HDR は *DR* と比べ執筆者が増え、紙幅も倍増しただけでなく、様々な領域

の研究者がこのプロジェクトに参加した。地理学、心理学、宗教学、人類学、そして社会学などの領域に加え、宗教研究や地域研究、観光学やメディア研究、紛争研究などさまざまな領域の論文が寄稿された。*DR* および *HDR* で編著者をつとめたポール・ポストが述べる通り、儀礼研究は歴史的に複数のディシプリンが集う学際的「プラットフォーム」(Post 2021:31) である。*HDR* もまた、多様な研究領域から多くの専門家が集う学際的な儀礼研究プロジェクトという特徴をもっている。

　さらに *HDR* では、取り扱われる事例もさまざまな地域に及んでいる。先行プロジェクトである *DR* では、オランダ人研究者 3 名が中心となってオランダ国内の事例が検討された。一方、*HDR* ではヨーロッパの研究者に加え、アメリカ、オーストラリア、南アフリカといった英語圏地域だけでなく、パレスチナ、レバノンなどの中東地域、そしてネパール、中国、日本といったアジア地域から研究者が参加した。またこれらの国々に加えボスニア・ヘルツェゴビナやウクライナ、ルワンダやナミビア、インドやインドネシアなどの事例が検討された。*HDR* におけるこれらの変化の背景には、次項に述べる通りこの共同研究プロジェクトの編著者らがその中心概念をいかに規定したかという問題が関連する。

(2) 災禍概念の拡張

　DR と比べたときにあらわれる *HDR* の特徴の第二は、災禍という概念の変化である。2003 年の *DR* で取りあげられた災禍は、航空機の墜落事故や多くの若者の命が奪われたカフェ火災、そして船舶沈没事故といった出来事である。これらの事例をとりあげる際の基準は、*DR* の導入部分で明確に示されている。災禍とは、(1)「深刻で大規模な破壊と人的被害」が生じ、(2) その経験が個人を超えた集合性によって特徴づけられるような、(3)「突然の、予期しない出来事」である (Post et al. 2003: 24-25)。こうして共同研究プロジェクトの中心概念が設定されたうえで、先述した災禍のほかに花火工場爆発事故など、大規模な物理的破壊を伴う「突発的」な出来事が検討された。

　災禍という概念をこのように規定する一方で、こうした規定ではうまく捉

えられない境界的事例があることもポストは認めていた。その一例は、1999年にオランダのボーフェンカルスペル（Bovenkarspel）で発生したレジオネラ菌集団感染事件である。植物園の来園者が数週間かけて次々と命を落としたこの事件は、その後「静かな災禍」（前掲: 25）として報じられた。その後モニュメントが建立され、記念行事が開催されることとなったこの出来事は、ポストのいう「突発性」という観点から捉えることはできない（この点は水俣病などにも共通すると思われる）にもかかわらず、集合的に死者が想起され、その出来事が記念される災禍である。

　DRで示されたこの境界的事例は、HDRにおいて災禍のカテゴリーに含まれるようになった。この背景には災禍というコンセプトをいかに定義するかという問題にかんする社会科学の研究動向が影響している。HDR第1章においてポール・ポストは、『災害研究ハンドブック』所収のロナルド・ペリー（Ronald Perry）論文に言及しながら、災禍というコンセプトの系譜を辿る。ペリーによればこれまでの研究における災禍概念は、社会の諸機能を阻害する「出来事（event）」、ないしその物理的な「災害因（agent）」に焦点をあててきた[9]。すなわち災禍とは、その出来事によって生じた多大な損害や、ある災害因によって特定の時間・空間に生じるハザードの特性という点から捉えられてきた。しかし、近年は出来事や原因という観点からではなく、災禍を「社会現象」として理解するべきだという立場がみられるという。この立場において災禍は、社会構造あるいは社会システムに基礎づけられる生活規範や社会関係の撹乱（disruption）として捉えられ、この予期せぬ事態に対して対処を試みる社会的プロセスとして理解される。すなわち災禍とは「社会変動の文脈」（Perry 2007: 10）において捉えられるようになったのである。

　もし災禍という概念が、システムの再構築を要請される「社会変動」のプロセスとして捉えられるのであれば、物理的な破壊や損害が必ずしも可視化されず、また突発的でない事象——たとえば国境を超えて多大な影響をもたらすパンデミック、気候変動によって生じる熱波や寒波、化学物質による環境汚染、そして難民危機や紛争など[10]、「長期間持続する」ないし「遅い」災禍——をも災禍の儀礼研究の視野に入れることができる。このような認識のも

とポストは災禍という概念をより広く捉える方針を打ち出す。

　HDR における災禍は、「社会あるいは集団の重大な破壊を引き起こす一つの出来事あるいは状況」(Post 2021: 10) と規定され、その出来事が社会へどのようなインパクトをもたらしたのか、という観点が重要視される。ここでポストのいう「社会的なインパクト」とは、災禍によって引き起こされた「服喪、同情、憤慨、抗議、正義への呼びかけ、回復、和解、そして慰めといった表現を伴う集合的・公共的あるいは個人的なリアクション」(前掲)にほかならない。すなわち HDR は、DR で採用された災禍という概念を拡張し、それによって引き起こされる儀礼的応答という観点から研究対象を規定する。その結果、HDR では、DR で取りあげられていたような災禍に加え、難民危機や食料危機、気候変動、テロ攻撃やジェノサイド、そしてパンデミックなどが災禍としてあらたに検討されることとなった。このように HDR では、災害研究における災害概念をめぐる議論を踏まえ、災禍という概念をより「包括的」(前掲:1) かつ動態的に[11]規定したのである。

(3) 不幸へのコーピングというパースペクティブ

　HDR でより広範な事例がとりあげられた背景には、上述の通り、近年の災害研究における災禍概念をめぐる議論の影響がみられる。事例の多様化、参入するディシプリンの増大という背景を踏まえれば、災禍の儀礼を分析するためのパースペクティブもより広範なものとなることは想像に難くない。ところが災禍の儀礼を分析するために HDR で提示されるパースペクティブや諸特質は、DR と比べてより限定的である。HDR にみられる第三の特徴がこれである。

　2003 年の DR において災禍の儀礼を分析するために編著者のポストが提示したパースペクティブや諸特質は多岐にわたる。儀礼の干渉・流用、儀礼の文脈化、儀礼のマーケットとダイナミズム、聖なるものの変容、儀礼と統合、儀礼とパフォーマンス、儀礼とメディアの役割、儀礼と消費社会、市民宗教と儀礼、メモリアルカルチャー、通過儀礼、儀礼とコーピングなどである。このように DR でポストが諸々のパースペクティブや特質を抑制するこ

となく列挙したのは、災禍の儀礼という新しい現象をできるだけ多様な領域からアプローチ可能であることを示すためだったと思われる。そうしてあえて研究の焦点を限定しないことで、様々な方向性への今後の展開を促す意図があったと推測される。

はたしてその後様々な領域において災禍の儀礼研究が展開された。これをうけ、その知見を総合するハンドブックの導入部でポストが提示したパースペクティブや諸特質は、先行プロジェクトと比べ明らかに抑制されることとなった[12]。HDR 全体の事例や諸テーマをカバーするために執筆された「イントロダクション」において、ポストが最も重要なパースペクティブとしてあげるのは、儀礼を通じて行われる「不幸 (misfortune)」への対処 (coping) という論点である。

いつ、何人にも「起こりうる不幸」に、人間社会はいかに向き合い、また対処してきたのか。ポストは中世ヨーロッパ社会における「不幸」への儀礼的応答のあり方をあとづけることで、人びとがいかにその災禍を「解釈」することを試み、「悪を追放し」、「運命、偶然性、そして不幸に対処」してきたかに注意を向ける (Post 2021: 19)。ポストによれば、中世ヨーロッパ社会においては「起こりうる不幸についての強い自覚が存在」(前掲: 15) しており、それらは、定期的に執り行われるキリスト教の典礼 (儀礼と祈り、そして断食) によって対処されていたという。たとえば「四季の斎日 (Ember Days)」は、季節ごとに「戦争や病、不作がなく安全と調和ある生活が守られ、またそうした生活について感謝を捧げるため」(前掲) の儀礼のセットとして実践されてきたという。また中世ヨーロッパでは、定められた方法で「不幸」を遠ざける儀礼のレパートリーがあっただけでなく、災禍に見舞われた時に儀礼として何をなすべきかが理解されていたという。そこでは「死と死にゆくことの儀礼、祈りと供儀、記念儀礼などの (儀礼の) レパートリーが確立されており、特別なミサや行列、呪文や祝福、ノヴェナ (9日間の祈祷への専念) などの特別な儀礼」(前掲) が用意されていたとポストは指摘する。

ポストによれば、こうした「厄除けと予防 (apotropaic and prophylactic)」を目的とした儀礼は、中世ヨーロッパのキリスト教以外の諸文化にも広く見出され

る。そこでは常に不幸を受け止めるための「解釈の枠組み」と「偶然性と人間の脆弱性に対する認識」が儀礼のなかで立ち現れ、災禍と向き合うことが試みられたという。このようにポストは、災禍の儀礼を、様々な文化に「最も広くコンスタントに確認される儀礼のレパートリーの一つ」（前掲：14）として位置づけ、その背後には災禍のもたらす「不幸」への対処という役割があったと主張する。「不幸」な出来事に対処するという儀礼のこの側面は、先行プロジェクトである DR でも示唆されていた。しかしながら「悪を非難し、諸問題へ対処 (coping) する」（前掲：5）という論点がより明確化され、とりあげられる事例や選ばれた諸テーマにかんし「特別な重要性をもつ」（前掲）ものと位置づけられたのは、HDR においてである。

　HDR で焦点が当てられた、儀礼を通じた「不幸への対処」というこのパースペクティブは、事例研究のなかでどのように用いられ、そしてこのパースペクティブによって何が明らかにされたのだろうか。次節では HDR における事例研究のセクションからいくつかをとりあげ、このパースペクティブがどのように災禍の儀礼の分析に用いられているのかを示すとともに、本節で指摘した諸々の特徴、すなわちディシプリンの多様化、扱われる災禍の広がりを提示する。

3.　災禍の儀礼の事例研究

　HDR を構成する全 34 章のうち、その大半を占めるのは、第二部の事例研究（第 8 章〜第 27 章）のセクションである。このうち欧米の事例研究としてとりあげられているのは、ノルウェーの連続テロ事件（2011 年、オスロ）、ドイツの航空機墜落事故（2015 年）、アメリカの銃乱射事件（2018 年、フロリダ）である。各章ではそれぞれの出来事のあとに現場付近で自然発生的にみられた儀礼行為や、公式に執り行われた追悼式典が詳細に記述されている。このうち、以下ではドイツの航空機墜落事故をとりあげよう。

（1）ジャーマンウィングス墜落事故（ドイツ、2015 年）

　2015 年 3 月 24 日、バルセロナからデュッセルドルフに飛び立ったジャーマンウィングス航空機がフランスのアルプス山脈に墜落した。副操縦士によって意図的に墜落させられたこの出来事をめぐり、様々な儀礼が執り行われた。この墜落事故によって亡くなった 150 人のうち、72 人がドイツへの帰国者であった。そのなかには交換留学先のスペインから戻る 16 人の高校生と 2 人の引率教員が含まれていたという。彼らの死を悼むため、事故直後から、記帳所が設けられ、高校や空港で多くの花が捧げられ、キャンドルが灯されたという。またドイツの連邦政府では黙祷が捧げられ、政府関係機関で半旗掲揚が通達された。犠牲となった高校の校区の教会では、学校関係者と遺族が招かれた礼拝が開かれ、墜落現場近くの教会でも遺族が参加するプライベートな礼拝が持たれたという。その後政府主催の公式の追悼式典が開催された。テレビ中継されたこの式典は二部構成だった。前半部は会場となった教会主導でキリスト教諸教派合同の礼拝が執り行われ、後半部は政府主催の式典のなかで各国の政府関係者[13] が弔意をあらわしたという。

　これらの式次第や弔辞を詳細に記述した、神学者のブリジット・ベンツ（Brigitte Benz）が提起する問題[14] の一つは、災禍の儀礼における宗教の関与の仕方である。墜落事故をめぐる連邦政府主催の追悼式典は、ケルンの大聖堂で行われ、主としてキリスト教の式次第に従って挙行された。ベンツによれば、ドイツの政教分離原則は、国家と宗教が協力すること自体を問題とはしない。しかし、国家がいかなる宗教も優遇しないという原則、そして諸宗教に対する国家の中立性という点において、この式典は問題を含んでいるという[15]。

　さらにベンツは、意味づけ困難な出来事にいかに「対処（cope）」（Benz 2021: 249）するかという問題にかんして、この式典には少なくとも二つの問題があったと指摘する。第一は政府主催の式典のなかで、「死者の復活[16]」というキリスト教的テーマを許容することがどの程度可能かという問題である。そして第二は、移民受け入れによって宗教的多様化が進むドイツにおいて、キリスト教式の儀礼によって立ちあらわれる「われわれ」という主体がどれほ

ど多様な主体を包摂可能か、という問題である。

このようにヨーロッパやアメリカの事例研究では、遺族を中心とした当事者を取り囲む社会がいかに災禍と向き合うのかという関心のもと、儀礼のなかで立ちあらわれる「われわれ」がどのような主体であるか、またそこに誰が含まれる／ないのかという問題が取り扱われる傾向がみられる。そこでは2003年のDRで描き出されたオランダの災禍のあとの儀礼と多かれ少なかれ類似するレパートリーが見出され、従来のキリスト教文化によって捉えられないような「不幸への対処」のあり方に焦点があてられる。

(2) バリ島爆弾テロ事件 (インドネシア、2002 年)

次に、2003年のDRで検討されることのなかったアジア諸地域における災禍の儀礼を検討しよう。HDRの事例研究では、バリ島爆弾テロ事件 (2002年)、中国の四川大地震 (2008年)、東日本大震災 (2011年)、ネパール大地震 (2015年)、太平洋諸島における民俗儀礼などが検討されている。これらの事例において、災禍がもたらす不幸へのどのような対処がみられるのだろうか。ここでは、先にみたキリスト教文化圏における「不幸への対処」と対照的な事例としてインドネシアのバリ島爆弾テロ事件をめぐる災禍の儀礼を紹介する。

2002年10月12日にバリ島のナイトバーで起こった爆発は、アルカイーダを支持するインドネシア国内のテロ組織による爆弾テロ事件であった。202人を数えた犠牲者の出身国は23カ国にわたる。なかでも88人という最多の犠牲者を出した被害国はオーストラリアである[17]。多くの国々の犠牲者を生んだ爆弾テロ事件は、毎年遺族や被害国の大使が招待され、その発生日ごとに犠牲者を記念する式典が挙行されている。イスラーム研究者のヘルマン・ベック (Herman Beck) は事件の17年後である2019年の記念式典の模様を記述する。記念式典は爆弾テロ事件の二年後に爆発現場近くに建立されたモニュメント前の広場で行われた。ベックによると式典当日、モニュメントには多くの供物や花が捧げられ、地元小学校の児童や伝統的なバリ島衣装を身につけた参加者がみられたという。三時間にもわたる式典では、オーストラリア、イギリス、日本、オランダなど被害者の出身国代表者による献花が行われた

ほか、香が焚かれ、ヒンドゥー教僧侶による儀礼やスピーチも行われたという。

　式典に参与観察したベックは、式典会場内の儀礼を記述しながら、周囲との温度差に気づいたという。式典最中にもかかわらず、現場周辺の繁華街は通常通り営業しており、バイクが行き交う喧騒が止むことはなかった。時折ナイトバーで沸き起こる笑いの声によって、式典で話す僧侶のスピーチは何度も妨害された。公式の記念式典における儀礼の真剣さと、地元住民の示す「無関心さ」や明らかな「興味のなさ」(Beck 2021: 259) の落差をどのように理解すればいいのだろうか。ベックは、関連文献や報道資料、写真集や遺族の日記をもとに、バリ島におけるヒンドゥー教の世界観という視点からこの落差を説明する。

　ベックによれば、2002 年の事件翌日には、すでに地元バリのヒンドゥー教徒による儀礼が行われたという。この儀礼の文脈はバリのヒンドゥー教の世界観を前提として理解される。バリのヒンドゥー教徒にとってこの世界は、有形かつ可視化される人間の世界 (sekala) と、無形で不可視化されている神々や霊、死者の世界 (niskala) によって構成されており、この二つの世界の均衡が儀礼や供儀によって保たれることが最も重要視されるという。この世界観を前提としてバリ人ヒンドゥー教徒は、爆弾テロ事件を道徳的廃退や儀礼の不履行によってもたらされた不均衡の結果として解釈したという。観光化によってもたらされた快楽主義や物質主義はバリの儀礼的秩序を乱し、その「懲罰」として爆弾テロ事件をもたらした。それゆえこの均衡を再び取り戻すために一連の浄化の儀礼が事件直後、事件の 8 日後、そして 1 ヶ月後 (11月 4 日から 15 日までの 11 日間にわたる儀礼) という定められたサイクルのもとに行われたという。犠牲者の血によって汚された可視的世界と、不可視の世界のバランスを整えるこの儀礼は、「すべてのバリ人のヒンドゥー教徒が関与し、参加すべきもの」(前掲 : 273) として行われた[18]。そしてこの一連の儀礼を遂行することによって、「可視的世界と不可視の世界との均衡が回復され」(前掲)、バリのヒンドゥー教徒は、あらためて日常生活に戻ることができたのだとベックはいう。

　こうした文脈を踏まえれば、バリのヒンドゥー教徒らの行った「災禍への

対処 (coping)」(前掲: 279) と、88 人の犠牲者を数えたオーストラリアとの意識の違いの理由は明白だとベックはいう。事件の一年後の記念式典挙行について、バリ政府は当初から消極的であった。なぜならバリのヒンドゥー教徒にとって、すでに不均衡な状態は回復されており、式典は不要だからである。しかし最終的にはオーストラリア政府の度重なる要求に応じることとなった。式典会場となっているモニュメントの建立もまた、地元住民から反対意見が多く寄せられたという。落ち込んだ観光需要を喚起するにあたって、重要なのは経済支援であって、モニュメントの建立ではない。バリの世界観では既に秩序が回復された以上、「過去のネガティブな記憶は捨てるべき」(前掲: 277) という意見が地域の多数派だったという。しかしこれもオーストラリア政府に押し切られる形でモニュメントが建立された。このように災禍の儀礼を理解するためには、災禍にかかわる様々なエスニシティやそれぞれの世界観、宗教間の緊張関係[19]、政治的な配慮や経済的な利害などを考慮する必要があるとベックは主張する (前掲: 276)。

　バリ島爆弾テロ事件をめぐる災禍の儀礼の考察は、それまでの災禍の儀礼研究とは異なる不幸への対処の仕方や、エスニシティや宗教、国同士の緊張関係、そして災禍以前に遡ることができる日常生活の諸文脈に焦点を当てる。それはキリスト教文化圏における災禍の儀礼のレパートリーやメモリアル文化を相対化するとともに、現代社会の災禍と災禍への応答を理解するうえで重要な複層的視座をもたらすものと思われる。

(3) 東日本大震災の慰霊祭・追悼式 (日本、2011 年)

　三つ目にとりあげる事例は、東日本大震災をめぐる災禍の儀礼である。著者の福田雄は 2003 年の DR が提示する枠組みをもとに、そこで提示されていた「苦難への対処」(Fukuda 2021: 177) という観点から、東日本大震災をめぐる慰霊祭・追悼式を考察する。具体的には、宮城県石巻市が主催した 2011 年 6 月の「慰霊祭」および 2012 年 3 月の「追悼式」における儀礼やスピーチ (15 編) を検討し、意味づけ困難な災禍といかに向き合うのかという問題を考察する。

　東日本大震災の被災自治体のなかでも津波による直接的被害をもっとも受

けた石巻市の被災状況を概説したうえで、著者は石巻市で行われた「慰霊祭」や「追悼式」を描写する。これに先立ち著者は、まず「慰霊」という日本社会の死者に向けられる態度を概説したうえで、「石巻市犠牲者之霊」と書かれた標柱が祭壇中央に立てられ、それに向かって儀礼が行われる災禍の儀礼の文脈を提示する。「無宗教式[20]」で行われるこうした式典の形式は、「神道指令」に始まり、政教分離をめぐる戦後日本社会のいくつかの事件を経て制度化されてきた形式であると説明される。

　式典内の儀礼と、その文脈や歴史的背景を記述したうえで著者は、東日本大震災をめぐる災禍の儀礼の特徴を以下の二点に求める。その第一は、ほとんどすべての儀礼（黙祷や献花、「遺族代表の言葉」などのスピーチ）がこの死者の象徴に向けられること、そして第二は津波による死に意味を与えるような儀礼や語りがほとんどみられないことである。とくに後者については、スマトラ島沖地震をめぐるインドネシア・アチェの記念式典（Fukuda and Boret 2019）と対照的だと著者は指摘する。アチェ州主催の津波記念式典では、毎年、津波死者の宗教的位置づけや、津波を意味づける神義論[21]が語られる。なぜあの人は津波によって死ななければならなかったのか。この苦しみにはどのような意味があるのか。災禍によってもたらされるこれらの問いをめぐり、津波記念式典では現地のイスラーム文化とアチェ人の歴史理解に基礎づけられた災害観が提示される。一方、東日本大震災をめぐる災禍の儀礼では、これらの問いに対するどのような答えが模索可能なのか。著者は遺族代表や市長をはじめ市民を代表する様々な語り手の「式辞」や「追悼の辞」などを検討し、この問いを考察する。

　著者によれば、石巻市の慰霊祭・追悼式にみられる語りは共通するパターンをもつという。それは全ての語り手が、「われわれ」を代表し、「犠牲者之霊」に向かい誓い約束するという点にある。式典の語り手は死者に向かって街の復興を誓い、二度とこのような悲劇を繰り返さないことを約束し、冥福を祈る。なぜ災禍の儀礼で人々は約束するのか。それはそうすることによってのみ、災禍による苦しみに意味を見出すことが可能だからだと著者はいう。——あの日、生と死を分け隔てたのは、単なる偶然であり、そこにはなんの

意味も見出しえない――かかる死の無意味さ（救われなさ）を拒絶し、あの死の（そしてこの生の）意味を造り出すために、語り手は死者に誓い約束する。そうして望ましい社会を災後に打ち立てることは、事後遡及的に災禍とその死に意味を与える。それゆえ人びとは災禍の儀礼で（それが無意味ではないと言う意味での救いを）約束するのだと著者はいう。

　このように東日本大震災をめぐる災禍の儀礼は、死者へ約束することで「不幸へ対処する」ための、集合的な一形式であることが示される。それは「不幸へ対処する」にあたっての死者の存在の重要性を示唆するとともに、特定の信仰共同体やネイションを措定しない形で、多様な参加者がともに災禍とその死者を記念する世俗的な形式の一つのバリエーションを示唆する。

　このように HDR では、多様な研究領域の専門家によって様々な地域の災禍が事例としてとりあげられ、「不幸への対処」という観点から災禍の儀礼という現象が考察されている。そこでは災禍に関与する様々な主体が、集合的な儀礼のなかでどのように災禍を記念するかが描写されることで、災禍をめぐる現代社会の文化的応答の諸側面が明らかにされている。

(4)「長期間持続する」ないし「遅い」災禍

　前項までにみた「突発」的な災禍と異なり、HDR において新たにとりあげられるようになった、難民危機や食料危機、気候変動やパンデミックといった「長時間持続する」ないし「遅い」災禍をもみておこう。そうすることで、災禍の儀礼研究の理論的な射程や課題がより明確なものとなるからである。ここでは「長時間持続する」ないし「遅い」災禍の一例として、難民危機を事例とした典礼学者ポール・ポストによる論文を検討する。

　ポストによれば、地中海を横断してヨーロッパ入国を試みる難民・移民――その多くが密航業者による違法かつ危険なルートを通る――の死をめぐり、災禍の儀礼がヨーロッパ各地で行われている。たとえば 2013 年 10 月、イタリアのランペドゥーザ島沖合で、アフリカからの難民を載せたボートが転覆し少なくとも 366 人の遺体が発見された事件があった。この事件をめぐりランペドゥーザ島では島民による記念行事や行進が行われたという。

このように海難事故の起こる地域で起きた特定の事件にかんし地元住民ら
が行う儀礼がある一方で、ヨーロッパ国内のいくつかの都市で難民の死一般
を悼む集合的な儀礼もあるという。ヨーロッパに入国する過程で命を落とし
た数々の難民を覚え、憐れみや怒り、抗議などの様々な感情を表現する儀礼
がオランダでは執り行われており、そこにはアフリカからの移民も数多く参
加したとポストはいう。このほかポストは、難民の死一般にかんして、「国
際移民デー」(12月18日)や「世界難民の日」(6月20日)など一年ごとの特定の
日にオランダ国内で行われるイベントとの融合、カトリックの万霊節(毎年
11月第一日曜日)における難民の死の追悼、カトリック教会が定めた「世界移民・
難民の日」(毎年9月の最終日曜日)における難民との連帯の表明などが紹介され
る。

このようにポストは難民危機をめぐり執り行われる様々な儀礼やイベント
を紹介する。HDRで新たにとりあげられた様々な災禍と災禍を記念する儀
礼は、これまでの研究では見出されることがなかった様々な「発見」をもた
らしている。その反面、これらの事例研究は他の章と比べると、儀礼の記述
という点において、概略的な水準にとどまっており、儀礼参加者の動機や儀
礼の現場・状況の描写が十分であるとは言い難い。災禍の儀礼の諸々の文脈
(とその流用や変容)、ならびに「不幸への対処」というパースペクティブを用い
ることによって明らかになる災禍の文化的な解釈や応答は、災禍以前に遡る
ことができる日常的文脈や歴史的背景などが記述されることで、十分に考察
可能となる。この点は前項に指摘した通りである。しかしながら少なくとも
現段階では、難民危機をとりあげたこの事例は、観察された儀礼のレパート
リーの表面的な記述といった水準にとどまる。

2003年のDRにもみられたこの課題[22]は、他の「長期間持続する」ないし「遅
い」災禍の事例研究にも共通する特徴である。これらの章では、気候変動や
食糧危機、#MeTooといったトピックをめぐり、展開された抗議運動やメディ
ア上の活動が記述される。「長期間持続する」ないし「遅い」災禍の記述の形
式的特徴は、これらの諸事例に共通する特有の背景が関連しているように思
われる。その一つは、これらの災禍が特定の地域を超えてグローバルに展開

される現象であるという点にある。「長期間持続する」ないし「遅い」災禍として HDR でとりあげられる災禍は、難民危機一般や、諸々の異常気象を背景とする気候変動一般など、ある特定の時間、空間に限定されることのない災禍および「社会変動」を問題とする。前項までにみた事例、すなわちある特定の時空間に「突発的」に生じる災禍とはこの点で対照的である。

　「長期間持続する」ないし「遅い」災禍が、「突発的」な災禍と異なる特徴の第二は、その災禍の犠牲者や当事者の境界が、リアリティを伴った明瞭な像を結びにくいという点にある。前項までにみた「突発的」な事例では、「ドイツ国民」、「バリ人ヒンドゥー教徒」、「オーストラリア国民」、「石巻市民」といった形で理解される、比較的像を結びやすい「われわれ」という主体が災禍の儀礼のなかに立ちあらわれる。もちろん——ジャーマンウィングスの事例にみられたように——災禍の儀礼にあらわれる「われわれ」という主体が決して問題を含んでいないというわけではない。儀礼のなかで立ちあらわれる「われわれ」という主体に、誰が想定され、誰が排除されているかという問題は、流動化・多様化が進む現代社会において、より一層批判的に問われなければならない。しかし少なくとも、前項までにみた災禍の儀礼では、ナショナルな、あるいはエスニック／レリジャス（宗教的）な、あるいはローカルな次元における「われわれ」という主体が、ある程度のリアリティを有する形で想像可能ではあった。しかしながら「長期間持続する」ないし「遅い」災禍の場合、そうした「われわれ」という主体をいかに想像することができるのかという点において、容易ならざる側面がある。

　この点にかんして、難民危機の事例を検討したポール・ポストが興味深い指摘をしている。先述の通り、ポストによれば、難民危機の犠牲者をめぐり行われる災禍の儀礼は、「難民の日」や万霊節など、すでに存在していた一年ごとに行われる様々な記念日と関係づけられ、合同で儀礼が行われている。しかし、難民危機の犠牲者を悼む機会として関係づけられようとしたものの、多くの反対を受けた記念日もあるという。その一例はオランダの戦没者記念日（毎年 5 月 4 日）である。もともと 5 月 4 日は第二次世界大戦の戦没者を記念する日だったが、戦後にオランダが関わった戦闘や平和維持活動の死

者をも合わせて記念されるようになったという。しかしアムステルダムの牧師が2017年の戦没者記念日に、難民危機による犠牲者も追悼の対象としようと呼びかけた運動は、オランダ社会で多くの反発を受けたという。「その日（戦没者記念日）は、あの戦争を記念する日だ。もしすべて（の死）を記念するのであれば、われわれはなにも記念したことにならない」（前掲：327）。このような批判を受け、戦没者記念日を「アップデート」（前掲：328）しようとする牧師の企画は変更を余儀なくされたという。

　この事例を紹介したうえでポストは、難民危機を記念しようとする儀礼はその他の様々な儀礼やイベントと接合しうるものの、そこには「限界」（前掲：330）があると指摘する。「儀礼のオーナーシップ（'the ownership' of the ritual）」（前掲）とポストがよぶこの問題は、どのような災禍が、いかなる「われわれ」にとっての「不幸」として記念されるべきか、誰の死がいかなる「われわれ」の死として記念されるべきかを問うものである。災禍の儀礼は、「われわれ」という主体が立ちあらわれる契機であると同時に、「われわれ」の臨界が必然的に問われる場でもある。「われわれ」の悼む対象は、時代や状況によって変化する可能性もあるものの、際限なく一般化されることはない。何が「われわれ」にとって記念すべき災禍であり、誰がその「われわれ」にとっての記念すべき死者なのか。「長期間持続する」ないし「遅い」災禍について、その儀礼のなかで立ちあらわれる主体は、従来のナショナルな、あるいはエスニック／レリジャスな、あるいはローカルな次元における「われわれ」として明確な境界を引くことが容易ではない。それゆえHDRでとりあげられるこれらの災禍では、非業の死を遂げた「かれら」を「われわれ」との関係のなかで位置づける文脈を十分に描写できなかった。「長期間持続する」ないし「遅い」災禍において「不幸への対処」というパースペクティブを十分に援用することができなかった背景は、この点にあると思われる。HDRでは、災禍の儀礼を考察するために「不幸への対処」というパースペクティブが提示されたが、「われわれ」という主体をめぐる問題も、同じく重要な視点として検討する価値があるように思われる。そしてこの問題は、災害研究の近年の知見を導入し、災禍という概念を拡張して多様な事例を検討したことによって、

はじめて明らかになった課題なのである。

4. おわりに

　本章では、社会科学における災害研究との関連のなかで、災禍の儀礼研究という研究領域に焦点をあて考察した。その際、*HDR* という共同研究を、先行するプロジェクトとの対比によって特徴づけるとともに、そこで取り扱われている事例を紹介しながら、災禍の儀礼研究が焦点をあてる諸々の論点について考察した。その結果、明らかになった災禍の儀礼のもつ研究上の意義と今後の展望について言及し、まとめに代えたい。

　本章の検討によって明らかになったのは次のことである。災禍の儀礼研究は、何が「われわれ」にとって記念すべき「不幸」なのか（あるいは、何が「われわれ」にとって単なる「個人の不幸」にすぎないのか）、そして「われわれ」がいかにこの「不幸に対処する」のかという問題を明らかにすることをができる災害研究の一領域である。さらに災禍の儀礼研究は、「われわれ」の一部として想像可能な人びとが誰かという問題についての理解をも提示する。もちろん誰が「われわれ」の一員として想像可能かという問題は、地域や文化によって変わりうるものであるし、同じ地域や文化を対象としたとしてもその時々の社会状況に応じて変容し、また作り出される (Fukuda 2014)。災禍の儀礼に立ちあらわれる「不幸」の内実、「不幸への対処」、そして「われわれ」という主体を記述することは、所与の社会における文化や価値、そしてそのダイナミクスを理解するための極めて重要な足がかりとなるように思われる[23]。

　それだけではない。「不幸」「災禍」に焦点をあてることは、同時にその社会でなにが「望ましい生」「あるべき日常」と考えられているかをも描写する。なぜなら「不幸」や「災禍」は、予期されている「望ましい生」「あるべき日常（とその終焉の仕方）」との対比のなかでこそ明瞭に把握されるからである。社会学者のケン・プラマー (Ken Plummer) は、21 世紀に発展が期待される社会学的研究の領域として「苦しみの社会学」とともに「善き生の社会学」をあげた (Plummer 2016=2021:411)。プラマーがこの二つをあげるのは、社会学という

学問がその歴史において、苦しみや不平等、不正義について関心を寄せ、その社会的な起源や条件を解明することで善き社会を構想しようと展開してきたからである。人間社会はいかに災禍と向き合い、ときに苦しみを馴致しつつ、望ましい生を生きるのか。この問題にかんする知を提示する試みという点に、災禍の儀礼研究の意義がある。

　しかし災禍の儀礼研究は、まだ緒に就いたばかりである。HDR 編著者のマルティン・フンデルト（Martin Hoondert）は序文において本プロジェクトの国際性を強調しつつも、「分析の焦点」や「事例研究の選択（の方法）」などについて、「いまだ西洋中心的であり」、「グローバルサウス（南アメリカやアフリカ）そしてアジア」とのコラボレーションが必要であると呼びかけている（Hoondert 2021: XIV）。事例研究を積み重ねつつ、今後の国際的な比較考察が求められる。

注

1　地理学者のデイヴィッド・アレクサンダー（David Alexander）によれば、20 世紀における災害研究は、地理学、人類学、社会学、開発研究、災害医学、工学といった分野を中心に展開されてきた（Alexander 1993: 13-4）。なかでも社会科学における災害研究を牽引してきたのは、アメリカのオハイオ州立大学災害研究センターである。1963 年オハイオ州立大学社会学部内の研究機関として設立された災害研究センター（のちにデラウェア大学に移転）は、設立当時における構造機能主義の影響、そしてセンターの資金提供元であるアメリカ陸軍の期待する実践・応用志向によって、研究の方向性が規定されてきたという（Webb 2007: 432）。スプリンガー社の「社会学と社会調査シリーズ」の一つとして出版された『災害研究ハンドブック（*Handbook of Disaster Research*）』初版は、アメリカの災害研究をリードしてきたこの災害研究センターの社会科学者らを中心に編まれている。

2　その一つは、ウェッブが共同エディターを務めた *International Journal of Mass Emergency and Disasters* の特集号（Webb et al. 2000）である。この特集号 "Bringing Culture Back in: Exploring the Cultural Dimensions of Disaster" の共同エディターの一人、アン・エアー（Anne Eyre）は、社会学の立場からイギリスにみられる災禍の記念行事を検討する複数の論文を執筆している（Eyre 1999, Eyre 2001, Eyre 2007）。その一つは前述の『災害研究ハンドブック』初版に収録されている。

3　DR は典礼学、比較宗教学、宗教心理学を専門とするオランダ人研究者 3 名が中心となって進めた共同研究である。まず 2002 年に、オランダ国内の事例を取

り扱ったプロジェクトの成果がオランダ語で出版された。その後、社会学者パー・ペタソン（Per Pettersson）によるスウェーデンのエストニア号沈没事故の記念行事にかんする考察や、人類学者ロナルド・グライムズ（Ronald Grimes）による 9.11 同時多発テロにかんするエッセイが追記された英語版 *DR* が出版された。

4 「静かな行進（Silent Procession）」あるいは「憐れみの行進（Procession of Compassion）」と呼ばれるこの行進は、オランダ特有の儀礼とされている。一般的には、松明や花を手に、スポーツセンターなどの公共施設から出発し、災禍の現場を通過し、記念式典の会場まで歩くという形式をとる。後述するとおり、この儀礼のレパートリーは難民危機にかんしても実施されていることが報告されている。

5 ポール・ポストによれば、いまやそのレパートリーはオランダだけだけでなく、ヨーロッパのさまざまな国にも広がっているという。たとえばパリ（2015）、ニース（2016）、マンチェスター（2017）、バルセロナ（2017）、ユトレヒト（2019）、そしてウィーン（2020）におけるテロ事件のあとには、「相対的に固定化され認識可能な一つの儀礼のレパートリー」（Post 2021: 4）が認められたという。これらのテロをめぐっては、その現場を記念し、祈りと花が捧げられ、教会で記念行事が行われ、印象的な公葬が行われるという共通の儀礼のレパートリーが見出された。それらは「グローバル化された世界」における「同情と連帯のあらわれ」（前掲）とみなすことができるという。

6 このほか *DR* というプロジェクトに言及することはないが、災禍のあとに行われる儀礼に着目した社会学者の研究として、9.11 同時多発テロの記念行事に着目したクリスティーナ・シムコ（Christina Simko）の研究（Simko 2012）、四川大地震の記念行事を考察した徐彬の研究（Xu 2013）、そして長崎市の原爆慰霊行事の変遷を記述した福田雄の研究（Fukuda 2014）をあげることができる。

7 *HDR* は書籍が刊行されたのち、2022 年にオープンアクセスとなった。以下よりダウンロードすることができる（https://www.peeters-leuven.be/detail.php?search_key=9789042946484&series_number_str=32&lang=en）。

8 以下では、自然災害を想起する傾向がある「災害」という語にかえて「災禍」という語を主として用いる。それは後述する通り、災禍（disaster）というコンセプトを従来のニュアンスで捉えることが、現代社会ではより困難となったという現状認識にもとづく（註 9 も参照）。

9 社会学者のエンリコ・クアランテリ（Enrico Quarantelli）によれば、災禍という社会現象を捉えるにあたり、「ハザード（という観点）は、それがあらわれる社会的背景（social setting）よりも重要性が低いとみなされるようになったため、ほとんどの研究者はこの区別を取りやめた」（Quarantelli et al. 2018: 66）という。すなわち近年の社会科学的な災害研究では、その災害に内在する物理的原因（physical

agent) ないし初発的原因 (original agent) ではなく、それがいかに「社会的に構築されているか」(前掲 : 67) というプロセスに着目して災禍の把握を試みるようになったのである。それゆえ災禍という概念を定義するにあたって、その原因が自然現象か人為的なものかという論点は以前ほど重要なものではなくなったという。東日本大震災という自然現象を念頭に置いた場合でも、(小学校 / 職場の避難行動や、移動 / 送迎の方法など) 災害直後の人びとの対処の適切さが問われる訴訟が複数確認されている。このことは、災禍を捉えるにあたりその原因が自然現象であるかどうかという観点の限界を示すように思われる。いかなる自然災害であっても、それを事前に予測し、その影響を最小限に止めることが期待される社会では、人為性を排除可能な「自然」災害を想定することはもはや不可能である。ただしクアランテリが「何が災害あるいは危機であるかという問いは発展し、今後も発展し続けるだろう」(前掲 : 62) と述べる通り、今後の動向も注視する必要がある。

10 2003 年の DR において、ポストは「たとえそのインパクトが重要であったとしても、テロは災禍というカテゴリーには当てはまらない」(Post et al. 2003: 26) と明確に記述した。しかし HDR では異なる方針が打ち出されている。ポストは、『災害研究ハンドブック』初版および第二版の収録論文 "Studying Future Disasters and Crises: A Heuristic Approach" を紹介し、ここ数十年の間にみられるようになった (また近い将来見られるようになる) さまざまな災害や危機を「発見的に」捉えるためのアプローチを紹介する。著者のクアランテリらは、ペリーと同じく出来事や災害因といった観点から災禍を捉えることの困難を指摘したうえで、同じ事象であっても、その社会がいかにその事象を解釈するかという社会的文脈が重要であることを強調する (Quarantelli et al. 2018)。すなわち、同じ出来事であってもその被害を受けた人や、それを見た人の解釈によってその位置づけが変わること、また (たとえばグローバル化の結果、国境を超えて拡散した SARS のように) その出来事を取り巻くさまざまな社会状況 (social setting) の構造が変化することによってその影響が変わりうること、そして (たとえば 1995 年のシカゴ熱波、1998 年のカナダ寒波の脅威は数年後にようやく「発見」され災禍として取り扱われるようになったように) 社会的増幅効果 (social amplification) の違いによって認識されるリスクが変わり、異なる帰結がもたらされることを指摘する。

11 本章では詳述しないが、HDR は、災禍のあとに行われる儀礼 (post-disaster ritual) だけでなく、災禍の前 (pre-) や災禍のさなか (during) に行われる儀礼をも検討対象としている。後者の例として HDR 第 34 章では、気候変動にかんする儀礼がとりあげられている。

12 HDR「イントロダクション」では心理学や社会学・人類学、文化地理学や宗教

学・神学といった研究分野ごとに DR 以降の災禍の儀礼研究がレビューされる。災禍の儀礼の先行研究を検討するなかで執筆者のポストが諸研究を選んだ基準は、①「災禍の儀礼という主題」が中心的であること、さらに次の二点② disasters, catastrophes, crises などのあとの「儀礼のレパートリー」、そして③「災禍という出来事」について幅広く記述していることである。むろんポスト自身も認めるとおり、この基準もまた「個人的で直観的」(Post 2021: 21) であることは否定できない。しかしながらここで検討された災禍の儀礼は、そのほとんどにおいて「宗教的コーピングにおける儀礼の役割」(前掲: 22)、「災禍の実存的」(前掲: 26) 側面、災禍の「偶然性とアンビバレンス」(前掲: 28) など、「不幸への対処」という側面に焦点が当てられるところに共通点を見出すことができる。

13　バルセロナからデュッセルドルフに向けて飛び立ったこの航空機にはスペインやフランス国籍の搭乗者も搭乗していた。

14　ベンツが提起する問題のもう一つは、加害者の取り扱いである。式典のなかでは航空機墜落によって亡くなった人数である 150 の白い花が大聖堂に供えられていた。墜落させた副操縦士をも追悼の対象とすることが適切かどうかについて、いくつかの新聞報道や遺族の声が紹介されている。そのなかには 150 人の犠牲者のなかには妊婦が一名含まれていたので、副操縦士が追悼される 150 人には含まれていないという意見もあったという。

15　前半の諸教派合同の (ecumenical) 式典のなかでは、犠牲者の親族であるムスリム女性やユダヤ教徒による発言の場も与えられていた。この意味では式典が極端に排他的であったということはできない。

16　この世の終わりにキリストが再臨する際、「亡くなった人々の魂が身体的生を回復し、そしてその救われた人々がこの回復した形で天国へと入る」(Livingstone 2013=2017: 695) というキリスト教の信仰。終末におけるキリスト者の復活は、イエス・キリストの復活と重ね合わせられながら死後の救いという文脈のもとでしばしば言及されることが多い (Winter 2016)。しかし前述の通り、このキリスト教的文脈が公共の場で行われる儀式のなかでは、ある程度限定的であるべきだと近年指摘されている (Kranemann and Benz 2016)。

17　このうち 7 人はパースのアマチュアフットボールクラブの選手、6 人はシドニー近郊のクージーのラグビーチームの選手だったという。

18　このほか事件の数日後には、砂浜にともに座り蝋燭を灯して祈ったり、事件現場に歌を歌いながら献花する地元住民らの自然発生的な儀礼が複数確認されたという。またヒンドゥー教徒の儀礼のなかには、神々を鎮めるために事件現場に生贄の血を注ぐという儀礼が含まれており、これが一部の非ヒンドゥー教徒に嫌悪をもたらしたという (Beck 2021: 273)。

19 このほか「すでに終わったもの」として事件後落ち込んだ観光需要を刺激する経済政策を求める地元住民と、この事件と犠牲者を定期的に記念することを望むオーストラリアをはじめとした「西洋」諸国との意識の違いが言及されている。またベックはこの事件をめぐるインドネシア国内のヒンドゥー教徒とムスリムとの緊張関係やその緩和に向けた取り組みについても注意を促している。

20 この「無宗教式」の儀礼とは、そこに「宗教性が含まれていない」という意味ではなく、特定の宗教的伝統に帰することができないような儀礼や象徴を意味すると著者はいう。

21 全知全能かつ慈愛に満ちた善なる神と、苦しみをもたらす悪なる存在や出来事との調和的理解を目指す神学的な試みのこと。なお社会学における「苦難の神義論」は、「苦難の宗教的な合理化よりはむしろ、この理念型が掬い（救い）損ねた――あるいはこの合理化によって逆説的に生み出された――苦しみのリアリティを明らかにするための理論的手立て」（福田 2020）として検討されている。

22 福田（2020: 53-54）を参照。

23 これらの問題への理解は、災禍という契機によってもたらされるが、それは災禍以前に遡ることができる社会関係や共同性／排他性をも考察の射程に含む点も重要である。

引用・参考文献

福田雄, 2020,『われわれが災禍を悼むとき―慰霊祭・追悼式の社会学―』慶應義塾大学出版会.

Alexander, David E., 1993, *Natural Disasters*, London: UCL Press.

Arfman, Williams, 2014, *Ritual Dynamics in Late Modernity: The Case of the Emerging Field of Collective Commemoration*, Leiden.

Beck, Herman L, 2021, "When Paradise Became Hell. The 2002 Bali Bombings and their Post-disaster Ritual Practices and Repertoires", Hoondert, Martin, Paul Post, Klomp Mirella, and Barnard Marcel eds., *Handbook of Disaster Ritual: Multidisciplinary Perspectives, Cases and Themes*, Leuven, Paris, Bristol CT: Peeters Publisher, 255-280.

Benz Brigitte, 2021, "German Central Commemoration of the Germanwings Air Crash 2015", Hoondert, Martin, Paul Post, Klomp Mirella, and Barnard Marcel eds., *Handbook of Disaster Ritual: Multidisciplinary Perspectives, Cases and Themes*, Leuven, Paris, Bristol CT: Peeters Publisher, 241-254.

Danbolt, Lars J., and Hans Stifoss-Hanssen, 2011, "Public Disaster Ritual in the Local Community: A study of Norwegian cases", *Journal of Ritual Studies*, 25(2), 25-36.

Eyre, Anne, 1999, "In Remembrance: Post-disaster Rituals and Symbols", *The Australian Journal of Emergency Management*, 14(3), 23-29.

Eyre, Anne, 2001, "Post-disaster rituals", Hockey J.L., Katz J., and Small N. eds., *Grief, Mourning, and Death Ritual*, Open University Press, 256-266.

Eyre, Anne, 2007, "Remembering: Community Commemoration After Disaster." In Havidán Rodríguez, Enrico L. Quarantelli, and Russell R. Dynes eds., *Handbook of Disaster Research*, New York: Springer, 441-455.

Foote, Kenneth, 2010, "Shadowed Ground, Sacred Place: Reflection on Violence, Tragedy, Memorials and Public Commemorative Rituals", Post, P. and Molendijk, A. L. eds., *Holy Ground: Re-inventing Ritual Space in Modern Western Culture*, Leuven, 93-118.

Fukuda, Yu, 2014, "Transition of Rituals in the Nagasaki City Atomic Bomb Memorial Ceremony", *International Journal of Japanese Sociology* (24), 78-91.

Fukuda, Yu, and Boret Sebastien P., 2019, "Theodicy of Tsunami: A Study of Commemoration in Aceh, Indonesia", Nabil Chang-Kuan Lin ed., *Exploring Religio-cultural Pluralism in Southeast Asia: Intercommunion, Localization, Syncretisation and Conflict*, Tainan: Center for Multi-cultural Studies, National Cheng Kung University, 227-242.

Fukuda, Yu, 2021, "Coping with Suffering in a Memorial Ceremony after the 2011 Tsunami in Japan", Hoondert, Martin, Paul Post, Klomp Mirella, and Barnard Marcel eds., *Handbook of Disaster Ritual: Multidisciplinary Perspectives, Cases and Themes*, Leuven, Paris, Bristol CT: Peeters Publisher, 177-189.

Hoondert, Martin, 2021, "Preface", Hoondert, Martin, Paul Post, Klomp Mirella, and Barnard Marcel eds., *Handbook of Disaster Ritual: Multidisciplinary Perspectives, Cases and Themes*, Leuven, Paris, Bristol CT: Peeters Publisher, XIII-XVI.

Kranemann, Benedikt, and Brigitte Benz eds., 2016, *Trauerfeiern nach Grosskatastrophen: theologische und sozialwissenschaftliche Zugänge*, Neukirchener Theologie.

Livingston, Elizabeth A., ed, 2013, *The Oxford Dictionary of the Christian Church*, Oxford University Press.（木寺廉太, 2017,『オックスフォード キリスト教辞典』教文館.）

Perry, Ronald W., 2007, *What Is a Disaster?*, H. Rodríguez, E.L. Quarantelli, and R.R. Dynes eds., *Handbook of Disaster Research*, New York: Springer, 1-15.

Plummer, Ken , 2016, *Sociology: the Basics. Second Edition*, Routledge.（赤川学訳, 2021,『21世紀を生きるための社会学の教科書』筑摩書房.）

Post, Paul, Ronald. L. Grimes, A. Nugteren, P. Pettersson, and H. Zondag, 2003, *Disaster Ritual: Explorations of an Emerging Ritual Repertoire*, Peeters.

Post, Paul, 2021, "Introduction: Some Conceptual and Historiographical Explorations on Ritual, Disaster, and Disaster Ritual", Hoondert, Martin, Paul Post, Klomp Mirella, and Barnard Marcel eds., *Handbook of Disaster Ritual: Multidisciplinary Perspectives, Cases and Themes*, Leuven, Paris, Bristol CT: Peeters Publisher, 1-48.

Quarantelli Eenrico. L., Patrick Lagadec, and Arjen Boin, 2018, "Studying Future Disasters and Crises: A Heuristic Approach", Rodríguez Havidán, Donner William, and Trainor Joseph E. eds., *Handbook of Disaster Research*, New York: Springer, 109-121.

Simko, Christina, 2012, "Rhetorics of Suffering: September 11 Commemorations as Theodicy", *American Sociological Review*, 77(6), 880-902.

Webb, Gary R., 2007, "Popular Culture of Disaster: Exploring a New Dimension of Disaster Research", Rodríguez Havidán, Quarantelli E. L., and Dynes R. R. eds., *Handbook of Disaster Research*, New York: Springer, 430-440.

Webb, Gary R, 2013, "The Cultural Turn in Disaster Research: Understanding Resilience and Vulnerability Through the Lens of Culture", Rodríguez Havidán, Donner William, and Trainor Joseph E. eds., *Handbook of Disaster Research*, New York: Springer, 109-121.

Webb, Gary R., Wachtendorf, Tricia, and Eyre, Anne, 2000, "Bringing Culture Back In: Exploring the Cultural Dimension s of Disaster", *International Journal of Mass Emergency and Disasters*, 18, 5-19

Winter, Stephan, 2016, "»...Oder bleibt nichts?« Zu Herausforderungen biblisch begründeter Gott-Rede angesichts von Großkatastrophen, Benedikt Kranemann", Brigitte Benz eds., *Trauerfeiern nach Großkatastrophen, Theologische und sozialwissenschaftliche Zugänge*, Neukirchener Theologie, 89-103.

Xu, Bin, 2013, "For Whom the Bell Tolls: State-society Relations and the Sichuan Earthquake Mourning in China", *Theory and Society*, 42(5), 509-542.

読書案内

①福田雄, 2020,『われわれが災禍を悼むとき―慰霊祭・追悼式の社会学―』慶應義塾大学出版会.
　東日本大震災、スマトラ島沖地震、長崎市原爆といった災禍をめぐり、執り行われる現代社会の記念行事を社会学の観点から考察した研究。DR で提示された枠組みをもとに、苦難への対処というパースペクティブを用いて儀礼を分析している。

②朴炳道, 2021,『近世日本の災害と宗教―呪術・終末・慰霊・象徴―』吉川弘文館.
　江戸時代に起きた災害、火災、飢饉、疫病などにかんする記録や絵画、石碑などの資料を検討し、これらの出来事を人々がどのように認識し、どのように対処してきたかを宗教学の立場から考察した研究。

③高倉浩樹・滝澤克彦編, 2014,『無形民俗文化財が被災するということ―東日本大震災と宮城県沿岸部地域社会の民俗誌―』新泉社.
　東北地方沿岸部は、数々の特徴ある祭礼や民俗芸能で知られている。それまでの

歴史や文脈を踏まえたうえで、これら無形の民俗文化財が東日本大震災によって
どのような影響を受け、また被災した集落やその支援者はどのように行動したの
か。無形民俗文化財が被災地の復興に果たす役割を明らかにしている。
④高倉浩樹・山口睦編, 2018,『震災後の地域文化と被災者の民俗誌─フィールド災
害人文学の構築─』新泉社.
上記の共同研究プロジェクトと同様、東北大学東北アジア研究センターを拠点と
して、人類学や民俗学、宗教学といった領域の研究者を中心に行われた共同研究
の成果。前プロジェクトに引き続き、無形民俗文化財の被災と復興状況をあとづ
けつつ、新たに慰霊・追悼や記憶の継承、暮らしの再建や地域社会という観点も
加え、フィールドワークによって被災地域を描写する。
⑤植田今日子, 2016,『存続の岐路に立つむら─ダム・災害・限界集落の先に─』昭和堂.
村落の存続を脅かす「災い」と「むら」はどのように向き合ってきたのか。ダム建
設や災害など、集落の消滅の危機に際し、「むら」がいかに生きられたのかをフィー
ルドワークによって明らかにした研究書。

> **福祉**

13

形式合理性と実質平等性の宥和と相剋
——グローバル化と日本：福祉

竹端　寛

1. 〈施設主義的〉把握とは何か

　兵庫県明石市で、生理用品の無償配布の取り組みについて行政担当者にヒアリングしていた際に、興味深いフレーズに出会った。

　　「『生理の貧困』から、『生理の尊厳』へ」

　2021 年の春に、「生理の貧困」について SNS で話題になった直後に、明石市は防災備蓄品を活用した生理用品の無償配布を決め、4 月 1 日から、市立学校やユーススペース、男女共同参画センターなどでの配布を始めた。当初は「相談支援」に繋げるため、「手渡し」が原則だった。だが、その後市内の公立学校で、手渡しではなくトイレに生理用品を設置するモデル事業がスタートする。その後のアンケート調査の中で、使用理由が経済的理由ではなく、「急に必要になったから」という答えが圧倒的だった。ここから公衆トイレにトイレットペーパーを設置するのと同じように、トイレに生理用品を置くのはベーシックサービスの一つではないか、と気づくようになった。そこで、弱者救済の視点で「生理の貧困」を語るのではなく、必要とする誰もが生理用品にアクセス出来るようになった方がよい、という「生理の尊厳」アプローチに切り替え、公共施設のトイレに設置する方が意味や価値があるのではないか、と検討し始めているという。

　日本の福祉政策を考える時、この「○○の貧困」から「○○の尊厳」へとア

ローチを切り替えることが出来るか、が大きな鍵になっている。前者は、救貧法的な弱者救済の視点であり、対象者を限定して均一給付を行う、という形式合理的なアプローチである。一方後者は、何らかの支援が必要な状態にある人の尊厳を重視し、実質的平等を確保しようという視点である。だが、日本の福祉政策は未だ「○○の貧困」アプローチが主流であり、「○○の尊厳」アプローチが主流になっていない。さらに言えば、「○○の尊厳」を取り入れる際にも、「○○の貧困」アプローチとの「宥和」が求められる。

　社会学者の厚東洋輔は、日本における福祉国家の展開のプロセスで、形式合理性を重んじるイギリスのベヴァリジ型福祉国家と、実質的平等を目指す北欧のノーマリゼーションの理念の、二つのグローバルな・相矛盾する概念を「輸入」するために、「施設」という補助線を必要とした、と指摘する。

　　　「現代の日本には、新旧二つの福祉概念が併存することになった。一方では、ベヴァリジ型福祉国家を完成するために平等の形式合理的観念を捨て去るわけにいかず、他方では、ノーマリゼーションの理念にも魅了され実質平等化の動きをやめるわけにもいかない。しかし実際にできることはただひとつ。そこで二つの概念の対立を宥和するために、両者に独特の変形を加え、第三の合体物が作り上げられる。それが福祉の〈施設主義的〉把握である。」（厚東 2006:143-144）

　障害者支援を例に挙げるなら、診断名や障害程度区分などの「客観的基準」によってその範囲を限定する。その上で、限られた対象者に対して特別な配慮を行う。それだけなら、べつに「施設」は必要ない。ではなぜ「施設」が必要なのか。厚東は以下のように整理する。

　　　「行政が障害者に『特別な配慮』をする場合、健常者と同じ生活場面で行えば、『逆差別』というそしりを免れえない。『逆差別』という批判に対しては、例えば『アファーマティブ・アクション』の場合、法制化という権威付けで受けて立った。

『施設』という特別な生活場面を設定し、その内部で特別な施策を講ずるなら、こうした非難は容易にかわすことが出来る。『母子家族』を収容する施設は、一定の形式的メルクマールに合致する人のみが包摂される制度であり、客観的基準によってその範囲を限定することが出来るなら、そうした人々に対して特別な配慮を行うことは、従来の『手当』概念（『母子家族手当』『母子家族控除』）の延長線で処理することは十分可能である。」(厚東 2006:144)

「逆差別」とは、「私も苦しいのに、あの人だけ優遇されてズルい！」という感覚である。「健常者と同じ生活場面で」「特別な配慮」をすることへの、ネガティブな反応。これは、「生活保護をもらっているのにパチンコをしている！」といった形で、今でも SNS やマスコミで拡散され続けている。この点について日本政府は、実質的合理性を「アファーマティブ・アクション」という形で「法制化」する権威付けの方策をとらなかった。その代わりに、外から可視化されにくい「『施設』という特別な生活場面を設定し、その内部で特別な施策を講ずる」という方策をとった。「○○の貧困」と「○○の尊厳」の「対立を宥和するために、両者に独特の変形を加え、第三の合体物」として、「福祉の〈施設主義的〉把握」が構築されたのだ。

だが、この〈施設主義的〉把握、という日本独自の方策は、その「鬼子」を生み出す。それが、施設内虐待である。

2. 繰り返される・パターン化された虐待

2020 年代になっても、日本の精神科病院や入所施設において、虐待は起こり続けている。形式合理性と実質合理性の宥和（アマルガム）の舞台としての「施設」は、外から目が届かない閉鎖性ゆえに、虐待の温床になっている。その例として、神出病院事件と中井やまゆり園事件を見てみよう。

「2020 年 3 月、この病院（神出病院：筆者注）を舞台とした看護師らによ

福祉 13　形式合理性と実質平等性の宥和と相剋　347

る患者の集団虐待暴行事件が発覚した。2018 年から 2019 年にかけて、看護師、看護助手の計 6 人が、重度の統合失調症や認知症の人が入院する「B 棟 4 階」の患者 7 人に対して、10 件の虐待行為をしたとして、準強制わいせつ、暴行、監禁などの疑いで兵庫県警に逮捕された。」[1]

　「神奈川県の「中井やまゆり園」という県立の知的障害者入所施設で、職員による虐待の疑いが多数指摘されていたことを受け、県の調査委員会がこのほど、報告書を発表した。過去に虐待と認定されたケースや不適切な行為も含めると、問題のある事例は 2015 年度以降だけでも 41 件に上った。76 人もの職員の関与が認められ、調査委員会は「日常の衣食住全てで不適切な対応が横行していた」と指摘した」[2]

　前者は民間精神科病院、後者は公立知的障害者入所施設という、設置主体も対象者の属性も異なる「施設」である。だが、両者で生じていた虐待には共通点が多数存在している。

　まず、利用者を「人間扱いしていない」という点である。神出病院では、「男性患者同士でキスをさせる、男性患者の陰部にジャムを塗ってそれをほかの男性患者になめさせる、患者を全裸にして水をかける、落下防止柵付きのベッドを逆さにして患者にかぶせて監禁する」という虐待が発覚した。中井やまゆり園では、「入所者の肛門に金属製のナットが入っていた」「入所者の頭にそり込みを入れたり、前髪を一部だけ残して丸刈りにしたりした」「スクワットを数百回させていた」「居室の天井が便まみれとなった環境で生活させていた」という。

　次に、これらの現象は、職員の内部通報で発覚したのではなく、別事件から発覚し、第三者委員会が調査して実態が明らかになったという点である。神出病院の場合は、「たまたま加害者の 1 人が病院とは無関係の事件で県警に逮捕され、彼のスマートフォンから上記のような行為を映した動画が多数見つかったことで、同院での大規模な虐待行為が発覚し 6 人の逮捕へとつながった」。中井やまゆり園の場合は、「2019 年、当時勤務していた職員が入

所者に故意にカートをぶつけて骨折させた疑いがあるとして、経緯を調査すると明らかにした」ところから調査が始まった。さらに言えば、中井やまゆり園と同じ神奈川県が民間に委託して運営していた「津久井やまゆり園」における障害者連続殺傷事件の検証から、同法人での虐待疑いも明らかになり、調査が始まった[3]。

さらに、どちらの虐待事件でも、利用者は「地域で暮らすのは難しい」とレッテルを貼られた人、であった点である。神出病院の場合は、医師の指示がない限り自由に外に出られない (強制入院の形態である) 閉鎖病棟の中で起こった事件であり、虐待が発生した病棟では他の患者とトラブルを起こす、点滴を抜くなど、支援や見守りが集中的に求められる患者が集められていた。中井やまゆり園は、強度行動障害という特性を持ち、言語的な表出に支援が必要である、時には暴力などの行動化も伴う入所者が集められていた。中井やまゆり園事件の調査委員会の委員は、「『地域で暮らすのは難しい』とレッテルを貼られた人たちが中井園に集められ、社会からも職員からも『分けられていた』。分離の構造が園で濃縮していった結果が招いた事態だ」と述べているが、これは神出病院事件でも同様である、と言える。

なぜ、このような虐待は起こり続けているのであろうか。

3. 「苦しいこと」の「並行プロセス」

障害者文化論が専門の荒井裕樹は、「苦しみ」と「苦しいこと」を以下のように別物として定義している。

　「前者は、『苦しみ』の内実をある程度自分で把握しており、言語表現であれ非言語表現であれ、それを誰かに伝えたいという表現への欲求が強いように思われます。対して後者は、『苦しみ』の内実が本人にも把握しきれず、また詳細に表現することもできないけれど、何よりもまず、苦しんでいる自分の存在を受け止めてもらいたいという関係性への欲求が強いように思われます。」(荒井 2023:135)

福祉 13　形式合理性と実質平等性の宥和と相剋　349

　精神障害者や強度行動障害を持つ人の中には、自分を傷つける・他人に害を与える（自傷他害）行為をする人がいる。そういう人は、自分自身の「苦しみ」の内実が把握しきれず、でも「苦しいこと」を理解してほしいという「関係性への欲求が強い」からこそ、頭を壁に打ち付けたり、自殺未遂を図ったり、ケアする身内に暴力・暴言を振るうなどの「反社会的」で「逸脱」に見える言動に及ぶ。だが、その行為に直面した他者からすると、自傷他害といった激しい逸脱的・反社会的行為は強烈な不安や恐怖を与える。しかも、本人から「『苦しみ』の内実」が説明されることもない。そのため表面化した言動だけが問題視され、「地域で暮らすのは難しい」とレッテルを貼られ、精神科病院や障害者施設の重度棟に収容され、時として隔離拘束される。

　では、精神科病院や入所施設では、対象者の「苦しいこと」を理解するためのケアが十分に提供されているのであろうか？　利用者を「人間扱いしていない」・虐待行為が発覚しにくい環境で、それを求めるのは無理である。もちろん、精神科病院や入所施設においても、「苦しいこと」を理解しようと懸命に努力するスタッフもいる。だが、個々人のスタッフの善意や悪意を超えて、そのような精神科病院や入所施設の持つ構造自体が、そこに収容されている人々の「苦しいこと」と同期している可能性がある。それを、トラウマのレンズで物事を捉える、という「トラウマインフォームドケア（Trauma Informed Care: 以下 TIC と略）」の補助線を引いて考えてみることにしよう。

　TIC を日本で紹介した野坂は、「安全で健康な組織づくり」に関して、以下のように述べている。

　　　「TIC では、組織そのものがトラウマの影響を受けていると考え、組織の方向性と体制までもがトラウマによって歪められてしまう危険性に注意が払われる。トラウマによる無力感や不信感の強い対象者と関わることで、支援者も力を失い、組織全体にもあきらめの雰囲気が満ちていくようになる。

　　　たとえば、『自分なんて』と自暴自棄な行動をとる対象者と関わるこ

とで、支援者も『自分はダメだ（何もできない）』と感じるようになる。組織にも『組織としてやれることは限られている（何もできない）』といった価値観が蔓延し、よい援助サービスが提供できなくなっていく。このように、対象者と支援者、組織が似たような状況を呈する現象を、ブルームらは『並行プロセス』と呼んでいる。」（野坂 2019:150）

「『自分なんて』と自暴自棄な行動をとる対象者」は、「苦しみ」の内実を把握できないので、「苦しいこと」を「自暴自棄な行動」として表現しようとしている。だが、支援者が対象者の「苦しみ」と「苦しいこと」の違いを分けて考えることが出来ず、対象者の「自暴自棄な行動」（＝苦しいこと）に巻き込まれてしまうと、「支援者も『自分はダメだ（何もできない）』と感じるようになる」。

　すると、なぜ支援がうまくいかないのか・巻き込まれるのかを支援者自身が理解・表現出来ないので、「苦しみ」として対象化できず、支援者自身が「苦しいこと」を抱えて混乱する。「何よりもまず、苦しんでいる自分の存在を受け止めてもらいたいという関係性への欲求が強い」からこそ、身近な対象者や支援者仲間にそれをぶつける。前者だとそれが虐待に繋がり、後者だと組織内ハラスメントになる。いずれにせよ、支援者自身が「苦しいこと」を抱えて、それが解消されない中で、「組織にも『組織としてやれることは限られている（何もできない）』といった価値観が蔓延し、よい援助サービスが提供できなくなっていく」。

　精神科病院や入所施設における虐待は、日本だけにおこる特異な現象ではない。洋の東西は問わず、長期収容施設での処遇においては、施設管理者側の都合が優先され、流れ作業的な支援になってしまう（Goffman 1961=1984, Barton 1976=1985）。その中で、対象者の「苦しいこと」は、支援者や支援組織にも「並行プロセス」として伝染していく。本来は、目の前の当事者がどのような「苦しいこと」を抱えているのかを理解し、それを「苦しみ」に変えるための支援こそが求められているのだが、「地域で暮らすのは難しい」とレッテルを貼られた人々の収容所役割を持つ精神科病院や入所施設では、それが機能していない。実際、神出病院の看護師達は、次の様に語っていた[4]。

「"対応方法については看護師が考えろ"と言うばかりで結果、「簡易拘束」につながったのではないかと考える。」

　「流れ作業のようにケアを行っており、とてもショックを受けました。いかに素早くおむつ交換ができるか、時間がかかれば陰口といった風でとても疲れました。」

　「深く関わることができない。業務多忙でイライラしてしまいゆっくり話が聞けないことがあった。」

　「前院長に限らず医師が責任をとらない、逃げる。O8 先生は何かあったら看護師の責任にしていた」

　医師に指示を仰いでも責任を取らず、流れ作業のようなケアで、業務多忙になると、「組織にも『組織としてやれることは限られている（何もできない）』といった価値観が蔓延し、よい援助サービスが提供できなくなっていく」。支援対象者の無力さと、支援者や病棟組織の無力さの「並行プロセス」が重なる。この「苦しいこと」の「並行プロセス」が、「パターン化された虐待」の背景にある。

　では、支援者や支援組織がこの状態から抜け出すにはどうしたらよいのだろうか。その際、そもそも「重度障害者は精神科病院や入所施設しかない」という前提そのものを問う必要がある。日本は頑なにこの部分へのアプローチを拒否してきたが、グローバルな視点で眺めると、違った現実が見えてくる。

4.　脱施設化というグローバルスタンダード

　2006 年に国連総会で採択され、日本政府も 2014 年に批准した国連障害者権利条約の第 19 条には、以下のように書かれている。

　　「第十九条　自立した生活及び地域社会への包容
　　この条約の締約国は、全ての障害者が他の者と平等の選択の機会を

もって地域社会で生活する平等の権利を有することを認めるものとし、障害者が、この権利を完全に享受し、並びに地域社会に完全に包容され、及び参加することを容易にするための効果的かつ適当な措置をとる。この措置には、次のことを確保することによるものを含む。

(a) 障害者が、他の者との平等を基礎として、居住地を選択し、及びどこで誰と生活するかを選択する機会を有すること並びに特定の生活施設で生活する義務を負わないこと」[5]

第19条は自立生活条項とも言われているが、そこで述べられていることは、①他の者との平等を基礎とすること、②住まいの場所や形態を選択できること、そして③特定の生活施設で生活する義務を負わないことの3点から構成されている。①に関しては、「他の者との平等」という実質平等性を優先せよ、という事であり、②③に関しては、「『施設』という特別な生活場面」での生活を強いてはならない、ということである。

この第19条を具現化するため、国連障害者権利委員会は2022年9月に、「緊急時を含む脱施設化に関するガイドライン」を出した。この中で、以下のように指摘している。

「7. 施設収容は、障害者が自立して生活し、地域社会に包摂される権利と矛盾する。

8. 締約国は、あらゆる形態の施設収容を廃止し、施設での新たな収容をやめ、施設に投資することを控えるべきである。施設収容は、決して障害者保護の一形態、あるいは『選択』とみなされてはならない。」[6]

同時期の2022年8月22-23日に、スイスのジュネーブで、障害者権利条約に関する日本政府との建設的対話が開かれ、9月9日には障害者権利委員会から日本政府へ勧告（総括所見）が出された。その中では、先のガイドラインも用いて、障害者権利条約第19条に関して以下のような勧告がなされた。

「⒜ 障害者を居住施設に入居させるための予算の割当を、他の者との平等を基礎として、障害者が地域社会で自立して生活するための整備や支援に再配分することにより、障害のある児童を含む障害者の施設入所を終わらせるために迅速な措置をとること。

⒝ 地域社会における精神保健支援とともにあらゆる期限の定めのない入院を終わらせるため、精神科病院に入院している精神障害者の全ての事例を見直し、事情を知らされた上での同意を確保し、自立した生活を促進すること。」[7]

　日本政府はこれまで「福祉の〈施設主義的〉把握」を「障害者保護の一形態、あるいは『選択』」であるとして所与の前提にしてきた。だが、日本も批准した障害者権利条約の第19条では、「特定の生活施設で生活する義務を負わないこと」が明記されている。そして、この19条を具現化するための「脱施設化に関するガイドライン」において、「施設収容は、障害者が自立して生活し、地域社会に包摂される権利と矛盾する」と位置づけた。これらに基づいて日本政府になされた国連勧告の中では、「⒜障害のある児童を含む障害者の施設入所を終わらせるために迅速な措置をとること」および「⒝地域社会における精神保健支援とともにあらゆる期限の定めのない入院を終わらせるため、精神科病院に入院している精神障害者の全ての事例を見直」すことが求められた。これは、日本政府の「福祉の〈施設主義的〉把握」への全面的見直しを突きつける勧告である。

　欧米では1960年代から、「実質的平等」を求める脱施設化（De-institutionalization）がスタートし始めた。ちょうどその頃、高度経済成長期であった日本では、成人男性の「男性稼ぎ主モデル」の確立と女性の「専業主婦化」および核家族化も進み、家族がケアを抱え込んできた知的障害者・精神障害者ケアの外部化を求める声が強まった。だが、日本ではその時期に、地域生活支援の充実ではなく、入所施設や精神科病院が国家補助によって大増設される。これは、支援対象者からすると、「家族丸抱えか、施設丸投げか」の二項対立的現実であり、第三項としての「地域で支援を受けながら自分らしく暮らす」とい

う可能性が閉ざされた政策であった (竹端 2018)。

　だが、国連勧告はこの形式合理性と実質的平等を「宥和」策としての「入所施設」そのものを否定する。それは、日本の福祉政策に根本的な変化を求めている。だが、それは単なる外圧に限らない。日本の支援現場においても、この「宥和」策は限界を迎えているのだ。

5.　医学モデルと人権モデルの対立

　2022 年 9 月、国連の障害者権利委員会の副委員長で日本政府への勧告も担当したヨナス・ラスカス副委員長が来日した。日本政府が国連勧告に真摯に向かうようプレッシャーをかけてほしいという、日本の障害者団体の求めに応じて来日したのである。彼は、日本の福祉現場でよく言われている「重度障害者」という表現に疑義を抱き、講演会の中で以下のように発言した。

　　「日本に数日滞在していますが、重度障害者 (person with severe disability) という言葉をよく聞きました。しかし、権利条約にはそのような言葉はありません。なぜならこれは人権モデルに基づく言葉ではないからです。私たちは、より集中した支援を必要とする人 (those who require more intensive support)、という言い方をします。というのは、重度という言葉を使うと医療モデルからの評価、アセスメントになるからです。そうなると、この人は重度だからできないとか、重度だから考えられないということにつながっていきます。しかし、集中した支援が必要という言い方をした場合には、この人は他の人と平等であるという考え方になります。」[8]

　これは、「○○が出来ない」という欠損に着目した医学モデルと、どのような状態の人であっても他の者との平等の権利や尊厳を持つ、という人権モデル[9] の大きな対立である。そして、医学モデルが支配的な日本においては、精神症状や知的障害、強度行動障害などで「○○ができない」状態が「重度」である人は、「『施設』という特別な生活場面を設定し、その内部で特別な施

策を講ずる」ことが当たり前とされていた。だが、障害者権利条約において
は、「他の者との平等を基礎」としている。健常者は地域で暮らす（＝収容施設
では暮らさない）のが当たり前であり、支援が必要な障害者でも健常者との平
等が求められる。「より集中した支援を必要とする人」ならば、集中的な支
援を地域の中で提供すればよいだけであり、入所施設や精神科病院など「特
別な生活場面」を設置する必然性や合理性はないと考える。この前提に基づ
き、国連勧告では「障害者の施設入所を終わらせる」ことおよび「定めのない
入院を終わらせる」ことが求められたのである。

　この医学モデルと人権モデルの対立・相剋に関しては、日本の中でも現実
的な変化が産まれ始めている。それは精神医療の治療における三つの軸であ
る、bio-psycho-social（生物的・心理的・社会的）側面のどこにアプローチするか、
の問いである。

　従来の精神医学は、内科や外科といった他の医学と同じ方向性を目指して
いた。その精神科医の欲望と挫折という「苦しみ」を、精神科医の斎藤環は
以下のように語る（佐藤 2024: 103-104）。

　　　「今の医療は、圧倒的にバイオロジー（生物学）なのです。精神科医は、
　　どうしても内科医のように振舞いたいんですよ。その欲望がある限り、
　　バイオロジーは捨てられないと思います。精神科医は、今さら心理士や
　　カウンセラーのようなことはしたくないのです。内科医のように正しい
　　診断をして、正しい治療をすれば治る、という幻想をなかなか捨てられ
　　ません。」

　その一方で、バイオロジーにすがることが「幻想」である内実を、斎藤は
以下のように指摘する。

　　　「世界中の学者が 50 年以上も研究してきて、いまだに統合失調症もう
　　つ病も、発達障害すらもバイオマーカーがないのです。こんなに研究し
　　ても見つからないということは、もう無理だと私は思います。無理なこ

とをやらなくても、オープンダイアローグの手法で治療できるわけです
から、バイオロジカルな探求ばかりに汲々としていないで、もうちょっ
と精神療法の力を信じてもいいのではないかと、最近の経験から思い始
めています。」

　バイオロジーが主流であれば、精神疾患の有無や進行状態を示す生理学的
指標としてのバイオマーカーを見つける必要がある。でも、それが見つから
ない。すると、精神医学の主流は、本来はそれだけに頼れない・バイオマーカー
が見つからないバイオロジーに頼る、という意味での矛盾や無理を重ねてき
たのである。それは、隔離や拘束、薬物投与をしても治療効果が現れないの
にそこにこだわる、という意味での無理と重なる。別の方法論がわからない
からそのやり方に固執するという意味では、「苦しみ」ではなく「苦しいこと」
であり、「自分はダメだ(何もできない)」「組織としてやれることは限られてい
る(何もできない)」という支援者や支援組織のトラウマの「並行プロセス」なの
である。「縛る、閉じ込める、薬漬けにする」だけでは、患者の「苦しいこと」
は治らないし、治療する側もされる側も、トラウマが増幅するだけなのだ。
　では、「より集中した支援を必要とする人(those who require more intensive
support)」の「苦しいこと」にどのように関われば、トラウマの並行プロセスと
いう袋小路から抜け出すことが出来るのだろうか。

6. 生きる苦悩を支える

　生物学的精神医学が半世紀以上主流を占める中でも、心理・社会的な側面
にアプローチして、治療可能性を増やしている実践が、日本でも少しずつ広
まり始めている。
　イタリアのトリエステでは、半世紀前に精神科病院を廃絶する法律を作っ
た。この立役者である医師のフランコ・バザーリアは「病気」よりも「生きる
苦悩」に着目する。

「病気ではなく、苦悩が存在するのです。その苦悩に新たな解決を見出すことが重要なのです。……彼と私が、彼の〈病気〉ではなく、彼の苦悩の問題に共同してかかわるとき、彼と私との関係、彼と他者との関係も変化してきます。そこから抑圧への願望もなくなり、現実の問題が明るみに出てきます。この問題は自らの問題であるばかりではなく、家族の問題でもあり、あらゆる他者の問題でもあるのです。」(Schmid 1986=2005:69)

　急性期の精神障害者は「生きる苦悩」が最大化している。「苦しみ」として言語化出来ない「苦しいこと」に襲われ、その「内実が本人にも把握しきれず、また詳細に表現することもできないけれど、何よりもまず、苦しんでいる自分の存在を受け止めてもらいたいという関係性への欲求」が最大化して、自傷他害などの「問題行動」を表出する。だが、その時に、「縛る・閉じ込める・薬漬けにする」という対応を取っても、表層的な言動を沈静化出来ても、治らない。それは、〈病気〉という形で表出されている「生きる苦悩」に支援者が関われていないからである。

　「生きる苦悩」が最大化した人とは、「苦しいこと」が最大化した人であり、「より集中した支援を必要とする人 (those who require more intensive support)」である。「病気」を治療するという医学モデルではなく、「苦悩の問題に共同してかかわる」という人権モデルに変わると、「彼と私との関係、彼と他者との関係も変化」してくる。本人の想いや願いなどをじっくり伺い（直接話せない状態の人ならじっくり寄り添って観察し）、家族関係や経済的問題について耳を傾けるなかで、その「苦悩の実像」が明らかになってくる。その中で、「苦しいこと」が「苦しみ」へと変換される。

　そのように、医療者が対象者の「生きる苦悩」をじっくり理解し、それを減らす支援が必要である。トリエステでは、そのアプローチで、24時間365日オープンする有床のクリニックを機能させ、精神科病院なしで支える地域支援体制を作り上げた (Basaglia 2000=2017, 大熊 2009, 竹端 2013)。日本では、愛媛県の御荘病院が、実際に精神科病院を廃止し、クリニックを中心とした地域

精神医療で、急性期には訪問することによって、その地域の精神保健福祉体制を維持できている[10]。北海道の浦河地域では、浦河べてるの家という精神障害者コミュニティがあったからこそ、浦河赤十字病院精神科病棟が廃止されても、診療所機能だけで地域支援が続けられている（川村, 向谷地 2008, 斉藤 2020）。

　先述の斎藤たちは、オープンダイアローグを日本で普及させる活動に力をいれている（斎藤 2015）。これは、フィンランドの西ラップランドで開発された手法で、医療チームがみな家族療法という心理療法のアプローチを学んだ上で、急性期の患者からの訴えに、24 時間以内に対応し、毎日のように支援チームが訪問するか病院に来てもらい、本人や本人が頼りたい関係者を交え、本人が話したい内容について、対話をし続ける。生きる苦悩が語られ続ける中で、症状が治まったり、入院を防げたり、薬物投与せずに治療を終結するケースもある、という（Seikkula & Arnkil 2014=2019）。日本でも、斎藤のチームはひきこもりの治療で大きな成果を上げ、森川のチームは診療所の往診で、実績を作り出している（森川 2021）。

　トリエステモデルとオープンダイアローグに共通するのは、生物学的精神医学が焦点化するバイオマーカーや「病気」よりも、心理・社会的な「生きる苦悩」へのアプローチに着目することで、「苦しみ」にならない「苦しいこと」に寄り添う支援を行っている点である。その中で、「より集中した支援を必要とする人（those who require more intensive support）」が何を求めているのか、を理解し、「苦しいこと」を低減する後押しをしている。これらのアプローチでは、当事者の「生きる苦悩」にじっくり耳が傾けられるため、精神科病院や入所施設の中では「『自分なんて』と自暴自棄な行動をとる対象者」も、支援者と共に苦悩を理解し解決しようと協力する。すると、支援者や支援組織に蔓延していた「自分はダメだ（何もできない）」「組織としてやれることは限られている（何もできない）」というトラウマの「並行プロセス」から抜け出す事が出来る。

7. 「苦しみ」に変換する実践

そもそも、入所施設や精神科病院にはどのような「機能」があるのだろうか。60年前に社会学者のゴッフマンは、刑務所や矯正施設、捕虜収容所や強制収容所、修道院と精神病院などは、「全制的施設（total institution）」という概念で説明出来るとした上で、その中心的特徴を以下のように整理した（Goffman 1961:6=1984:6）[11]。

- 生活のすべての側面が同じ場所で、同じ単一の権威の下で行われる。
- メンバーの日常的な活動の各段階は、大勢の他のメンバーと一緒に行われ、全員が同じように扱われ、同じことを一緒に行うことを要求される。
- 一日の活動のすべての段階がきっちりとスケジュール化され、ある活動があらかじめ決められた時間に次の活動につながる。活動の一連の流れは、明確な公式ルールと公的な組織によって上から押し付けられる。
- さまざまな強制的な活動は、その施設の公式な目的を達成するためと称するひとつの合理的な計画にまとめられる。

全制的施設では、少ない人手で多くの収容者を管理、統制するために、支援の規格化や標準化を行い、効率的な業務遂行が可能な集団管理と一括処遇の形態が取られている。それは、ベルトコンベア式労働に通底する業務効率化である。だが、自動車やパソコンなどの規格化された商品ではなく、標準化も規格化も不能な人間を相手にして、効率的な管理や統制をしようとすると、どこかに歪みが生じる。それは本章で取り上げた二つの事件にも象徴的に現れている。

「『地域で暮らすのは難しい』とレッテルを貼られた人たち」とは、地域社会の中で、効率的な管理や統制を受けることに、しんどさを感じていた人たちである。空気を読めない、同調圧力に従えない、という「特性」があり、それゆえ社会とうまく折り合いがつかないという「苦しいこと」を抱えていた。そんな人々を、この社会から分けて特別な施設に収容したところで、そ

の施設で求められるルールや規格、標準化の求めに従うこと自体も「苦しいこと」には変わりない。しかも、その「苦しいこと」の内実が支援者に理解されないまま、施設や病院のルールに従わないから、と隔離拘束され、薬漬けにされる。その中で、自暴自棄になって「苦しいこと」を職員にぶつけ、その「並行プロセス」に苦しむ職員は虐待やハラスメントを起こし、支援組織自体にその「並行プロセス」が蔓延する。これでは、「苦しいこと」は「苦しみ」に変換はされない。

　そこから脱却するには、どうすればよいだろうか。「福祉の〈施設主義的〉把握」は、診断名や障害程度区分などの「客観的基準」に該当する人を「施設収容する」という形式合理性を設定した上で、その枠内で「特別な施策」という実質平等性を担保する、という意味で、「形式合理性の枠内で実質平等性を担保する」ことでもある。この「福祉の〈施設主義的〉把握」を越える事が求められている。1人1人の「苦しいこと」は、そもそも「客観的基準」で数値化や計測が不能なものであり、形式合理性で把握することは困難である。その人の語る個別具体的な内容にじっくり丁寧に耳を傾け、語れない人ならば一緒に時を過ごしながら非言語的な表現で伝えようとすることを理解し、その人が抱える「苦しいこと」の内実を把握しようと一緒に考え合うプロセスが重要とされる。この支援を、集団管理と一括処遇を前提とした全制的施設の中で行うことは、原理的に無理なのである。

　それは入所施設や精神科病院に限った話ではない。「ゴミ屋敷」の支援において、「ゴミを溜めるのは不衛生だから片付けましょう」と行政が強制代執行をしてまでゴミを片付けても、数ヶ月経てば元の木阿弥になり、近所や支援者と本人の対立が深まりやすい。これは、本人がゴミを溜めざるを得ない「生きる苦悩」に支援者が寄り添うプロセスを飛ばして、「ゴミを片付ければそれで良い」と近視眼的に捉えるがゆえに生じる。本人がどのような生活歴の中で、ゴミを溜めざるを得ない状況に構造的に追い込まれたのか、を支援者が本人の話を聴きながらアセスメントをしていけば、そのプロセスの中で本人は「自分の苦しいことが理解された」と感じ、「この人が手伝ってくれるなら、一緒にゴミを片付けても良い」という希望が生まれるのである（竹端

2015, 伊藤・土屋・竹端 2021)。

　「苦しいこと」を抱える人と向き合う際に、標準化・規格化した全制的施設に収容しても、上記のプロセスは全く遂行できない。「苦しいこと」を抱える人は、そのしんどさを伝えたいけど伝え方もわからず、自傷他害などの言動を通じて周囲の家族や支援者をも「苦しいこと」の「並行プロセス」に巻き込んでいく。これは一見すると「苦しいこと」を抱える人こそ問題である、という因果モデルで理解されがちだ。でも、その因果モデルで「ゴミを片付ければよい」と介入しても、うまくいかない。その時、視点を変えて、「苦しいこと」を抱える人は、家族や支援者、周囲の人との間で相互作用の悪循環を抱えている、と捉えると、別の方法論が見え始める。

　社会学者の長谷直人は、家族療法の知見に基づき、悪循環は「問題行動」と「偽解決」の連鎖から成り立っている、と指摘する (長谷 1991)。「偽解決」とは、「問題行動」を解決に導こうとする周囲の人の言動が、その「問題行動」を再生産・強化することを指す。門限破りをした娘を叱りつけて制裁を科す母親の例で言えば、娘の門限破りは「問題行動」だが、その娘に制裁を科す母親の行動は「偽解決」になり、ますます娘が立腹して「問題行動」を繰り返すのだ。その悪循環から脱出したければ(真の解決を目指すならば)、どちらが正しいか、という善悪の論理を横に置き、コミュニケーションパターンを変えた方がうまくいく、ともいう。門限破りの例で言えば、母親の側が娘を一方的に叱りつけず、娘がなぜ門限破りをするのかしっかり話を聞いた上で、母も娘も納得出来る解決策を親子で考え合うプロセスが求められる。

　「苦しいこと」を表現する当事者に対しても、支援者が一方的な支援や懲罰 (縛る・閉じ込める・薬漬けにする) を科すのではなく、支援者の側がまずコミュニケーションパターンを変え、好循環のプロセスを作り出していくこと、つまり「苦しいこと」を「苦しみ」に変換する支援が求められる。ゴミ屋敷の場合であれば、ゴミ屋敷の主の生活史を丹念にうかがう中で、支援者と当人の信頼関係を構築し、当人が「苦しみ」を語れるような支援をしてはじめて、本人はゴミの片付けを少しずつ受け入れ、「他ならぬあなたが言うのだから」と協力しはじめるのである。

これは、精神科病院や入所施設に限った事ではない。近年、発達障害者の急増に「対応」するために、特別支援学校・学級が増設されている。だが、大切なのは周囲との相互作用で悪循環に陥る子どもたちの悪循環を変えることであり、学校やクラスを分けたら、本人に精神科の薬を服薬させたら、「問題行動」が収まる訳ではない。さらに言えば、そういう子どもたちが生み出されるのは、学校現場における標準化・規格化圧力が強まり、「空気を読む」「同調圧力」の支配力が強いから、とも言える。その学校の「全制的施設」的要素にメスを入れず、分けるだけでは、表面的な解決であり、教員や学校組織にもトラウマの「並行プロセス」が生じる、とも言える（池田 2021）。

　そして、国連勧告が日本政府に突きつけるのは、このような「悪循環」の解消であり、それを解決するための「福祉の〈施設主義的〉把握」からの脱却なのである。

8.「昭和的成功モデル」を越えられるか

　冒頭で掲げた厚東は、モダニティの特性を以下のように規定している。

　　「モダニティの特性を『高度な移転可能性』すなわち『異なった社会的・
　　文化的コンテクストに差し替えられても未来の活動水準がほとんど損な
　　われることなく作動する能力』にもとめることにしたい」（厚東 2011：49）

　日本では、「福祉の〈施設主義的〉把握」を採用することにより、精神科病院や入所施設における「施設ケア」という「高度な移転可能性」を持った支援を「輸入」することができた。この「福祉の〈施設主義的〉把握」は、第二次世界大戦後の日本の社会的・文化的コンテクストに見事にマッチした。核家族化やサラリーマン・専業主婦の増加という社会の産業構造と家族形態の変化の中で、「重度障害者」を家族だけで支え続けることには限界を迎える。家族だけで解決出来ない「社会的課題」の「解決策」として、高度経済成長期以後、精神科病院や入所施設を大量に作ってきたのであった。

1960 年代後半以後、欧米では脱施設化（De-institutionalization）が進み出した後には、グローバリゼーションの土着化としての「福祉の〈施設主義的〉把握」が、いつの間にか日本固有の「ローカリゼーション」に転化し、「家族丸抱えか、施設丸投げか」の二者択一の論理として日本社会に根付いている。

この方法論が定着していった高度経済成長期において、施設・病院ケア以外の方法論は十分に確立されていなかった。「○○の貧困」アプローチに頼らざるを得なかった。だが、集団管理型一括処遇では、対象者の「苦しいこと」を寄り添って理解することは原理的に不可能である。それにもかかわらず、二者択一的現状を温存させ、「地域で暮らすのは難しい」人を収容し続けると、支援される側も、支援する側も、そして支援組織そのものも、トラウマの並行プロセスが蔓延する。その中で、パターン化された施設内虐待という鬼子が生じ続ける。これはすでに賞味期限が切れた「昭和的な成功モデル」である、と言える（竹端 2023）。

だが支援現場に目を移せば、その後半世紀の間に、オープンダイアローグやトリエステモデルなど、隔離・収容・薬漬けにして「重度障害者」を生み出すアプローチではなく、「生きる苦悩」を地域の中で支え続け、暮らし続けるモデルは世界的に定着し始めている。「より集中した支援を必要とする人」の尊厳を重視し、隔離収容せず地域の中で支えるアプローチの素地は日本国内にも芽生えている。それにもかかわらず、日本ではいまだに「より集中的な支援が必要な人」というパラダイムより、「重度障害者」のパラダイムが幅をきかせる。さらに障害者権利条約に代表される人権モデルが、脱施設化のグローバルスタンダードを日本政府に突きつけ、日本政府もその勧告にどう答えるか、が国内外で注目されている。

「福祉の〈施設主義的〉把握」というローカリゼーションの賞味期限が切れつつある今、別の「高度な移転可能性」がある脱施設化というシステムを日本の中に入れ込むことが出来るか。「重度障害者」とラベルが貼られる人でも、その人の尊厳が大切にされ、「苦しいこと」を「苦しみ」に変換する支援が提供され、集中的な支援を受けながらの地域生活が可能な仕組みを作り上げることが出来るか。その分岐点にたっている。そして、形式合理性と実質平等

性の相剋は、入所施設や精神科病院だけの課題ではない。インクルーシブ教育が世界的な潮流になる中、日本だけ頑なに分離教育の前提に立っている特別支援学校・特別支援学級でも、まさに同じ構造的課題と論理転換が迫られている。

　＊本研究は JSPS 科研費 JP23K01937 の助成を受けたものです。

注

1　東洋経済オンライン「神戸・神出病院、凄惨な虐待事件から見えた難題」https://toyokeizai.net/articles/-/422240

2　共同通信 2022 年 9 月 20 日「「人間扱いしていない」植松死刑囚と同じ体質だった、もう一つのやまゆり園　虐待疑いや不適切な対応が横行、職員 76 人が関与」https://news.yahoo.co.jp/articles/d36320e3eb6e49dc0197896f33243bec25a01f33

3　毎日新聞 2021 年 9 月 28 日「職員が入所者を故意に骨折？　神奈川県、障害者施設を再調査へ」https://mainichi.jp/articles/20210928/k00/00m/040/022000c

4　「神出病院における虐待事件等に関する調査報告書【公表版】」http://www.hyogo-kinshukai.jp/kande/asset/img/%E7%A5%9E%E5%87%BA%E7%97%85%E9%99%A2%E3%81%AB%E3%81%8A%E3%81%91%E3%82%8B%E8%99%90%E5%BE%85%E4%BA%8B%E4%3B%B6%E7%AD%89%E3%81%AB%E9%96%A2%E3%81%99%E3%82%8B%E8%AA%BF%E6%9F%BB%E5%A0%B1%E5%91%8A%E6%9B%B8%E3%80%90%E5%85%AC%E8%A1%A8%E7%89%88%E3%80%91.pdf

5　「障害者の権利に関する条約」https://www.mofa.go.jp/mofaj/fp/hr_ha/page22_000899.html

6　Guidelines on deinstitutionalization, including in emergencies https://docstore.ohchr.org/SelfServices/FilesHandler.ashx?enc=6QkG1d%2fPPRiCAqhKb7yhsrUSo2TlYtHaYAWJ%2byrd8Skkty8%2bxJZ8vIbGxhck1kHBB7qpZDXVoe1FIprH%2fJ0xFvkmaiIP3ksO3F41KvqDkks%3d

7　「日本の第 1 回政府報告に関する総括所見」日本政府訳　https://www.mofa.go.jp/mofaj/files/100443721.pdf

8　2022 年 9 月 20 日　JDF セミナー「記念講演 ヨナス・ラスカス障害者権利委員会副委員長」の速記録メモ　https://www.normanet.ne.jp/~jdf/seminar/20220920/index.html

9　人権モデルについては、以下の記述も参照。「人権モデルは、人間の固有の尊

厳に焦点を当て、そしてそれに続いて、しかし必要な場合に限り、その人の医学的特性に焦点を当てる。このモデルは彼／彼女に影響を与えるすべての決定においてその個人を舞台の中心に配置し、そして最も重要なことは、主な「問題」をその人の外に、そして社会の中に見いだす。」 テレジア・デグナー『障害の人権モデル』https://www.dinf.ne.jp/doc/japanese/rights/rightafter/a_human_rights_model_of_disability_article_December_2014.pdf

10 「病床 149 床の閉鎖を伴う、精神科医療の構造変革に取り組んで」http://www.yuki-enishi.com/enishi/enishi-2017-04.pdf

11 以下の訳は原文から筆者が訳し直したものである。

引用・参考文献

荒井裕樹, 2013, 『生きていく絵――アートが人を〈癒す〉とき』亜紀書房（＝ 2023, ちくま文庫）.

池田賢市, 2021, 『学びの本質を解きほぐす』新泉社.

伊藤健次・土屋幸己・竹端寛, 2021, 『「困難事例」を解きほぐす――多職種・多機関の連携に向けた全方位型アセスメント』現代書館.

大熊一夫, 2009, 『精神病院精神病院を捨てたイタリア 捨てない日本』岩波書店.

川村敏明・向谷地生良, 2008, 『退院支援、べてる式。』医学書院.

厚東洋輔, 2006, 『モダニティの社会学――ポストモダンからグローバリゼーションへ』ミネルヴァ書房.

厚東洋輔, 2011, 『グローバリゼーションインパクト――同時代認識のための社会学理論』ミネルヴァ書房.

斎藤環, 2015, 『オープンダイアローグとはなにか』医学書院.

斉藤道雄, 2020, 『治したくない――ひがし町診療所の日々』みすず書房.

佐藤光展, 2024, 『心の病気はどう治す？』講談社現代新書.

竹端寛, 2013, 「「病気」から「生きる苦悩」へのパラダイムシフト：イタリア精神医療「革命の構造」」『山梨学院大学法学論集』70, 31-61.

竹端寛, 2015, 「「合理性のレンズ」からの自由：「ゴミ屋敷」を巡る「悪循環」からの脱出に向けて」『東洋文化』95, 99-114.

竹端寛, 2018, 「「家族丸抱え」から「施設丸投げ」へ――日本型"残余"福祉形成史」『学術の動向』23 (9), 34-39.

竹端寛, 2023, 『ケアしケアされ、生きていく』ちくまプリマー新書.

野坂祐子, 2019, 『トラウマインフォームドケア』日本評論社.

長谷正人, 1991, 『悪循環の現象学――「行為の意図せざる結果」をめぐって』ハーベスト社.

森川すいめい, 2021,『オープンダイアローグ 私たちはこうしている』医学書院.

Barton, Russell, 1976, *Institutional neurosis, 3rd ed*, Butterworth-Heinemann,（正田亘監訳, 1985, 『施設神経症：病院が精神病をつくる』晃洋書房.）

Basaglia, Franco, 2000, *CONFERENZE BRASILIANE*, Raffaello Cortina Editore（大熊一夫, 大内紀彦, 鈴木鉄忠, 梶原徹訳, 2017,『バザーリア講演録 自由こそ治療だ！ ──イタリア精神保健ことはじめ』岩波書店.）

Goffman, Irving, 1961, *Asylums: Essays on the Social Situation of Mental Patients and Other Inmates*, Doubleday（石黒毅訳, 1984,『アサイラム ── 施設収容者の日常世界』誠信書房.）

Schmid, Sil, 1986, *Freiheit heilt: Bericht über die demokratische Psychiatrie in Italien*, Wagenbach Klaus GmbH（半田文穂訳, 2005,『自由こそ治療だ──イタリア精神病院精神病院解体のレポート』社会評論社.）

Seikkula, Jaakko& Arnkil, Tom Erik, 2014, *Open Dialogues and Anticipations : Respecting Otherness in the Present Moment*, Terveyden ja hyvinvoinnin laitos THL（斎藤環監訳, 2019,『開かれた対話と未来 今この瞬間に他者を思いやる』医学書院.）

読書案内

① バザーリア, フランコ（大熊一夫, 大内紀彦, 鈴木鉄忠, 梶原徹訳）,2017,『バザーリア講演録 自由こそ治療だ！──イタリア精神保健ことはじめ』岩波書店.
バザーリアは精神医療における自由と抑圧の問題を権力構造の問題と捉え、「狂気」を問い直すプロセスで、必然的に「正常」とは何か、を鋭く問い直す。生物学的精神医療の縮減された人間観に潜む「主体の客体化」を批判し、狂気を持つ人間の主体性の回復の方法論も模索する。時代を経ても読み応えのある講演録。

② ニィリエ, ベンクト（ハンソン友子訳）, 2008,『再考・ノーマライゼーションの原理 ──その広がりと現代的意義』現代書館.
半世紀前に定式化されたノーマライゼーションの原理とは、知的障害者の入所施設処遇を批判する中で、支援における形式合理性ではなく、実質合理性を担保するためのアファーマティブ・アクションの手引きである。この原理を生み出し世界中に広めたニィリエの論文集では、その後、この原理がアメリカで形式合理性に引っ張られ、歪められていった事への反論も掲げられている。

③ ベイドソン, グレゴリー（佐藤良明訳）, 2023,『精神の生態学へ』（上中下）, 岩波文庫.
ベイドソンのダブルバインド理論は、その後の家族療法に大きな影響を与え、これがオープンダイアローグの誕生にも結びついた。また、精神病を「正常」の認識前提の外におくことによって歪んだホメオスタシスを保つことが維持・強化されていくプロセスを鋭く指摘した複雑性を巡る論考は、バザーリアの後継者達に

も受け継がれている。いま、読み直すべき名著である。

④セイックラ, ヤーコ, アーンキル, トム・エーリック（高木俊介, 岡田愛訳）, 2016,
『オープンダイアローグ』日本評論社.

この本の原題は「ソーシャルネットワークの中での対話的ミーティング」である。
「対話」が2人で閉ざされず、専門家や家族にひらかれる中で、専門職とクライ
アントの対立関係が解かれ、「いま・ここ」における「他者の他者性」を尊重する
ことで、関係性の変容が始まり、それが結果的に「治療」や「快復」につながる。
その哲学的原理が詰まった一冊。

⑤竹端寛, 2018,『「当たり前」をひっくり返す ── バザーリア・ニィリエ・フレイレ
が奏でた「革命」』現代書館.

福祉や医療の現場における権力関係や支配－服従の論理を拒否し、対話的な支援
関係を半世紀前に構築したバザーリアとニィリエ、そして教育の現場でその抑圧
性を告発したパウロ・フレイレという3人の先達の思想がどのように共鳴し合う
か、をたぐり寄せながら、実質合理性や「○○の尊厳」を実現するためにはどの
ようなパラダイムシフトが求められているのか、を模索した一冊。

| 日本語教育 |

14
複数言語環境で育つ子どもへの日本語教育[1]
——「学び」を育む支援の中で見られた子どもの変化とは

米澤千昌

1. はじめに

　近年、日本では外国人児童生徒や国際結婚家庭の子どもなど、2つ以上の言語に触れながら育つ「複数言語環境で育つ子ども」[2]の数が増加している。2021年5月現在、日本の公立学校に在籍している外国籍の児童生徒数は11万4853人であり、これは前年度と比較すると5.5%、3年前と比較すると23.3%増加している（文部科学省「学校基本調査」）。文部科学省が行っている「日本語指導が必要な児童生徒の受入状況等に関する調査（令和3年度）」の結果によると、この11万4853人の児童生徒のうち日本語指導が必要だと言われているのは4万7619人であり[3]、この数も増加し続けている。日本語指導を必要としているのは外国籍の児童生徒だけではない。帰国児童生徒や国際結婚家庭の子どもなど日本国籍の児童生徒の中にも日本語指導が必要な児童生徒がおり、その数は1万688人に上る。このような児童生徒に対しては、日本語指導員が授業に入り込んで学習をサポートする「入り込み授業」や、子どもたちを在籍学級の授業から取り出して別室で支援を行う「取り出し授業」、放課後に開かれる日本語教室[4]、近隣の学校から支援の必要な子どもたちが決められた時間に集まってくる「センター校（拠点校）方式」など、さまざまな形で日本語を学ぶための支援が行われている。

　複数言語環境で育つ子どもにとっては、母語・継承語[5]を保持・伸長するための支援も大切である。母語・継承語教育は複数言語環境で育つ子どもの認知力の育成や、日本語力の伸長、自己肯定感やアイデンティティの形成、

家族との絆、権利としての母語保障という点で重要（真嶋 2009）なものであり、子どもの成長や学びを支えるものである。しかし、日本語が主流言語であり、母語・継承語教育が十分に提供できていない今の日本社会においては、母語・継承語がまだ発達過程にある子どもたちは、母語・継承語の力が後退し、喪失してしまう危険性もある。

　日本語や母語・継承語といった言語だけを教えればそれでよいかというと、そうでもない。真嶋（2019）は、現地語である日本語だけでなく母語の習得も支援する、「何もなくさない」全人的な日本語教育の重要性を指摘している。つまり、複数言語環境で育つ子どもへの日本語教育は、日本語や母語・継承語といった言語だけでなく、その言語教育を通して、子どもたちの「さまざまな学びの可能性を広げ、全人的発達を支える」（石井 2006）という視点で考えることが必要なのである。

　では、そもそも子どもにとっての学びとは何であり、子どもが持つ複数の言語能力を伸ばし、成長・学びを支える日本語教育とはどのようなものなのだろうか。従来、学びとは教師から知識や技能が与えられることだと考えられてきた。しかし、昨今、その学習観が大きな転換を見せている。佐伯（1995a）は学びとは、これから私がなっていく自分を探し、その自分に向かってよりよく自身を転身させていき、そこに行きついたらさらに進んだ自分探しが始まり、そこに向かってまた自身をよりよく転身させていくという「終わることのない自分探しの旅」（佐伯 1995a:11）であると説明している。そしてこのような学びには、未知なる世界、未来に広がる世界に開かれた実践に参加し、周囲の人々や環境と主体的に関わることが重要であると指摘している（佐伯 1995a, 1995b）。

　米澤（2019a, 2019b）は、2018 年 4 月－ 2019 年 3 月にかけての 2 年間、大阪府下の公立小学校の放課後の日本語支援教室で 2 名の複数言語環境で育つ子どもを対象とし、学び・成長を育むよりよい日本語支援の方法を探るためにアクション・リサーチ（Elliott 1991）による実践を行った。この実践では、対象児童の声を聞きながら実践内容を決定し、後述するプロジェクトをベースとした学習（櫻井 2009、以下「プロジェクト学習」）を中心に、一部、内容重視のアプ

370

ローチ（清田 2001 他）も取り入れながら活動を行った。そして、その実践下での対象児童の様子を観察し、対象児童の活動への参加意欲を高める要因（米澤 2019a）や、情報発信に対する子どもたちの意識の変化（米澤 2019b）を明らかにしている。本章では、このプロジェクト学習や内容重視のアプローチによる実践に参加する中で、対象児童の日本語力がどのように変化したのか、また日本語を使って何ができるようになったのかという 2 つの点から、複数言語環境で育つ子どもたちにどのような学び・成長が見られたのかを明らかにすることを目指す。

2.　先行研究

(1) 学びに必要な言語能力

　1990 年代、当時の出入国管理及び難民認定法の改定により急増した複数言語環境で育つ子どもへの教育支援は、来日間もない子どもへの日本語初期指導と適応指導に主眼が置かれていた。しかし西原（1996）は、「順調に日本語を習得し、環境への適応にも問題がないように見える児童生徒が、教科学習の内容をほとんど理解していないことに気づいて愕然とした」（西原 1996:67-68）という教育現場からの報告を紹介し、複数言語環境で育つ子どもの日本語習得は、日常生活での交流に十分な日本語だけでなく、それを媒介として認知的・学術的知識を高めるものである必要性を指摘している。カナダのバイリンガル教育の第一人者であるジム・カミンズは言語能力を 3 つの言語面[6]に区別して説明する中で、教科学習に関わるこの力を「教科学習言語能力」として取り上げている。教科学習言語能力とは「使用頻度数の低い語彙に関する知識や徐々に複雑になっていく文章を解釈したり書いたりする力を含む言語面」（カミンズ・中島 2021:93）である。さらに子どもに求められる力についてカミンズは、学年が上がるとともに抽象的な表現に遭遇するようになり、言語的にも概念的にも高度な内容を読んで理解し、また、教科学習言語能力を駆使して正確でまとまりのある文章を書くことが必要とされると説明している。ここから、教科学習に必要な言語能力は、単に語彙や文法の知識を増

やせば済むという話ではないことがわかる。バトラー（2011）も、これまでに行われた研究や事例を紹介しながら、学習言語がどのようなものであるかを解説している。その中でバトラーが紹介しているスカーセラの学習言語の構成要素（バトラー 2011:62）では、学習言語を音韻、語彙、文法、社会言語、談話で構成される「言語的側面」だけでなく、「認知的側面（知識、高次の思考、ストラテジー、メタ言語認識）」、「社会文化・心理的側面（規範、価値観、信条、態度・意欲・関心、行動・実践・習慣）」[7] の 3 つの側面で構成されるものだと説明している。このように、学習に必要な言語能力には、ただ単に教科学習に必要な専門的な語彙や複雑な文法を覚えたり、読み書きの練習をしたりするといった言語的側面だけではなく、これらを理解し活用するための認知的側面、さらには社会文化的、心理的側面も関わってくるのである。

(2) 学びの支援方法

　これまで複数言語環境で育つ子どもの教科学習を支える方法として、在籍学級の授業の予習として母語による先行学習、日本語による先行学習を行った後、在籍学級での授業に参加するという「教科・母語・日本語相互育成学習モデル」（岡崎 1997）や日本語教育と教科内容を結びつけた内容重視のアプローチ（清田 2001 他）の実践が行われてきた。これらの実践に共通して重要なことは、学習に必要な言語を文脈から切り離して教えるのではなく、学ぶべき内容と統合して母語や日本語を使いながら学んでいる点、言い換えれば、言語そのものを学ぶのではなく、言語を使って学ぶ方法が取られている点である。

　それ以外にも複数言語環境で育つ子どもの学びを促す支援のあり方として、在籍学級での授業参加を促進するための在籍学級と取り出し授業との連携による支援（櫻井 2008, 神田, 矢崎 2016 他）や、学びにおいて重要な子どもの主体性を育む支援（尾関 2013, 米澤 2017 他）についても報告されている。これらの研究から、複数言語環境で育つ子どもの学びを促すためには、学ぶ内容や方法だけでなく、支援体制や子どもの主体性など、複数の視点から支援のあり方を考える必要があることがわかる。

本研究の実践に取り入れたプロジェクト学習については、日本国内では、複数言語環境で育つ子どもの母語・継承語教育での実践に関する報告がみられる（櫻井 2009, 田, 櫻井 2017）。櫻井は、母語・継承語教育では年齢や言語環境、学習目的が全く異なる多様な子どもたちが対象となる難しさを指摘し、その対策として「なんらかの作品（家族に宛てた手紙、国紹介ビデオ、自作絵本、劇など）を作り上げたり、子どもたちが自ら企画した行事（民族フェスティバル、母国の料理やお菓子作りなど）に向け準備する過程を通して、母語を使用する機会を持ち、母語・母文化についてそれぞれのレベルに応じて調べ、学ぶ」（櫻井 2009:46）プロジェクト学習を提案している。これを複数言語環境で育つ子どもの日本語教育に取り入れたのが米澤（2019a, 2019b）の実践である。米澤（2019a）は、2 名の児童 J と O が参加する日本語支援教室にて、プロジェクト学習を中心とした日本語支援活動を行った。そしてこれらの実践に対する子どもの参加態度を分析した結果、⑴言語学習が目的ではなく、目的を達成する過程での言語使用が促されていたかどうか、⑵子ども自身の経験や知識が活用されていたかどうか、⑶活動中、活動のプロセスに応じて必要なサポートが行われていたかどうか、⑷子どもたちが自信を持てるような成功体験や評価を行っていたかどうかの 4 点が影響していたと指摘し、この 4 つができていた時に、子どもたちの発話が促進され、苦手な書く作業を伴う取り組みにも積極的に参加できていたことを明らかにしている。米澤の実践は、第一節でも述べたようにプロジェクト学習以外の活動も取り入れていたが、ここで挙げている 4 つの特徴は、プロジェクト学習との親和性が高いものでもある。つまり、プロジェクト学習は、プロジェクトそのものを目的とする中で言語使用が促され、プロジェクトの内容次第で子どもたちの経験や知識が活用しやすい学習環境を作ることができる。さらに、プロジェクトはその過程が大切であり、プロセスに応じたサポートを行いやすく、また、作品を完成させたりイベントを実施したりするなど、成功体験を得やすい活動である。このような特徴を持つプロジェクト学習は、子どもの学習意欲を高め、周囲の人々との主体的な関わりを促進するものであり、学びや成長を支える活動であると考える。

日本語教育　14　複数言語環境で育つ子どもへの日本語教育　373

3. 研究概要

(1) 研究フィールドと研究対象者

　本研究は、大阪府にある公立 H 小学校をフィールドに実践を行った。筆者は 2016 年 11 月に市教育委員会から依頼を受け、H 小学校の放課後の日本語支援教室で複数言語環境で育つ子どもの支援に携わり始めた。教室は週に 1 回 40 分程度で、筆者は学外からの日本語支援員という立場で教室に入った。2016 年 11 月 - 2017 年 3 月の間は筆者を含む 2 名で、2017 年 4 月 - 2019 年 3 月は筆者が 1 人で支援を担当した。支援内容は支援員に任されていたため、子どもたちの様子を見ながら決定していった。

　本研究は、この日本語支援教室に参加していた 2 名の児童 J と O を対象に行ったものである。J はタイに、O はアメリカにルーツを持つ児童であり、2016 年 11 月から日本語支援教室に通い始めた。**表 14-1** に、支援開始当時の J と O の情報をまとめる。

　言語能力については、2016 年 10 月に市教育委員会が「外国人児童生徒のための JSL 対話型アセスメント DLA」[8]（文部科学省 2014）を用いて日本語の力を測定している。その結果によると、J も O もステージ 2 の「初期支援段階」からステージ 3 の「個別学習支援段階」へと移行するレベル、つまり、学校

表 14-1　支援開始当時 (2016 年 11 月) の対象児童について

	J	O
学年	小学 2 年生	小学 2 年生
保護者の国籍	父親：日本（日本語、英語が話せる） 母親：タイ（日本語は日常会話レベル）	父親：アメリカ（日本語を勉強中） 母親：日本（日本語、英語が話せる）
家庭での言語使用状況	両親⇔J：日本語 姉弟⇔J：日本語 両親同士：日本語と英語 ※J は母親からタイ語を時々教えてもらう	父親⇔O：英語 母親⇔O：日本語 兄妹⇔O：英語と日本語（英語が多い） 両親同士：英語
移動歴	日本で生まれ、5-6 歳の 1 年間をフランスで過ごした後、2015 年の秋に帰国、小学 1 年生に転入	アメリカで生まれ、2016 年の夏前に来日、小学 2 年生に転入

374

生活に必要な日本語の習得が進み、支援を得て日常的なトピックについて理解したり、学級活動にも部分的にある程度参加したりできるレベルであった。日本語以外の言語の力についても DLA を用いて語彙力のみ測定した[9]。その結果、O は 85% 以上の語彙を英語で答えることができていた。一方 J は、タイ語やフランス語については挨拶や単語を数語知っているレベルであり DLA での評価は不可能であると判断した。

(2) 実践概要

　既述の通り、本研究の実践はプロジェクト学習を中心に、一部内容重視の日本語教育も取り入れながら支援活動を行った。具体的な活動の方針は次の通りである。まず学びにおいては、実践に参加し、そこで周囲と主体的に関わることが重要である（佐伯 1995a, 1995b）。そこで本研究では、日本語支援教室内で周囲と関わり、やりとりができるようになるのはもちろんのこと、子どもたちが学校の中で一番長い時間を過ごす在籍学級における周囲とのやりとりを促すためのサポートとして、子どもたちが考えたことや伝えたいことを自分で、日本語で表現できるようになることを目的に支援を実施した。そ

表 14-2　2017 年 4 月 − 2019 年 3 月の実践内容一覧

活動時期	活動内容	活動時期	活動内容
2017 年 5 月	学校探検（教室探し、カタカナ探し）	2018 年 1-2 月	すごろく作り　※
	お話作り　※	3 月	1 年の振り返り　※
6 月	カタカナ間違い探し	4-5 月	プロフィールカード作成　※
	スリーヒントクイズ　※	5-6 月	巨大学校地図作り　※
	間違い探し	6-7 月	水問題に関する新聞作り　※◎
	お店屋さんごっこ　※	9-12 月	世界の国調べとポスター作り　※◎
9-10 月	新聞作り　※	2019 年 1-3 月	10 年間の振り返りと将来についての作品作り　※◎
10-12 月	世界の国々について学ぶ　◎		

※　プロジェクト学習
◎　内容重視の日本語教育

の中で、多元的アプローチ[10]を参考に複数の言語や文化を同時に扱う活動を行うことで、子どもの複数言語の育成、および、異なる言語文化背景を持つ他者と交流する力の成長の促進を目指した。具体的な活動内容や方法は、常に子どもたちの様子を見ながら実践を振り返り、よりよい内容や方法を探りながら決定していった。2017年4月以降に実際に行った活動内容を**表14-2**に記す。

2018年度9－12月に行った「世界の国調べとポスター作り」、及び1－3月の「10年間の振り返りと将来についての作品作り」は、在籍学級と連携し、在籍学級での「国際理解教育[11]」、及び「2分の1成人式の活動[12]」それぞれの先行学習として実施したものである。

(3) 分析方法

本研究では、毎週の活動内容や子どもたちの様子、教員とのやりとりを記録したフィールドノーツ（以下、FN）を主な分析データとして使用し、それ以外にも学校、保護者との情報共有のために作成した報告書[13]や子どもたちの成果物、支援時の音声データ、DLA の記録、教員・子どもたちへのインタビュー記録なども補足資料として使用した。分析は、小田 (2010) が示すエスノグラフィー分析の手順を参考に、(1) データを読み込む、(2) データと理論的テーマを結び付ける、(3) 概念と概念を結び付け、関係性を考察する、という手順で行った。本章では分析の結果明らかになった、子どもたちの「異なる言語文化背景を持つ他者とのやりとりの力の全体像」(米澤 2019b:248) のうち、自文化から他文化へと視野を広げていく J の様子に着目し、日本語の変化、および日本語で何ができていたのかという視点から、J にどのような学びが起きていたのかを見ていく。

なお、分析結果の記述では、分析により得られた概念を【　】、その下位分類を《》、FN の引用を「　」(引用した FN の日付) で記す。FN の引用の中の〔　〕は筆者による補足である。

4．分析結果

2年間を通して、Jは《自文化についての情報を発信する》→《他国、他文化に興味・関心を持つ》→《異なる文化を比較する》と、【自文化から他文化への視野の広がり】が見られた。活動を始めた2017年度当初は、自身のルーツについて話すことが多かったJであったが、次第に他の国や地域の文化への関心を示し始め、それらの国について話すことが増えていった。本章では、Jの視野が広がっていく様子を順に見ていく。

(1) 自文化についての情報の発信

2年間の活動の中で、JはOや筆者に知っているタイ語を教えたり、プロフィールカードに「タイ人」と書いたりするなど[14]、自身のルーツに誇りを持っている様子が何度も見られた。このようにタイに誇りを持っているJは、タイでの経験やタイについての情報を積極的に活動に活かしたり、話したりすることが多かった。

2017年度の日本語支援教室での活動は、最初に実施する行事や作品の形（お店屋さんごっこ、新聞、すごろくなど）を決定し、その後そこで扱う具体物やテーマを子どもたちに自由に決めてもらった。例えば、2017年度1学期に実施したお店屋さんごっこでは、お店屋さんごっこをすることが最初に決まり、その後、何を売りたいかJとOと相談して決定した。Jは「タイの食べ物を売りたい」（FN2017年6月16日）と、ラーメンや辛い食べ物などを例に挙げ、それらの食べ物を色画用紙や紙コップなどを使って作成した。そしてお店屋さんごっこ当日、買い物に来たH小学校の教員に対して、作った商品を売った[15]。

（お店屋さんごっこ、FN2017年7月14日）

　Jちゃんは1つ1つ商品の名前を説明した。「かたい肉です」とか「これはグレープに辛いのをつけたやつで、お母さんが好きな料理です」など、説明をした。

このように J は、商品の特徴にその食べ物にまつわる簡単な情報を添えながら説明し、商品を売ることができた。

　3学期に実施したすごろく作りでも、J はタイをテーマにすごろくを作った。J は、タイに何度か短期間滞在したことがあったため、「この女の子はタイにいます。いま、日本に帰りたいです。空港までたどり着けるかな？」（FN2018 年1月26日）と、タイから日本に戻る道中をすごろくにした。そのすごろくのマスには、トゥクトゥク[16]や金でできたお寺が出てくるなど、タイでの経験やそこで得た情報が活かされていた。

　2018 年度に入っても、J はタイでの経験やタイについての情報を話したり、活動に活用したりしていた。2018 年度は 2017 年度とは異なり、活動のテーマを先に決めてから、そのテーマで何を作るのかを相談して作品作りを行った。しかし、テーマが決まっている中でも J は、そのテーマにタイを絡めて作品作りを行った。2018 年1学期後半に行った水問題に関する新聞作りの活動では、まず世界の水問題について動画を見たり話し合いを行ったりし、その翌週、今度は J と O のルーツであるタイやアメリカの水問題について話し合った。話し合いの後、活動は新聞作りへと移り、筆者は J に水をテーマにどのような新聞を作るか尋ねた。すると J は、図書館で借りた本に書いてあるタイの水に関係する祭りの説明を見せながら、タイで行われる水を使った祭り、「ソンクラン」[17]について新聞を作ると言った。実はこの日、J は日本語支援教室に着くとすぐに図書館で借りてきた世界の様々な国を紹介している図鑑を見せ、「そこにタイのお水の祭りのことが書いてあった」（FN2018 年7月2日）と筆者に報告している。J はタイについての情報を収集し、タイという視点から「水問題」について考え、新聞を作ろうとしていたのである。実際の新聞づくりでは、

　（水問題に関する新聞作り、FN2018 年7月9日）
　　〔ソンクランについて〕You Tube で調べることにした。〔動画の中に〕説明はなかったので、映像をみて、「ひつようなもの」と書き、「水着、ゴーグル、

てっぽう、水鉄砲、バケツ…」と言って絵を描き始めた。…（略）…さらに、説明文では、「ソンクランは水をあいてにかけるほど、知らない国と〔仲良くなれる〕」と…（略）…先ほどの〔インターネットで調べた〕説明文の内容をきちんと理解して書こうとしている…（後略）」

と、Jは借りてきた本だけでなく、インターネットも使って祭りについての情報を調べ、それをまとめて新聞を完成させた。

2018年度2学期最初の日本語支援教室ではJとOに夏休みの思い出について話をしてもらった。そこでJはタイに行った時の話を紹介した。

（夏休みの思い出、FN2018年9月10日）
　Jちゃんはタイに着いてからのことを時系列で細かく話し始めた。着いてから何をした、どこに行った、天気はどうだった、など話してくれた。二日目はプールに行ったこと、〔そのプールが〕どんなところにあったのか、何時に行ったのか、雨が降ったら〔プールに行く予定を〕どうするのか、など詳しく説明してくれた。…（略）…〔私が〕O君からの質問がないかを尋ねると「ドラゴンフルーツは食べたか」という質問があった。〔Jは〕どんな味がするのか、中身がどんなものなのかも説明していた。さらに、他の果物も食べた、とその果物の特徴、形や見た目を説明してくれた。最後に、タイ衣装を買った話をしてくれた。…（後略）

実際にJがタイで食べた果物の説明をしている時の会話は次の通りである。

【2018年9月10日、支援時の会話データ】T：支援員
356 O：えー、えー、味はなんなん？ドラゴンフルーツの。
357 J：あい、甘くて、なんか（T: そうやねー）種が入っててなんか、それが柔らかくて
358 T：プチプチして美味しいよね。
359 J：うん。あと、種みたいなもの、おっきい種で、その、それを

剥いたらあまーいやつが入ってて、おっきい種が。

360 T：えーっとー、黄土色？こんな色？

361 J：うん、そう。

Jはドラゴンフルーツの味がわからないOに対し、味だけでなく、果物の中の様子や食感を、さらには他の果物についても形や特徴を説明することができた。

　以上のように、Jは2年間を通して、タイでの経験や知っている情報を活用して活動に取り組んだり、説明したりするなど、積極的に自文化についての情報を発信していた。しかし、ここで注目したいのは、この2年間で発信した内容に大きな変化が見られたことである。2017年度は、自分自身の経験したことや、そこで得た情報を中心に、大まかな、簡単な情報説明が多かった。それが2018年度に入ると、自分自身の経験を、その状況を知らない相手にわかるように詳細に説明したり、自分が経験していないことでも、本やインターネットで調べた情報をまとめて、抽象化された情報として発信したりできるようになっていった。このような変化から、Jの、自分自身を表現していくための日本語、およびそれを伝える力の成長が窺える。

(2) 他国、他文化への興味関心

　2017年度2学期ごろから、Jは自文化についての情報を発信するだけでなく、他文化について学びたいという意欲が見られ、異なる文化に興味・関心を示すようになっていった。2017年度2学期、JとOから、「アメリカとタイについて勉強したい」（FN2017年10月6日）というリクエストがあった。しかしその翌週、Oが「他の国の勉強をしたい」（FN2017年10月6日）と言ったことから、JとOのルーツであるタイ、アメリカを含めた、世界のいろいろな国について勉強する取り組みを行うことにした。活動ではJは、「知らないことは一生懸命話を聞」き（FN2017年10月27日）、意欲的に他文化について学ぼうとしていた。例えば、2017年10月27日に世界の様々な国の気候について学習した際、Oがアメリカに四季があることや竜巻が来るという話をした。

すると、Jは竜巻がどのようなものであるかがわからなかったため、タブレットで検索して動画を見たりOの経験を聞いたりし、竜巻に対する理解を深めていった。このように、J、O、筆者の3人が自ら持っている情報を提供し合う中で、互いに他国について学ぶことができた。

　2018年度も継続して他国、他文化に関心を示す様子が見られた。既述の通り、1学期には水問題について学習し、その後水に関連のあるテーマで新聞作りを行った。Jがタイの水を使った祭りについて図書館の本で調べていると、Oも「興味があったのか、本を覗き込んで」いたり、JもOに対して「『アメリカはないの？』とアメリカでの水の祭りに興味がある」様子を見せたりし、OもJも互いの文化に興味を示していた（FN2018年7月2日）。また、このテーマでの学習では、水問題について話し合う前に、水問題のまとめ動画をYou Tubeで2人に見せたことがあった。その時に、たまたま次に流れた動画がアフリカに住む女の子が日常の生活について話している動画であった。そこでもJとOはアフリカの様子に興味を示し、続けて動画を見ていた（FN2018年6月25日）。そして、その後の水問題についての話し合いでは、筆者とJとの間で次のようなやりとりが行われた。

　（水問題に関する新聞作り、FN2018年6月25日）
　　Jちゃんは「アフリカ MOTHER いる？」と聞いてきた。「MOTHER って？」と尋ねると、「貧乏な人を助ける仕事」と説明してくれた。

Jは、アフリカの問題を解決するための存在として「MOTHER」について言及した。そして、その数ヶ月後の活動での雑談中、たまたま将来の夢の話になった際、Jが自分自身の将来について次のような発言をした。

　（雑談、FN2018年11月12日）
　　「アフリカに行って、食事をあげたい」

これらのJの発話から、アフリカの動画を見たことで、Jがアフリカの問題

に対し、自分にできることは何かを考えていたことがわかる。つまり、Jにとって世界の国々についての学習は、ただ他の国についての知識を得るための勉強ではなく、自分の将来につながるものであったことがわかった。

このように、2017年度から他国、他文化に関心を示し、活動の中で新たな学びを育んでいたJは、2018年度には他国、他文化について学んだことを、自分事として捉え、自身の将来と結び付けて考えることができていた。

(3) 異なる文化の比較

上述のように自文化から他文化へと、世界へ視野を広げていったJは、異なる文化について話したり新たな情報を学んだりするだけでなく、異なる文化を比較することも増えていった。以下は2018年度2学期に実施した、在籍学級での国際理解教育の先行学習として、日本語支援教室でタイについてのポスター作りをしたときの記録の引用である。

（国際理解教育の先行学習、FN2018年11月12日）
…（略）…〔Jは〕新しい紙を取り、「学校について書く」と言って作業を始めた。紙に「タイの学校」と書き、しばらくして、その前に「日本の学校と」と付け足していた。比較する形に変更したようだ。…（略）…日本側には上靴の絵を描き始めた。そして、「タイは何だっけ？」と私に聞いてきた。「黒い靴下だっけ？」と以前お母さんに教えてもらった〔タイの学校の服装についての〕情報[18]があいまいになっているようだった。

（国際理解教育の先行学習、FN2018年12月3日）
前回書いていた靴下の色について、「黒じゃなかった。白だった」と教えてくれた。…（略）…そして、〔ポスターに〕タイの学校について書き始めた。お母さんから聞いた靴下の情報を書き換え、さらに、日本とタイを比較し、…（略）…〔特徴を〕一言で書いた後、さらに空いているスペースには、文章でも違いを書き始めた。

Jはタイと日本の学校を比較しようとした際、タイについての情報があいまいであることに気がついた。そのため、母親に正確な情報を確かめた上で、日本とタイを比較して違いをまとめた。この日本とタイを比較したポスターづくりでは、これまでの活動で得た知識や力、日本語力が活用されていた。この点についてもう少し詳しく見ていく。

　Jは2018年度1学期にはタイの水祭り「ソンクラン」についての新聞を、2学期にはタイについて、学校の服装を含む複数のトピックでポスターを作成した。同じタイについてまとめられた作品であるが、2つの作品を比べてみると大きな変化が見られる。1学期の作品ではタイの水祭りについて、絵を中心に新聞が構成され、文字情報は「ひつようなもの　やる人はディンソーポン[19]をぬる　バケツ　ゴーグル　みずぎ」「ソンクランは水をあいてにかけるほど知らない国となかよくなる」など、インターネットで調べた内容が絵の横に短い文や単語で説明されていた。一方2学期の作品になると、日本とタイの学校を比較し、違いがわかるよう、左右に分けてタイと日本についての情報を記している。そこには、以下のように日本とタイのそれぞれの特徴が文章で説明されていた。

　　「日本はくつしたではなく、うわぐつで学校の中を歩きます。日本は
　　くつしたが自由に選べます。だいたい日本は水色と白色ですね。」

　　「タイはくつした学校の中を歩きます。日本みたいにくつしたは自由
　　ではないのです。お母さんの学校では「白いろ」とゆっていました。（で
　　もわたしはすべるかもと思いました。）」

　Jは2018年度1学期、巨大学校地図作りの活動をしている時期に、母親にタイの学校について尋ねていた。その時に、タイの学校で指定されている靴下の色について母親に教えてもらったことを筆者に報告している。2018年度2学期のポスター作りでは、この情報を基にして日本とタイの比較が行われていた。つまり、これまでの活動を通して得たタイについての情報を活用し

て比較していたのである。また、既述の通りJは、2017年度には自文化についての情報発信を通して、自分自身の経験の簡単な説明ができるようになり、2018年度に入ると、相手にもわかるよう経験を詳細に説明しようとするようになった。さらに自身の経験だけでなく、抽象化された一般情報としてタイについて説明したり、調べた情報をまとめたりすることができるようにもなっていった。Jはこのような成長を経て、異なる文化を比較することができるようになっていった。

(4) 日本語力の変化

　最後に、Jの日本語力の変化について述べる。3.(1)でも述べたDLAを用い、2018年11月に日本語での話す力と読む力の測定を行った。DLAはただ日本語の力を測定するツールではなく、子どもの年齢に伴う認知力の発達段階を考慮して作成されたアセスメントツールである。例えば、話す力を測定する際には、年齢によって異なるタスクカードを使用し、年齢相応のタスクに対する子どもの反応を見ていく。読む力の測定では、年齢相応レベルの本を読み、読む力を測定する。つまり、学年が上がると使用するタスクカードも読むテキストも抽象度が高いものになる。そのため、たとえ日本語の力が伸びていたとしても、タスクができなければ、DLAの評価ステージが前回よりも下がるということも起こりうる。

　表14-3は、Jの2016年10月と2018年11月のDLAの結果である。

　支援開始前は、3.(1)で述べた通り、全体評価がステージ3前後にあり、学校生活に必要な日本語の習得が進み、支援を得て日常的なトピックについて理解し、学級活動にも部分的にある程度参加できるレベルであった。それが2年後の2018年11月、小学4年生の2学期の終わりになると、Jの力はステージ4－5へと上がり、日常的なトピックについて理解し、学級活動にある程度参加できるレベルから、教科内容と関連したトピックについて理解し、授業にある程度の支援を得て参加できるレベルへと移行する段階となっていた。各技能の項目別に見ると、話す力では、「文法的正確度」、「語彙」、「発音・流暢度」、自ら進んで発言し会話をリードできるかどうかを評価する「話

表14-3　JのDLAステージ判定結果

ステージ	DLA<話す>							DLA<読む>					
	話の内容とまとまり	文・段落の質	文法的正確度	語彙	発音・流暢度	話す態度	総合	読解力	読書行動	音読行動	語彙・漢字	読書習慣・興味・態度	総合
6													
5						○				○			
4	○	○●	○	○	○		○	○	○		○		○
3	●		●	●		●	●	●			●	○	
2					●				●	●		●	●
1													

（2016年度の結果に●で、2018年度の結果は○で示す）

す態度」で大きな変化が見られた。読む力についても、全ての項目で力が伸びており、特に「読解力」、話の内容の予測・推測や音読のつまずきへの対処などを評価する「読書行動」、区切り方や音読の正確さ、イントネーションや句読点を意識した読みなどを評価する「音読行動」において、2ステージ以上判定があがっていた。

　このように2年間で、Jには学習に必要な日本語力だけでなく、認知的な側面での成長も見られ、在籍学級での授業に支援を得てある程度参加できるまで力が伸びていたことがわかった。

5.　まとめ

　以上、Jが自文化から他文化へと視野を広げていく様子から、Jの日本語力の変化、および日本語を使って何ができるようになったのかを見てきた。タイにルーツを持つことに誇りを持っているJは、2017年度はルーツのある

国・地域での経験や知っていることをおおまかに話していたのが、2018年度には経験についての詳細な説明をしたり、経験だけでなく国の一般情報として説明したりできるようになっていった。不確かな情報を保護者に聞いたり、本やインターネットで調べたりするなど、様々なリソースを活用して情報収集をすることもできた。自文化の発信だけでなく、2017年度の後半には、他国やその国の文化への興味・関心が見られ始めた。2018年度には、一緒に教室に参加しているOの文化に興味を示したり、それ以外の国への関心を示したりすることが増え、国同士の比較も行い、情報を発信できるようになった。それだけでなく、Jは世界の様々な国や地域についての勉強を、自分自身の将来と結び付けながら、自分自身の世界を広げていたこともわかった。Jのこれらの変化は、まさに佐伯 (1995a) の言う「自分探しの旅」の過程であると考える。つまり、Jに見られた日本語力や認知的な側面での成長は、自文化から他文化へと視野を広げ、「自分探しの旅」をする過程で見られたJの学びであったと言えるのではないだろうか。

　本章は、Jという1人の子どもに焦点を当てて記述を行ったものであり、この学びの過程は全ての複数言語環境で育つ子どもに当てはまるものではない。今後は、より多くの複数言語環境で育つ子どもの学びの過程を明らかにすることで、多様な背景をもつ子どもたちに寄り添い、学びを育む日本語教育とはどのようなものであるか探り続けていく。

注

1　本実践、調査の実施には、公益財団法人博報児童教育振興会による「第13回児童教育実践についての研究助成」を受けている。
2　本研究の対象となっている、家庭や学校などの日常生活の中で複数の言語や文化に触れながら育つ子どもたちは、他の文献では「外国にルーツをもつ子ども」、「外国人児童生徒」（文部科学省 2014 他）、「多種多様な文化的、言語的背景を持つ子ども (Culturally, Linguistically Diverse Children)」（カミンズ・中島 2021:15）、「移動する子ども」（川上 2006）など複数の呼称が使用されているが、本章では「複数言語環境で育つ子ども」とする。また本文中、単に「子ども」と記載しているものも「複数言語環境で育つ子ども」を指している。

3 文部科学省による「日本語指導が必要な児童生徒の受入状況等に関する調査（令和 3 年度）」の結果によると、日本語指導が必要かどうかの判断は「児童生徒の来日してからの期間を対象基準にしている」や「児童生徒の学校生活や学習の様子から判断している」という学校による主観的な判断が多数を占めており、アセスメント等の客観的な判断基準を用いている学校は多くない。そのため、実際はこの数よりも多くの子どもたちが日本語指導を必要としている可能性もある。

4 「取り出し授業」のような別室での日本語教室や、放課後に行われている日本語教室は、学校によって「日本語支援教室」、「国際教室」、「アミーゴ」等、様々な名称が用いられている。

5 「継承語」とは、主に家庭で使用する言語であり、現地語に押されてフルに伸びない、アイデンティティが揺れる、母語話者だと思われて恥ずかしい思いをすることがある等の特徴を持つことば（中島 2016:33）であり、「母語」という言葉とは区別して使用されている。

6 3 つの言語面とは、(a) 会話の流暢度（日頃慣れ親しんでいる日常的な状況で 1 対 1 の対話をする力）、(b) 弁別的言語能力（音声、文法、スペリングを含む、一般的なルールを一度習得すれば他のケースへの応用が可能になる規則性のある言語面）、(c) 教科学習言語能力である（カミンズ・中島 2021）。

7 社会文化・心理的側面についての説明の中でバトラー（2011）は、基本的に学習言語は社会の中でパワーを持った特定のグループの価値観や規範を基準にしたものであると指摘している。

8 文部科学省が 2014 年に公表した「対話型」アセスメントであり、子どもの言語能力を把握すると同時に、どのような学習支援が必要であるか、教科学習支援のあり方を検討するためのものである。〈初めの一歩（導入会話、語彙力チェック）〉と〈話す〉〈読む〉〈書く〉〈聴く〉の 4 つの言語技能から構成されている。DLA では日本語の力を 6 段階の「ステージ」で評価する。ステージ 1-2「初期支援段階」：日本語による意思の疎通が難しく、サバイバル日本語の段階。在籍学級での学習はほぼ不可能で、手厚い指導が必要だとされている。ステージ 3-4「個別学習支援段階」：ステージ 3 は単文の理解が難しく、発話にも誤用が多くみられるレベル、ステージ 4 は日常生活に必要な基本的な日本語がわかり、自らも発話ができる、話し言葉を通したクラス活動にはある程度参加できるレベルである。しかし、授業を理解して学習するには読み書きにおいて困難が見られる。ステージ 5-6「支援付き自律学習段階」：教科内容に関連した内容が理解できるようになり、授業にも興味をもって参加しようとする態度が見られ、必要に応じた支援をしていくことが必要である（文部科学省 2014:8）。

| 日本語教育 | 14　複数言語環境で育つ子どもへの日本語教育　387

9　DLA の〈語彙力チェック〉〈話す〉は同じカードを用いて母語で実施することで、子どもの母語力も測定することができる。

10　複数の言語や文化を同時に扱う活動であり、それにより、複言語能力や異文化間能力を成長させることを目指す教育学的アプローチである (Candelier et al. 2012)。

11　4 年生の 2 学期に在籍学級で実施が計画された活動。H 小学校では様々な国について調べ学習を行い発表することで、国や文化の多様性を学ぶことを目標に計画された。

12　ほとんどの子どもが 10 歳になった 4 年生の 3 学期に実施される行事。これまでの 10 年間の振り返りを行ったり、将来について考えて作文等を準備したりし、2 分の 1 成人式に臨む。当日は、保護者も招待し、作文、親への感謝の言葉や歌等を披露した。

13　報告書は、H 小学校が指定したフォーマットを使用して作成した。A4 サイズ 1 枚の中に、児童名、日時、指導の形態 (取り出し授業か放課後指導か)、指導内容、子どもの様子、担当者からの連絡、家庭欄が設けられていた。毎週、児童 1 人につき 1 枚の報告書を作成した。

14　筆者が作成したプロフィールカードには、国籍を書く欄は設けなかったが、J 自ら、空いているスペースにタイ人と書きたいと言い、書いたものである。

15　お店屋さんごっこを実施することについては、準備の段階から教員にも情報を共有し、お店屋さんごっこ前週に招待状とお店屋さんごっこ専用のお金を準備し、教員に渡しておいた。

16　タイで使用されている三輪タクシー。

17　タイで行われる旧正月 (4 月) の祭り。水かけ祭りとしても知られている。

18　タイの小学校の制服は、白色のシャツに男子児童は紺か黒かカーキの半ズボン、女子児童は紺か黒のスカートを着用し、白の靴下を履くところが多い。

19　ソンクランのときに、顔などに塗る白い粉。

【謝辞】

　　本章は、大阪大学大学院言語文化研究科に提出した博士論文の一部に加筆・修正を加えたものです。本研究の実施、論文の執筆にあたり、大阪大学名誉教授の真嶋潤子先生、大阪大学教授の筒井佐代先生、大阪大学准教授の櫻井千穂先生には懇篤なご指導をいただきました。心より感謝を申し上げます。また、本実践・研究の実施にご協力いただいた H 小学校の先生方、児童たちに感謝の意を表します。

引用・参考文献

石井恵理子, 2006,「年少者日本語教育の構築に向けて ── 子どもの成長を支える言語教育として ──」『日本語教育』128, 3-12.

岡崎敏雄, 1997,「日本語・母語相互育成学習のねらい」『平成八年度外国人児童生徒指導資料母国語による学習のための教材』1-7.

尾関史, 2013,『子どもたちはいつ日本語を学ぶのか ── 複言語環境を生きる子どもへの教育』ココ出版.

小田博志, 2010,『エスノグラフィー入門〈現場〉を質的研究する』春秋社.

カミンズ, ジム著・中島和子訳著, 2021,『言語マイノリティを支える教育【新装版】』明石書店.

川上郁雄編著, 2006,『「移動する子どもたち」と日本語教育』明石書店.

神田明治・矢崎満夫, 2016,「外国人児童の学力向上をめざした〈つながる・つなげる〉支援:在籍学級と支援教室との連携により子どもの学習ニーズに応える」『静岡大学教育実践総合センター紀要』25, 297-306.

清田淳子, 2001,「教科としての「国語」と日本語教育を統合した内容重視のアプローチの試み」『日本語教育』111, 76-85.

齋藤ひろみ, 1999,「教科と日本語の統合教育の可能性　内容重視のアプローチを年少者日本語教育へどのように応用するか」『中国帰国者定着促進センター紀要』7, 70-89.

佐伯胖, 1995a,『「学ぶ」ということの意味　子どもと教育』岩波書店.

佐伯胖, 1995b,「文化的実践への参加としての学習」佐伯胖・藤田英典・佐藤学編『学びへの誘い』東京大学出版会, 1-48.

櫻井千穂, 2008,「外国人児童の学びを促す在籍学級のあり方－母語力と日本語力の伸長を目指して－」『母語・継承語・バイリンガル教育（MHB）研究』4, 1-26.

櫻井千穂, 2009,「母語教室の運営のあり方について ── 実践から見えてきたこと ──」『平成 20 年度新渡日の外国人児童生徒に関わる母語教育支援事業実践報告書』44-48.

佐藤郁哉, 2002,『フィールドワークの技法問いを育てる, 仮説をきたえる』新曜社.

田慧昕・櫻井千穂, 2017,「日本の公立学校における継承中国語教育」『母語・継承語・バイリンガル教育（MHB）研究』13, 132-155.

中島和子, 2016,『完全改訂版バイリンガル教育の方法』アルク.

西原鈴子, 1996,「外国人児童生徒のための日本語教育のあり方」『日本語学』15, 67-74.

バトラー後藤裕子, 2011,『学習言語とは何か　教科学習に必要な言語能力』三省堂.

真嶋潤子, 2009,「外国人児童生徒への母語教育支援の重要性について ── 兵庫県の母語教育支援事業に関わって ──」『平成 20 年度新渡日の外国人児童生徒に関わる母語教育支援事業実践報告書』, 38-43.

真嶋潤子編著, 2019,『母語をなくさない日本語教育は可能か　定住二世児の二言語能力』大阪大学出版会.

文部科学省「学校基本調査－結果の概要」〈https://www.mext.go.jp/b_menu/toukei/chousa01/kihon/kekka/1268046.htm〉（最終アクセス 2022 年 12 月 6 日）

文部科学省, 2014,『外国人児童生徒のための JSL 対話型アセスメント DLA』.

文部科学省, 2022,「日本語指導が必要な児童生徒の受入状況等に関する調査の概要（速報）」〈https://www.mext.go.jp/content/20220324-mxt_kyokoku-000021406_02.pdf〉（最終アクセス 2022 年 11 月 26 日）

米澤千昌, 2017,「CLD 児の主体性を育む教員・指導員の働きかけに関する一考察：働きかけの役割と連携による支援の影響に着目して」『日本語・日本文化研究』27, 139-149.

米澤千昌, 2019a,「複数の言語文化環境で育つ子どもの学びを育む支援環境の構築を目指したアクション・リサーチ ―― 大阪府公立小学校の日本語支援教室での実践より ――」『神戸学院大学グローバル・コミュニケーション学会紀要』4, 63-78.

米澤千昌, 2019b,「複数の言語文化環境で育つ子どもの学びを育む支援に関する一研究：子どもの情報発信に着目して」『日本語・日本文化研究』29, 243-257.

米澤千昌, 2020,「複数の言語文化環境で育つ子どもの学びを育む支援のあり方に関する一研究 ―― 大阪府下の公立小学校における質的研究 ――」大阪大学大学院言語文化研究科博士論文.

Candelier, M., Camilleri-Grima, A., Castellotti, V., de Pietro, J.-F., Lörincz, I., Meissner, F.-J., Noguerol, A., Schröder-Sura, A. & Molinié, M.,2012, FREPA- A Framework of Reference for Pluralistic Approaches to Languages and Cultures-Competences and Resources. Strasbourg: Council of Europe.
〈https://www.ecml.at/Resources/ECMLPublications/tabid/277/PublicationID/82/language/en-GB/Default.aspx 〉（最終アクセス 2022 年 11 月 22 日）

Elliott, J., 1991, *Action Research for Educational Change. Milton Keynes*, CA: Open University Press.

参考 WEB サイト

文部科学省「学校基本調査－結果の概要」〈https://www.mext.go.jp/b_menu/toukei/chousa01/kihon/kekka/1268046.htm〉（最終アクセス 2022 年 12 月 6 日）

読書案内

①カミンズ, ジム著・中島和子訳著, 2021,『言語マイノリティを支える教育【新装版】』明石書店.

本書は、カナダのバイリンガル教育の第一人者であるジム・カミンズ氏が書いた2001年以降の主要論文を集め、日本語に翻訳されたものである。序章では、カミンズ氏と長年ともに研究をおこなってきた中島和子氏(トロント大学名誉教授)が、1970年代までさかのぼってカミンズ理論の流れを紹介している。その後の第1章から第4章では、バイリンガル育成理論について、第5章では「理論と実践の対話」として、ろう児・難聴児の教育のケーススタディについてまとめられている。この1冊の中には、日本国内の複数言語環境で育つ子どもの日本語、母語・継承語、そして学びを支える教育についての理論だけでなく、どのように実践に活かすことができるのかを考えるヒントが散りばめられており、研究者はもちろんのこと、教育現場で実際に複数言語環境で育つ子どもの教育に当たっている教員・支援員にも手に取っていただきたい一冊である。

②櫻井千穂, 2018,『外国にルーツをもつ子どものバイリンガル読書力』大阪大学出版会.

カミンズ・中島(2021)では、複数言語環境で育つ子どもの学習言語の育成における「多読」の必要性が指摘されている。しかし、子どもの中には本を読むことを苦手とする子も多いため、多読については実践の難しさを感じるところでもある。本書は、複数言語環境で育つ子どもの「読書力」の実態を明らかにした研究書である。「読解力」だけでなく、「読書傾向」や「音読行動」、「読解・読書ストラテジー、メタ認知」の側面も含めて子どもの読みの力の発達について探っている。前半では日本生まれの中国ルーツの子どもたちの日本語読書力について、後半では南米スペイン語圏ルーツの子どもたちの二言語会話力・聴解力・読書力について調査結果が詳細にまとめられている。さらに最後には日本語の読書力の発達段階指標が記述されている。本書を読めば、子どもの読書力に対する理解が深まるとともに読書力を捉える視点が広がり、実際に多読活動を進める上での示唆を得ることもできるだろう。

③中島和子, 2016,『完全改訂版バイリンガル教育の方法』アルク.

そもそもバイリンガルとは何か、という基本から学ぶことができる一冊。モノリンガルとの違いから始まり、バイリンガルの分類、子どもの母語の発達やバイリンガル教育の理論、家庭で育てるバイリンガル、国内外のバイリンガル教育、バイリンガルと文化の習得など、知りたい情報がぎっしりと詰まった内容となっている。また本書はバイリンガル教育について、本章のテーマである母語が社会の

少数言語であるマイノリティ言語児童生徒の言語習得だけでなく、小学校英語教育、在外日本人学校や補習授業校に通う児童生徒の言語習得、海外日系児童生徒の言語習得など、多様な視点から論じられており、この一冊を読めばバイリンガル教育の基本を押さえることができる。研究者や教員だけでなく、子育て中の保護者にもぜひ読んでいただきたいおすすめの本。

④バトラー後藤裕子, 2011,『学習言語とは何か　教科学習に必要な言語能力』三省堂.
　教科学習に必要な「学習言語」について、まとめられた一冊。重要性が教育現場でも広く認識されつつある一方で、まだ現場の教師にとっても、研究者の間でも捉え方が異なる学習言語。その学習言語について、異なる研究者の見解をわかりやすく紹介し、さらにはアメリカでの先行研究を紹介しながら、教科学習に必要な語彙、語彙の習得、書きことば、話しことば、指導と評価など、様々な角度からていねいに学習言語について説明されており、学習言語とは何かを考える上で欠かせない一冊となっている。特に「学習語」と呼ばれる、教科の分野を越えて使用される語彙についての解説は、教科学習に必要な語彙を考える際の盲点をついたものである。本書は、教科学習に必要な言語能力とは何か、これまでとは異なる新たな視点を読者に提供してくれるのではないだろうか。

⑤真嶋潤子編著, 2019,『母語をなくさない日本語教育は可能か　定住二世児の二言語能力』大阪大学出版会.
　本書には、複数言語環境で育つ子どもへの「何もなくさない全人的な教育」を目指して8年に渡り行われた縦断研究の成果がまとめられている。複数言語環境で育つ子どもの言語については、日本語だけでなく、母語の重要性も広く教育現場で認識されてきている。しかし、実際の教育現場に目を向けると、日本語初期指導や試験対策など目の前にある課題解決に注力し、母語は二の次となっていることが多い。この本では、日本語を母語としない児童たちを対象に実施した日本語と母語の二言語能力アセスメントの結果が記されており、母語と日本語の両方を支援する重要性をデータから読み取ることができる。また、最終章では外国にルーツをもち、日本で育った母語と日本語のバランス・バイリンガルの大学生が、どのようにバイリンガルになったのかがまとめられており、家庭での取り組みを考える上でも示唆に富む一冊である。

| 文化 |

15
神の子どもはみな踊る：ダンスミュージックの越境

清水　学

> すべての人はどこでも、どんな文化のなかでも、
> いつかはダンスをするものです。(J.=L. ナンシー)

プロローグ

　神の子どもたちはみな踊る。バド・パウエルの演奏などによって知られる
「All God's Chillun Got Rhythm」をこう訳し、短篇小説のタイトルとして使用
したのは村上春樹である。二十世紀後半の日本的風土をグローバルな文体で
表現することに特性を発揮するこの作家のなかで、「ダンス」はひとつの隠
れテーマを構成している。

　文字通りには「神の子どもたちはすべてリズムに乗る」。マルクス兄弟の
出世作『マルクス一番乗り』のクライマックスに使用された楽曲で、スラッ
プスティックの終盤、ゴスペルを流用した音楽に乗って「金や靴なんてなく
とも、リズムとスウィングがあるさ」と歌い踊り、大騒乱のカタルシスが達
成される。

　村上作品の視点人物である善也は、いわゆる「宗教二世」である。二日酔
いの寝覚めというういささか『ブライトライツ・ビッグシティ』風の書き出し
で始まるこの小説のなかで、同じく出版社勤務の主人公は、信仰篤い母親と
所在不明の父親によって刻まれた瑕を抱え、他の人間たちと不器用な関係を
続けている。

文化 15　神の子どもはみな踊る：ダンスミュージックの越境　393

　大学時代にずっとつきあっていた女の子は、彼のことを「かえるく
ん」と呼んだ。彼の踊り方が蛙に似ていたからだ。彼女は踊るのが好き
で、よく善也をディスコに連れていった。「あなたってほら手足が長くて、
ひょろひょろと踊るじゃない。でも雨降りの中の蛙みたいで、すごくか
わいいわよ」と彼女は言った。

　善也はそれを聞いていささか傷ついたが、それでも彼女につきあって
何度も踊っているうちに、踊ることがだんだん好きになってきた。音
楽に合わせて無心に身体を動かしていると、自分の身体の中にある自然
な律動が、世界の基本的な律動と連帯し呼応しているのだというたしか
な実感があった。潮の満干や、野原を舞う凪や、星の運行や、そういう
ものは決して自分と無縁のところでおこなわれているわけではないのだ、
善也はそう思った。

　カルト宗教と震災という「1995年」の刻印も色濃いこの短篇のなかでは、「心
の問題」が「地球の律動」に乗せて考察されようとしていた。帰宅途中にふと
見かけ、善也が尾けはじめたのは、右の耳たぶを欠損した、彼の父親だった
かもしれない男だった。男のくたびれた靴音に導かれ、まるで産道のような
深夜の隘路をくぐり抜け、そこに開けていたのは寂れた野球場だった。フェ
ンスの裂け目から侵入した善也は、センターの守備位置からグラウンドの中
心へと歩みゆき、そこでひとり奇妙な動作を繰り返す。そのようにして善也
は、大地の、地球の律動を感じはじめる。

　　彼はピッチャーズ・マウンドにあがり、すり減ったプレートの上に立
　ち、そこで思いきり背伸びをした。両手の指を組み、頭上にまっすぐの
　ばした。冷たい夜の空気を肺に吸い込み、もう一度月を見上げた。〔……〕
　　彼はマウンドの上で両腕をぐるぐるまわしてみた。それにあわせて、
　脚をリズミカルに前にやったり、横に出したりした。その踊りのような
　動きをしばらく続けていると、身体が少しずつ温まり、生体器官として
　のまっとうな感覚が戻ってきた。気がつくと頭の痛みもほとんど消えか

けている。

　物語の焦点をなすこの場面は、アメリカ人監督による映画化作品（『All God's Children Can Dance』, 2007, 米）のなかでも、きわめて印象的なシーンとして描かれている。そんな身体の律動を繰り返しているうち、善也は「自分が踏みしめている大地の底に存在するもののこと」に思いいたるのだった。

　　彼は地面を踏み、優雅に腕をまわした。ひとつの動きが次の動きを呼び、更に次の動きへと自律的につながっていった。体がいくつもの図形を描いた。そこにはパターンがあり、ヴァリエーションがあり、即興性があった。リズムの裏側にリズムがあり、リズムの間に見えないリズムがあった。彼は要所要所で、それらの複雑な絡み合いを見渡すことができた。様々な動物がだまし絵のように森の中にひそんでいた。中には見たこともないような恐ろしげな獣も混じっていた。彼はやがてその森を通り抜けていくことになるだろう。でも恐怖はなかった。だってそれは僕自身の中にある森なのだ。僕自身をかたちづくっている森なのだ。僕自身が抱えている獣なのだ。

　地から響く夜のリズムに乗せ、「僕自身が抱えている暗闇の尻尾のようなもの」を「より深い暗闇の中」に解き放つ。奇妙な「踊りのような動き」は、その作業／儀礼のための不可欠な一部を構成していた。
　ところで樋口桂子は、リズムの観点から日本文化へのアプローチを試み「表を支配する裏の力がどのようにして日本的なリズムとリズム感をつくっていったのか」と問いを立てる。これからすると、それまでの善也には日本文化独特のリズムつまり「下へ向かう動き」、「身体のリズムを大地の中へと、地面の下へと」向かわせる「動きの型」（樋口 2017:41）がみられることになろう。それを稲作由来とする樋口は、「声を心へと響かせようとするには、地面の下から息を吸い、地の底に向かって浸透させていく呼吸法が適している」（同 :250）と述べる。

文化 15 神の子どもはみな踊る：ダンスミュージックの越境　395

　そこにみられるのは「表」と断絶した「裏」の感覚である。そして善也は、この断続的で途切れ途切れのリズムを、「蛙みたい」に不器用な所作のなかで、「オモテ」と「ウラ」が自在につながる連続的なシンコペーションのリズムへと変えてゆく。「表」の裏側に隠された「裏」ではなく、自在に連なる「ウロボロスのよう」な「ウラ拍」の感覚へと。

　かくしてすべてはダンスから、踊ることから始まっている。神の子どもたちはみな踊る。地球的律動（グローバル）の局所的（ローカル）に立ち現れる表現、それをダンスとよべるだろうか。

　──The Dance of Life

1. WA になっておどろう

　全世界を襲ったコロナ禍の影響で翌年に延期開催されることとなった「東京オリンピック 2020」。そのいささか不満を抱かせる開会式や閉会式に接し、ひとびとが思い起こしていたのはひとつの伝説のことだった。口々に漏れ出るのはこんな言葉だった。「あの長野オリンピック閉会式のようであったなら」。

　その 1998 年、極東の地で開催された冬季五輪では何が起こっていたか。ライヴの律動でなければひとの心と身体を動かすことなどできはしない。そう主張し、極寒のなかの生演奏にこだわり、万難を排し実現された閉会式最終盤のステージ。それが「謎の地底人集団」というギミックをまとい頬被りで「デビュー」した覆面バンド AGHARTA による演奏だった。中心にいたのは長万部太郎こと角松敏生。覆面はとうに剥がれてはいたが、圧倒的な演奏力で老若男女を踊らせた。曲は「ILE AIYE ～ WA になっておどろう」。

　エキゾチックな効果音とともに、バレアリックなビートがゆったりと刻まれていく。ただちに男声のユニゾンが重なる。一瞬のブレイクの後ドラムとベースのグルーヴがからまり、滑らかでありながら特徴のある紛れもない角松のヴォーカルが響いてゆく。そしてリズムに合わせ、思い思いに集ったアスリートたち、大会スタッフたちが自然に身体を揺らし、満面の笑みがはじ

ける。つまり、みんなで楽しそうに踊りはじめる。つられて、オーディエンスの身体も律動を刻みはじめる。

　楽曲の制作にあたって最重要視されたのは「リズム」だった。「音楽ってリズムから始まったんだと思うんです」と、比較的ゆったりめのビートは「どんなテンポでも踊れるように」意図されたものだった（『NHK みんなのうた』1997, 8・9月号）。AGHARTA そのものと同様、当初のコンセプトは「アフロブラジルのプリミティブなレアグルーブで大人の男がユニゾンで野太い声で歌っている。それでいてメッセージは広いもの」(JASRAC 2011) だったと角松はいう。

　老若男女が自由に踊れるようにというそのコンセプトは、まさに「みんなのうた」にふさわしいものだった。番組の視聴者から火がつき、冬季五輪のいわば非公式テーマソングとして追加されることになる。そのとおり、打ち上げ花火を終えた閉会式会場では、人びとが入り乱れリズムに乗せて思うがままに身を任せた。居合わせている者たちを自然発生的なビートに乗って踊らせたのは、ときにテンポを変えつつわかりやすいリズムで表現する生演奏の力である。その様子は動画共有サイトなどを通じて確認することができ、現在でも多くの視聴者に「感動」を与えている。

　　　大人になってもいいけど　忘れちゃだめだよいつも
　　　WA になっておどれ　いつでも〔……〕
　　　Wow Wow　さあ、輪になっておどろう
　　　La La La La La　すぐにわかるから

「Let's singing, dancing in the round」とは、まさにこの情景だった。このときダンスは、真にグローバルな連動を生み出していたといってよい。グローバルなダンスというもの、あるいはダンスのもつグローバル性というものがあるなら、これはその具現化だった。だからこそ 2021 年に開催された東京五輪 2020 の式典では（延期の原因となった全世界的苦境もあればこそ）、その再現を期待する声も多かったわけである。

　のみならずこの光景は、角松自身にとってもおよそ 5 年間に及ぶ「凍結」

を解き、ふたたび歌いはじめることを促すひとつのきっかけとなった。1993
年、アーティスト活動の凍結を宣言した彼は表舞台に出ることをやめ、プロ
デュース業や映像表現、舞台活動など、他の領域に手を伸ばしはじめていた。
そんななか試みられた覆面の実験は（じっさいにはその覆面性はあまり担保されて
いなかったわけだが）、まだ自分の音楽が人びとに何かを与えることができると、
あらためて実感させてくれたのである。そしてそれは、ひとを踊らせること
と同義だった。

　考えてみれば「ダンス」こそ、角松のキャリアにおいて中心を占め続けて
きたものである。杏里へのプロデュースがもたらした商業的成功を手がかり
に、本場の新しい音楽的律動に触れるためひとり NY 生活を始めた頃をふり
かえり、彼はこう述べている[1]。

　　帰国するたびに行うツアーではお客さんが総立ちで踊っていました。
　　ディスコでは叶いませんでしたが、自分の音楽でお客さんが踊る、とい
　　う光景も見ることができました。

　一方で角松は1990年代、アーティスト活動の凍結へ向かおうとしていた
時期、「世の中がハウスだ、クラブだ、となってきた頃」には、いったん関
心の方向を変え「スティーリーダンのような緻密なアダルトコンテンポラ
リーやゴスペルのようなもの」を志向するようにもなっていた。珠玉の AOR
作品『ALL is VANITY』(1991) に具現化された方向性である。ところが凍結の
期間中、はからずも「そのダンス愛が再燃し、ダンスというカルチャーへの
興味が今後の自分の大きな目標に必要不可欠なものとして蘇ることにな」る
契機が訪れる。ある舞台公演の手伝いをしたことだった。

　角松はこう回想する。クラシック・バレエの演目『ジゼル』を下敷きにし
た「その作品に影響を受けた僕は、自分が制作指揮をして、音楽を司令塔、
中心として、ダンス、芝居、映像、そしてグラフィティアートなどが一つに
集う複合エンターテインメントを創りたくて仕方がなくなりました」。

僕が最も感動したのは、僕が作った音楽に合わせて、バレエ、ジャズ、モダン、ヒップホップ、の各ダンサーが踊る姿を見た時です。名うてのダンサーたちの素晴らしい舞を見た時、単純に嬉しかったのです。

　僕はやはり、「人が踊るための音楽」を作るのが基本、大好きなようです。そのテイストは今でも脈々と続いていて、その線上に「WA になっておどろう」があるのは間違いありません。

自分の音楽で人びとを踊らせること。それは、自分を育んでくれたダンスカルチャーへの恩返しともいえた。

　アーティスト活動 40 周年記念公演 (2021) への準備段階で発信されたメールマガジン (上記引用もその一部である) において、角松は「僕とダンス」と銘打たれた長い文章を月意している。そのなかで彼は、キャリア集大成を見据えた新たなプロジェクトの全面展開を宣言する。それが「MILAD」とよばれるものだった。Music, Live Act and Dance の略称とされ、ダンスや舞台とともに角松の演奏を聴かせる独自の「総合芸術」であると説明されている。

　アニヴァーサリーライヴの Act2 として実演された『東京少年少女異聞』はそのプロトタイプとなった。これは、前年に発表されていた (その時点では) 架空のステージのためのサウンドトラック『東京少年少女』を、機を得て実際に上演された後、いまいちど角松自身のアプローチで描きなおそうとする試み (「異聞」) である。

　何しろ、今回、横浜アリーナ 2 部でお見せしようとしているのは、音楽を中心にした物語を自ら書き、自分が歌い奏で、さらにダンスや演劇を専門としている方たちと共にそれを重層的に表現するエンターテインメントです。

　そんなことをやりたいと思うのは、自分としてごく自然なことなのです。僕は、意識、無意識に関わらず、いつも音楽で「物語」を書いてきたからです。皆さんも、僕の様々な楽曲を聴きながら、頭の中で様々なストーリーを措くでしょう？　それと同じことですよ。

文化 15 神の子どもはみな踊る：ダンスミュージックの越境 399

　以前から角松は、「物語の見える音楽」を強調していた。誤解されやすいが、これは音楽を物語に還元してしまうことではない。物語を背景に音楽を奏でることだ。各自の思い描く風景が音楽とシンクロするとき、そこに物語が生まれる。その「物語」の部分をステージで代替させようというコンセプトが、今回の MILAD である。だからそれは普遍的で凡庸なものであってよい。そのぶん多様な解釈に開かれる。

　コンセプトの中心に据えられたのが「ダンス」だった。たんに MILAD の一要素として「ダンス」が含まれるというだけではない。舞台で演じられる「物語」そのものに「ダンス」がテーマとして設定されていた。そしてそれは必然だった。

　この公演で得られた手応えを基盤に、角松はさらに冒険を続ける。2022年9月23日から三日間にわたり神奈川芸術劇場（KAAT）で上演された「MILAD 1」の作品名、また先行するお披露目ツアーのタイトルとしても使用されていたのは「Dance of Life」。ナーラダ・マイケル・ウォルデンによる技巧的なインストゥルメンタルだった。

　オリジナルではコラード・ルスティッチによるギタープレイが印象深い、この奇数拍子のダンスナンバーの忠実なカバーとともに舞台の幕は開く。終盤にダンサーたちが入り乱れ、物語の頂点を構成するのは今度は「DANCE IS MY LIFE」と銘打たれた楽曲である。現代風の EDM のビートに乗って、角松が培ってきたダンスミュージックのエッセンスが注ぎ込まれる。

　いつもの角松バンドによるタイトなダンスナンバーの演奏に乗せ、ステージ上の若者たちが演じ踊るスタイルは、先の『東京少年少女異聞』を踏襲したものだ。物語設定としてもその「前日譚」、80年代版スピンオフと位置づけられた。表面だけを見れば、舞台上にブレイクダンサーを踊らせていた80年代角松のいわば拡大版ともいえるが、このたびのコンセプトは先述のとおり明確なものである。

　もくろみどおり、「音楽家が書いた「物語」に沿って、音楽、ダンス、芝居、映像、各ジャンルの精鋭たちの才能をそれぞれ主役的に独立してフィー

チャーさせる、そんな総合エンターテインメント」は成功を収め、一定の評価を得る。反面、角松がミュージカルに手を出したと誤解されたり、キャリアのなかでこのプロジェクトのもつ意味が分からないとするような声も多く聞かれた。

だがそれは、彼が新たな音楽的挑戦を試みるたび、既存のオーディエンスからささやかれつづけた反動と同じだった。自身の音楽家としての挑戦に「ついてこれないやつ」はついてこなくてよい。いつでも最新作が最高傑作でありたいと望んでいることも変わらない。強調されたのは、それがあくまでも「角松敏生の音楽」を聴かせるライヴステージであること、「音楽が司令塔になって表現する総合エンターテインメント」であることだ。

　　ダンサーが出ます、お芝居があります、演者さんがちょいとだけ歌うこともあります。でも、お芝居や、ミュージカルとは、全っ然違います。アーティストが手がけて、さらに主演もする「舞台もの」とも違います。強いて言うなら「角松敏生のライブ」です。

とりわけ「これはミュージカルではない」と繰り返される。ミュージカルというのはむしろ音楽が物語に従属してしまうことだ。「MILAD」の試みを、角松版『夜会』(中島みゆき)と称する向きもあるが、物語に乗せて楽曲を展開するのともすこし違う。ここでは物語が楽曲に奉仕する。そして、それらすべてを統べるのが「ダンス」のリズムである。

近年の角松は、このようにダンス回帰というべきか、自身の楽曲に宿るダンスについて自意識的である。それが自身のキャリアにおいてもつ意味も明確だ。とはいえ、このたびの試みも旧来のオーディエンスを当惑させるものではあった。それは同様に「問題作」とされた『INCARNATIO』の実験と重なる。この 2002 年の試みにしても、それが「角松流ダンスミュージックの再構成」であったことに変わりはない。当時も、琉球音楽やアイヌ音楽と交流しながら独自のサウンドを組み立てようとしたその意図を解説しながら、あくまでも西洋ポップミュージックを消化した「角松敏生の音楽」であることが

何度も強調されていた。それはリスペクトと相互影響の上に成り立つ「音楽的交易」なのだと。

　たかだか国籍を異にし多様なバックグラウンドをもつメンバーが所属したり、既存の国境をまたいで活動していることで「グローバル」と称される現状がある。1980年代後半以降の「ワールドミュージック」ブームの際にも同様の傾向はみられた。もちろん、民族音階や民族楽器を使用するというだけで「グローバル」な音楽が構成されるわけではない。単純に楽器や旋律の「エキゾチックさ」に還元されてしまうなら、それは文化の次元には触れていない。同様に、海外公演を果たしたりビルボードのチャートに上るという「グローバルな展開」も、それじたいでグローバルを意味しえない。真に地球規模の音楽とは、グローバルなリズムを体現することであろう。つまり長野五輪閉会式のあの光景、「WAになっておどろう」こそが、地球が奏でるグローバルな音楽なのだった。

2. ジャパニーズ・シティポップの物語

　デビュー当初のマーケティング戦略もあり、角松敏生は一般には「シティポップ」の旗手のひとりとして認知されているだろう。たしかに現在でも、この文脈において参照されることが多い。だが、すでに概観されたとおり、その志向性や数々の音楽的実験の試みは単純にそうした枠に収まるものではない。

　知られるように、国内外から「Japanese City Pop」へ寄せられる近年の関心は著しい。また、それに影響を受け制作された国外の作品も多い。動画共有サイトなどを開けば、その一端を十分にかいま見ることができるだろう。もちろん、そこで角松敏生の名前が登場しないわけではない。ばかりか、山下達郎と並び「貴公子」のひとりとして数え上げられることも多い（たとえばインドネシアのIkkubaruの影響源として双方の名前があがる）。そうした際には、他のアーティストへの提供作やプロデュース作にスポットが当たる傾向も強い。したがって、近年の特集記事での次のような認識は妥当なものといえよう。

しかし、シティ・ポップの新たなファン層による彼への注目は、不思議と静かなものだった。そこへ、杏里の『Heaven Beach』をはじめとする諸作、中山美穂の『CATCH THE NITE』等、角松の手がけた作品がどれも素晴らしいことから、角松自身とその作品たちへ、再評価の熱が高まってきたのだった。(『レコードコレクターズ』2022年9月号)

もっともこのようなことは永年のオーディエンスからすればいつもの現象であり、その音楽的クオリティに比しての世間的認知の落差というのは周知の事実である。ここで着目したいのはそのことではない。彼自身が保っている「シティポップ」との距離感と、それをもたらした「ダンスミュージック」への興味にまずは焦点を合わせなければならない。

「シティポップ」に対する現在の「再評価」の内実には国内と国外とで力点の違いはみられるものの、リアルタイムで生じていた現象を知るものからすると、いずれの場合も若干の違和感を禁じえない。国内のブームでは、近年顕著な「はっぴいえんど史観」に基づきファミリーツリーや連続性が強調される[2]。かたや国外のブームはエキゾチックな、ある種のオリエンタリズムの視線すら帯びる。このとき、さらにことを複雑にしているのが(「シティポップ」以後に誕生した)「J-POP」の概念である。

研究者が口を揃えて指摘するように、かつて「J-POP」は「洋楽」への憧れを秘めて造型された用語だった。そこには邦楽／洋楽の截然とした区分があり、だからこその「洋楽っぽい邦楽」、それがJ-POPだった。だが、ミレニアムを経て、いまやJ-POPの「洋楽っぽさ」を語るものはほとんどいない。ばかりか、それを純国産的なものとみなす視点すら存在する(加藤 2020:59)。いまやJ-POPはれっきとした「邦楽」なのである。そこに再発見された「Japanese City Pop」が、いっそう事態を混乱させる。つまりそれは、かつての「シティポップ」の概念とも、現在の「J-POP」の概念とも重ならない。

これらのことから、各時代において存在した「シティポップ」という概念の歴史的連続性が、事後的な「語り」においてしか存在しない仮現的なもの

文化 15　神の子どもはみな踊る：ダンスミュージックの越境　403

であることを指摘する論者も多い。ともあれひとつ確実なことは、「シティ
ポップ」に関する文献をひもとけば、次のようなイメージが強調されること
だ。いわく、セブンスやナインスなどの「きらびやか」な響きを多用した「複雑」
で「技巧的」なコード進行と、16 ビートのリズムによって構築された、大人
向けの「都会的」なサウンド。加えて、1980 年代から 90 年代にかけての「バ
ブル」の時代背景も無視しえない。栗本斉もいうように「シティポップ」とは
「明確な音楽ジャンルを指す言葉」というより「その音楽から醸し出される印
象を重視」した概念なのである。

　　パームツリー越しに海が見えるリゾートホテルのプール、コンバーチブ
　　ルの車でドライブする夜景きらめく摩天楼、流行りのカフェバーで味わ
　　うトロピカル・カクテル、ダンディな男性とセクシーな女性が主人公の
　　大人の恋……。（栗本 2022:3-4）

　永井博や鈴木英人による無国籍風ジャケット画に典型的な、そんな「都会
的で洗練された」風景。あのころの音楽に、当時のリスナーたちが思い描
いていたひとつの「物語」、それが「シティポップ」だった。いまその音楽に、
国内外のオーディエンスたちがあらたな「物語」を読み込もうとしている。
　だから、現在の国外からの「シティポップ・ブーム」は、どちらかといえ
ば Japanimation に始まる Otaku ブーム、Cool Japan のムーヴメントに近いも
のである。じっさいタイアップ曲やアニメの主題歌などは相変わらず人気
だし、そうでないものにも自由に映像表現が付与され投稿される。いわゆ
る「Vaporwave」やその派生形としての「Future Funk」が典型であるが、ともに
「ボーカロイド」以降の流れに根ざすものといってよいだろう[3]。
　「J-POP」と同様に「シティポップ」という語彙やジャンルも、ある独特の文
脈のなかである特定のイメージをまとって存在していた固有種である。角松
自身も、「どこかのレコード会社の宣伝マンがマーケティング的に考えたも
の。シティポップの音楽的定義を示せといっても誰にも明確なことが言えな
いのもそういう背景がありますね」と語り、「音楽ジャンル名というよりも、

いろいろな時代背景の中での"スタイル"のことを指しているものだと思います。夏の夕暮れのカフェでカンパリ・ソーダを飲む、とかそういうイメージ図式の中で使われてきた言葉なわけです」と距離化する（『レコード・コレクターズ』増刊号 2019）[4]。だからこそ現在の「シティポップへの興味」を当時の文脈で語ることには意味がない。「当時の都市生活者のライフスタイルと、それに対して憧れを抱く地方出身者の視点とか、色々なものが混交してコンバインされて 7 色の光を放ったような時期があった、ということ」、ただそれだけのことだったと角松は主張する。

　ともあれ、概念としての「シティポップ」のルーツ探しや系譜描きは他の論者に任せ、ここでは「ダンスミュージック」へ焦点を絞りたい（しばしば「シティポップ」の特徴とされる「16 ビートのノリ」はむしろこちらの文脈に属する）。つまり角松の音楽は、「シティポップ」とよばれる以前に「ダンスミュージック」を本質とするものだ。そのデビュー作 A 面 1 曲目、ディスコとおぼしき場所へ入店する効果音とともに始まるのは「Dancing Shower」。「さあ踊ろ／すべて忘れ」と歌い出され、サビでリフレインされるのは「踊ろ Dancing」。それは「心やさしいあなたと／Step 踏んで Rhythm を合わせ」ること、つまりひとつの「グルーヴ」を生み出すことを意味している[5]。

　このダンスミュージックの核は、それぞれの時期にそれぞれの様式で展開された。4th アルバム『AFTER 5 CLASH』(1984) に収められた「Heart Dancing」では、ギミックではあるものの音頭のリズムが採用された。同じく「Step Into the Light」においては Rap もフィーチャーされ、現在も海外でよくプレイされるブギー・チューンとなっている。降って琉球のリズムに興味を示しはじめた角松は、やがて『INCARNATIO』に通ずるような探求をはじめ、沖縄出身のアーティストたちとの共演も重ねてゆく[6]。

　『白い船』(2002) に続いて音楽を担当した映画『ミラクルバナナ』(2005) のサントラでは異色のパーカッシヴな構成がなされ、リズムを強調する楽曲が並んだ。近年のツアーにおいてステージ上に必ず設営されるティンバレンのセットは、ラテン的な響きも加味している（35 周年のアニヴァーサリーライヴの記録にその一端が確認できる）。

文化 15 神の子どもはみな踊る：ダンスミュージックの越境 405

2014 年には YES スタイルのプログレアルバム『THE MOMENT』も制作されるが、そこには本格的なゴスペル・ソングへの挑戦も含まれ、35 周年公演でも総勢 100 名のクワイアをバックに披露された。おりしも ARROW JAZZ ORCHESTRA と接近し、関西ビルボード公演にてビッグバンドスタイルのアレンジで過去作を披露しはじめていた時期だった。この試みは、東京アンサンブルラボとの共演作のリメイクプロジェクト『Breath From The Season 2018』につなげられる（こちらは 40 周年記念公演の第 1 部で上演された）。

そのキャリアも総仕上げの時期へとさしかかり、近年はとみに「継承」という主題を表面化させている角松だが（娘や将来の世代を想う楽曲も増え、2022 年発表作のタイトルは『Inherit The Life』である）、先のゴスペルを制作する際に自覚した「伝道師」としての役割をますます深めているようでもある。みずから企画したラジオドラマ「松角部長の杞憂」もそのひとつで、ここでの試みが「MILAD」実現のための助走となった。

シティポップにダンスミュージックのエッセンスを取り入れたアーティストは数知れないだろうが、シティポップをダンスミュージックとして構築することに成功したのは角松が筆頭である。強調すべきは、ふだん「洋楽」しか聴かないというリスナー、また海外の好事家たちをうならせてきたのが KADOMATSU だったということ（「日本の音楽のなかで KADOMATSU だけは聴ける」）、そしてそのような受容のありかたと今日の「シティポップ・ブーム」における受容とのあいだには、とくに「グローバル」の意味づけにおいてかなりの隔たりがみられるということである。これは必然的に、先にも述べたような「シティポップ」がはらむ「洋楽／邦楽」の距離感とも関連することになろう[7]。

角松も強調していたように、シティポップとは「物語的」なものだ。近年の注目は、その「物語」面に対するものといってよい。そして MILAD の試みにおいて角松が提示しようとしているものは、たしかに物語ではあるが、物語ではない。あくまで主役は音楽だ。物語はその道具にすぎない。ドライヴやデートを音楽が彩るのでなく、流れゆく風景やひとときの逢瀬がむしろ音楽に彩りを添える。つまり、音楽が物語に奉仕するのでなく、物語が音楽に

奉仕する。そうした「音楽の復権」を角松は考えている。ダンスミュージックという様式において。

3. 踊る身体の主体性：ポリリズムあるいはマネキン讃歌

　ここで、ある「グローバルアイドル」について触れておく必要がある。とりあえずテクノポップ・アイドルユニットとでもよべる Perfume を、この文脈で参照することには異論もあるかもしれない。だが着目したいのは、その「ダンス」の哲学である。

　「Spinning World」のヴィデオ・クリップ、とりわけそのメイキングに世間はあらためて驚かされた。マネキンやアンドロイドのごとく「あ〜ちゃん」と「かしゆか」が微動だにせず着席しているテーブルを、背中のねじを巻かれ茶運び人形のような動作で「のっち」が配膳してまわる。瞬きひとつせぬ表情や仕草のひとつひとつに、まるでロボットのような完成度であると形容する表現も多い。

　だが単純に驚き称賛するのは、いまさらのことではあった。「Spring of Life」のクリップをはじめ、以前からこの種のコンセプトは Perfume にはなじみであったし、じっさいこれらの「演技」と彼女たちの「ダンスや歌」との親和性を看破するコメントも多く見られた。つまり、それこそが Perfume というユニットの本質であるだろうと。

　中田ヤスタカによって構築された「テクノポップ」のトラックをバックに、オートチューンによって変調されたヴォーカルに乗せ、ヒールを履いたまいとも涼しげな顔で高難度のダンスを披露してみせる。そのステージ上の姿はまさに「ロボット」「アンドロイド」としてショーアップされたものである。ライヴ映像を見て、その額に汗がにじんでいることにかえって驚きを覚えるほどだ。

　椹木野衣が「生身の人間の代わりに、ステージ上にマネキンが、まるで彫刻作品のように置かれている風景」と形容した『BUDOUKaaaaaaaaaaN!!!!!』（2008年）の登場シーンにも、同様の趣向はみられた。

〔……〕ステージにメンバーの姿はまだない。代わりに置かれていたのは、飾り気のない3体のマネキン人形だった。

なぜマネキンなのか。言うまでもなく、それはPerfumeの振り付けが機械仕掛けの人形を思わせるからだろう。パントマイムと操り人形をミックスしたかの振付けで、電子音に誘われて踊りだす彼女たちには、マネキンが実によく似合う。やがて命なき人形に音の精霊が吹き込まれると、代わって登場した3人の生ける人形たちは、電子の音と光を浴びて一斉に躍動し始める。(椹木 2015:474)

この光景に椹木は、「強い既視感」とともにある音楽家集団のステージを透かし見ていた。ドイツが生んだ個性的バンド、クラフトワークによる数々のギミックのことである。クラフトワークこそが「マネキン」と「音楽(家)」との意識的な結合をなしとげた存在であり、その楽曲は「マンマシーン」「ロボット」「モデル」「ショールーム・ダミー(マネキン)」等と題され、ジャケットやプロモーション写真、果てはステージ上にまでマネキンが登場する。

「人間の声を機械化する」ヴォコーダーの存在は、Perfumeにおいてはオートチューンの効果的な利用に替わった。だが、このとき重要なのは、佐々木敦も指摘しているように、「人間の肉声」が「機械の音声」によって完全に置き換えられたわけではないということだ。いわば生身と機械のちょうどあわいに、それは位置する。

現実に存在する、ライヴやイヴェントに行けば生身の姿を見ることのできる三人の女の子の「声」は、デジタル加工によって人間らしさを剥ぎ取られ、ロボットに、アンドロイドに、マシンに、ソフトウェアに、聴感上は近づけられています。しかしもちろん、それがもともと「人間の声」であることに疑いを入れる者はいません。つまりPerfumeと初音ミクは、片や「人間から機械へ」、片や「機械から人間へ」と、同様のプロセスを正反対の側から逆さまに辿ってきて、良く似た「声」の状態に

定位したのではないかと。(佐々木 2023:273)

そしてじっさい、そこには「個性」が残存している。耳さえ傾ければ、どれが「あ～ちゃん」のパートで、どの声が「かしゆか」で、どれが「のっち」か、明確に聴き分けることが可能なのだ。つまりこのとき機械によって変調された声は、人間の「主体性」に矛盾し、それを消し去るような関係にはない。変換された肉声は、主体と行為の間に独特の距離を留保しながら、「踊り＝踊らされる関係」に一石を投じている。

もちろん彼女たちは、単純な意味で主体的に踊っているのではない。機械のように、人形のように、リズムに合わせ踊らされている。だがそこには逆説的に強い個性が宿っている。さきのヴィデオクリップのような演出にありありと現れているように。

「ダンス」を上演するにあたって、彼女たちはみずからの楽曲をバックトラックとする。アイドルのいわゆる「口パク」に対しては批判的な声も多いが、ここではその非難はそぐわない。この場合、自身のヴォーカルもまた踊るための背景を構成する。ヴォーカルも含めたバックトラックに乗ってダンスを見せること、その「同期」こそがステージでありパフォーマンスなのだ(さやわか 2014:119)。Perfume においてダンスは楽曲の付随要素であるというより、楽曲こそがダンスの付随要素なのである[8]。

機械のように精密な計算された身振りで、みずから踊りつつ観客を踊らせる。その姿はたしかに「アイドル」とよぶにふさわしい。そしてこれまでたしかにアイドルは、何度も「マネキン」になぞらえられてきた。骨太のシンガー・ソングライター小山卓治は、こう歌ったものだ。

君は最初に目を奪われた　俺の顔を見れなくするために
それはとてもつらい出来事で　君はその夜俺に泣きついた
でも君がぐすぐずしてるうちに　今度は耳をだましとられた
俺は君に教えてあげたけど　もう君には聞こえなかったんだ(「Film Girl」)

文化 15　神の子どもはみな踊る：ダンスミュージックの越境　409

　その後「ディレクターは優しいかい／マネージャーはよくしてくれるかい／スタイリストは綺麗にしてくれるかい／ボスは次は君の何を奪うつもりなの」と皮肉に問いかけられ、「マネキンのお守りなんてまっぴらだ」と、一方的に別れが告げられることになる。

　主体性を失い、機械的な道具と化した人間を「マネキン」や自動人形にたとえる比喩は少なくない。とりわけ「アイドル」という存在にはその形象が重ねあわされる。だが、それこそがまさにアイドルの美学でもあろう。マネキンの美しさというものがあるなら、それにふさわしいものだ。

　角松敏生もまた独特の仕方でこの「マネキン」に息を吹き込む[9]。

　　　踊れよマネキン　こわれた時空で　何度も笑いながら
　　　答えてよマネキン　まだ君は僕を　忘れずにいてくれるのかな

（「Mannequin」）

シティポップとダンスミュージックの近くて遠い関係は、ここに「マネキンの美学」を打ち立てる。このとき、マネキンが人間に従属しているのでなく、人間のほうこそがマネキンに従属しているのである。Perfume に夢中になるときの私たちのように。

　Perfume にとっても「マネキンのよう」は褒め言葉にすぎない。人間／機械（人形）の両義性、ダンスにおける踊り／踊らされる両義性、つまりは人間としての主体性をめぐる両義性のなかで、ゆるゆると、のびやかに泳ぐ姿こそが Perfume の真骨頂である。シティポップ的心象が流用された佳曲「TOKYO GIRL」には、そんな情景が示されている。

　　　太陽が射しこむ街で目を覚ます
　　　情報を掻き分ける熱帯魚
　　　平凡を許してくれない水槽で
　　　どんなふうに気持ちよく泳げたら〔……〕
　　　踊れ Boom Boom TOKYO GIRL

いま一度確認しよう。Perfume における「グローバル」な成功。それを支えていたのは、「音のイメージに合わせて、他の／従来のアイドルのように笑顔をふりまいたりすることなく、どちらかといえばクールな（無機質な）表情のまま、アンドロイドのように精確無比にめまぐるしく踊る＝駆動する」（佐々木 2023:267）、そのダンスの感覚であった。ここに一点指摘されるとすれば、「他の／従来のアイドル」が「お人形」とよばれていたのは、その「笑顔をふりま」く身振りによってだった。だが Perfume では「アンドロイドのよう」に「クールな（無機質な）表情」こそが、その強い意志を感じさせることになる。

　こうしてマネキンの美学のなかで「グローバル」「JPN」などと銘打たれる展開に、椹木は「クラフトワーク以後の「系譜」に位置するはずの Perfume が、実はクラフトワークの起源にあったという「逆転」が暗示されていた」ことさえ見てとろうとする。「クラフトワークの「人間＝機械」の中で形成された技術立国＝日本は、おのずと歌謡曲とアイドルという日本をめぐるもうひとつの仮想文化と結びつき、「J-POP」という符号を生み出すことで、ほどなく Perfume の『JPN』へと昇華されていくことになるのである」と（椹木 2015:492）[10]。

　かつてアフリカ・バンバータは「クラフトワークはファンクだ」といった。原始的で野蛮に近いとみなされることもあるヒップ・ホップが、じつはある種のテクノロジー（機械）と親和的であるという事実に、ダンスミュージック一般をめぐる問いが包含されている。

　　　計算する女の子　期待してる男の子
　　　ときめいてる女の子　気にしないふり男の子
　　　お願い想いが届くようにね　とっても心込めた甘いの
　　　お願い想いが届くといいな　なぜか教室がダンスフロアに

　　　　　　　　　　　　　　　　　　　　　　　（「チョコレイト・ディスコ」）

このように踊り踊らされる世間を観察することができたなら、私たちに許されているのは踊ること、踊らされながら踊ること、そして「踊らされずにいる」

という誤った理性観を捨てることである。私たちにできるのはただ踊ること
だけだ。

4. The Dance of Life

　踊ることこそわが人生。「ダンス」と「人生」は相互に映しあう隠喩的関係
にもある。気鋭の人類学者ティム・インゴルドは、ひとの生が線状に痕跡を
残すものであり、そしてそれは特有のリズムと流れをもつものであることを
指摘した。もちろん、そのとき描かれる線は単純にストレートなものでなく、
ときに淀みを伴うような曲線の形状をとっている。ちょうどダンスの動線の
ように。

　あるいは村上靖彦のように、そして彼が参照した多くの論者たちとともに、
生とは音楽であり、その音楽はリズムであり、そしてそれは必然的にポリリ
ズムであると看破するものもある。社会生活や人間関係を「リズム」の観点
からとらえようとするこの視点について、村上は中井久夫を援用しながらこ
う述べている。

　　　人の生はそもそもポリリズムなのだ。そしてポリリズムという視点を
　　とったときには、人の生はさまざまな（制度、経済、ジェンダー、歴史を含む）
　　社会的文脈を生の構成要素の（全部ではないが）一部として引き受ける。つ
　　まりポリリズムとして人間を見るときには社会構築主義的な視点を取る
　　ことになる。（村上 2021:36）

　この文脈で、木村敏のいう「アンテ・フェストゥム」や「ポスト・フェストゥ
ム」の様態も、生に対するリズム感の相違によるものと理解される。つまり
ひとは、自分の生に対して「前のめり」だったり「もたったり」もするのだ。だが、

　　　多様なリズムの響き合いゆえに、共振や不調和のもとにさまざまなリズ
　　ムが共存する。そして心のリズムと身体のリズムが並立することで心身

二元論が無効になるだけでなく、自然と文化の区別、あるいは個人と集団の区別もあいまいになっていく。異質な出来事がリズムの運動のもとに出会うのだ。（同上）

　すべてがリズムであり、そしてポリリズムであるという意味で、この観点を村上は「リズム一元論であり、かつリズムの多元論でもある」と説明する。これを「グルーヴ一元論」とよびかえることもできるだろう[11]。ひとはその生のなかでさまざまなリズムと出会い、あるときはリズムに乗り、あるときはリズムを外し、そのようにしてグルーヴを育む。生活そのものがリズムであり、それは特有のグルーヴをもつ。

　この「生活のリズム」は「整理術」のたぐいと同様、いつでも「整っている」ことだけがよいわけではない。均質なリズムで生きているひとは、逆にそれが崩されたときのストレスに弱いものだ。さまざまなリズムに対応する能力もまた生活のなかでは肝要であり、そしてじっさい社会は、ひとは、多様なリズムのもとに置かれている。それこそがグルーヴの実践なのである。

　「グローバル化」の素朴な一側面として、たとえば単一のリズムへの同期、リズムの画一化をみるものもあろう。SNS上にも「ミーム」として「ヴァイラル」に標準化されたダンスの群れが広がる。だがそこからの多様で局所的なズレもまた、本来はグローバル化の現象であり結果であろう。調子外れもあり、裏でとられるリズムもある。なにより本来の生はポリリズムなのだ。

　さきの樋口桂子は指摘していた。つまり、「リズムはその地で生を営むにふさわしい形が選ばれた。人は与えられた条件の下でリズムをリズム感にしていった。とはいえリズム感はある文化におけるその歴史の中で常に変わらなかったわけではない。時代によって、地域によって違いがある。リズム感は変遷してゆくものである」（樋口 2017:75）。この点で「ブラジルのセレソンのパスワークには「サンバのリズム」が宿っている」とするような理解は一面的にすぎるだろう。じっさいひとは多様なリズムで踊れるものだし、なんとかものにできる。だからこそリズムは、踊ることは、音楽のなかでもっともグローバルといってよい要素なのである。

文化 15 神の子どもはみな踊る：ダンスミュージックの越境　413

　ロックコンサートの手拍子が、オモテ（正拍）からウラ（裏拍）へと変化してきたことを樋口は指摘する。抗議デモのシュプレヒコールのリズムにもまた、時代につれた変化が観察されうる（同書:76）。いまや私たちは、プログレッシヴ・ロックのような聴取にかぎらず、踊るための変拍子にさほど苦もなく拍子を合わせることができるのである[12]。

　グルーヴの感覚が通文化的なものか、文化固有性をもつのかについては議論の余地もあろう。だが極論してしまえば、ひととひとをグローバルにつなぐのは「ダンス」の要素である。そのことを山田陽一は、「リズム」がもたらす「グルーヴ」の観点からこう述べている。

　　グルーヴは、「踊ること」と密接に結びついている。グルーヴィーな音楽は、人びとを動かし、踊らせる。〔……〕踊ることは、音楽することの重要な一部であり、音楽の身体的実践にほかならない。人は音楽に接したとき、なぜ自分の身体が動きはじめるのか、なぜ踊りはじめるのか、おそらく意識することはない。人は、音楽にみちびかれるようにして、ただ踊る。だが、そこにこそ、踊る身体の秘密はあるのだ。（山田 2017:142）

　そして特筆すべきは、ここでひとつの「変性状態」への言及があることだ。それは心身の分裂や主客の分裂を越えた「なにものか」とみなされる。バフチンなら「ポリフォニー」とよぶようなこの「ポリリズム」や「グルーヴ」の感覚において、さらに重要なことは、そこにおいてひとはみずからが踊っているのか踊らされているのか、にわかには判別がつかないということである。はたして自分は、どのリズムに乗っているのか。

　独自の「リズムアナリシス」の観点を提起するアンリ・ルフェーブルもいうとおり、「リズムをつかむためには、リズムにつかまれていることが必要」である。すなわち「みずから動くがままに、身を任せ、その持続に浸ること」（Lefebvre 1992=2019:53）。近年の議論が総じて強調するのは、身体こそがダンスの主体であるという仕方で、心身二元論や身体道具観を乗り越えようとする観点だ。サンドラ・フラリーを援用しながら、山田によって述べられている

のは次のような事態である。

　　踊り手の身体は、たえず変化する、生きる実体であり、ダンスは、踊り
　　手の身体性を創造的かつ美的に拡張したものだ。身体とダンスは分ける
　　ことができない。踊り手がダンスそのものであるように、身体もダンス
　　それ自体である。身体はダンスにおいて、具体的にそこにある。身体は、
　　ダンスの道具などではなく、ダンスの主体だ。(同書:165)

だから、「ダンスにおいて身体が客観化されるときでさえ、踊る身体はその
主観性を保っている」。このとき問い直されているのは、ほかならぬ「主体性」
の問いである。
　冒頭に触れた村上春樹の作品についてはフロイト的解釈も多い。けれど、
その作品の中心にあったのはいうまでもなくダンスだった。善也もまた羊男
の忠告に従っていたのだ。

　　「踊るんだよ」羊男は言った。「音楽の鳴っている間はとにかく踊り続
　　けるんだ。おいらの言っていることはわかるかい？　踊るんだ。踊り続
　　けるんだ。何故踊るかなんて考えちゃいけない。意味なんてことは考え
　　ちゃいけない。意味なんてもともとないんだ。そんなこと考えだしたら
　　足が停まる。一度足が停まったら、もうおいらには何ともしてあげられ
　　なくなってしまう。〔……〕どれだけ馬鹿馬鹿しく思えても、そんなこと
　　気にしちゃいけない。きちんとステップを踏んで踊り続けるんだよ。そ
　　して固まってしまったものを少しずつでもいいからほぐしていくんだよ。
　　まだ手遅れになっていないものもあるはずだ。使えるものは全部使うん
　　だよ。ベストを尽くすんだよ。怖がることは何もない。あんたはたしか
　　に疲れている。疲れて、脅えている。誰にでもそういう時がある。何も
　　かもが間違っているように感じられるんだ。だから足が停まってしまう」

CHIC のタイトルをも想起させるこの『ダンス・ダンス・ダンス』の一節に典

文化 15 神の子どもはみな踊る：ダンスミュージックの越境 415

型的だが、だから問題なのはいかに踊らされずにいるかではない。むしろ「と
びっきり上手く踊る」こと、それも「みんなが感心するくらいに」——「だ
から踊るんだよ。音楽の続く限り」。

　それはしかし、没我や忘我を意味しない。むしろ覚醒することである。ダ
ンスが上手く踊れないのは、あまり夢中になれないからではない。踊るため
には理性が必要である。というより、踊ることにおいて理性が体現されるの
だ。ここではもはや、踊ることと踊らされることは同義である。物語に対し
て主体性をもち外部にいるかのような錯覚こそ、最も踊らされている状態
である。みずからグルーヴをとらえ、リズムに乗って踊らされているとき
にこそ、ひとは最も冷静に冴えていられる。つまり「憑依」と「忘我」は同じ
ものではなく、「音響的身体の快楽とは、われを忘れたり、何かに心を奪わ
れたりして、自己コントロールができない状態などではけっしてない」(山田
2017:250) のだ[13]。

　ジャン＝リュック・ナンシーも、「トランス」という「われわれがその主体
でも源でもないようなある力」を強調する。けれど「この力を霊に帰したり
する必要はありません」(ナンシー／モニエ 2006:75)。踊っているとき、私たちは、
何かにとり憑かれ、乗せられている。踊るとは、素朴な意味で主体的な経験
ではない。踊るというのはつねに踊らされることである。といってもちろん、
踊らされることがつねに完全に受動的な経験であるわけでもない。踊らされ
ている状態は何らかの主体性の表現でありうる。というより、「主体 subject」
という用語に含まれる、フーコーも指摘していたような受動 (受苦) 的契機を
考えるなら、上に述べたことはまったくもって当然の事態にすぎない。

　ナンシーは「ダンスの意味は、跳躍のなかでの分離」であると断じていた。
そこにあるのは「分離に取り憑かれた身体」であり、「ある隔たりの律動」で
あると。「拍動のなかにのみ存在する主体」は、先行するものと後続するも
のの運動つまり「拍動」、リズム、そのダンスのなかに存在し、同時にそれ
は「自己の引き裂きという運動」を意味している (同上)。一方、チャールズ・
カイルのいわゆる「PD 理論」は、「参与的なずれ (participatory discrepancies)」こそ
がグルーヴの源であると論じている。つまり、「人びとが演奏に参加するこ

とによって不可避的に音楽的なずれが生じ、そのずれによって生みだされたグルーヴが人びとをさらに音楽のなかに引きこむ、というループ的プロセス」がみられるのだと（山田 2017:93）。グルーヴであれヴァイブスであれ、その感覚のなかには「同期」と「ズレ」の弁証法がつねに指摘されるのだ。

「グルーヴ」の定義については結局、印象的・感覚的なものに終わることも多いが、山田（2017）を参考にするなら次のようになる。とりわけリズムを生み出すボトムス（ドラムやベース）によって維持されるそれは、おそらくジャズの演奏に由来しているであろう即興的で反復的なパターン（いっけん矛盾するようだが）であり、なにより身体において体現される、しかも間個人的な何かである。かりに近田春夫の定義を採用するなら、グルーヴとは「飽きさせない反復」である。

この点でいうなら、いわゆる J-POP はあまりグルーヴ感覚をもたない。つまりその「物語性」は、過剰な展開とクライマックスを備えている。そしてその価値はなにより「サビ」に置かれる。近年、配信時代もあいまって、「サビを待てない」聴取者が増えていると指摘されることがある。これこそが逆に、サビ＝クライマックスに最大の重みを置く旧来の価値観にほかならないだろう。もちろん Perfume の楽曲にあきらかなように（中田ヤスタカは十分に意識的である）、サビなどなくとも私たちは踊りつづけることができるのだ。

ダンスミュージックは、本来クライマックスという価値を持たない。たとえ踊り果てチルアウトすることはあったとしても。踊るものはひたすら踊りつづける。赤い靴を履いて。それが Dance of Life だ。

地球規模でのポリリズムは、村上作品の善也が体現したようないっけん奇妙な身振りとして表れるかもしれない。だが、そのもとに私たちは生きている。Perfume の出世作、そのもっとも「グローバル」といわれている楽曲を想起しよう。「くりかえすこのポリリズム／めぐりめぐるよ」（「ポリリズム」）。

セブンスの天国でポリリズムに酔う、そんな世界においてシティポップとダンスミュージックが出会っていた。規範的な社会生活のリズムが緩み、自然と新たなリズムが立ち上がる場所。そして複数のリズムが入り交じり、ポリリズムのグルーヴが生まれる場所。村上靖彦が「居場所」とよぶそんな場

文化 15 神の子どもはみな踊る：ダンスミュージックの越境 **417**

所において、ひとは思わず踊りだしたくなるのではないだろうか。Do you wanna dance? Yes, I wanna dance.

> 待ち合わせ　いつもの場所で
> 街の灯も　ぼくらを飾り
> すれちがう人の顔はみんな優しくて　なにも疑わずにいた
> 踊り疲れりゃ月の下で　くちづけも酔いざまし
> やがて夜が明け　眩しかったね Sunrise
> Yes, I Wanna Dance.　Do You Wanna Dance?　　（「Do You Wanna Dance」）

　Dance of Life。生涯のダンス。人生を賭けたダンス。局地的な特性を刻印されていたかつてのディスコ・ミュージックに対し、クラブ・ミュージックはよりグローバルな感性に開かれたジャンルのひとつである。すでにみたように、角松敏生はダンスミュージックを元にさまざまな音楽的実験を試みた。琉球やアイヌ、また出雲や高千穂に想を得た『INCARNATIO』は、その延長にすぎない（「八月踊りの島」や「太陽と海と月」のグルーヴは典型的である）。発表当時、これをローカル回帰ととる声も少なくなかったが、いまやはっきりと理解される。これは、早すぎたグローカル・ミュージックの試みだった。

　みたように、近年の角松における「ダンス」への回帰はいっそう顕著である。それが「MILAD」の舞台として結実した。CHIC「Good Times」のベースラインは「Step Into the Light」へとメドレーで繋がれる。終盤を締めくくる楽曲「DANCE IS MY LIFE」のブレイクではタップダンスとパーカッションのリズムが交錯し、そしてふたたび演奏が動き始める瞬間、まさに心臓の鼓動のように天からのビートが響きわたる。いったん立ち止まったダンスが、ふたたび時を刻みはじめる。

> Dance is My Life　もう一度その Step 踏み出せば
> Dance is My Life　始めよう　この身　果てるまで
> 〔……〕

Give me the chance
誰にだって聞こえる　高鳴る夜の鼓動
頭に響く音がすべての言葉になるだろう

　いわゆるグローバル時代を迎え、近代理性や近代的主体のあり方が再審に
付されはじめている。これに理論的に回答しようとすること、理性でもって
答えようとすることは、それじたい近代的枠組みの限界をさらけだすだけに
終わるだろう。とはいえ近代以前の知を配置することで相対しようとするの
も、しょせんは近代的思考の垳内である。抜け出る道はないのかもしれない。
だが、すくなくとも私たちは踊る文化を持っている。そのことだけはたしかだ。
　私たちは日々、「情報に踊らされず」「世間に踊らされず」などと忠告を受け、
自戒を込めたりもする。しかし信仰の問題がまさにそうであるように、踊ら
されないでいようとすればするほど、そして踊らされない状態が可能である
と信ずれば信ずるほど、逆にからめとられていく。肝腎なのはうまくステッ
プを踏むこと、うまくリズムをキープすること、つまりうまく踊ることだ[14]。
　踊り／踊らせる関係というのは、教える／学ぶ関係にも似て、明確に二分
されうるようなものではない。そして踊らされるときひとはすでにみずから
踊っており、ビートに乗って踊らされる以外の踊りかたなどない。ひとは踊
らされることにおいて踊り、踊ることにおいて踊らされる。このとき、踊ら
せるものもまたみずからすでに踊らされている。ブースで身体を揺らす DJ
の存在を想起すればあきらかだろう。
　私たちは、リズムに乗ってビートに合わせて踊る以外の踊りかたを知らな
い。というより、そうでなければ踊りにはならない。ということは結局、「踊
らされる」ことが最上の「踊りかた」であるということだ。ダンスの律動の
前には「近代」も「主体」も、ましてや「近代的主体」とやらも雲散してしまう。
すべて神の子にはリズムが備わっている。

　　踊れ島の踊り子　僕らにも教えて
　　世界をつなぐリズム　さあもう一度思い出せ

文化 15 神の子どもはみな踊る：ダンスミュージックの越境 419

太陽と*海*と月が　ぼくたちを見つめてる
受け止める優しさを　僕らにでも還せるなら
踊れよ　さあ歌おう　君にしかできない
すべてをつなぐものは　終わりのないことだから　　（「太陽と海と月」）

　踊ることは肯定のレッスンである。主体性のための教育もまた模倣に始まり、踊らされることよりない。ひとり不器用に、その手と足と、腰と頭とを動かし、一歩ずつステップを踏み、まわりの動きに合わせ、リズムに乗り、みずからの身体をチューニングしてゆく[15]。しかし、そこに「集合的画一性」などといったものが支配する余地はない。そんな、踊り踊らされる毎日が続いていってもよいのではなかろうか。それは清も濁も併せ呑みながら、日々を肯定しつづけることにほかならないだろう。

エピローグ

　笛吹けど踊らず。聖書に由来するこの言葉が語るように、みなが踊らないのはみずから踊っていないからであり、そもそも踊らされることは悪ではない。むしろそれは、深い深いところに働く肯定の技術である。
　いささか不謹慎に響くかもしれないが、地震もまた地球規模で繰りだされるリズム表現のひとつであると理解したなら、それに相対する最上の方法はみずからも踊ることである。ちょうど「耐震」や「免震」の思想が、かたくなに踏ん張って抵抗することでなく、みずからも揺れることで損傷を最小限に留めようとするものであるように、揺れに対する最大の防御とはリズムに乗ることである。
　だから神の子どもたちはみな踊る。各々の置かれた場所で、各々のリズムで、肯定をしながら。グローバルの時代に最も必要とされているのは肯定の技術である。

　　どれくらいの時間踊り続けたのか、善也にはわからない。でも長い時間

だ。わきの下が汗ばんでくるまで彼は踊った。それからふと、自分が踏みしめている大地の底に存在するもののことを思った。そこには深い闇の不吉な底鳴りがあり、欲望を運ぶ人知れぬ暗流があり、ぬるぬるとした虫たちの蠢きがあり、都市を瓦礫の山に変えてしまう地震の巣がある。それらもまた地球の律動を作り出しているものの一員なのだ。彼は踊るのをやめ、息を整えながら、底なしの穴をのぞき込むように、足もとの地面を見おろした。

　村上作品の善也が感得した地中に蠢くマグマのように、私たちの心はかたちなく闇に揺れ動く[16]。だが、そんな毎日も受け止める肯定の精神で踊りつづけたい。踊りつづけるしかない。「風が吹き、草の葉を踊らせ、草の歌をことほぎ、そしてやんだ」。そんなふうに私たちは日々踊り、踊らされるのだ。

善也は眼鏡をはずしてケースに入れた。踊るのも悪くないな、と善也は思った。悪くない。目を閉じ、白い月の光を肌に感じながら、善也は一人で踊り始めた。深く息を吸い、息を吐いた。気分に合ったうまい音楽を思いつけなかったので、草のそよぎと雲の流れにあわせて踊った。途中で、どこかから誰かに見られている気配があった。誰かの視野の中にある自分を、善也はありありと実感することができた。彼の身体が、肌が、骨がそれを感じとった。しかしそんなことはどうでもいい。それが誰であれ、見たければ見ればいい。神の子どもたちはみな踊るのだ。

あらためて──The Dance of Life

注

1　角松（2021）。以下、本節での引用はすべてこのメールマガジンから。

2　「日本語でのロック」を掲げたバンド「はっぴいえんど」及びその周辺人物によって「洋楽的な日本のポップス」の礎が築かれ、そして現在に至っているとする回顧的な視点は一時期支配的であったが、近年では異論も多い。

文化 15 神の子どもはみな踊る：ダンスミュージックの越境 **421**

3 ソメ（2020）も参照。

4 この皮肉な距離感を作品化したものが 2003 年の作品『Summer 4 Rhythm』である。

5 ダンスにとって必要なこのグルーヴを生み出すための、いわば「角松敏生というブランド」については、それ以前から多少異なる文脈で DJ たちからクラブユースという形で再評価されてきた。（そうなる前は、東京の DJ たちは日本語曲というだけでプレイリストに乗せてくれなかった、回してくれるのは関西の DJ たちだけだった、と角松は回想している。）

6 THE SYSTEM とのコラボレーションも異色だった。デヴィッド・フランクとミック・マーフィーによるこのユニットは、シークエンサーを用いた無機的で機械的な演奏と生々しく汗くさい手触りの肉声を組み合わせた独自の「テクノ・ブラック・ミュージック」を展開した（3 節も参照）。同時代の Scritti Politti などとあわせいちはやく注目していた角松は、「OKINAWA」「This Is My Truth」などの楽曲でもリスペクトを示し、コラボでイベントも開催している。

7 佐々木敦は「ニッポンの音楽」を基本的に「外」と「内」との関係でとらえ、「内から見た外」への努力からやがて「外から見た内」が意識されるようになり、そして「中田ヤスタカの時代であるゼロ年代以降、もう「内」と「外」という区別は、ほとんど意味を持っていません」と状況を整理している（佐々木 2023:291-2）。

8 クラブ等での DJ のプレイが「ライヴ」とよばれる状況と似ているのかもしれない。

9 同じくテクノ・ポップと近しい関係にあるアーバンギャルドのマネキンのような「歌姫」浜崎容子がアプローチし、プロデュースを角松に依頼した経緯については感慨深い。結果『BLIND LOVE』（2019）という傑作が誕生した。

10 大和田俊之は、この特徴をモーリーとロビンズによる「テクノオリエンタリズム」の概念と結びつけ、こう述べている。「かつてイギリス人ライターがＹＭＯにみた日本的「精度」は演奏以外の領域にも浸透し、コレオグラファーの MIKIKO による精緻な振り付けが Perfume のシンクロニシティー（同期）というコンセプトを具現化する。彼女たちは声まで加工され（ロボ声）〔……〕その〈人間性〉をあからさまに剥奪されている。三人がステージ上で醸し出す無機質で人工的なイメージは、まるでアニメかマンガのキャラクターのように二次元化されたものである」（大和田 2015:33）。

11 じっさい「groove」にはさまざまな俗語的用法がある。THE SYSTEM の楽曲「Don't Disturb This Groove」なども想起されよう。

12 角松はすでに 80 年代後半のライヴにおいて、観客に対して変拍子のダンスにリズムをとるよう促してもいた。ちなみに、「3 拍目のウラ」で鳴らすその「一本締め」もよく知られている。

422

13　上野俊哉も同様のことを指摘している。「実際、踊ること、その熱狂と陶酔は必ずしも思考の排除を意味しない。逆にそれまで考えなかったようなことを考える契機にもなりうる」（上野 2017:318）。

14　その後「MILAD」の舞台はいよいよ本篇『MILAD 2 THE DANCE OF LIFE ～ Final Chapter ～』（2023 年 9 月）の開幕を迎え、前作を補完するアルバム『Inherit The Life II』（2023）も発表された。新たに書き起こされた楽曲「I'll Do My Best」には、こう歌われている。

　　求められることだけで　決められたくはない　でも
　　お望みの Step を踏んであげましょう　すぐに

　それが「私だけのリズム」そして「あなただけのリズム」であると。

15　もちろん精神もまた踊る（躍る）。インテリジェント・ダンス・ミュージックあるいはリビングルーム・テクノとよばれるものは、いわば座ったままで踊る音楽のことである。あるいは「思考するとき、私はダンスをしている」（ナンシー／モニエ 2006:132）のだ。

16　ナンシー／モニエ（2006）もまた、「ひとつの世界に対するひとつの主体の関係について言えば，もし世界自体が既に踊りつつあるのでないなら、何ひとつ起こりえないだろう」（126）と述べたのち、「地震」についての言及をなしている。「どのダンスのうちでも、ひとつの世界のこれら諸部分の膜は揺らぎ震える、そして揺さぶりを受けたこの地理学の舞踏病もまた揺らぎ震える、この地理学において、大地は新たに分離され、投げ出される、ちょうどまったく同じように、ある日、大地が〔……〕」（197）。

　さらに次の文章は、まさに善也のダンスについて述べられているかのようである。「その場において、生ける者は場所の外へと跳躍する。生ける者は場所を開き、自己からその場所を隔てる、その場所の現世的性格からこの場所を分離する、だが新たに、その現世的性格へとこの場所を再び結合させる、そして、この現世的性格のなかでこの場所を置き換える、あたかも、今や律動化された場であるかのように、拍動し，みずからを持ち上げ、またみずからを空虚にする呼吸のように」（200）。

引用・参考文献

Imdkm, 2019,『リズムから考える J-POP 史』blueprint.
上野俊哉, 2017,『[増補新版] アーバン・トライバル・スタディーズ』月曜社.
大和田俊之, 2015.「〈切なさ〉と〈かわいさ〉の政治学：Perfume と BABYMETAL に見

るオリエンタリズム」『慶應義塾大学アート・センター Booklet』23, 29-40.

加藤賢, 2020,「『シティ』たらしめるものは何か？：シティ・ポップ研究の現状と展望」『阪大音楽学報』16・17, 45-62.

角松敏生, 2021,「THE WAY TO YOKOHAMA ARENA」#1 〜 #12, TOSHIKI KADOMATSU Official Mail Magazine.

栗本斉, 2022,『「シティポップの基本」がこの１００枚でわかる！』星海社新書.

佐々木敦, 2023,『増補・決定版　ニッポンの音楽』扶桑社.

さやわか, 2014,『10 年代文化論』星海社新書.

椹木野衣, 2015,『後美術論』美術出版社.

清水学, 2008,「表現者の憂鬱：ある「アーティスト」の肖像」『追手門学院大学社会学部紀要』2, 1-40.

清水学, 2009,「表現者の憂鬱：芸術の社会的世界」『追手門学院大学社会学部紀要』3, 51-100.

樋口桂子, 2017,『日本人とリズム感』青土社.

村上春樹, 1988=2004,『ダンス・ダンス・ダンス』講談社文庫.

村上春樹, 2000=2002,『神の子どもたちはみな踊る』新潮文庫.

村上靖彦, 2021,『交わらないリズム』青土社.

山田陽一, 2017,『響きあう身体』春秋社.

山田陽一編, 2020,『グルーヴ！』春秋社.

インゴルド, ティム（筧菜奈子・島村幸忠・宇佐美達朗訳）, 2018,『ライフ・オブ・ラインズ』フィルムアート社.

ソメ, モーリッツ（加藤賢訳）, 2020,「ポピュラー音楽のジャンル概念における間メディア性と言説的構築──「ジャパニーズ・シティ・ポップ」を事例に──」『阪大音楽学報』16・17, 15-44.

ナンシー, ジャン＝リュック／マチルド・モニエ（大西雅一郎＋松下彩子訳）, 2006,『ダンスについての対話／アリテラシオン』現代企画室.

Lefebvre, Henri, 1992=2019, *Éléments de rythmanalyse*, Eterotopia France.

JASRAC, 2011,「作家で聴く音楽：角松敏生」, WEB インタビュー記事.

『NHK みんなのうた』８月・９月, 日本放送出版協会, 1997.

『CITY POP：シティ・ポップ 1973-2019』,『レコード・コレクターズ』８月増刊号, ミュージック・マガジン, 2019.

『レコード・コレクターズ』（シティ・ポップの再定義）vol.41, No.9, ミュージック・マガジン, 2022.

引用楽曲

AGHARTA, 1997, 「ILE AIYE 〜 WA になっておどろう〜」avex ideak

小山卓治, 1983, 「Film Girl」ＣＢＳソニー

角松敏生, 1981, 「Dancing Shower」(『SEA BREEZE』収録, RCA/RVC)

角松敏生, 1983, 「Do You Wanna Dance」AIR/RVC

角松敏生, 2002, 「太陽と海と月」(『INCARNATIO』収録, IDEAK/BMG FUNHOUSE)

角松敏生, 2006, 「Mannequin」(『Prayer』収録, IDEAK/BMG JAPAN)

角松敏生, 2022, 「DANCE IS MY LIFE」(『Inherit The Life』収録, Ariola Japan)

角松敏生, 2023, 「I'll Do My Best」(『Inherit The Life II』収録, Ariola Japan)

Perfume, 2007, 「ポリリズム」徳間ジャパンコミュニケーションズ

Perfume, 2007, 「チョコレイト・ディスコ」(「Fan Service [sweet]」収録, 徳間ジャパン
コミュニケーションズ)

Perfume, 2017, 「TOKYO GIRL」Perfume Records/ ユニバーサル J

読書案内

本文であまり触れることのできなかった文献を中心に紹介する。

①柴崎祐二, 2022, 『シティ・ポップとは何か』河出書房新社.
「〜とは何か」系のタイトルには用心してかかったほうがよいが、ともあれ現時
点で最も見通しの利いた一冊。

②上野俊哉, 2017, 『[増補新版] アーバン・トライバル・スタディーズ』月曜社.
「複数の反復リズムにさらされることで、社会性を可能にするモデルなき模倣 (ミ
メーシス) のあり方」としてのダンスがもたらす、あらたな集合性また知性をと
らえる書。

③輪島裕介, 2015, 『踊る昭和歌謡』NHK 出版新書.
知っているようで知らない「昭和歌謡」の世界に、「ダンス」「リズム」の観点から
鋭く切り込む異色の書。

④山崎正和, 2018, 『リズムの哲学ノート』中央公論新社.
まさにリズム一元論ともよぶべき壮大な見地から、世界を読み解く冒険の書。

⑤長谷川町蔵・大和田俊之, 2011-2019, 『文化系のためのヒップホップ入門』1-3, アル
テス.
とことんアクチュアルでカルチュラルな、ヒップホップ現代史。大和田による『ア
メリカ音楽史』(講談社選書メチエ) もまた名著である。

⑥ナンシー, ジャン＝リュック、モニエ, マチルド (大西雅一郎・松下彩子訳), 2006, 『ダ
ンスについての対話／アリテラシオン』現代企画室.
ダンスすること、ダンスについて思考すること、そのための有益なヒントが随所
に散りばめられる。「到来するものをやってくるままに、到来するままにしてお」

文化 15 神の子どもはみな踊る：ダンスミュージックの越境 425

くのがダンスであり、教育とは「ステップを一歩踏み出す」手助けをすることである。

⑦トラス, リン (今井邦彦訳), 2005,『パンクなパンダのパンクチュエーション』大修館書店.

文章のリズムとはよくいったものだが、句読法が生み出す独特のグルーヴについて著者はユーモアたっぷりに語ってくれる。もはや文章で踊ることすら可能なのだ。

⑧日高良祐編著, 2024,『シティ・ポップ文化論』フィルムアート社.

脱稿後に目を通すことができたが、本章の観点にとって有益な次のような示唆にも富む。「都会調ニューミュージックをいささか強引に音楽的に特徴づけるとすると、ディスコやフュージョンの要素がより多く入っているもの、といえるのではないか。というか、シティ・ポップというのは実は日本のディスコのことなんじゃないか」(輪島裕介「上京者のポップ」)。

事項索引

欧字・記号

DJ ··418
DLA ··························373-375, 383
global human resources··············118, 119
MILAD··················398-400, 405, 417
M 字型 ··75
○○の尊厳 ·····························344-346
○○の貧困 ·····················344-346, 363

あ行

アイドル···················406, 408-410
空き地 ································295, 296
空き家 ································295, 296
アゲインスト・モダン・フットボール（AMF）
···176
新しい社会運動 ···········244, 245, 247
新しい社会的リスク ··········246, 247
安全保障化 ··········100, 108, 109, 111
医学モデル ·····················354, 357
生き方 ···················263, 270, 281-284
生き物 ·········262, 264, 266, 280, 284
生きる苦悩 ·····················356-358
命 ·············263, 266, 273, 277, 282
移民労働者 ··········59, 84, 91, 96, 110
インクルーシブ教育 ························364
海亀政策 ·····················144, 145
ウルトラス ·················178-181, 185
運動行為 ·····················253-257
英語························119, 120, 122, 125
エスニシティ ··········93, 97, 105, 329
エスノグラフィー··············267, 375
エリア ···9
エリアスタディーズ（地域研究）·············26
円安 ···················29, 30, 32, 50
オープンダイアローグ···········356, 358, 363
オール・ジャパン ··············121, 124, 125

沖縄·····················251, 262-265, 271-282
沖縄に関する特別行動委員会（SACO）·····271
行なっていること（doing）····268-270, 279, 283
オフショアリング··································78
オリンピック·····················164, 165, 186

か行

海外人材呼び戻し政策·····················144
海外進出·················60, 66, 68, 85
海外直接投資·················59-69, 73, 83-85
「海外ハイレベル人材招致計画」→「千人計画」
会期···206
解散権·····································196
科学技術・イノベーション創出の活性化に
　関する法律·····························157
価格競争力 ·················30, 32-34, 39, 46-50
家父長制·····························217, 219
「神の子どもたちはみな踊る」····392, 395, 419,
　　　　　　　　　　　　　　　420
環境運動································263
環境と開発に関するリオ宣言 ·············293
環境破壊·····················262, 273
環状メガロポリス構造·················299, 300
議院内閣制·····················195, 206
危機·············322, 323, 331, 333, 334
企業活動基本調査············62, 67, 68, 71, 79
気候変動·············322, 323, 331, 333
既成事実···12
基地反対 ·········262, 264, 273, 274, 276, 283
技能実習生 ·····················59, 84
教科学習言語能力·····························370
共在················15, 23-25
共生················15, 23-25, 262, 284
競争的資金事業 ·····················127, 134
供託金 ·····················202, 204
キリスト教 ·············222, 320, 324, 326
儀礼·····················319-325, 335

事項索引　427

近代化 ······················· 24, 218, 231
近代的 ··································· 24
苦難 ··································· 329
グルーヴ ······· 395, 404, 412, 413, 415, 416
苦しいこと ············· 348-351, 356-361, 363
苦しみ ·························· 330, 335, 336
グローバル運動 ··············· 246, 248-250
グローバル化 ············· 3, 29, 31, 34, 51, 52
グローバル化と日本 ······················· 9
グローバル・シティ ··················· 290
グローバル人材 ····· 117, 119, 121, 128, 132, 134
グローバル人材育成推進事業 ········ 127-129
グローバル・スタディーズ ··············· 11
軍事基地 ··························· 263, 283
軍民融合 ······························ 145
軍民両用性 ···························· 155
経済安全保障 ········ 145, 146, 148-150, 155-157
経済施策を一体的に講ずることによる安全
　保障の確保の推進に関する法律（経済安
　全保障推進法）····················· 150
経済同友会 ···························· 121
形式合理性 ············· 345, 346, 354, 360, 363
現地生産 ······························· 61
交易条件 ············ 29-35, 37, 39-44, 47, 50-52
交差 ····························· 264, 282
交渉力 ······························ 48-51
公職選挙法 ···················· 192, 198, 209
国際共同研究加速基金（帰国発展研究）···· 153
国際貿易 ························· 35, 39, 51
国内雇用 ········· 59-67, 69, 70, 73, 80, 83, 84, 86
国民国家 ····· 92-98, 101, 104, 105, 111, 112, 217,
　　　　　　　　　　　218, 220, 229, 235
国民投票 ····························· 210
国連障害者権利条約 ··················· 351
戸籍制度 ···················· 217-227, 235, 236
婚姻制度 ····························· 220
コンパクトシティ　プラス　ネットワーク·· 291

さ行

災禍 ························· 319, 320, 325, 335
災害 ················· 318-320, 322, 323, 335
再国家化 ············· 100, 101, 104, 109, 111, 112

再民族化 ······························· 95
サッカー ······························ 165
サプライ・チェーン ··· 30, 31, 34, 36, 42, 43, 50,
　　　　　　　　　　　　　　　　　51
サポーター ···························· 169
サミット・プロテスト··· 245, 250-252, 254, 256
産学人材育成パートナーシップ ······ 125, 126
参議院 ········· 191, 196-198, 200-203, 207-210
産業空洞化 ···················· 59, 60, 65
自営業 ························· 75, 77, 79
ジェントリフィケーション··········· 173, 180
資源動員論 ···························· 257
事故 ······················· 319, 321, 325, 326
市場支配力 ····························· 49
事前審査 ························· 205, 206
自然の権利 ······················ 264, 275
自然の平和 ···························· 283
自然保護 ····························· 263
下請企業 ··············· 66, 69-72, 82-84
下請構造 ······························ 82
実質平等性 ························ 352, 360
シティズンシップ·········· 95-98, 105, 107, 111
シティポップ·············· 401-405, 409, 416
視点（perspective）···················· 278
自動車関連産業メーカー ················· 42
自動車組立業 ······················ 31, 36
自動車部品製造業 ·················· 36, 44
死票 ································· 205
自分探し ························· 369, 385
社会運動 ······· 243, 245, 250, 253, 256, 284
社会システム ·························· 322
宗教 ······················· 326, 329, 330
主権国家·····················92, 94, 99-104
ジュゴン ··········· 262, 264, 271, 273, 277, 282
ジュゴン保護·· 262-264, 271, 274, 277, 279, 280,
　　　　　　　　　　　　　　282-284
主体化をめぐる闘い ··················· 245
需要の価格弾力性················· 30, 31, 42, 49
小規模企業 ··················· 68-73, 80, 85
商業主義 ··············· 168, 173-176, 179, 185
少子化 ································ 194
小選挙区比例代表並立制 ········ 199, 200, 210

象徴‥‥‥‥‥‥‥‥‥‥‥‥‥‥‥‥‥‥330
女性議員‥‥‥‥‥‥‥‥‥‥‥‥‥191, 203
人権モデル‥‥‥‥‥‥‥354, 355, 357, 363
新自由主義‥‥‥‥‥‥101, 102, 110, 111, 164
人種差別‥‥‥‥‥‥‥‥‥‥‥‥‥‥‥179
人類学‥‥‥‥‥‥‥‥‥‥‥‥‥264-268
スーパーグローバル大学創成支援事業‥‥128,
129, 131
スーパーグローバル大学創成支援事業の
目標達成度‥‥‥‥‥‥‥‥‥‥‥‥130
スーパーグローバル大学等事業‥‥‥‥‥127
生‥‥‥‥‥‥‥‥‥‥‥‥‥‥269, 270
正規従業員‥‥‥‥‥‥‥‥73, 75-78, 85
政治的機会構造‥‥‥‥‥‥‥‥‥‥‥244
政治的有効性感覚‥‥‥‥‥‥‥‥‥‥194
政党‥‥‥‥‥‥‥‥‥199, 200-203, 211
政党助成金‥‥‥‥‥‥‥199, 202, 203, 211
生の平等‥‥‥‥‥‥‥‥‥‥‥‥‥283
政府総債務残高‥‥‥‥‥‥‥‥‥‥‥193
生命‥‥‥‥‥‥‥‥‥‥‥‥‥264, 270
世襲議員‥‥‥‥‥‥‥‥‥‥‥191, 204
絶滅危惧種‥‥‥‥‥‥‥‥262, 274, 276
先行学習‥‥‥‥‥‥‥‥‥‥371, 375, 381
全制的施設 (total institution)‥‥‥‥‥‥359-362
「千人計画」‥‥‥‥‥‥‥140, 145, 150, 157
選別的移民政策‥‥‥‥‥‥‥101, 103, 110
ソーシャル・ガヴァナンス‥‥‥‥‥‥248, 249

た行

大学‥‥‥‥‥‥‥‥‥‥‥‥‥‥10, 12
代替可能性‥‥‥‥‥‥‥‥‥‥‥‥‥49
高スキル労働者‥‥‥‥‥‥‥‥‥‥‥62
多元的アプローチ‥‥‥‥‥‥‥‥‥‥375
多心型都市構造‥‥‥‥‥‥‥‥298, 300
脱近代化‥‥‥‥‥‥‥‥‥‥‥245, 246
脱施設化‥‥‥‥‥‥‥‥‥352, 353, 363
脱中心化‥‥‥‥‥‥‥‥‥99, 104, 108
脱ナショナルな空間‥‥‥‥‥‥‥99, 108
脱民族化‥‥‥‥‥‥‥‥‥96, 104, 105
脱領域化‥‥‥‥‥‥‥94, 95, 99, 100, 104
多文化主義政策‥‥‥‥‥‥‥‥‥98, 107
『ダンス・ダンス・ダンス』‥‥‥‥402, 404, 406,

409, 414, 416
ダンスミュージック‥‥‥‥399, 404-406, 416
チャイナイニシアチブ‥‥‥‥‥‥146-150
中小企業‥‥‥‥‥‥‥‥‥‥69-73, 80
中選挙区制‥‥‥‥‥‥‥‥‥‥191, 199
ディシプリン (学問体系)‥‥‥‥‥‥‥‥16
低スキル労働者‥‥‥‥‥‥‥‥‥‥‥62
ディスコ‥‥‥‥‥‥‥393, 397, 404, 417
デカップリング‥‥‥‥‥‥‥‥‥‥140
テクノクラシー‥‥‥‥‥‥‥‥‥‥245
デュアルユース‥‥‥‥‥‥‥‥‥‥155
テロ‥‥‥‥‥‥‥‥‥‥‥323, 327-329
天皇制‥‥‥‥‥‥217, 220, 226, 233, 235
動員論‥‥‥‥‥‥‥‥‥244, 252, 256
東京オリンピック (2020)・パラリンピック
‥‥‥‥‥‥‥‥‥‥‥‥‥299, 395
東京外郭環状道路‥‥‥‥‥‥‥‥‥301
東京の新しい都市づくりビジョン‥‥299, 303
統合政策‥‥‥‥‥‥‥‥‥‥‥98, 107
投票率‥‥‥‥‥‥‥‥‥‥‥203, 207
動物倫理‥‥‥‥‥‥‥‥‥‥‥‥‥263
ドーナツ化現象‥‥‥‥‥‥‥‥‥‥310
特別区‥‥‥‥‥‥‥‥‥‥101, 102, 110
都市計画‥‥‥‥‥‥‥290, 293, 298, 307
都市づくりのグランドデザイン‥‥‥‥‥304
トラウマインフォームドケア‥‥‥‥‥‥349
トランスナショナリズム‥‥‥93, 94, 102, 104

な行

内容重視のアプローチ‥‥‥‥‥‥369-371
長野オリンピック‥‥‥‥‥‥‥‥‥‥395
難民・移民‥‥‥‥‥‥‥‥‥‥‥‥331
二院制‥‥‥‥‥‥‥‥‥‥‥‥‥197
二重構造‥‥‥‥‥‥60, 75, 80, 81, 84-86
日本‥‥‥‥‥‥‥‥‥‥‥‥‥‥‥9
日本学術会議‥‥‥‥‥‥‥‥‥151, 152
日本型雇用システム‥‥‥‥‥‥73, 76, 80
日本経済団体連合会‥‥‥‥‥‥‥‥121
日本研究‥‥‥‥‥‥‥‥‥‥‥‥‥10
日本国憲法‥‥‥‥‥217, 223, 226-229, 232
日本語指導が必要な児童生徒‥‥‥‥‥368
日本語力‥‥‥‥‥‥‥‥368, 370, 382-385

事項索引　429

ネオナチ‥‥‥‥‥‥‥‥‥‥‥‥‥‥‥179
年功賃金‥‥‥‥‥‥‥‥‥‥‥‥‥‥ 76, 77

は行

パンデミック‥‥‥‥‥‥‥‥‥ 322, 323, 331
非拘束名簿‥‥‥‥‥‥‥‥‥ 201, 208, 210
非正規従業員‥‥‥‥‥‥‥‥‥‥‥ 73, 75
非正規労働者‥‥‥‥‥‥‥‥‥‥ 75, 77, 78
非人間‥‥‥‥‥‥‥‥‥‥‥‥‥ 274, 284
非人間中心主義‥‥‥‥‥‥‥‥‥‥‥262
非暴力‥‥‥‥‥‥‥‥‥‥‥‥‥ 283, 284
非輸出財‥‥‥‥‥‥‥‥‥‥‥‥‥ 50, 51
貧困率‥‥‥‥‥‥‥‥‥‥‥‥‥ 193, 194
ファシズム‥‥‥‥‥‥‥‥‥‥‥‥‥179
フィールドノーツ‥‥‥‥‥‥‥‥‥‥375
フィールドワーク‥‥‥‥‥‥‥‥‥‥343
フーリガニズム‥‥‥‥‥‥‥‥‥ 179, 180
フーリガン‥‥‥‥‥‥‥‥‥ 166, 173, 179
付加価値‥‥‥‥‥‥‥ 43, 44, 47, 48, 50, 51
複合的‥‥‥‥‥‥‥‥‥‥‥‥‥‥ 16, 24
福祉の〈施設主義的〉把握 ‥‥ 345, 346, 353, 360,
　　　　　　　　　　　　　　　　 362, 363
福祉レジーム論‥‥‥‥‥‥‥‥‥‥‥246
複数言語環境で育つ子ども‥‥‥‥368-373, 385
複数国籍‥‥‥‥‥‥‥‥‥‥ 94, 95, 104-106
プッシュ要因‥‥‥‥‥‥‥‥ 141, 142, 155, 158
部品サプライヤー‥‥‥‥‥‥ 31, 43, 44, 46-52
プル要因‥‥‥‥‥‥‥‥‥‥‥‥ 142, 155
プロジェクト学習‥‥‥‥‥‥ 369, 370, 372, 374
文化運動‥‥‥‥‥‥‥‥‥‥‥‥ 246, 247
文明化‥‥‥‥‥‥‥‥‥‥‥‥‥‥‥24
米軍基地‥‥‥‥‥‥‥‥‥‥ 262, 271, 275, 276
並行プロセス‥‥‥ 348, 350, 351, 356, 358, 360-363
平和運動‥‥‥‥‥‥‥‥‥‥‥‥ 281, 284
辺野古‥‥‥‥‥‥‥‥ 262-264, 271-277, 279, 283
放映権料‥‥‥‥‥‥ 166, 167, 172, 173, 176, 179
母語・継承語教育‥‥‥‥‥‥‥‥ 368, 369, 372
ポスト社会状況‥‥‥‥‥‥‥‥‥‥ 245, 247

ま行

学び‥‥‥‥‥‥ 369-372, 374, 375, 379, 381, 385
マルチクラブオーナーシップ (MCO)‥‥‥‥167
民営化‥‥‥‥‥‥‥‥‥‥‥‥‥ 301, 305
モダニティ‥‥‥‥‥‥‥‥‥‥‥ 245, 362
文部科学省‥‥‥‥‥‥‥ 118, 119, 125, 127, 132, 134

や行

野生動物‥‥‥‥‥‥‥‥ 266, 267, 279, 280, 284
雇い止め‥‥‥‥‥‥‥‥‥‥‥‥‥‥157
輸出依存度‥‥‥‥‥‥ 30, 31, 34-37, 39, 42-44, 47
輸出財‥‥‥‥‥‥‥‥ 30, 32, 39, 40, 50, 51
輸出代替‥‥‥‥‥‥‥‥‥‥‥‥‥‥63
輸入浸透度‥‥‥‥‥‥‥ 30, 31, 34-37, 42, 43
輸入代替‥‥‥‥‥‥‥‥‥‥‥‥‥‥63
容積率‥‥‥‥‥‥‥‥‥‥‥ 294, 302, 315
用途多義性‥‥‥‥‥‥‥‥‥‥‥ 155, 157
弱さ‥‥‥‥‥‥‥‥‥‥‥‥‥‥‥284

ら行

リスク‥‥‥‥‥‥‥‥‥‥‥‥‥‥‥388
リズム (律動)‥‥ 392, 394-396, 400-404, 411-413,
　　　　　　　　　　　　　　　 415-419
立地適正化計画‥‥‥‥‥‥‥‥‥‥‥297
領域国家‥‥‥‥‥‥‥‥‥ 92, 94, 96, 101, 105
領土‐国民‐主権‥‥‥‥ 92-94, 104, 105, 111, 112
倫理‥‥‥‥‥‥‥‥‥‥‥‥‥ 263, 284
歴史的行為論‥‥‥‥‥‥‥‥‥‥‥‥244
連帯の拡張‥‥‥‥‥‥‥‥‥‥‥‥‥284
レント・シェアリング‥‥‥‥‥ 33, 48, 50-52
労働契約法‥‥‥‥‥‥‥‥‥‥‥‥‥157
労働分配率‥‥‥‥‥‥‥ 29-37, 39-44, 46-52
ローカル‥‥‥‥‥‥‥‥‥‥‥‥‥‥12

わ行

ワールドカップ‥‥‥‥‥‥‥‥ 165, 182, 183

人名索引

欧字

Perfume ································· 406-410, 416

あ行

青島幸男······························299
甘利明·························· 151, 156
石原慎太郎···························299
インゴルド、ティム·········· 267-270
ヴィヴィオルカ、ミシェル······ 246, 248, 249
オング、アイファ·····················102

か行

カーン、オリバー······················178
角松敏生···············395, 400, 401, 409
加納実紀代 ················ 218, 229, 233
カミンズ、ジム······················370
カンデア、マテイ·············· 265, 279
北村滋······························156
キムリッカ、ウィル··················98
小池百合子···························303
小井土彰宏··························103

さ行

佐伯胖 ···················· 369, 374, 385
佐々木敦···························407
サッセン、サスキア ······99, 100, 102, 103, 108, 290
佐藤文明···························225
椹木野衣···························406
ジュリアノッティ、リチャード······ 174, 175, 180

た行

鈴木俊一···························298

竹村和子····························235
デニズン····················· 96, 106, 107, 112
トゥレーヌ、アラン ··············244-248, 256

な行

ナイト、ジョン ·················· 266, 267, 283
ナンシー、ジャン＝リュック ········ 392, 415

は行

ハージ、ガッサン····················101
パスツール、ルイ ············· 140, 157
ハンマー、トマス····················96
ベック、ウルリヒ ··············· 92, 93
ポルタ、デッラ ·····················244

ま行

マーシャル、T. H.····················96
三笘薫 ····························167
村上春樹···························392, 414
村上靖彦···························411, 416
美濃部亮吉·················· 292, 298

や行

山田陽一···························413
ヨプケ、クリスチャン·················· 95, 97

ら行

ラングニック、ラルフ············· 170, 171, 178

執筆者紹介（執筆順）（○は編著者）

○**内海博文**（うつみ ひろふみ）（編著者紹介欄へ）

町北朋洋（まちきた ともひろ）（第1章）
京都大学 東南アジア地域研究研究所 准教授
専門：労働経済学
［単著］「日本の外国人労働力の実態把握―― 労働供給・需要面からの整理」『日本労働研究雑誌』No. 662: 5-26。2015年9月。
［共著］『日本の外国人労働力：経済学からの検証』日本経済新聞出版社、2009年。
［分担執筆］中西嘉宏・片岡樹編『初学者のための東南アジア研究』京都大学東南アジア地域研究研究所、2022年。

小熊英二（おぐま えいじ）（第2章）
慶応義塾大学 総合政策学部 教授
専門：歴史社会学
［単著］『日本社会のしくみ―雇用・教育・福祉の歴史社会学』講談社、2019年。
The System of Japanese Society: A Historical Sociology of Work and Employment, Trans Pacific Press、2024年。
［編著］『平成史』河出書房新社、2019年。

髙谷　幸（たかや さち）（第3章）
東京大学 大学院人文社会系研究科 准教授
専門：社会学・移民研究
［単著］『追放と抵抗のポリティクス―戦後日本の境界と非正規移民』ナカニシヤ出版、2017年。
［共著］『入管を問う―現代日本における移民の収容と抵抗』人文書院、2023年。
［編著］『移民政策とは何か―日本の現実から考える』人文書院、2019年。『多文化共生の実験室―大阪から考える』青弓社、2022年。

吉田　文（よしだ あや）（第4章）
早稲田大学教育・総合科学学術院 教授
専門：教育社会学
［単著］『大学と教養教育』岩波書店、2013年。「教育とAI：課題の解放か、課題の増幅か」『教育学年報13　情報技術・AIと教育』世織書房、2022年、pp. 49-67。
［共著］Ronel Steyn, Liesel Frick, Reinhard Jahn, Ulrike Kohl, William M. Mahoney, Jr, Maresi Nerad, Aya Yoshida "Supervision in context around the world," *Towards A Global Value System in Doctoral Education*, UCL press: London, pp. 82-109、2022年。
［共編著］米澤彰純・嶋内佐絵・吉田　文編『学士課程教育のグローバル・スタディーズ』明石書店、2022年。

榎木英介（えのき えいすけ）（第 5 章）

一般社団法人　科学・政策と社会研究室代表理事、科学技術ジャーナリスト

専門：人体病理学、外科病理学、研究公正、若手研究者のキャリアパス

[単著]『博士漂流時代「余った博士」はどうなるか？』ディスカヴァー・トゥエンティワン、2010 年。『嘘と絶望の生命科学』文藝春秋、2014 年。『病理医が明かす死因のホント』日本経済新聞出版本部、2021 年。『フリーランス病理医はつらいよ』ワニブックス、2023 年。

[編共著]『研究不正と歪んだ科学』日本評論社、2019 年。『あなたの知らない研究グレーの世界』中外医学社、2023 年。

柏原全孝（かしはら まさたか）（第 6 章）

甲南女子大学 人間科学部 教授

専門：文化社会学、スポーツ社会学

[単著]『スポーツが愛するテクノロジー』世界思想社、2021 年。「判定テクノロジーの思想とファン」『甲南女子大学研究紀要 I』58:165-171、2022 年。

[分担執筆]『よくわかるスポーツ社会学 [改訂版]』ミネルヴァ書房、2020 年。

大山礼子（おおやま れいこ）（第 7 章）

駒澤大学 名誉教授

専門：政治制度論

[単著]『国会学入門』三省堂、1997 年。『比較議会政治論』岩波書店、2003 年。『フランスの政治制度』東信堂、2006 年。『日本の国会』岩波新書、2011 年。『政治を再建する、いくつかの方法』日本経済新聞出版社、2018 年。

堀江有里（ほりえ ゆり）（第 8 章）

公益財団法人世界人権問題研究センター 専任研究員、同志社女子大学ほか非常勤講師

専門：ジェンダー論、社会学、クィア神学

[単著]『レズビアン・アイデンティティーズ』洛北出版、2015 年。『「レズビアン」という生き方 ── キリスト教の異性愛主義を問う』新教出版社、2006 年。

[共編著]『クィア・スタディーズをひらく』第 1 ～ 3 巻、晃洋書房、2019 ～ 2023 年。

濱西栄司（はまにし えいじ）（第 9 章）

ノートルダム清心女子大学 文学部 教授

専門：社会学理論、社会運動論

[単著]『トゥレーヌ社会学と新しい社会運動理論』新泉社、2016 年。

[共著]『問いからはじめる社会運動論』有斐閣、2020 年。『社会学史入門 ── 黎明期から現代的展開まで』ミネルヴァ書房、2020 年。『変容する親密圏／公共圏 6 モダニティの変容と公共圏』京都大学学術出版会、2014 年。

比嘉理麻（ひがりま）（第 10 章）

沖縄国際大学 総合文化学部 准教授

専門：文化人類学

[単著]「沖縄の基地反対運動と命のアナキズム－軍事化に抗する生き物たちの〈生〉の理論」『文化人類学』89（1）：22-41、2024 年。「これは、政治じゃない－〈生き方〉としての基地反対運動と命の民主主義」『文化人類学』87（1）：44-63、2022 年。『沖縄の人とブタ：産業社会における人と動物の民族誌』京都大学学術出版会、2015 年。

[分担執筆]『汚穢のリズム：きたなさ・おぞましさの生活考』酒井朋子、中村沙絵、奥田太郎、福永真弓編、左右社。

饗庭　伸（あいばしん）（11 章）

東京都立大学 都市環境学部 都市政策科学科 教授

専門：都市計画、まちづくり

[単著]『都市をたたむ』花伝社、2015 年。『平成都市計画史』花伝社、2021 年。『都市の問診』鹿島出版会、2022 年。

[共著]『シティ・カスタマイズ』晶文社、2022 年。『素が出るワークショップ：人とまちへの視点を変える 22 のメソッド』学芸出版社、2020 年。『津波のあいだ、生きられた村』鹿島出版会、2019 年。

福田　雄（ふくだ ゆう）（第 12 章）

ノートルダム清心女子大学 文学部 准教授

専門：社会学、災害研究

[単著]『われわれが災禍を悼むとき ―― 慰霊祭・追悼式の社会学』慶應義塾大学出版会、2020 年。"Three-dimensional Measurement for the Revitalization of Intangible Cultural Properties after Disasters" *Journal of Disaster Research* 14（9）：1329-1335、2019 年。

[共著]『東日本大震災からのスタート ―― 災害を考える 51 のアプローチ』東北大学出版会、2021 年。

竹端　寛（たけばた ひろし）（第 13 章）

兵庫県立大学 環境人間学部 教授

専門：福祉社会学、社会福祉学

[単著]『ケアしケアされ、生きていく』ちくまプリマー新書、2023 年。『「当たり前」をひっくり返す：バザーリア・ニィリエ・フレイレが奏でた「革命」』現代書館、2018 年。『枠組み外しの旅：「個性化」が変える福祉社会』青灯社、2012 年。

[共著]『脱「いい子」のソーシャルワーク：反抑圧的な実践と理論』現代書館、2021 年。

米澤千昌（よねざわ ちあき）（第 14 章）
大阪教育大学 教育学部 准教授
専門：日本語教育学、年少者日本語教育、母語・継承語教育
［単著］「複数の言語文化環境で育つ子どもの学びを育む支援に関する一研究：こ
どもの情報発信に着目して」『日本語・日本文化研究』29：243-257、2019 年。「家
庭での継承語教育継続の成功要因に関する一考察－家庭での取り組みと子ど
もの動機づけの変化に着目して－」『大阪教育大学紀要．人文社会科学・自然科
学』72：153-168、2024 年。

清水　学（しみず まなぶ）（第 15 章）
神戸女学院大学 文学部 総合文化学科 教授
専門：文化社会学、知識社会学
［単著］『思想としての孤独』講談社選書メチエ、1999 年。「図書館というトポス」『神
戸女学院大学 論集』65（2）：65-82、2018 年；66（1）：27-44、2019 年。
［共編著］『文化社会学への招待』世界思想社、2002 年。

【編著者】

内海博文（うつみ ひろふみ）（ねらいと構成、序論）

ヴェネツィア・カフォスカリ大学 アジア・北アフリカ研究科 准教授、博士（人間科学）

専門：社会学

[単著]『文明化と暴力：エリアス社会理論の研究』東信堂、2014 年。

[共著]*The Nuclear Age in Popular Media: A Transnational History, 1945-1965*, Palgrave MacMillan、2012 年。『社会学の力：最重要概念・命題集』有斐閣、2017 年。『変化を生きながら変化を創る：新しい社会変動論への試み』法律文化社、2018 年。『DIY（自分でやる）社会学』法律文化社、2020 年。『いまを生きるための社会学』丸善出版、2020 年。*Prophets of Computing: Visions of Society Transformed by Computing*, ACM publishers、2022 年。

[編著]『現代社会を学ぶ：社会の再想像＝再創造のために』ミネルヴァ書房、2014 年。『国際看護学』クオリティケア、2014 年。

[監訳書]『キーコンセプト社会学』ミネルヴァ書房、2021 年。

〈グローバル・スタディーズ〉叢書　第 4 巻
グローバル化と日本

2024 年 11 月 15 日　　初　版第 1 刷発行

〔検印省略〕
定価はカバーに表示してあります。

編著者ⓒ内海博文／発行者 下田勝司

印刷・製本／中央精版印刷

東京都文京区向丘 1-20-6　　郵便振替 00110-6-37828
〒 113-0023　TEL (03) 3818-5521　FAX (03) 3818-5514
Published by TOSHINDO PUBLISHING CO., LTD.
1-20-6, Mukougaoka, Bunkyo-ku, Tokyo, 113-0023, Japan
E-mail : tk203444@fsinet.or.jp http://www.toshindo-pub.com

発 行 所
株式
会社 東 信 堂

ISBN978-4-7989-1920-1 C3030　ⓒ UTSUMI Hirofumi

東信堂

〈グローバル・スタディーズ〉叢書　第4巻

- グローバル化と日本　　内海博文編著　　四六〇〇円
- 文明化と暴力 —エリアス社会理論の研究　　内海博文　　三四〇〇円
- 言説の国際政治学 —理論、歴史と「心の地政学」　　山本吉宣　　六八〇〇円
- 「帝国」の国際政治学 —冷戦後の国際システムとアメリカ　　山本吉宣　　四七〇〇円
- アメリカ政党システムのダイナミズム —仕組みと変化の原動力　　吉野孝　　二八〇〇円
- 危機のアメリカ「選挙デモクラシー」 —社会経済変化からトランプ現象へ　　吉野孝・前嶋和弘編著　　二七〇〇円
- オバマ後のアメリカ政治 —二〇一二年大統領選挙と分断された政治の行方　　前嶋和弘編著　　二四〇〇円
- オバマ政権と過渡期のアメリカ社会 —選挙、政党、制度、メディア、対外援助　　吉野孝・前嶋和弘編著　　二五〇〇円
- オバマ政権はアメリカをどのように変えたのか —支持連合・政策成果・中間選挙　　吉野孝・前嶋和弘編著　　二四〇〇円
- 2008年アメリカ大統領選挙 —オバマの当選は何を意味するのか　　吉野孝・前嶋和弘編著　　二六〇〇円
- 米中対立と国際秩序の行方 —交叉する世界と地域　　五十嵐隆幸編著　　二〇〇〇円
- 　　大澤傑編著　　二七〇〇円
- ホワイトハウスの広報戦略 —大統領のメッセージを国民に伝えるために　　M・J・クマー著　吉牟田剛訳　　二八〇〇円
- 蔑まれし者たちの時代 —現代国際関係の病理　　ベルトランド・バディ著　福富満久訳　　二四〇〇円
- サステナビリティ変革への加速　　国際基督教大学社会科学研究所編／上智大学グローバル・コンサーン研究所編　　三六〇〇円
- 緊迫化する台湾海峡情勢 —台湾の動向二〇一九〜二〇二一年　　門間理良　　二七〇〇円
- ウクライナ戦争の教訓と日本の安全保障　　松村五郎著　　三六〇〇円
- 　　神余隆博著　　一八〇〇円
- 「ソ連社会主義」からロシア資本主義へ —ロシア社会と経済の一〇〇年　　岡田進　　三六〇〇円
- パンデミック対応の国際比較　　川上高司・石井貫太郎編著　　二〇〇〇円
- 現代アメリカのガン・ポリティクス　　鵜浦裕　　二〇〇〇円

※定価：表示価格（本体）＋税

〒113-0023　東京都文京区向丘1-20-6　TEL 03-3818-5521　FAX03-3818-5514
Email tk203444@fsinet.or.jp　URL:http://www.toshindo-pub.com/

東信堂

近世イギリスの誕生【上巻】 稲上毅 九五〇〇円

近世イギリスの誕生【下巻】 稲上毅 七五〇〇円

市場都市イギリス・ヨークの近現代
―市場再編と貧困地域 武田尚子 六九〇〇円

安藤昌益
―社会学者から見た昌益論 橋本和孝 二五〇〇円

地域社会研究と社会学者群像
―社会学としての闘争論の伝統 橋本和孝 五九〇〇円

コミュニティ思想と社会理論 橋本和孝吉原直樹 編著 二七〇〇円

有賀喜左衞門
―社会関係における日本的性格 熊谷苑子速水聖子 二三〇〇円

自然村再考 高橋明善 六四〇〇円

再帰的＝反省社会学の地平 矢澤修次郎編著 二八〇〇円

社会的自我論の現代的展開 船津衛 二四〇〇円

ハーバーマスの社会理論体系 永井彰 二八〇〇円

シカゴ学派社会学の可能性
―社会的世界論の視点と方法 宝月誠 六八〇〇円

ヴェーバー後、百年
―社会理論の航跡 ウィーン、東京、ニューヨーク、コンスタンツ 森元孝 五八〇〇円

未来社会学 序説
―勤労と統治を超える 森元孝 二〇〇〇円

理論社会学
―社会構築のための媒体と論理 森元孝 二四〇〇円

貨幣の社会学 序説―経済社会学への招待 森元孝 一八〇〇円

清水幾太郎の闘い 中島道男 二八〇〇円

エミール・デュルケム（シリーズ世界の社会学・日本の社会学） 中島道男 一八〇〇円

丸山眞男―課題としての〈近代〉 中島道男 二四〇〇円

ハンナ・アレント―共通世界と他者 中島道男 二四〇〇円

※定価：表示価格（本体）＋税

〒113-0023　東京都文京区向丘1-20-6　TEL 03-3818-5521　FAX03-3818-5514
Email tk203444@fsinet.or.jp　URL:http://www.toshindo-pub.com/

東信堂

住民投票運動とローカルレジーム［増補第2版］
—新潟県巻町と根源的民主主義の細道、1994-2004
中澤秀雄　五八〇〇円

自治と参加の理論
—住民投票制度と辺野古争訟を中心として
武田真一郎　四六〇〇円

異説・行政法—後衛の山から主峰を望む
武田真一郎　三二〇〇円

吉野川住民投票—市民参加のレシピ
武田真一郎　一八〇〇円

生協共済の未来へのチャレンジ
公益財団法人　生協総合研究所　生協共済研究会編　二三〇〇円

二〇五〇年 新しい地域社会を創る
—「集いの館」構想と生協の役割
生協総合研究所編　一五〇〇円

歴史認識と民主主義深化の社会学
庄司興吉編著　四二〇〇円

主権者の社会認識—自分自身と向き合う
庄司興吉　二六〇〇円

主権者の協同社会へ
—地球市民の社会学へ
庄司興吉　二四〇〇円

社会学の射程—ポストコロニアルな地球市民の社会学へ
庄司興吉　三二〇〇円

地球市民学を創る
—地球社会の危機と変革のなかで
庄司興吉編著　三二〇〇円

社会的自我論の現代的展開
船津衛　二四〇〇円

階級・ジェンダー・再生産
橋本健二　三三〇〇円

現代日本の階級構造
—現代資本主義社会の存続メカニズム
—理論・方法・分析
橋本健二　四五〇〇円

自立支援の実践知—阪神・淡路大震災と共同・市民社会
佐藤恵　三二〇〇円

［改訂版］ボランティア活動の論理
—ボランタリズムとサブシステンス
西山志保　三六〇〇円

自立と支援の社会学
—阪神大震災とボランティア
似田貝香門編　三八〇〇円

NPO実践マネジメント入門［第3版］
パブリックリソース財団編　二八〇〇円

個人化する社会と行政の変容
—情報、コミュニケーションによるガバナンスの展開
藤谷忠昭　三八〇〇円

コミュニティワークの教育的実践
高橋満　二〇〇〇円

NPOの公共性と生涯学習のガバナンス
高橋満　二八〇〇円

※定価：表示価格（本体）＋税
〒113-0023　東京都文京区向丘1-20-6　TEL 03-3818-5521　FAX03-3818-5514
Email tk203444@fsinet.or.jp　URL:http://www.toshindo-pub.com/

東信堂

- ベーシック条約集〔二〇二四年版〕 — 編集代表 浅田正彦 — 二七〇〇円
- ハンディ条約集〔第2版〕 — 編集代表 浅田正彦 — 二六〇〇円
- 国際法〔第5版〕 — 浅田正彦編著 — 三〇〇〇円
- 国際環境条約・資料集 — 編集 浅田正彦・松井芳郎・薬師寺公夫・坂元茂樹・高村ゆかり・德川信治 — 八六〇〇円
- 国際人権条約・宣言集〔第3版〕 — 編集 松井芳郎・薬師寺公夫・小畑郁・坂元茂樹・德川信治 — 三八〇〇円
- 国際機構条約・資料集〔第2版〕 — 編集 香西茂・安藤仁介 — 三八〇〇円
- 判例国際法〔第3版〕 — 編集代表 浅田正彦・酒井啓亘 — 三九〇〇円
- 国際法新講〔上〕〔下〕 — 田畑茂二郎 — 〔上〕二九〇〇円 〔下〕二六〇〇円
- ウクライナ戦争をめぐる国際法と国際政治経済 — 玉田大編著 — 八四〇〇円
- 現代国際法の潮流I・II — 編集 松田竹男・田中則夫・薬師寺公夫・坂元茂樹 — 各八四〇〇円
- 21世紀の国際法と海洋法の課題 — 編集 薬師寺公夫・桐山孝信・西村智朗 — 七八〇〇円
- 現代海洋法の現代的形成 — 田中則夫 — 六八〇〇円
- 在外邦人の保護・救出—朝鮮半島や台湾海峡—有事への対応 — 武田康裕編著 — 四二〇〇円
- 条約法の理論と実際〔第2版〕 — 坂元茂樹 — 七二〇〇円
- 国際法で読み解く外交問題 — 坂元茂樹 — 二八〇〇円
- 国際海峡 — 坂元茂樹編著 — 四六〇〇円
- グローバル化する世界と法の課題 — 坂元茂樹編著 — 八二〇〇円
- 現代国際法の思想と構造I—歴史、国家、機構、条約、人権 — 松井芳郎・木棚照一・薬師寺公夫・山形英郎 — 六二〇〇円
- 現代国際法の思想と構造II—環境、海洋、刑事、紛争、展望 — 松田竹男・田中則夫・薬師寺公夫・坂元茂樹 — 六八〇〇円
- 日中戦後賠償と国際法 — 浅田正彦 — 五二〇〇円
- 国際環境法の基本原則 — 松井芳郎 — 三八〇〇円
- 大量破壊兵器と国際法 — 阿部達也 — 五七〇〇円

国際法・外交ブックレット

- サイバーセキュリティと国際法の基本—国連における議論を中心に — 赤堀毅 — 二〇〇〇円
- 為替操作、政府系ファンド、途上国債務と国際法 — 中谷和弘 — 一〇〇〇円
- イランの核問題と国際法 — 浅田正彦 — 一〇〇〇円
- もう一つの国際仲裁 — 中谷和弘 — 一〇〇〇円
- 化学兵器の使用と国際法—シリアをめぐって— — 浅田正彦 — 一〇〇〇円
- 国際刑事裁判所—国際犯罪を裁く— — 尾﨑久仁子 — 一〇〇〇円
- 気候変動問題と国際法 — 西村智朗 — 一〇〇〇円

※定価：表示価格（本体）＋税

〒113-0023 東京都文京区向丘1-20-6　TEL 03-3818-5521　FAX03-3818-5514
Email tk203444@fsinet.or.jp　URL:http://www.toshindo-pub.com/

東信堂

生きること、そして哲学すること　松永澄夫　二六〇〇円

想像のさまざま――意味世界を開く　松永澄夫　七六〇〇円

感情と意味世界　松永澄夫　二八〇〇円

経験のエレメント――体の感覚と物象の知覚・質と空間規定　松永澄夫　四六〇〇円

価値・意味・秩序――もう一つの哲学概論：哲学が考えるべきこと　松永澄夫　三九〇〇円

哲学史を読むⅠ・Ⅱ　松永澄夫　各三八〇〇円

ひとおもい　創刊号〜6号　木田直人・鈴木泉　乗立雄輝・松永澄夫編集　各二五〇〇円　4号二七〇〇円

戯曲　或る青春の母をなくして　松永澄夫　一八〇〇円

幸運の蹄鉄――時代　松永澄夫　二〇〇〇円

社会秩序とその変化についての哲学　伊多波宗周　二七〇〇円

メンデルスゾーンの形而上学――また一つの哲学史　藤井良彦　四二〇〇円

概念と個別性――スピノザ哲学研究　朝倉友海　四六四〇円

〈現われ〉とその秩序――メーヌ・ド・ビラン研究　村松正隆　三八〇〇円

省みることの哲学――ジャン・ナベール研究　越門勝彦　三六〇〇円

ミシェル・フーコー――批判的実証主義と主体性の哲学　手塚博　三六〇〇円

【哲学への誘い――新しい形を求めて　全5巻】

哲学の立ち位置　浅田淳一編　松永澄夫　三二〇〇円

哲学の振る舞い　伊佐敷隆弘編　三二〇〇円

社会の中の哲学　高橋克也編　三二〇〇円

世界経験の枠組み　村瀬鋼編　三二〇〇円

自己　松永澄夫編　三二〇〇円

食を料理する――哲学的考察（増補版）　松永澄夫　二八〇〇円

言葉の力（音の経験・言葉の力第一部）　松永澄夫　二五〇〇円

音の経験（音の経験・言葉の力第Ⅱ部）――言葉はどのようにして可能となるのか　松永澄夫　二八〇〇円

言葉は社会を動かすか　松永澄夫編　三〇〇〇円

言葉の働く場所　松永澄夫編　三〇〇〇円

言葉の歓び・哀しみ　松永澄夫編　二三〇〇円

環境　安全という価値は…　松永澄夫編　二〇〇〇円

環境　設計の思想　松永澄夫編　三二〇〇円

環境　文化と政策　松永澄夫編　二三〇〇円

※定価：表示価格（本体）＋税　　〒113-0023　東京都文京区向丘1-20-6　TEL 03-3818-5521　FAX03-3818-5514　Email tk203444@fsinet.or.jp　URL:http://www.toshindo-pub.com/